经信智声丛书

乘势作为

城市软实力提升路径

上海市经济和信息化发展研究中心 ◎编著

上海人民出版社

序言

当今时代，我们正面临中华民族伟大复兴战略全局和世界百年未有之大变局"两个大局"。从上海城市所处的发展阶段看，建设具有世界影响力的社会主义现代化国际大都市亦面临着加快城市数字化转型和提升城市软实力的双重任务，上海承载着展示中国式现代化光明前景和彰显国家软实力的窗口责任。如果说"两个大局"是新时代中国所处的历史方位和时空坐标，那么同步协调和统筹推进双重任务则是上海增强城市能级和核心竞争力的必由之路。在"两个大局"和建设具有世界影响力的社会主义现代化国际大都市的战略指引下，城市软实力的内涵和外延比以往任何时候都要丰富，实践领域比以往任何时候都要宽广，内外因素比以往任何时候都要复杂，需要思想界、学术界、智库界集思广益、凝聚智慧，深入、系统、全面研究城市软实力问题，包括城市软实力理论体系、主要国家

和城市软实力发展战略、创新案例、国内外软实力研究的最新成果等。

毋庸置疑，智库在城市软实力问题的研究和构塑中扮演着重要角色，发挥着思想引领、理论策源、决策服务、话语构建、公共传播和人文交流等方面的重要功能。2021年6月发布的《中共上海市委关于厚植城市精神彰显城市品格全面提升上海城市软实力的意见》明确指出，要强化理论研究，充分发挥高等学校、科研院所、智库等智力资源作用，深化软实力建设的理论和实践研究。2022年6月上海第十二次党代会报告提出，全面提升城市软实力，努力打造"既讲规则秩序、又显蓬勃活力，既有国际风范、又有东方神韵，既能各美其美、又能美美与共，既可触摸历史、又能拥抱未来，既崇尚人人奋斗出彩、又体现处处守望相助"的生动图景。

正是在这一背景下，上海市经济和信息化发展研究中心围绕上海市委、市政府中心工作，聚焦城市软实力这一时代主题，经过近一年的策划、打磨和精心编撰，正式推出智库研究著作《乘势作为——城市软实力提升路径》。作为"经信智声丛书"之一，全书既延续了丛书注重实践、实例、实效的特点，又在主题选取上继承创新、与时俱进，本书内容既相互联系、又层层递进，着重站在产业观察者、研究者的视角，围绕产业支撑城市软实力的理论逻辑、目标方向和实践路径等提出一系列观点论述，贡献真知灼见。

总体上，城市软实力是一个多维立体、内涵外延极其丰富的概念。本书名为"城市软实力"，但不局限于"城市软实力"。相信读者在阅读过程中，除了能增进对城市软实力的了解外，还能够更多地了解新发展格局下，上海在城市数字化转型、新型产业体系构建、产业技术创新体系建设等方面的新实践和新探索，为学习工作提供参考。

是为序。

"经信智声丛书"编辑委员会

目录

序 言 / 001

第一编 | 应用牵引

加快推动上海产业数字化转型的对策建议 / 003

审慎监管下推动上海金融数字化转型的发展建议 / 008

赋能产业数字化 培育发展新动能 / 014

推动上海航空发动机产业数字化转型的对策建议 / 020

促进国内手术机器人发展的对策建议 / 027

推广智能垃圾回收设施，助力上海垃圾分类数字化转型 / 032

加强道路塌陷隐患防治，构筑数字化技术安全防线 / 039

"互联网 + 医药"背景下上海发展医药电商的对策建议 / 046

餐饮业加快业态数字化转型的探索——"盘点美味"加快第三方中央厨房的

系统性改造和重塑的案例 / 052

上海创新信息消费模式建设国家综合型信息消费示范城市的建议 / 058

第二编 | 数字转型

上海加快推进数字孪生应用与发展的对策建议 / 065

借力城市数字化转型，加快边缘计算应用数字工厂的政策建议　/ 070

整合算力资源，加快发展上海计算服务产业的对策建议　/ 076

上海探索数据要素产业化发展的对策建议　/ 083

上海促进区块链发展的对策建议　/ 089

以认知智能为前沿牵引，发展上海知识图谱产业的对策建议　/ 096

顺应产业数字化转型，发展上海公有云 IaaS 产业的对策建议　/ 103

以商业数字化转型推动上海建设国际消费中心城市的建议　/ 110

国内兄弟城市发展"5G+ 工业互联网"的经验做法及对上海的启示　/ 115

第三编 ｜ 要素配置

合肥市借力国有资本创新产业项目招商思路的借鉴和启示　/ 123

把握产融结合新趋势，促进上海产融联动发展的对策建议　/ 131

探索上海"创芯"人才机制，加快破解"缺芯"困局　/ 137

聚焦城市数字化转型重点领域需求，出台多层次人才扶持政策　/ 144

加快上海产业高技能人才队伍建设的对策建议　/ 149

充分发挥上海企业技术中心创新主体地位的对策建议　/ 158

北京证券交易所成立对上海企业培育影响分析　/ 164

科技赋能供应链金融，破解上海中小企业融资难的对策建议　/ 171

进一步提升上海金融支持企业技术中心的对策建议　/ 176

推动上海临港自贸新片区体制机制持续创新的对策建议　/ 180

第四编 ｜ 产业创新

突破工业软件软肋是上海制造业弯道超车的必要之举　/ 191

以自主创新提升上海半导体装备自主可控能力的对策建议　/ 200

依托 G60 科创走廊，推动长三角集成电路产业协同发展的对策建议　/ 208

加快我国工业软件产业发展的对策建议　/ 215

关于推进上海国产自主品牌工业机器人产业发展的对策建议　/ 219

把握战略新需求，培育壮大上海稳定同位素产业的对策建议　/ 225

进一步深化上海医疗数字化转型的相关建议　/ 231

加快培育瞪羚企业　促进上海产业高质量发展　/ 237

加快上海时尚食品业发展的对策建议　/ 243

第五编 ｜ 区域联动

上海与兄弟省市"十四五"制造业高质量发展的规划比较　/ 255

上海与兄弟省市"十四五"区块链发展的比较分析　/ 263

兄弟城市总部经济政策梳理及对上海发展制造业总部经济的对策建议　/ 268

长三角兄弟省市政府产业引导基金实践探索对上海的启示　/ 274

苏州产业新政叠加，打造"苏州制造"新名片的做法和借鉴　/ 283

上海与苏州等兄弟省市工业增长情况对比分析　/ 293

浙江省建立产业工程师协同创新中心的实践探索　/ 300

依托产业合作区，探索长三角产业一体化发展的路径——长三角（湖州）产业合作区
调研报告　/ 304

打造省际合作先行示范样本，高水平谋划跨区域合作示范区建设——苏皖合作示范区
调研报告　/ 310

"小切口"开拓"大格局"，高起点推动跨区域示范区发展的探索——宜长合作示范区
调研报告　/ 316

第六编 ｜ 人文价值

深化上海制造品牌建设　提升城市软实力的对策建议　/ 325

推动上海工业遗产焕发新活力的对策建议　/ 332

ESG 对于上海数字化转型的意义与建议 　/ 339

提升城市软实力要求下发挥上海产业支撑作用——专家研讨会观点汇总 　/ 345

推动上海电竞产业发展的对策建议 　/ 348

发展海派咖啡文化提升上海城市软实力的对策建议 　/ 354

第七编 ｜ 他山之石

跟踪美国产业链竞争新动向，提升上海产业链自主可控能力的对策建议 　/ 363

中美两国人工智能医用软件注册审批的对比以及促进上海人工智能医用软件发展
的对策建议 　/ 372

全球新一轮税制改革对于企业税率影响的政策解读——G7 关于全球最低企业税
率改革的影响 　/ 378

日韩两国半导体战略新政对上海发展集成电路产业的启示 　/ 383

东京都市圈制造业转型发展的经验及对上海的借鉴 　/ 390

应对美元超发引发的潜在风险，提升上海产业抗风险能力的建议 　/ 396

工业原材料价格快速上涨对上海产业经济的影响和对策分析 　/ 403

借鉴国外龙头企业专利布局助力上海制药业发展 　/ 410

第一编

应用牵引

加快推动上海产业数字化转型的对策建议

编者按：在传统分析框架下，产业发展由劳动力、资本、技术、组织等力量驱动，涉及面广、影响因素多，产业转型往往历程漫长。产业数字化转型也不是一蹴而就，随着上海相关实践的不断深入，产业转型过程中遇到的问题已有所显现。本文梳理国内外产业数字化转型的相关经验，分析当下上海产业数字化面临的几类问题，并提出对策思路，以供参考。

随着新一代信息技术在产业发展领域的持续探索赋能，数字经济已成为促进经济高质量发展的路径之一。党的十九届五中全会提出，坚持把发展经济着力点放在实体经济上，坚定不移建设数字中国，加快数字化发展。2021 年，上海发布《关于全面推进上海城市数字化转型的意见》，指出要加快推动数字产业化、产业数字化，放大数字经济的辐射带动作用。

根据《中国数字经济白皮书（2020）》，数字经济包含数字产业化和产业数字化，其中产业数字化是指用数字化技术对工业、农业、服务业等进行全方位数字化改造，因此也是充分发挥数字技术赋能效力的关键。本文梳理了国内外若干数字化领先城市的经验做法，并从技术能力、标准制度、要素供给、组织兼容性等角度梳理上海产业数字化转型中面临的共性问题，提出相应的对策建议。

一、国内外产业数字化转型的若干经验借鉴

（一）新加坡：关注各类企业的转型需求

2018年新加坡发布了《新加坡数字经济框架行动计划》，该纲领性文件将加速产业数字化作为发展数字经济的战略优先领域之一。在具体行动举措上，新加坡重视政府在中小企业数字化中的助推作用，推出针对中小企业的 Start Digital 项目，为企业提供会计、人力资源、数字营销、数码交易和网络安全五类企业基础数码方案，新成立的中小企业可在比较优惠的条件下参与该项目的实施。此外，还制定两项国家级计划助力企业的数字化转型：一是推广全国电子发票网络，帮助企业采用电子发票，提高生产力，缩短收款周期；二是制定数据保护信任标志（DPTM），旨在帮助各类企业获得消费者在数据保护政策和实际操作方面的信任，从而提高企业竞争力。

（二）浙江：聚焦四大领域全面推动数字化转型

北京、浙江、江苏、广州等国内省市已发布产业数字化相关政策，目前基本以规划、发展意见、行动方案等形式为主，以下以浙江省为例。根据《浙江省数字经济发展"十四五"规划》，新智造、贸易、服务业及农业是推进产业数字化转型的四大重点领域，规划主要体现以下发展思路。一是制定从产业层面到企业层面的数字化转型举措，重点推动工业互联网建设、龙头企业创新引领、制定不同产业的数字化转型路线图等工作。二是突出本省商贸业优势，进一步推动电子商务的发展，建设全球跨境贸易数据网络，引导商贸企业开展新零售，畅通数字物流体系，推动多元多层消费平台数字化改造。三是推动技术与服务业的全面融合，打造新兴金融中心、以杭州为重点的数字生活新服务标杆城市。四是加快数字农业科技创新突破，引导数字技术在农业生产全流程以及农业文化旅游的应用。此外，在法规层面已通过《浙江省数字经济促进条例》，保障规划实施落地。

二、上海推进产业数字化转型中面临的问题瓶颈

（一）信息技术产业的基础研发制造能力不强

上海的信息技术产业虽已取得长足发展，但是总体来说"大而不强"，尤其在基础

软硬件的研发制造上仍有不少"卡脖子"问题,如硬件方面的高端芯片、部分基础电子元器件仍依赖进口,软件方面的人工智能开源框架、基础工业软件、核心算法等被国外技术巨头垄断。在逆全球化的外部形势下,信息技术产业本身受制于人将带来技术封锁的风险,也降低了技术应用过程中安全性和稳定性,导致信息技术对产业数字化转型的支撑力不足。据统计,中国95%以上的高端PLC(编程逻辑控制器)和工业网络协议市场被GE、西门子等国外厂商垄断,而本土品牌主要集中在国内低端工业控制系统市场,工业信息安全保障的自主可控性严重不足。

(二)产业数字化转型所需的新生产要素不足

产业数字化是产业发展的较高级阶段,对生产要素质量要求也较高,例如需要既懂技术也懂业务的复合型人才、包含复杂生产实际信息的全量数据、风险收益匹配度较高的资本等。与一般的土地、劳动力、资本相比,培育这类高级要素的难度较高、时间较长、成本较高,本身即是要素市场上的稀缺品。在现阶段产业数字化转型过程中,以上各类要素不足的问题已有所凸显。此外,从目前实践情况看,产业固有特性影响了数据要素的应用成本,进而在较大程度上影响了数字化转型的深度和进程。这是由于各产业环境的复杂性和数据本身多源异构的特征,导致数据采集和应用的难度和成本都比消费领域更高。对于利润水平不高的中小企业来说,如果数字化转型的实效难以覆盖较大规模的数字化投入,则自发转型的内生动力不足,可能导致产业链整体的示范效应和网络化协同效应不强。

(三)产业数字化转型的相关标准制度尚未健全

一是数据要素相关制度未明确,如数据要素的产权机制不清晰导致数据归属不明确,数据乱用、不能用、不敢用等问题皆有存在;数据汇聚应用后的安全问题凸显,加强数据保护成为多领域关切的问题,数据安全保障体系亟待完善;信息泄露、传播、非法使用等问题时有发生,数据伦理研究有待加强。二是数字技术应用过程中缺乏广泛统一的行业标准。例如,在工业互联网领域,存在IT网络和OT网络的多种应用协议并存且相对封闭的问题,导致工业设备互联互通较难,严重制约了企业上云。三是数字经济的新业态模式与现有的财税制度匹配性不强,某些经营活动的税收主体、税收金额难以确定,存在着税收流失、难以监管的问题,引发不公平竞争,降低市场效率。

（四）国企数字化转型的问题相对凸显

上海国有企业众多，普遍存在着组织结构复杂、管理层次众多、业务条线分割明显的现象，由此带来国企数字化转型中的特殊问题。一是科层组织架构下，数据烟囱深且众多，多部门数据融合的难度较大。二是相比于一般企业，大型国企的管理层级更广更深，业务条线覆盖广泛，容易出现人与人之间、人与组织之间、组织与组织之间的信息协同不畅、管控难的问题。这两方面将导致国有企业组织兼容性不高，在推动的过程中受到更大的内部机制阻力。

（五）数字技术创新能力仍待进一步提升

人工智能、大数据、云计算、区块链等数字技术创新活跃，在产业数字化转型中塑造了诸多新业态、新模式、新应用，引领产业数字化发展的方向。上海的数字技术创新能力已属国内前列，但是在云计算、区块链、平台经济方面的技术创新能力和一些国内外领先城市相比仍存在差距，和建设国际数字之都的发展目标仍有距离。

三、加快上海产业数字化转型的对策建议

针对以上产业数字化转型中的问题，结合上海产业发展现状，提出以下对策建议。

（一）保持把握"松紧"结合、双管齐下的总体政策基调

对科技型类企业，坚持包容审慎的监管原则，继续深入落实"简政放权"，实行柔性化或弹性化的监管措施，给予企业适当的"容错"空间，营造宽松稳定的政策环境。重视初创型科技企业在产业数字化转型中的引领探索作用，实施有力的扶持培育政策。对传统产业部门，强化政府的引导作用，推动各行各业达成数字化转型的共识与统一理念，以典型案例和解决方案发挥行业示范效应。鼓励科技企业和产业部门的深度合作，制定具有通用性的转型方案或模式，从而带动提升全行业的数字化水平。深入实践国有企业数字化转型战略，在多行业打造数字化转型典范，探索制定企业内部的数字要素交换融合机制，提升数字化转型整体实效。

（二）增加技术、数据、人才等高级要素供给力度

从底层基础技术出发，梳理数字技术发展短板，制定技术强基的发展计划，提升技

术应用过程中的自主可控能力；把握技术发展创新的前沿方向，争取核心技术突破。深化应用场景建设的揭榜挂帅制度，打造一批产学研融合的技术研究、成果转化平台，强化技术研究与产业需求的融合度和匹配度。推动联邦算法等数据安全技术的研发与应用，推动数据产权立法，先行试点探索数据确权、交易、定价、监管机制，提升跨部门、跨行业的数据融合应用水平。加快培养高端复合人才，强化国际人才招引、跨界人才培养，探索混班学习交流机制，规划落实人才工作生活、子女教育、高端医疗等需求。

（三）加快制定行业标准与数字财税政策

联合工信部、国家网信办等上级部门，起草数字经济深度融合标准建设方案，建立结构完善的数字化标准体系，打造形成一批可复制可推广的标准化成果。在推动多部门、多条线、多领域的数据融合的同时，完善与数字化转型相适应的运行管理机制，确保数字化过程中权责清晰明确，运行内外协调。积极参与数字经济的国际交流与合作，加强数字化转型的经验吸取，参加数字国际法规及标准的制定，提升产业数字化与国际标准的对接度。完善与数字经济新模式特征相匹配的财税制度，完善税收制度设计，提升税收征管能力。

（四）基于行业特性构建差异化的数字化实施路径

以数据要素与产业发展的结合度为关键，分类梳理产业，制定差异化的产业数字化转型实施路径，更加符合客观规律、准确把握方向、快速推进。一是数据与技术密集型产业，如生物医药、电子信息等，实施从研发到销售的全链条的数字化赋能行动，整体布局转型，并将人工智能辅助研发等技术作为突破方向，以数字化支点撬动产业高质量发展。二是技术与资本密集型产业，如汽车制造、航空航天、船舶制造，将智能化生产、网络化协同作为实施重点。三是技术与能源密集型产业，如核电、钢铁、化工等，将智能化生产、绿色安全生产、一体化数字管控作为实施重点。四是劳动力密集型产业，如消费品行业，将自动化、连续化、柔性化以及定制化生产作为实施重点。在此基础上，再以点带面逐步在各产业内推进全产业链的数字化转型。

参考文献：

【1】陈维宣、吴绪亮：《通用数字技术扩散的模式、特征与最优路径研究》，载《经济研究参考》2020 年第 18 期，第 5—17 页。

【2】张旭亮、王际超、谢丽敏：《我国数字经济与实体经济深度融合的策略研究》，载《杭州电子科技大学学报（社会科学版）》2019 年第 15 卷第 5 期，第 21—25 页。

审慎监管下推动上海金融数字化转型的发展建议

编者按：上海金融数字化转型已经取得显著成效，但仍存在着载体发展不均衡、技术支撑力不充足、数字化转型生态不健全的问题。在监管环境收紧引发金融数字化拐点的背景下，上海面临国际数字之都建设带来的内生需求、数字化转型的发展"窗口期"和金融数字化赋能潜力提升三方面机遇。在新发展环境下，上海应着眼长远，坚持鼓励创新，补齐金融数字化的发展短板，提升发展实效。

由于金融行业的周期波动性、风险传导性、联系全局性，金融的数字化不仅强调技术创新赋能，更需要突出稳健发展的要求，转型过程相对曲折。2020 年以来，监管部门加强了对互联网小贷等业务的整治监管，同时推进扩大数字人民币试点，展现出金融监管思路从过去的"试行纠错"调整为"审慎合规"，同时在以新技术突破带动金融创新的发展上保有持续的支持和认可。因此，上海应在遵循审慎监管的前提下，进一步完善政策引导以应对合规发展要求，同时积极把握金融数字化新机遇，进一步提升上海国际金融中心及科技创新中心的内涵，增强新时代金融发展优势。

一、上海金融数字化转型的现状与瓶颈分析

（一）数字化转型现状

传统金融机构和金融科技企业是金融数字化转型的主要企业载体。凭借深厚的金融和信息产业基础，上海在金融数字化转型方面优势明显，已成为传统金融机构数字化转型的首选地和金融科技产业的发展高地。

传统金融机构转型方面，银行、保险、证券等多领域的数字化步伐已处国内前列。截至 2020 年 11 月，国内已有 12 家大型银行设立金融科技子公司，其中 5 家在沪注册，在基础平台建设、数字化零售金融、数字化公司金融等方面多有探索。大型险企中，已有中国太平、中国人保在沪设立科技子公司，主要围绕产品设计、销售、理赔、售后等方面展开数字应用。证券行业中，上海培育了互联网券商龙头东方财富，并汇聚了一批传统券商的数字化业务部门，围绕智能投顾、财富管理等方面探索转型。

金融科技创新方面，受 P2P 及网络小贷规模锐减的影响，上海与多数城市一样正处于行业的低迷整理期，曾经支撑行业近半体量的网络贷款业务面临商业模式重建的挑战。但是，上海在其他领域的数字化创新仍持续拓展，培育有投资理财平台陆金所、首家互联网保险公司众安保险、知名第三方支付公司汇付天下、金融信息服务商万得等。另外，上海持续推进金融监管创新，成立上海地方金融监管局，并先发试点成立上海金融法院，根据《2020 全球金融科技中心城市报告》评估，上海金融监管能力位居国内首位。

（二）数字化转型瓶颈分析

随着监管转向以及数字化进程的不断推进，上海金融数字化转型的瓶颈有所凸显。

一是两类创新载体发展的不均衡。总体来看，上海数字金融的载体呈现"强金融、弱平台"的趋势，即传统金融机构的数字化部门聚集地更多、发展优势更明显，金融科技类企业较少，尤其缺少头部互联网平台孵化的金融科技公司、技术引擎企业和某些金融新业态。根据《2020 全球金融科技中心城市报告》中对互联网银行的界定，已有的 9 家互联网银行布局分散，但无一落户上海 [①]；另外，2020 年 27 家金融科技头部企业中共

[①] 这 9 家互联网银行分别为武汉众邦银行、成都新网银行、深圳微众银行、福州华通银行、杭州网商银行、南京苏宁银行、北京百信银行、北京中关村银行、长春亿邦银行。

有 5 家落户上海，而北京、深圳分别有 9 家、6 家[①]，这一结果导致 2020 年上海金融科技领域实现融资规模为 52.98 亿元，低于北京同期的 96.63 亿元。[②] 这类载体不仅是行业创新力量的开拓者，也是传统金融机构数字化转型的补充技术力量，对整体金融的数字化转型至关重要。

二是数字化转型的技术支撑力不充足。传统金融业方面，由于发展的路径依赖和强监管框架束缚，多数机构的数字化转型起步较晚、投入谨慎，致使其金融科技类分支机构规模不大且亏损经营，在技术能力、经营理念、灵活性等方面尚落后于大型金融科技型企业。金融科技创新方面，金融信息服务（金融 IT）、综合金融科技、数字货币等业态逐渐成为下一风口，蕴藏未来发展潜力，皆对企业的科技创新和深度应用能力提出更高要求，以人工智能、区块链、大数据为代表的新一代信息技术成为金融创新的必要基础设施以及全球金融数字化的核心资源力。上海的科技驱动力稍显不足，云计算、区块链、5G 技术的产业发展逐渐同北京、深圳等城市拉开较大差距。其中，北京、杭州两城合计的云计算市场贡献率达 87%，北京、深圳两城合计的区块链市场贡献率达 54.7%[③]，上海亟须奋起直追。

三是金融数字化转型生态的不健全。虽然上海的金融监管创新已处于国内领先水平，但暂无"监管沙盒"及较有影响力的监管创新手段，且距离中国人民银行、银保监会、证监会等众多金融监管机构较远。面对日新月异的创新发展态势，上海金融监管仍处于较为被动的局面。另外，数据、人才等要素支撑力度仍有所不足。目前，数据治理机制仍需要较长时间的探索，数据孤岛问题依然存在，数据安全及隐私保护缺少法律指引、隐患较多，以上均制约了金融数字化的深入探索；金融人才已经较为丰富，但金融与科技的复合人才缺口依然较大。

二、新背景下上海金融数字化转型面临的机遇分析

在审慎监管的背景下，金融数字化的过程可能更为曲折漫长。在现阶段行业变革的背景下，上海金融数字化转型的新发展机遇正在展现。

---

① 数据来源：《2020 年中国金融科技头部企业调研分析报告》。
② 数据来源：IT 桔子。
③ 数据来源：《2020 全球金融科技中心城市报告》。

（一）国际数字之都建设创造更多金融数字化内生需求

过去一段时间的金融数字化转型更多依靠技术的推动，"十四五"期间上海将推进国际数字之都建设，为金融数字化带来更为强劲的"需求侧"拉动力。尤其在产业金融方面，"五型经济"、在线新经济等业态的发展创新需要更加灵活、敏捷的融资方式的支持。对于初创企业、科技企业、中小微企而言，可供抵押资产实力和经营历史业绩不强，信贷数字化中的大数据风控、数字征信、互联网银行等创新能够较好地契合其业务特点，是传统抵押式融资方式的必要补充。

（二）审慎监管为上海金融数字化带来"窗口期"

在过去数字化过程中，头部科技金融企业依赖流量和技术优势，展现了较大的发展动能，传统金融业的转型则显得更为被动。审慎监管强调合规经营，正好契合上海"强金融、弱平台"的发展现状，上海金融业的发展优势进一步凸显。一方面，上海金融企业和金融科技企业有望走向深度合作，持牌机构和金融科技企业将走向更加多元的合作，且在合作框架中持牌金融机构有望获得更多的主动权和话语权。另一方面，凭借丰富的金融发展要素，上海对金融科技类企业的吸引力加大，金融数字化的技术支撑能级有望加速提升。

（三）数字化潜能提升提供超越式发展的新发力点

不可否认，在网贷、第三方支付等领域，上海没有占据行业龙头的绝对领先优势。随着技术赋能金融能级的提升，金融数字化展现了更多的应用潜能，更新技术型企业有望脱颖而出，为上海的追赶超越提供更多的发力点。从技术应用的广度看，继信贷之后，保险、证券、资管等领域的数字化转型正在加速推进，在普惠金融、数字货币等符合监管导向的领域，数字化应用有望形成突破。从技术应用的深度看，人工智能、区块链、大数据等技术赋能加速渗透，推动数字技术的全局化、智能化应用，提升数字化转型实效。

三、深入推进上海金融数字化转型的政策建议

（一）激发金融数字化转型的载体活力

鼓励金融机构设立金融科技子公司，进一步提升金融科技子公司的辐射力和影响

力。积极探索发展开放银行模式，推动金融机构和科技企业开展深度合作。有序引进更多金融科技等科技型企业，注重企业技术实力，培育技术优势，扩大产业规模。促进风险投资和创投企业发展，支持初创金融科技企业的发展壮大；借助"科创板"，大力支持金融科技独角兽企业上市。关注金融科技类新兴企业发展，着眼数字化转型"洼地"，提前布局数字金融的战略增长极，积极推动新一代信息技术在保险、资管、投顾、数据安全方面的应用。

（二）推动数字金融服务实体经济发展

鼓励数字金融在供应链融资、融资租赁、小微企业信贷等方面的研发赋能，有效降低实体经济的融资成本，形成金融创新驱动经济发展的良性循环。在合规的前提下，发挥"市场＋政府"的双轮驱动作用，探索技术赋能的信用评价和风控体系建设，提升适应新经济模式的金融服务能力。

（三）构建完善开放的金融创新生态

以数字金融为切入点，积极探索数据要素治理模式，推进数据要素确权、交易、应用等方面的制度设计，加强数据安全、隐私保护、公平竞争方面的法律法规研究，探索形成上海标准。加强金融与技术的复合人才培养，进一步满足金融数字化的人才需求。鼓励高校、科研单位等加强对金融数字化转型的关键技术、共性技术的研究，提升产学研水平。紧抓长三角一体化发展机遇，加强与北京、杭州等城市的战略合作，实现引领发展和协同发展。

（四）持续探索金融监管创新

进一步增强上海地方金融监管力量，对标国际，不断丰富监管经验，探索监管部门、企业、公众等多方参与的多层协同监管体系，提升监管实效。坚持引导和激励数字金融创新，构建合理有效的容错机制。鼓励企业积极申请"监管沙盒"，扩大创新监管试点范围。支持发展科技监管相关产业，推动技术赋能监管，实现动态监管、穿透式监管。

参考文献：

【1】陈卫东、李训虎：《先例判决·判例制度·司法改革》，载《复旦学报（社会科学版）》2019 年第 5 期，第 148—158 页。

【2】浙江大学互联网金融研究院（浙大 AIF）司南研究室等：《2020 全球金融科技中心城市报告》，第 18—50 页（2019 年 12 月于杭州发布）。

赋能产业数字化　培育发展新动能

　　编者按：2021 年的上海市政府工作报告明确提出：加快数字化发展，打造数字经济新优势，协同推进数字产业化和产业数字化转型，加快数字社会建设步伐，提高数字政府建设水平，营造良好数字生态作为国民经济的重要中坚力量，数字经济建设迎来加速期。无论是通信行业，还是互联网，数字经济已经成为全球最重要的"大产业"，这一新型经济形态也成为打造经济发展新高地的重要引擎。后疫情时代，上海数字化转型箭在弦上，在掀起的数字化浪潮中，相关政府部门与部分企业都在探索转型之路。本文将结合数字经济发展路线，对数字转型赋能上海产业发展提出对策建议。

　　数字经济已经成为国民经济可持续增长的最重要"发动机"。我国数字经济占 GDP 总量超过三分之一，虽然距美国、法国、日本等 60% 以上的体量还有较大空间，但势必会在中国开启第四次工业革命的征程中发挥关键作用，并培育出产业发展的新动能。

一、我国数字经济爆发式增长拉动产业数字化转型

（一）数字经济是数字化转型背景下的经济新形态

"十四五"时期，国家发展改革的重点工作将是深入贯彻落实党中央国务院决策部署，加快发展数字经济，建设数字中国，培育经济发展新动能，这将对我国国民经济发展产生深远的影响。数字经济快速发展，带来了网络平台等多形态的社会"新主体"，对生产力、生产要素和生产关系等带来了战略性机遇和结构性挑战。国务院反垄断委员会发布的相关指南为中国数字经济的发展释放了强大的政策红利和监管动力，将会极大促进数据等新生产力要素的应用。值得关注的是，与传统生产要素相比，"数据"等新要素的价值特性有较大变化，并不是单纯的越多越好，必须系统性地应对。

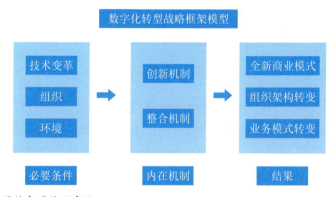

数据来源：中国信息通信研究院。

图 1　数字化转型的战略理论框架

（二）我国数字经济持续高位增长是基于产业转型发展的内在需求

中国信通院发布的《中国数字经济发展白皮书（2021 年）》显示，2020 年在新冠肺炎疫情冲击和全球经济下行叠加影响下，我国数字经济依然保持 9.7% 的高位增长，是同期 GDP 名义增速的 3.2 倍多，成为我国稳定经济增长的关键动力。2020 年一年，我国数字经济规模达到 39.2 万亿元，占 GDP 比重为 38.6%；数字经济增速达到 GDP 增速 3 倍以上。从地方层面来看，广东、江苏、山东、浙江、上海等 13 个省市数字经济规模已经超过 1 万亿元；北京、上海数字经济 GDP 占比超过 50%。专家指出，数字经济快速发展主要是基于各行业对于数字化转型的迫切需求，虽然转型之路有一定的风险，但是强大的转型需求为数字经济发展提供了源源不断的动力。

（三）数字化转型是产业转型发展的拐点更是机制创新的难点

如何准确对接产业发展的真实需求、发现痛点，满足强大的市场需求，精准对接、精准施策，实现数字化与新经济发展的有机融合，是产业数字化转型的拐点。"应避免格格不入或产生副作用，市场化的真实需求决定了数字化经济的未来和发展方向，而不是为了数字化转型压力，做些数据的概念和理念，简单的搭个平台、数据一传了之。"专家同时指出，数字经济有"5G等新型网络、大数据平台以及智能数据分析"这三大要素合力作用，已经成为数字经济的核心驱动力，但数据安全、合理、合法化应用的机制体制尚未同步建立以及与新经济的协同作用不明确将成为产业数字化转型的难点，数字化技术改造的大力实施，在快速优化我国的传统产业结构调整的同时，能否为新经济发展起到基础支撑和方向指引作用，拓展新经济发展空间，也是产业数字化转型亟待解决的难题。

二、创新上海产业数字化转型发展机制的路径

（一）上海产业数字化转型亟须处理好的关系

在推进产业数字化转型过程中，上海需要着力把握好以下几方面关系：一是把握好与城市数字化转型的关系。上海市委市政府提出上海要加快数字化转型，涵盖经济、生活、治理三个领域。上海产业（制造业）数字化转型平台建设是经济领域数字化转型的一项重要工作，同时也是关乎生活和治理领域数字化建设和上海城市精细化管理的一项基础性和关键性的工作。产业数字化管理服务平台建设，要按照"经济数字化重在高质量、生活数字化重在高品质、治理数字化重在高效能"的定位，从产业基础数字化转型做起，在实战管用的前提下，与生活、治理数字化转型做好衔接与融合。二是把握好与数字新基建各项任务的关系。平台的建设使用，依赖于政务云、政务网、物联网等基础设施的建设，但又能规范指引这些基础设施建设，推动各类设施的复合使用、落地应用、集约高效。三是把握好与线下业务实践的关系。数字化转型的目标是重新定义业务，而不单单是信息化过程中所做的从线下到线上；实施数字化的目的不仅仅是降本增效，而是借助自动化和智能化，根据环境和基础设施的变化，重新定义企业业务。

（二）上海产业数字化转型的必要条件

1. 上海产业数字化转型必要条件之一：技术变革

随着上海5G、AI、物联网、机器人、新能源等基础技术快速发展，众多行业产品、

服务需要重新定义，商业模式也将发生巨大的变化。典型如制造业领域，借助于传感器、工业软件、智能机器人、工业互联网和工业云等技术的日益普及，生产过程更加智能化，生产者满足个性化需求的能力进一步增强。

同时，随着一大批新技术新产品新业态的不断涌现，以生产厂商为中心的传统商业模式逐渐被以消费者为中心的新兴商业模式所替代。如上海的汽车产业，正在利用汽车＋互联网、造车新势力、电动车、智能网联、无人驾驶等变革力量，加速对传统汽车产业的"数字变革"；在数字医疗产业中远程医疗、智能影像、医疗机器人、病理辅助诊断在此次疫情中大放异彩，最早实现"数字防疫"；智能制造从自动化走向智能化，产业数字化指数均居于全国领先位置。

2. 上海产业数字化转型必要条件之二：生态变革

上海产业数字化转型的关键是建立一整套数字化生态系统，将转型的必要条件、机制和结果有机地联系在一起，数字化产业生态涉及的SMACIT（即社交、移动、分析、云和物联网的融合）具有生成性、可延展性和组合性，许多数字技术涉及更广泛的生态系统和需求，而非只是关注企业内部系统。上海产业数字化转型必须面对数字消费者对企业提出的更高要求，其需求不仅更加个性化，提出新需求的频次和速率也更快了。例如，上海正在聚焦"3＋6"产业布局，先行推动生物医药、电子信息、钢铁化工、航空

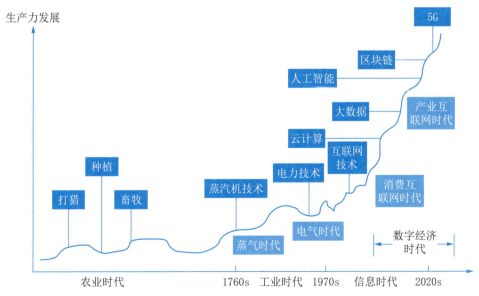

数据来源：中国信息通信研究院。

图2　数字技术发展推动上海进入数字经济时代

航天、船舶、核电、汽车、能源等十大重点产业领域加快营造数字化转型生态，以场景开放驱动产业动能转化，全面激发需求侧活力，全面提升行业发展能级，推动工业互联网相关新产品、新技术、新模式串联成"数字转型生态链"，使重点领域数字化转型覆盖率超过80%。

3. 上海产业数字化转型必要条件之三：组织变革

上海产业数字化转型的切入点是利用数字化技术（如大数据、云计算、人工智能等）来推动企业组织转变业务模式、组织架构、企业文化等的变革措施，继而率先实现完全的智能制造与智慧城市治理。数字化转型的核心之一就是数据化管理，即由数字技术的广泛传播而触发和塑造的产业组织变革。数字化转型就是要通过收集企业日常运营的数据，包括客户使用产品服务的数据、市场变化、行业趋势等数据，形成企业日常运营的全景图，反映到产品研发、服务流程改善、精准营销、销售模式升级、优化库存等业务的改进上来。如上海正在推动企业试点构建以 PDM（产品数据管理）为核心的数字化产业组织体系，即对企业财务、销售、市场等各项业务进行数据分析，以辅助管理产生效益，如当下很多企业正在实施的 ERP 系统、财务系统、人力资源系统、客户关系管理（CRM）系统等。试点 TMT（科技、媒体和通信）协同，形成新的具有数字化特征的产业组织，并要求企业发展动态能力和增强组织学习能力，形成跨职能合作和成熟的协调机制，进而充分发挥媒介、技术和通信等方面的融合发展能力，帮助数字化转型过程变得更顺畅、更具操作性。

三、上海产业数字化转型的对策建议

（一）建立数字化转型愿景，并以应用场景为基础履行数字化转型路线

上海应综合分析自身所处的行业特性和未来发展空间，建立数字化转型愿景和目标，并以数字平台不同阶段目标为基础，聚焦分类、分阶段的应用场景，建立近期、中期和长期的发展基线，制定数字化转型路线图。进一步加强数字基础设施建设，增强数字基础设施服务的能力。投资数字基础设施建设，扩大数据流通的范围，提高数据流通的效率，是上海把握数字经济机遇。应加强对关键技术设施的投资与建设，加快技术在商业领域应用落地，增强数字基础设施服务的能力，并且积极参与到全球技术标准和兼容性的制定中，为上海实现高质量发展培育技术优势。

（二）健全激励机制，探索协同治理模式，加强对数据安全的法规指引

企业之间在数字基础设施之上开展合作而形成的数字化生态，是数字经济的基本组织。健全对核心企业的激励机制，探索企业、社会、政府协同治理的模式，是培育数字化生态并且保障其稳定运行的基础。另外，数字化生态内部的数据融合增加了产权的模糊性，数据安全成为各类机构共同关注的热点问题。上海应加快数据安全的立法工作，进一步明确各类机构的权利、责任、义务，提高用户数据的安全性，为建立数字上海提供有力支撑。打造以云和智能为核心的新一代数字化原生平台。新一代数字化原生平台是包含 IaaS、PaaS、SaaS 以及更为具象化的 BaaS 和 DaaS 等多层能力的集合，云的思想和智能化的能力贯穿所有层面，为当前和未来的企业转型提供可持续的应用开发和承载能力。以数据为贯穿全局的主线，面向全产业链和企业生态圈提供开放、共享、可信赖的应用开发和承载环境。

（三）以企业数字化能力建设为核心，加快产业组织架构转型，为数字化转型提供支撑

一是做实做强平台工程。加快建成产业组织"一张网"，跨部门、跨领域、跨层级，打造上海产业（制造业）数字化转型平台，配置数字经济蓬勃发展的市场环境。二是加快产业数字协同大数据工程。从数据资源统筹规划抓起，以产业链、供应链、创新链等链式创新优势为切入口，滚动迭代发展大数据，加速产业升级、组织重构和管理模式的全面创新，彰显数字产业化和产业数字化的深度融合。三是聚力数字科技强企工程。大幅调整相关经费的投向投量，点燃物联网、人工智能、区块链等科技融入实体经济的星星之火，加快培育具有重大引领和带动作用的新产业，攻占数据驱动、人机协同、跨界耦合、共创共享的数字经济新高地。四是注重加强制度工程。加强统筹领导，特别是强化数字经济与实体经济融合发展项目的规划设计、工程立项把关、效益评估等职能职责，重点研究制定相关方在网络安全责任、数据资产权益、软件知识产权以及信息系统互联互通、数据资源共建共享的程序机制、权责关系等配套法规。

推动上海航空发动机产业数字化转型的对策建议

  编者按："数字化尖端制造"正日益成为工业化国家数字制造业发展的重要组成部分，预计未来5—10年，"新一代数字制造"将与物联网、量子通信、区块链、神经网络与人工智能、机器人和传感器组件、无线技术、虚拟和增强现实技术、大数据、工业互联网等新兴数字化技术实现深度融合，并将对航空发动机等"高精尖"工业产品研制开发与生产工艺创新产生变革性影响。目前以上海为核心承载区的中国商用航空发动机产业链，通过引入"数字研发""数字制造"和"数字验证"等数字工具平台，不断加速"航发研制数字化转型"。本文将在总结归纳的基础上，对探索形成"商用航发"产业数字化转型的上海方案，给出相应的对策建议。

一、"数字化尖端制造"或将成为促进航空发动机产业进步的重要抓手

  以美、欧、俄为引领的先进航空发动机工业体系，在政府计划牵引和企业项目的推

动下，已开始将新一代数字化技术大量应用于尖端航空发动机产品的研发、测试、生产、交付、运营和维护过程中。航空工业先进国家都开始制定先进航空发动机数字化技术路线图，用以对现有技术储备以及每种技术或子技术的优势 / 短板进行了分析，并确定未来发展途径，力图保障各自在数字化尖端制造领域的全球竞争力和技术独立性。

（一）大数据应用加速向新型航空发动机研制及运维渗透

大数据的应用不仅仅依靠数据的体量大，只有通过有效的数据分析才能获取深入的、有价值的、智能的信息。可视化分析、数据挖掘算法、模型预测分析、数据质量和数据管理等大数据分析方法均已成为决定新型发动机研制及运维的关键价值因素。近期，罗罗宣布正在建立 R2 数据实验室，期望通过使用人工智能，机器学习和新的分析手段进一步对数据进行"财富"挖掘，实现研发成本节约。普惠已经推出了 MRO（航空发动机维护、维修和大修）服务平台 EngineWise，旨在利用大数据分析为全球运营商提供定制化个性化 MRO 服务支持。Predix 是 GE 推出的全球首个专为工业数据分析开发的云服务平台。GE 启动了首届"Predix 星火计划"，推出了数字工业进化指数。中国航发也进行了积极的探索，黎阳建成了机匣分厂数字化制造系统，以及结构件分厂作动筒数字化生产线，实现了提产增质降耗的"智慧转身"。

（二）数字化制造是全球航空发动机制造业的重要发展方向

全球航发制造巨头都已将数字制造工艺、工业物联网、虚拟 / 增强现实、机器人技术等与航空发动机制造密切关联。美国通用电气公司（GE）数字制造工艺领域下包含数字化设计、智能制造、机器人控制等三个子领域，纳入了数字孪生、虚拟试验、产品全生命周期管理（PLM）、生产过程管理系统等一系列新技术和软硬件系统，数字孪生技术是该领域最重要的技术，可极大地降低实物试验数量，提高生产效率；俄罗斯联合发动机制造集团（UEC）制定数字技术路线图，将"使用 PLM 系统的研制项目数量"等作为考核指标，并匹配对应的预算资金，为航空发动机产品应用新型制造技术指明了方向；英国罗尔斯·罗伊斯公司（Rolls-Royce）将工业物联网、机器人和传感器组件技术应用在发动机零部件制造和总装过程中，大幅度提高制造速度；虚拟现实技术可与数字孪生等技术结合，实现航空发动机设计、制造、维修过程的可视化，整体上提高发动机产品研制和运行效率。

（三）型号适航认证中引入数字化虚拟测试将成为趋势

GE9X 发动机研发了一套新的数字化测试理念和流程应用在发动机的适航认证测试中，可以让该发动机作为波音 777X 系列唯一动力引擎服役后，提供更好的可靠性和耐久性，至少超过成熟的 GE90-115B 发动机的可靠性指标水平。技术开发商有必要推动建立统一信息空间，开发测试数据管理系统，在各个部门与整个企业之间建立可靠的联系。通过传感器来精确控制零件的检测情况、监测设备的健康情况以及实现系统集成后飞机空中运行的情况监测。GE9X 设计团队还研制了新的"数字化"测试工具，可以研究不同的尺寸、操作条件和环境因素对每台发动机及其部件的影响，设计团队还可以利用 Predix 技术，为全部 14 台 GE9X 发动机创建"数字孪生"，提供了新的数据分析能力，测试 GE9X 发动机将"不需要增加更多的传感器"。"数字孪生"是指以数字化方式拷贝一个物理对象，模拟对象在现实环境中的行为，对产品、制造和测试过程乃至整个飞行环境和发动机实际运行进行虚拟仿真，从而提高发动机制造商的产品研发、制造、检验检测、适航验证生产效率。

二、上海有望成为中国商用航空发动机产业"数字化转型"的实践区

上海市委书记、城市数字化转型工作领导小组组长李强指出：要跳出传统产业思维定式，抓住核心关键环节加快攻坚突破、创新集成，深化研发设计、生产制造、经营管理、市场服务等环节的数字化应用，努力在经济数字化转型中抢抓先机、走在前列。《上海市"十四五"规划和二〇三五年远景目标的建议》就加快推动经济高质量发展，提出强化高端产业引领功能，并要求加快数字化发展，大力发展数字经济，加快数字社会、数字政府建设，全力打造具有国际竞争力的数字产业集群；全面实施智能制造行动计划，大力发展在线新经济等新业态、新模式，聚焦智能工厂、工业互联网等重点领域，培育壮大一批本土龙头企业。数字化转型将助力高端制造业高质量发展，并高度契合《关于全面推进上海城市数字化转型的意见》精神。在产业范畴内，借助新一代信息技术实现企业生产智能化、运营智能化、管理智慧化、营销精准化，将提升组织绩效和产业竞争力。推动数字经济产业与制造业深度融合，构建产业数字化发展新格局，是制造业高质量发展的关键。上海应当也必须要抓住新一轮科技革命与产业变革的发展机

遇期，通过数字化转型实现制造业产业基础高级化和产业链现代化，2021 年，以生物医药、电子信息、钢铁、化工、航空、航天、船舶、核电、汽车、能源等为代表的上海十大领域将步入数字化转型的快车道。

数字化时代来临，世界顶尖航发制造商争相引入研发、制造、运维等环节数字化工具，以期缩短研发周期、降低运维成本，作用如同"锦上添花"；中国商用航空发动机正处于向自主研发迈进的跨越发展时代，研发能力建设与型号研制并行，数字化工具更应"雪中送炭"，发挥补全研发能力短板、解决工程实际问题、突破远程运维的时空限制等现实作用。着眼未来，为满足新一代大型客机 C919 和宽体客机 CR929 等国产大飞机的动力需求，CJ-1000、CJ-2000 及新一代超大涵道比涡扇发动机等商用发动机型号研制工作正在加快推进，中国航空发动机产业正处于史无前例的跨越式发展时代。

（一）商用航空发动机研制亟待引入数字化集成仿真体系

与世界顶尖航发制造商相比，国内商用航发型号研制经验有限，大涵道比商用发动机研制此前更是空白，总的来看尚未完全打通航空发动机自主研发的完整流程，尤其在集成测试阶段，"非数字化的实体试错模式"成本高昂，效率低下，是造成我国商用航空发动机研制进度滞后的主要原因之一。基于国内航空发动机行业研发经验与研发能力相对不足的现状，国内航空发动机行业对数字化工具的需求应当聚焦设计端与验证端，亟待构建数字化集成研发平台。建立一套面向管控设计过程的集成研发环境。它要求整个过程中的任务流程、工具、标准规范、数据，以及相关联的工程设计数据库等，都在一个平台上完成流转，而且还要与既有的信息化系统相融合。面向设计端的数字化工具重点需求在于，构建航空发动机自主研发流程，打通贯穿其中的全部研发要素，实现部件 / 系统乃至整机的功能建模与集成仿真。中航发商发自主研发数字集成研发平台，全面导入产品系统工程开发理念，将压气机、涡轮等核心部件的研发效率提高近 24 倍，完成超过 5000 项设计任务，支撑以产品研发体系为核心内容的 AEOS（航空发动机运营体系）建设，加速航空发动机核心业务与数字化技术的深度融合。随着国家数字化设计与制造创新中心于 2018 年 10 月落户无锡，其面向航空发动机及燃气轮机的数字化设计等方面的关键共性技术的定位，提升我国航发产业数字化智能化研制的核心竞争力。

（二）商用航空发动机制造亟须引入数字化工艺装备平台

航空发动机制造业是应用数字化制造技术最为密集的行业之一，集成了大量的机电软一体化关键工艺装备，尽管多年来航空制造业已经有了良好的基础，但面向航空发动机的数字化制造工具，仍显得技术储备不足，快速研制能力、批量生产和变批量生产快速转换能力薄弱，因此亟须在制造装配阶段引入数字化工具，以提升生产效率、供应链管理水平，降低研制风险和用户采购使用成本。2018 年 1 月"上海商用航空发动机先进工艺与智能装配工程技术研究中心"在中国航发商发制造临港基地揭牌，是国内首个商用航空发动机先进工艺与智能装配工程技术研究的产学研紧密结合体，工程技术研究中心以先进商用航空发动机关键零部件"数字化"制造工艺开发以及单元体和整机"数字化"智能装配技术研究，提高行业相关"数字化工具"的技术成熟度为核心任务，形成技术体系上下游闭环，实现对商用航空发动机研制、批产和维护大修的全面支撑，形成对科研生产的数字化支撑能力，加速建设商用航空发动机自主创新能力和产品市场竞争力，带动以上海为龙头的长三角航空发动机产业"数字化尖端制造"能力的培育和发展，构建起长三角航空发动机数字化设计与制造创新平台，打造成具有全球行业影响力的数字创新示范平台。

（三）商用航空发动机测试验证必须利用"数字化"技术

虚拟装配与数字检测技术是航空发动机制造中的先进技术，应用在发动机部件装配及检测中能起到事半功倍的作用。数字化测试验证技术是提升航空发动机的产品质量和验证效率的必然手段，建立航空发动机数字化验证仿真流程架构模型，对数字化测试的关键技术进行分析，可以为实现航空发动机数字化智能制造提供支持，而数字化检测技术的运用，使发动机装配质量有了大幅提升，使发动机可靠性得到保障。加快数字技术与检测技术的有机融合，有利于快速提升航空发动机质量检测、试验验证以及适航取证的智能化、数字化、自动化水平。2021 年 5 月"国家民用航空发动机产业计量测试中心"正式落"沪"揭牌。旨在为民用航空发动机产业提供"全产业链、全溯源链、全生命周期"计量测试服务和开展"数字化"前瞻性研究，对保证产品研制全寿命周期测量数据的准确性、一致性、可靠性以及满足适航审定制造符合性的要求意义重大。聚焦项目和产业发展中计量测试难点和痛点，加强"数字化"计量测试技术、方法和设备的研究。

"数字化"测控装置的先进性直接决定了航空发动机的科技含量和产品质量，体现了一个国家智能制造装备的发展水平，是发动机工业生产、智能制造的"大脑"。民用航空发动机等国家级产业计量测试中心的建立，直接为国家"两机"专项等重大项目和工程提供"数字化"检验检测技术支撑与服务，"数字计量检测"将赋能长三角航空发动机产业生态高质量发展，为我国商用航空发动机加快适航认证进程奠定坚实基础。

三、上海推动商用航空发动机产业数字化转型的对策建议

（一）推动商用发动机研发流程的"数字化提升"速率

积极推动人工智能、工业物联网、数字孪生等技术在新型号发动机产品研制过程应用，建立统一的"上海—长三角商用航空发动机"研发—工程信息（数据库）平台，完成研发设计和管理过程数字化，打造真正的"数字发动机"，使企业具有更加高效的设计制造能力，降低数据迭代成本，实现产品全寿命生命周期跟踪，彻底打通商用航发工程研制流程。利用上海、无锡等地的超算中心和数字化设计中心，加快放大航空发动机超级计算能力和大数据挖掘能力的融合赋能作用，处理大量的结构化和非结构化数据，贯通数据的传输、处理和存储链条，减少设计时间和数据传输中的错误数量，通过系统性、规范化的验证确保更多的问题在早期的集成测试阶段而非整机集成阶段暴露，从而保证了研发周期和研发成本的可控。协同飞机制造商、航空运营商以及维修服务商，联合构建"动力系统数字化运维仿真模拟"系统，并提前模拟商用运维阶段，用以提前暴露设计缺陷，降低研发风险，保证设计、验证等各阶段符合设计规范和适航要求，实现故障诊断、寿命预测、趋势分析等在翼健康管理功能，以降低运维成本。

（二）加快商用航空发动机的"数字化制造"进程

一是实现商用航发设计—生产工艺—制造配套的全流程数字化。利用 3D 模型、PDM/PLM 系统和 CAD/CAM/CAE 软件确定发动机设计和数字化工艺；利用直通式数据交换协议、数据接口、ISO 标准等形成覆盖不同地理位置工程中心的协作环境、保障高水平的信息交互，通过共同的信息空间和专家知识积累，形成专业化整合。二是推动"航发工厂"生产设备和基础设施管理的多元数字化。引入 ERP/CRM/SCM 等生产管理系统、MES 和 ICS 等车间管理系统、用于工业设备的 MRO 工具，以及作为物联网元素的自动化监控系统；建立生产车间的数字孪生模型，开辟柔性生产单元和机器人系统

的试验区域，在物联网中纳入测量系统等。三是加快"航发制造"全产业链过程管理数字化。包括实施项目管理系统和风险管理系统；引入信息处理系统，包括从生产和管理系统获得信息的快速建模、分析和动态发布；收集航空发动机产品和工业设备全寿命周期数据，利用人工智能和机器学习进行预测分析；采用内外部电子文件管理，包括具有法律意义的文件；通过数字平台服务与主机制造商、业务合作伙伴、政府和监管机构联系。四是"航发企业"人力资本管理数字化。针对每位员工技能、资格和能力数据引入"数字化"的机制，管理公司的人力资源；采用知识管理信息系统；开展管理人员能力培训和推广学习管理系统。

（三）尽快形成商用航空发动机的"数字化验证"体系

整合全国航发产业资源，依托中航发商发设立"两机专项检验检测系统攻关团队"，加强在"数字化"航空发动机检验检测设备（含软件）和适航验证技术领域开展关键核心技术攻关，为上海乃至长三角先进航空发动机制造业"高质量"发展提供持续的数字技术及数字服务支撑。依托"国家民用航空发动机产业计量测试中心"，逐步形成国家级商用航空发动机产品的一体化"数字智能"计量测试体系，搭建涵盖民用航空发动机产业标准技术和产业链合作的技术联盟；建成民用航空发动机产业计量测试服务创新平台、成果和标准应用平台、技术共性的服务平台。依托中航发商发和上海适航审定中心等单位，构建长三角区域航空发动机"数字适航验证"平台，建设数字可视化分析、数据挖掘算法、模型预测分析、飞行数据质量和适航数据管理等多维度的"数字验证平台"。引入数字化虚拟测试技术，工业大数据算法等数字技术，为民用航空发动机的安全性、经济性、可靠性保驾护航，有力保障产业链、供应链自主可控，打造民航飞机"中国心"，协力培育商用航空发动机产业高质量发展的"数字新动能"。

促进国内手术机器人发展的对策建议

编者按：医疗机器人在机器人应用中是一个相对较小的细分市场，但作为单位价值最高的服务机器人，医疗机器人成为当前机器人行业和医疗行业发展和投资的热点。国内医疗终端的市场规模将随着老龄化社会的到来快速扩大，分级诊疗的推进和基层医生的巨大缺口也成为了医疗机器人研发的强劲动力，其中手术机器人是技术难度最大，临床意义最强，是未来医疗器械行业最具发展前景的领域。

一、国内外手术机器人发展的现状和进展

（一）手术机器人的特点及分类

20世纪80年代以来，手术机器人伴随着微创外科手术的发展而逐步出现并且发展起来，是集临床医学、生物力学、机械学、计算机科学、微电子学等诸多学科为一体的高度集成的新型医疗器械。手术机器人最大的应用是"微创"手术，以微创的手段来消除手术造成的大面积创伤对患者的不利影响，进而达到减少患者痛苦和加快术后恢复速度等目的。此外，手术机器人还具有精准定位、手术规划、精准成像等功能，能降低常规手术中

因医生手部震颤等造成的不可控的手术风险，大幅减少手术医生被辐射感染的风险。

现阶段的手术机器人以辅助医生进行手术为主要功能，从视觉、听觉和触觉上为医生提供手术操作的支持，帮助医生实现对手术器械的精准控制，目前已应用于普腹外科、泌尿外科、心血管外科、胸心外科、妇科、骨科、神经外科、口腔科等多个领域。从产品分类来看，有腔镜手术机器人，其代表是美国直觉外科的达芬奇手术机器人；骨科手术机器人，其代表是美国史赛克（Stryker）的 RIO 机器人；以及神经外科手术机器人、血管介入手术机器人和口腔手术机器人等。

（二）国内外手术机器人的发展现状

1. 国外手术机器人的发展进展

从 2000 年首款达芬奇手术机器人获美国 FDA 批准上市到现在，全球的医疗器械企业纷纷进入手术机器人领域，经过一轮发展，手术机器人发展成以骨科、神经外科、腹腔镜等为主的细分领域，其技术和产品则基本被掌握在以美国为首的跨国医疗器械巨头手里，包括：美敦力（Medtronic）、强生（Johnson & Johnson）、史赛克（Stryker）、捷迈邦美（Zimmer Biomet）等。

在骨科手术机器人领域，史赛克（Stryker）是该领域的领头羊，其通过收购美国公司 MAKO Surgical 并取得关节手术机器人关键技术。核心产品 RIO 机器人在全球市场得到广泛应用，市场占有率达到 9%，主要应用于全髋关节置换和全膝关节置换手术。

在神经外科手术机器人领域，捷迈邦美（Zimmer Biomet）通过收购神经外科手术机器人领先的法国企业 Medtech，推出了可同时进行神经外科脑部和骨科脊柱手术的 ROSA One 手术机器人，一举成为神经外科和骨科手术机器人的领先企业。

在腹腔镜手术机器人领域，美国直觉外科公司（Intuitive Surgical）的达芬奇手术机器人是该领域绝对的行业龙头，截至 2020 年底，全球达芬奇机器人安装量已达 5669 台，累计参与手术达到 720 万台。最新消息显示，美国直观医疗器械公司与复星医药拟在浦东张江设立达芬奇手术机器人制造与研发基地。这是继美国硅谷后，上海成为全球第二个达芬奇手术机器人制造与研发基地。

2. 国内手术机器人的发展进展

国内手术机器人起步较晚，具备规模化的企业较少，大多数公司仍处在研发、动物实验、临床实验阶段。

在骨科手术机器人领域，北京天智航的骨科手术机器人已取得 104 项专利技术，在国内 74 家医疗机构中投入临床使用，在国内市场占据一定优势。天智航已经成功在上海证券交易所科创板挂牌上市，借助资本市场，未来将助力中国高端医疗装备发展，服务健康中国战略。

在神经外科手术机器人领域，北京柏惠维康已经在神经外科手术机器人领域深耕多年，拥有二十余年技术积累，围绕其 Remebot® 手术机器人及其智能生态系统，打造全流程手术机器人解决方案，拓宽手术机器人的应用场景，构建更优质便捷的就医体系，在医疗资源层面促进"共同富裕"。

在腹腔镜手术机器人领域，上海微创医疗机器人（集团）股份有限公司被业界普遍看好，其拥有国内外专利 250 余项，在手术机器人领域已经形成较完整的自主知识产权体系，其旗舰产品图迈（Toumai）腔镜手术机器人已进入国家药品监督管理局创新医疗器械特别审批程序，一旦获批，有望挑战达芬奇手术机器人的市场地位。

二、国内手术机器人下一步发展面临的问题

（一）技术突破难

手术机器人产品的多学科交叉性，高要求的产品设计能力，以及高度集成的软硬件设备等特征，在医疗器械领域构筑起很高的技术壁垒。比如，达芬奇手术机器人，从 2000 年问世以来，已经发展到了第 4 代产品，累计超过 15000 篇关于使用达芬奇手术机器人的文章已经出现在各种临床期刊上，并且每年数量还在不断增长。同时，直觉公司为其申请的相关专利高达 700 多项，几乎覆盖现有外科手术机器人全部的技术保护点。国内企业只能花费大量的时间重新去摸索和积累，另辟蹊径进行自主知识产权的研发和创新。

（二）产品落地难

一是研发周期长。手术机器人的研发周期一般长达 6 至 10 年，需要前期持续不断地投入资本，而从研发到落地应用也需要较长周期验证、迭代与完善，对投资者长期支持的决心和耐心也是一大考验。因为，手术机器人的研发道路充满艰难险阻，产品夭折的现象屡有发生，一旦出现任何问题，都有可能让前期投资功亏一篑。

二是注册审批时间长。手术机器人应用于医疗最核心的临床领域，属于三类医疗器械，实行许可管理，面临国家最严格的监管。对于国内自主研发的产品，不但要在技术

创新、专利等方面作出说明，还要花费大量的时间进行临床领域的验证，证明临床上的显著效果，论述所申请的医疗器械较现有产品或治疗手段在安全性、有效性等方面的根本性改进和显著临床价值。产品从申报到获得注册许可往往要花费 24—36 个月的时间。

三是市场渗透率低。一方面国产手术机器人需要打破进口产品的市场地位，增强市场布局，提升装机量。比如达芬奇手术机器人在国内腹腔镜手术机器人市场占据绝对优势，国内同类产品面临"破圈"的难题。另一方面，产品价格方面还不具备优势，比如进口骨科机器人的售价在人民币 322 万元至 968 万元，而国内天智航的产品价格区间在 390 万元至 680 万元，国产进口价格差距不大。

（三）企业盈利难

医疗器械产品的盈利问题一直困扰着企业，不仅国外存在这样的问题，国内由于手术机器人起步晚，商业化进程慢，从研发到产品落地到盈利的道路更加漫长。以国内天智航骨科手术机器人为例，其从 2016 年 11 月完成注册并上市以来，已经在国内骨科手术机器人市场占据绝对优势，但仍然难破盈利问题。从天智航公开的财报可以看到，天智航 2018 年、2019 年、2020 年的营业利润分别是 –809 万元、–3926 万元、–4568 万元，呈持续亏损状态。另外，国外医疗器械巨头史赛克、美敦力的骨科手术机器人产品已获得国内医疗器械注册证，未来国内骨科手术机器人市场的竞争将进一步加剧，天智航的盈利之路将更加困难。

三、加快国内手术机器人发展的对策建议

（一）引进来，吸收国外先进经验

发挥进博会平台效应，将其作为全球最新款手术机器人产品的首发平台，吸引全球医疗器械巨头汇聚，加强国内外企业的交流，帮助国内企业了解最前沿科学和最新技术在手术机器人领域的应用成果，未来医疗器械的发展方向，以及自身技术发展的差距不足。大力促进国内企业同国外巨头的合作，争取获得国外企业的专利开放或授权，通过引进、吸收、转化、自主研发，不断提升国内企业的技术水平和产品质量。

（二）促投资，强化金融体系支撑

引导市场和资本关注手术机器人领域，鼓励银行、证券、基金、信托等金融机构提

供多样化、全方位的金融产品，支持企业的技术攻关和产品研发的资金需求。完善金融支持体系，建立手术机器人的长期投资计划和扶持发展路径，积极引导科研基金、政府引导基金等参与企业基础研发、核心技术的投资，弥补投资机构布局的不足。发挥科创板优势，结合企业发展实际和金融市场发展要求，优化上市门槛，做好企业上市方面的工作支持和辅导，稳步推进企业在科创板上市。

（三）强政策，扶持企业加速发展

强化政策支撑，对在沪的手术机器人企业，制定更详细的减税或免税政策，对已经有产品进入销售环节的企业，建立相应的评估机制，对国产化率达到一定比例，并已经销售的手术机器人产品给予财政补贴。增强医保覆盖，考虑将机器人辅助手术逐步纳入医保覆盖范围。鼓励保险机构先行探索，推出覆盖机器人辅助手术的医疗保险产品，如在"沪惠保"中增加可用于报销的手术机器人类别等，弥补医保覆盖不足的情况。

表1 国内值得关注的手术机器人企业

企　业	核　心　产　品	产品状态	企业融资情况	地区
北京天智航医疗科技股份有限公司	天玑手术机器人 2.0	已上市	科创板上市	北京
北京和华瑞博医疗科技有限公司	HURWA 关节置换手术机器人	产业转化阶段	天使轮	北京
北京术锐技术有限公司	单多孔模块化腔镜手术机器人	动物实验阶段	B 轮融资	北京
杭州键嘉机器人有限公司	ARTHROBOT 髋关节置换手术机器人	注册申报阶段	C 轮融资	杭州
上海微创医疗机器人（集团）股份有限公司	图迈腔镜手术机器人	注册申报阶段	港交所上市	上海
上海奥朋医疗科技有限公司	ALLVAS 泛血管手术机器人	临床试验阶段	A 轮融资	上海
骨圣元化机器人（深圳）有限公司	膝关节置换手术机器人	临床试验阶段	A 轮融资	深圳
深圳市鑫君特智能医疗器械有限公司	ORTHBOT 脊柱手术机器人	已上市	B 轮融资	深圳
深圳市爱博医疗机器人有限公司	血管介入手术机器人	研发阶段	无	深圳
苏州康多机器人有限公司	康多系统腔镜手术机器人	临床试验阶段	无	苏州
威高集团	妙手 -S 腔镜手术机器人	临床试验阶段	无	天津

推广智能垃圾回收设施，助力上海垃圾分类数字化转型

编者按：加快推进垃圾分类处置是打好污染防治攻坚战中的重要一环，随着 2019 年 7 月 1 日《上海市生活垃圾管理条例》正式施行，截至 2019 年底，上海已基本形成垃圾全程分类收运体系，居民区分类达标率从 15% 提高到 90%，垃圾填埋比例从 41.4% 下降到 20%。同时值得注意的是，上海市前端垃圾分类回收工作与信息化、智能化技术融合程度总体相对不高，在对垃圾回收智能化设施的需求与配置方面存在较为明显的缺口。目前正是上海市进入新发展阶段全面推进城市数字化转型的关键时期，作为生活数字化转型与治理数字化转型"交集"领域之一，上海有必要也有条件系统、有序推广智能垃圾回收设施。本研究梳理了智能垃圾回收设施功能特点与现实需求，介绍了国内部分省市以及本市部分区域应用实践情况，归纳了上海推广相关设施的优势条件与共性难点，并提出相应的工作建议。

党的十八大以来，习近平总书记多次就垃圾处理工作做出重要指示和部署，加快推进垃圾分类处置也成为打好污染防治攻坚战中的重要一环。2019 年 7 月 1 日，上海正

式施行《上海市生活垃圾管理条例》，截至 2019 年底，已基本形成垃圾全程分类收运体系，结合推进垃圾资源化利用设施建设等举措，居民区分类达标率从 15% 提高到 90%，垃圾填埋比例从 41.4% 下降到 20%。

一、智能垃圾回收设施功能特点与现实需求

从当前应用情况来看，相对于普通垃圾桶等传统回收设施，智能垃圾回收设施搭载智能设备、连接网络，综合运用传感器技术、声音与图像处理技术，实现普通垃圾桶等回收设施功能的创新升级。应用于社区、街面、楼宇等公共区域的智能垃圾回收设施主要包括智能垃圾箱房（站）、智能垃圾柜与智能垃圾桶等，相关设施的功能特点与现实需求主要如下。

（一）主要特点

一是智能开关、无人值守，相关设施在居民投放垃圾时通过身份识别验证后自动开关，无需保洁人员或志愿者值守，既节约人力，也为居民 24 小时随时投放提供可能；二是自动监测、精确计量，即对外监测、识别居民投递垃圾的行为，对内自动即时监测设施内部状态，保障设施安全正常运行，并可对投放垃圾进行称重计量；三是数据采集、精准溯源，即设施本身作为一个数据采集末梢，除了自身运行状况以外，还采集垃圾投放相关数据并传输至有关管理平台与终端，结合身份验证，还可对投放垃圾实现准确溯源；四是智能交互、体验宣传，即在居民使用过程中，通过引入身份识别、语音与图像等人机交互应用，结合回收积分自动累积积分、自助兑换等活动，有效提升居民的使用感受，形成良好的宣传示范效应。

（二）主要功能

一是身份识别，即通过人脸识别、刷卡、二维码等手段识别验证垃圾投放者以及管理维护人员的身份；二是行为监控，即对居民投递垃圾的行为、垃圾的类型进行监控；三是称重计量，即对投放垃圾进行即时称重；四是设施监测，即时监测设施内箱体垃圾满溢情况、设施运行的异常情况；五是报警提示，即对垃圾即将满溢以及设施运行异常情况进行报警提示；六是数据管理，对设施所采集有关数据进行存储、处理与传输，支撑后续垃圾投放数据统计、违规投放溯源、可回收物积分累积以及设备维护等功能的实现。

（三）现实需求

当前，上海市的垃圾分类回收工作，以定点定时投放形式为主，现场管理以保洁员与志愿者等人力值守为主，相关工作与服务的开展与信息化、智能化技术融合程度相对较低，在居民对垃圾回收智能化设施的需求与配置方面存在明显的缺口。根据市民政局在全市范围内开展关于社区智能化便民服务设施问卷调查结果，在 7000 多份回收问卷中，只有 26.4% 的受访者表示小区已有垃圾回收智能化设施，远低于智能快递柜（70.8%）与社区智能门禁（54.3%）的普及率。与之相对应的是，有 46% 的受访者认为垃圾回收智能设施是其最有需求的智能化便民服务设施，位居需求的第一位。

二、国内智能垃圾回收设施的应用和实践

（一）其他省市应用的案例实践

1. 北京

随着 2020 年 5 月《北京市生活垃圾管理条例》正式实施，北京市海淀区在多个街镇配备智能垃圾分类回收设备，科技助力垃圾分类。其中，海淀街道在多个社区建立全品类智能柜机分类驿站，居民在使用智能柜机时通过手机扫码注册，注册之后仅凭刷脸就可以登录使用。智能柜机不仅包含了"厨余垃圾""其他垃圾""有害垃圾"3 大类，还将"可回收垃圾"另外细分出了"纸类回收""纺织物回收""塑料回收""金属回收"4 小类。居民在投放垃圾时，按照提示操作，将垃圾投放到相应的分类桶中。智能柜机还可将垃圾进行分类称重、分类计量，对居民每次垃圾投入进行积分奖励，积分积累到一定程度，可以兑换奖励物品。海淀街道还通过与第三方公司合作，运用"互联网＋"模式助力垃圾分类，即通过智能柜机采集数据，及时、动态、精准把握区域垃圾投放与分类、回收情况，为后续进行垃圾分类精细化管理提供数据支撑。

2. 重庆

尽管重庆基本建成垃圾分类处理系统的时间点定在 2020 年底，但很多区县早在 2019 年就启动试点，并探索出一系列行之有效的办法，包括融合智能化设施与手段，助力推广落实垃圾分类，加速培养居民垃圾分类习惯等。例如，铜梁区试点推进"互联网＋"垃圾分类，居民通过垃圾分类 App，结合对智能垃圾箱的使用，在手机上就可以实现扫码投放、预约回收、积分查询和兑换商品。智能垃圾箱采用智能称重系统，可即时上传

数据至云平台。当垃圾箱装满后，就会启动报警系统，提醒工作人员及时安排垃圾收运。积分兑换机紧挨智能垃圾箱，居民刷卡就可以查询积分和兑换日用品。

3. 深圳

自 2017 年以来，从覆盖区内物业小区（含城中村）、公共餐饮酒楼开始，截至 2019 年，深圳市盐田区将智能化垃圾分类覆盖范围扩大到学校、军营、机关与企事业单位，共计在全区投入 350 多台智能分类收集设备，实现了垃圾减量分类智能化收集"全区域覆盖"。这些智能分类收集设备具有人脸识别、指纹采集、触摸操作、语音播报、电子秤等功能。智能设备在垃圾投放前即会播放垃圾分类教程，用户将垃圾放于设备自动称重台，并按照设备屏幕的提示选择投放垃圾的种类后，将垃圾投入相应的分类箱口，系统就会根据投放垃圾的种类和重量转换成积分发放到用户账号里。依托智能分类收集设备开发的"互联网 + 分类回收"大数据平台可及时将超过 300 个生活垃圾分类点的投放情况收集起来，并可以通过对这些数据的分析，获知相应小区垃圾分类投放习惯及需求，从而更有效地指导垃圾分类工作资源的配置。

（二）上海各区的实践探索

1. 静安区

早在 2018 年，静安区开始试点部署智能垃圾分类回收机与智能垃圾箱房等设施。其中，前者支持居民自助投放可回收垃圾，可自动称重并且现场返现；后者集身份识别、信息屏幕、端口扫描、监控摄像、网络连接等多功能于一体。每户居民必须绑定一张智能卡，刷卡之后才能投放垃圾，由此实现了投放垃圾实名制，且必须在指定投放时间内投放。此外，静安区南京西路街道，对于街面的垃圾桶，融合大数据预测与传感器感应进行智能化管理——在垃圾满溢之前，城市管理智能化平台便会自动报警，同步将信息传送到距离垃圾桶最近的环卫工人智能手环上，通知其进行处理。依靠这套智慧管理系统，南京西路街面治理事件从发现到处置，由原来的"一个小时到场"缩短到现在的"3 分钟到场"。

2. 长宁区

长宁区周家桥街道创新探索应用智能管理，提高分垃圾类实效，2020 年 6 月，上海首个"AI + 垃圾分类"新时尚微网在街道城运中心上线。街道同步设置了两处垃圾箱房"爱分减"前端智能监测设备，以摄像头记录居民上前投递垃圾的过程，通过智能学习

后，实现对投放垃圾中混合物的准确判别，并作出语音表扬或提醒；设备还可以通过"身份绑定"验证用户 ID，对投放行为进行实时监测，及时锁定不合规投放者并反馈信息；设备监测信息集合规统计、量化评价、数据分析于一体，一键生成、一屏呈现，不仅方便了街道垃圾分类工作的安排和开展，还实现了垃圾分类可追溯，为垃圾分类精细化管理提供了数据支撑。据统计，投入相关设备后，仅人力成本一项就比之前下降了 65%。

3. 松江区

为了能更有效地改变居民的垃圾投放习惯，让垃圾厢房从对保洁员、志愿者值守的依赖逐渐向无人化、自助化发展，保障垃圾投放全天智能可回溯，从源头有效解决垃圾分类难题，松江区中山街道试点"四分类智能垃圾收集箱"。该款设施包括扫码开门、人脸识别、满溢报警、监控回溯等功能，在使用中采取实名注册的形式，并提供人脸识别和二维码识别等服务。用户通过身份识别登录后，选择要投放的垃圾种类与类型，等候 0.5 秒，相应的柜门就会自动开启，12 秒后自动关闭。在回收过程中，设备自动将回收物称重，并将积分打到居民手机账户中。垃圾箱在快满溢的时候，还会亮起红灯，同时提示消息会第一时间发送到居民区书记、居委干部、物业经理和垃圾站管理人员的手机上，方便相关人员第一时间进行处理，如果居民出现违规投递，后台也能收到详细信息并推送，居委干部将针对违规投放的居民进行个别化上门宣传。

三、推广智能垃圾回收设施的优势条件和问题难点

（一）上海推广智能垃圾回收设施的优势条件

1. 垃圾分类工作基础良好

上海自 2019 年 7 月正式施行《上海市生活垃圾管理条例》以来，垃圾分类持续保持全国先进水平，2019 年以来国家住建部对全国 46 个试点城市垃圾分类考核排名中，上海始终保持第一。除居民区分类达标率显著上升，垃圾填埋比例明显下降外，截至 2020 年 11 月，全市可回收物的点站场体系已经建成，回收物的回收利用率已经达到了 38.8%。

2. 智能回收设施多区试点

在智能垃圾回收设施实践方面，除了前面已介绍的静安、长宁与松江三个区，全市所有区都已开展智能垃圾分类设施应用试点，都在使用与推广过程中积累了经验。例如，普陀区在桃浦镇李子园大厦运用智能系统，落实"楼内智能精准投放＋楼外定点定时投放"相结合，确保垃圾分类实效；青浦赵巷镇引入了智能垃圾分类箱作为试点，实

现小区居民 24 小时不定时投放垃圾，解决误时垃圾滞留问题。

3. 已被列入规划目标场景

上海市在 2020 年 12 月发布了《社区新型基础设施建设行动计划》，在"应用场景拓展行动"中，提出了"开展可回收物服务点、中转站改造提升，推进全市住宅小区 3000 台智能回收箱规范管理。鼓励市场主体探索生活垃圾智能识别、分类清运，创新商业模式"重要内容，明确将智能垃圾回收设施列为目标场景，为相关工作的开展提供了行动规划依据。

（二）推广智能垃圾回收设施的难点

目前从全国范围来看，推广智能垃圾回收设施还存在着一些难点与障碍。

1. 投放与使用成本偏高

智能垃圾回收设施的投放成本、使用成本、维护成本一般明显高于普通垃圾桶、垃圾箱房等传统设施，加之在实际使用过程中，在人力、场地等多方面的其他成本，使得通过使用智能垃圾回收设施来进行垃圾分类处理所带来的经济效益较低，导致大规模投放难度较大。

2. 功能与规格标准缺失

尽管物联感知、自动识别、人机交互、智能控制等技术在智能垃圾回收设施上的综合应用越来越成熟，但是在相应的产品分类、标识、规格，以及功能指标、性能指标、安全技术指标等方面标准化工作没有跟上，缺乏相应的国家标准、行业标准和地方标准，不利于产品质量与安全性的保障，不利于行业的规范、健康、有序发展。

3. 配套机制措施要求较高

智能垃圾回收设施的功能发挥，除了功能设计、技术实现与产品质量等因素之外，还较大程度依赖于相关配套工作机制与措施，包括垃圾分类工作实施力度，不同部门之间协调与资源调配水平，相关人员配置、场地保障，对于智能回收设施所采集数据的对接、管理与应用能力，与企业等市场主体的合作创新等。

四、推进上海智能垃圾回收设施应用的工作建议

（一）开展专项全面调研，形成详尽成果支撑

在全市范围内，以各区绿化市容部门、街道以及社区（村居）为主要对象，开展较

为全面的专项调研，就智能垃圾回收设施的配备普及情况，设施的价格费用、功能设计、技术规格、维护成本，主要品牌以及使用成效、存在的问题等内容形成较为详细的调研与分析报告，为工作的进一步开展提供客观基础支撑。

（二）因地制宜设计规划，强化集约协调联动

因地制宜，充分考虑不同区域之间、不同群体之间智能垃圾回收设施的需求差异，客观度量资金、人员、场地等条件约束，以尽可能优化智能垃圾回收设施的供求匹配为目标，设计设施推广方案。同时，重点聚焦推进应用过程中的业务流与数据流，加强不同条线部门与街道、社区等基层单位在推进过程中的协调联动工作，强化数据共享应用。

（三）推动标准体系建设，打造良性行业环境

发挥政府引导协调作用，联合多部门，出台行业指导性标准或技术文件来引导行业发展，实现对智能垃圾分类设施领域的行业规划和引导，开展行业自律和监督。鼓励进行企业联合或者企业整合，以提高研发能力和生产能力，防止恶性竞争。由行业主管部门牵头，发挥市场主体积极性与专业性，探索建立智能垃圾回收设施团体标准或地方标准。

加强道路塌陷隐患防治，构筑数字化技术安全防线

编者按：2020 年 1 月 13 日，青海省西宁市发生路面坍塌事故，牵动了全国人民的心。1 月 21 日，李克强总理在考察时强调要各地认真排查整治城市公共设施安全隐患，解决好历史积累的问题，确保新建工程质量。随着道路塌陷事故的多次发生，各地政府也相继出台了道路塌陷治理的相关政策，预防和治理已经成为一项重要的市政基础设施建设。上海市政工程设计研究总院（集团）有限公司专家指出，上海应抓住全面推进数字化转型的契机，率先突破城市道路塌陷数字化风控技术，推动城市治理体系和治理能力现代化，满足人民群众日益增长的美好生活需要。

2020 年 4 月，上海市政府发布《关于开展道路塌陷隐患排查治理专项行动的通知》，通知中强调"深入贯彻落实习近平总书记关于西宁'1·13'道路塌陷事故的重要批示精神、落实住房和城乡建设部 2020 年安全生产工作要点中提出的道路塌陷隐患排查治理工作要求，切实做好全市道路塌陷事故的防控工作"。随着国民经济的快速发展，我国加快了城市化建设步伐，城市规模不断扩大，交通负荷不断增大，地上地下工程不断

增多，地下管线不断老化，种种因素导致了道路安全隐患不断涌现。城市道路塌陷事故直接关系人民生命安全，提高城市道路塌陷防治能力刻不容缓。

一、道路塌陷多发成为国内城市亟待解决的"城市病"之一

（一）城市道路塌陷是国内不少城市普遍面临的问题

电影《2012》的上映将"地陷"一词推入公众视野，而在新闻报道中，道路的突然塌陷也频频入镜。《2018年10月—2019年9月全国地下管线事故分析报告》显示，公开新闻中可收集到的全国地面塌陷事故142起；而《2020年全国地下管线事故统计分析报告》中2020年全年仅收集到的道路塌陷事故就达263起。

从国内看，2018年2月7日，佛山市禅城区在建地铁2号线隧道及路面坍塌，造成11人死亡、1人失踪、8人受伤；2018年10月7日，达州市达川区东环南路103号发生人行道路面塌陷，造成4人死亡；2019年12月1日，广州市广州大道北与禺东西路交界处出现地面塌陷，造成3人死亡；2020年12月29日，杭州城区人行道突发路线塌陷，造成1人遇难、1人失联；2021年4月18日，西安市未央区二环北路凤城明珠门外的人行道发生大面积塌陷；2021年5月13日，西安市雁翔路华著中城三期商业综合体接地铁五号线岳家站地下通道工程（正在施工中）附近发生道路塌陷，造成1人死亡。

从上海看，道路塌陷问题也不可忽视。2009年10月6日，宝山区守仁桥街发生大面积道路塌陷，附近多个居民小区煤气、供水中断；2011年10月27日，闸北区恒丰路长安路路口的一处路面发生了大面积的塌陷事故，出现了一个约10多平方米的大坑；2012年9月24日，浦东新区金科路路面发生塌陷，出现直径约三四米的圆形大坑；2018年9月21日，上海西北部的云岭西路发生塌陷事故，一辆途经的出租车整车陷入；2019年8月18日，江桦路靠近浦锦路自西向东的路面，在一辆土方车经过时发生一处塌陷，塌陷处的坑大小约20平方米。

（二）城市道路塌陷具有周期性、突发性、隐蔽性的特点

城市道路是交通的载体、管线的走廊，城市道路塌陷事故一直是影响道路交通安全的顽疾。相关专家指出，我国城市道路塌陷多为由城市基础设施破坏与人类活动引起，在长时间的形变以及盖层土体的反复破坏之后，致塌力超过一定临界状态以突发性态势爆发出来，造成反应不及的财产损失以及人员伤亡。而且在同一个地区的某一时段中，

地面塌陷往往会集中形成塌陷群。

时间上，我国城市道路大部分塌陷事件发生在雨季，尤其在汛期，降雨丰沛，地下水位变幅大，对道路路基稳定性影响较大，是发生道路塌陷事故的重要诱因。上海地处沿海，雨量丰富，年均降雨量较高，尤其是在梅雨季节过后容易发生地面塌陷。空间上，道路塌陷多发生在车行道、堤岸和地下管线上方，塌陷面积在1平方米到几百平方米不等，塌陷深度绝大部分为0—5米。上海处于长三角的滨海位置，也分布有黄浦江和崇明岛等江流、岛屿，台风和潮汐影响着上海堤岸的水土；而上海在城市化建设过程中，建筑业产值增长较快，建筑施工中大型、重型运输工具的使用影响着路面的使用寿命，交通量大、地下建筑及管线密集的区域也成了塌陷易发路段。

（三）人为因素在城市道路塌陷的成因中占较高比重

经对众多道路安全问题进行深度分析，发现引起道路塌陷事故的动力因素，既有自然也有人为，而人为因素导致的道路塌陷事故占大多数，具体表现在以下几方面：

一是地下构造变化诱发塌陷。地下人防、涵洞、废弃管道等坍塌或损坏致使地下带水管线有损甚至断裂，造成地下水土流失，局部形成地下空洞，产生地面塌陷；或是过量开采或抽排地下水，承压水头压力减小，引起地下水位反复波动，含水层浮托力减小，当空洞顶层载荷过大时，土体应力失衡，路面承受力不足产生地面塌陷。

二是荷载作用诱发塌陷。道路改扩建提高了道路等级，但路基与管线基础、管线覆土深度未做改建，在车辆的大型化及超载化现象的荷载作用下破坏设施，产生路面塌陷；或是建筑建设施工过程中标准偏低，存在勘察、设计、施工不合理，难以满足荷载，基坑围炉发生断裂、滑移等工程事故，产生路面塌陷。

三是施工扰动土体诱发塌陷。深基坑开挖，隧道盾构通道施工及盾构顶管掘进、进出洞工况时，对地质造成扰动，产生管涌或流沙，导致地表脱空产生地面塌陷；或是地下工程施工的排水疏干与突水（突泥）作用，导致地下周边水位快速下降，地下土壤含水层承压降低，上方的地表土体失衡，在有地下空洞时产生地面塌陷。

四是地下管线损坏诱发塌陷。地下水管（自来水、雨水、污水等管道）超期服役、自然老化、年久渗水，或是管材质量、施工不良，又或是外部的压力、腐蚀、温差等原因，导致排水管（渠）变形、破裂、泄漏，管道基础沉降，路基土被地下管网损坏产生的动水冲刷、淘蚀，造成局部水土流失，对地下土质结构造成破坏，产生地面塌陷。

五是回填不实诱发塌陷。城市改造使得大型掘路工程不断增多，但地基处理和基槽回填难以达到原路基设计压实度要求，产生地面塌陷；或是由于"重复建设"以及工期紧张，加之掘路回填与路面修补通常同时进行，导致部分回填土的压实程度达不到规范要求，碾压和夯实程度不到位，造成修复后短期内即产生地面塌陷。

二、城市道路塌陷隐患的防治需引起高度重视

道路塌陷事故的发生轻则导致交通瘫痪，重则造成人员伤亡，带来巨大的经济损失和社会影响。相关专家提出，针对路面塌陷，应采取提前预防、预警措施，力争实现将道路塌陷隐患扼杀在萌芽阶段，避免道路塌陷事故的发生。

（一）道路塌陷隐患防治现状

城市道路病害埋深较浅，基本仅在地下数米之内，目前基于超宽带雷达理论形成的探地雷达技术，是城市道路塌陷隐患普查防治的有效手段。探地雷达具有现场实施灵活方便、抗外部环境干扰、作业效率高、分辨率高、成本低等优势，国内部分企业和科研院所研发了基于探地雷达原理的道路空洞探测系统在多个城市开展应用，针对城市人流密集、地下管线分布复杂等重点道路进行道路塌陷隐患探测。2016 年 G20 峰会、2017 年青岛上合峰会、2017 年厦门金砖峰会、2018 年首届中国国际进口博览会、2019 年北京 70 周年国庆阅兵等重大会议、活动前夕，均采用探地雷达技术对周边重点路段进行道路安全隐患检测，有效保障期间的道路安全。

（二）城市道路塌陷隐患防治仍存在不足

道路是城市的"血管"，城市道路安全是社会和谐发展、民生稳定的重中之重，城市道路塌陷隐患的管控势在必行。然而，时下隐患防治暴露出较多薄弱环节：

一是施工设计管理仍有待优化。城市发展需和地上地下空间实际情况有效结合，合理安排工期和施工顺序，智能模拟优化施工地点、规模和实施方案，而施工过程中材料的检验、车辆载货量的限制、各工程环节的管控、竣工的检测等方面也尚无法进行全面有效严格地监管，规划建设和安全管理仍存在短板，新型城市市政设施建设和改造有待依赖新技术的应用落地。

二是现阶段技术能力仍有待突破。我国道路的地质信息较为复杂，现阶段探测设备

以探测雷达为主、体型较大、使用不便捷，探测准确度受探测技术限制，不能与具体的道路使用需求相结合，硬件缺乏友好性，实际生活场景化的应用还有待进行深层次开发；而另一种管道内窥检测技术则只能检测地下管道渗漏问题，且容易受到管道内水蒸气影响，难以发觉较小的破损。

三是应用智能化水平仍有待提高。大量的数据在检测扫描后缺乏智能的、专用的、快速的图谱识别、处理软件，在数据解译环节依赖人工，无法从海量复杂的信号中快速、准确地识别出全部不明显的地下灾害体；而在工程建设阶段，管线、管位以及地下建筑的布设精细化及施工监管的强化也需要第五代移动通信技术、物联网、人工智能、大数据、虚拟现实、云计算等技术的参与，在控制成本的情况下提升数字化、智能化水平和运行效率。

四是数据运用系统仍有待完善。城市道路的人流、车流稠密程度、气象变化、施工进程、管道检测、地质变化等相关数据无法实现完整、动态的多元和多源数据采集汇集共享分析，无法通过针对性的数据进行风险模拟以及科学准确的预防性养护；在塌陷发生后，也无法根据实时现场数据形成全面的数学模型提供估灾救灾应急方案和灾后影响范围评估、损失分析、修复规划。

五是道路隐患防治尚未动态化。目前针对道路病害的探测包括地下管线定期检测等已开始纳入常态化检测范围，但对于不同的检测需求所设计的不同方案还需实践的检验和完善，而且受施工、降水、管线老化、地质变化等动态因素影响，探测数据只是阶段性有效，无法实现对地面地下从被动到主动、从信息化到智慧化的动态掌控，不能满足提前预警预防的检测需求。

三、运用数字化手段防治上海城市道路隐患的对策建议

数字化治理水平已成为城市能级和核心竞争力的重要体现。自 2010 年上海首次提出"创建面向未来的智慧城市"战略以来，数字化正以不可逆转之势，影响改变着这座城市的方方面面，尤其是上海基础设施覆盖及应用始终居于全国前列，上海有能力也应当成为国内城市道路塌陷隐患数字化防治的排头兵。

随着 2020 年 12 月 30 日国家住房和城乡建设部《关于加强城市地下市政基础设施建设的指导意见》(建城〔2020〕111 号)的发布，全国各省市对道路隐患排查防治工程的效率效果有着迫切需求，交通安全管理和应急管理作为智慧交通中的重要环节，上海亟须探索数字化技术研发和应用落地，以数字化场景牵引技术创新，面向道路管养与城

市应急管理工作的实际需求，从保障行人和通行车辆安全的根本目标出发，为上海市高速公路、快速路和城市道路构建"通勤式"路面塌陷风险隐患感知排查与风险管控体系，构筑数字化城市道路安全防线。相关专家建议：

（一）强化跨部门的全过程风控体系建设

一是应构建由主管部门统筹规划、相关部门资源整合统一调配的综合管理责任体系，以及相关社会组织、舆论等组成的社会监督体系。完善应急管理处理机制，落实风险模拟的应急措施预演和安全教育，加快设施的更新换代以及隐患治理，加强地上地下工程施工合理部署、质量监管、道路设施日常维护以及地下管道和路基空洞的非开挖修复。

二是应建立基础设施巡检体系，对道路结构状态进行"覆盖式"定期探知，实现道路设施的全面体检以及隐患检测重点诊断，识别高风险建筑与区域。完善数据库及信息系统的建设，通过后端智能分析方法对探测结果进行分析，掌握前兆信息，实现对路面结构非正常演变的提前预警。

三是应实现包括社交媒体在内的现场数据信息收集，实时数据的快速处理分析、风险识别，确定救灾优先级，形成有效政府决策以及现场响应，多部门协作保障应急技术在塌陷区域的实施落地，并做好事故损失分析以及重建规划。

（二）推进道路安全风控的数字化技术及系统方案开发

一是在保证探测精度和深度的前提下，突破新型探地雷达小型化设计；新型基于超宽带天线理论，采用蝶形、细棒形或细导线形天线等技术。

二是结合探地雷达与公用通勤车辆（道路养护车等）各自的特点，突破两者整合技术。研究公用通勤车辆搭载探地雷达时，如何避免车体结构、通行安全对雷达安装和使用的影响。结合边缘计算技术、5G通信技术，实现公用通勤车辆常态作业条件下的变速率地面信息动态采集、车载本体局地化数据分析、高速率数据上传与远程交互等功能。

三是以典型路段为依托，研究制定基于感知排查数据的道路风险管控体系，形成针对典型路段和特殊区域的路面塌陷数字化风险侦测研判、预警预防、应急管控和善后处置预案。通过与道路养护和权属管理工作需求的深度融合，探索跨部门、跨行业"自然思维"向"机器思维"转化的可行性，完善面向多地域、多地形、多气候条件的"迁移学习"式路面风险管控技术体系。

四是运用 VR/AR、大数据、人工智能、云平台等技术，提升城市道路工程设计水准，合理部署施工方案，加强材料及施工过程的质量控制，推动数字化应用落地。

（三）优化全市层面的一体化云端数据平台

一是依托全市"一网通管"的平台优势，以"云—边—端"分布式架构为支撑，打通不同系统间的信息壁垒，总成城市道路安全云端一体化大数据平台，辅助相关部门、专家进行策略制定。

二是打造道路安全物联网终端，推动常态化建筑工程测量、地表结构变化、道路损毁情况的实时高精度自动化感知监控，集成应急保障物资配置、建设计划、过往事故、地质变动、建筑特征、交通情况、工程实施、运行维护等数据的道路相关数据库，实现道路施工、形变、位移等信息的实时动态数据精准采集、趋势分析、异常预警、沟通共享，形成科学的监测、评估、情景分析以及重建模拟。

参考文献：

【1】鲁钰雯、翟国方：《人工智能技术在城市灾害风险管理中的应用与探索》，载《国际城市规划》2021 年第 2 期。

【2】王晗：《城市道路空洞检测及预防道路塌陷工作要点分析》，载《中华建设》2019 年第 33 期，第 114—115 页。

【3】王军：《市政道路常见质量问题与质量控制研究》，载《中华建设》2020 年第 10 期，第 172—173 页。

【4】张超：《关于城市道路空洞检测及预防道路塌陷工作的探讨》，载《装备维修技术》2020 年第 15 期，第 317 页。

【5】王继伟：《西宁南大街 1.13 塌陷事故抢险后的思考》，载《市政设施管理》2020 年第 1 期，第 40—42 页。

【6】韩舒：《关于城市道路空洞检测及预防道路塌陷工作的探讨》，载《山西建筑》2020 年第 12 期，第 135—136 页。

【7】袁家余、陈敏：《上海地区地面塌陷的主要类型与成因研究》，载《地下管线管理》微信公众号（https://mp.weixin.qq.com/s/O8B_JDUdIkeC31jn2G4Ing，发布时间：2020.06.03，访问时间：2021.04.22）。

"互联网＋医药"背景下上海发展医药电商的对策建议

编者按：近年来，"互联网＋"概念辐射并渗透到医药行业，短短几年时间，医药零售的市场格局已悄然改变，医药电商作为医药零售的新入口已跑出加速度，这其中，既有政策加持，又有需求端的刺激。在"互联网＋医药"的大趋势推动下，产业链中的各类企业纷纷转型，开始线上线下整体谋篇布局。尤其是新冠肺炎疫情的暴发，进一步加速医药电商的快速成长。

医药行业是国家的特殊行业之一，作为与百姓生命健康、与社会发展息息相关的产业直接关系人们的身体健康和生命安全，享有久盛不衰的发展前景，随着互联网行业的快速发展，互联网商业思维模式也逐渐渗透进医药行业，"互联网＋医药"经过多年的市场探索和发展，医药电商发展逐渐形成规模，在国家一系列医改政策推动和新冠疫情的影响下，医药电商迎来新的发展机遇。

一、国内医药电商发展现状和趋势判断

（一）发展现状

1. 政策支持

伴随着我国医药电商相关政策的出台，国内医药电商交易规模持续扩大，特别是2019年8月新修订的《药品管理法》，标志着政策放松，网售处方药正式解禁。

表1　2018—2021年医药电商行业相关政策

时　间	政　　策	主　要　内　容
2018年4月	国务院办公厅《关于促进"互联网＋医疗健康"发展的意见》	对线上开具常见病、慢性病处方，经药师审核后医疗机构、药品经营企业可委托符合条件的第三方机构配送
2019年8月	人大常委会修订《药品管理法》	疫苗、血液制品、麻醉药品、精神药品、医疗用毒性药品、放射性药品等国家实行特殊管理的药品不得在网上销售。这意味着，除上述列举的药品之外的处方药，可以通过网络销售
2020年10月	国家医保局印发《关于积极推进"互联网＋医疗服务医保支付工作的指导意见"》	明确"互联网＋"医疗服务纳入医保支付具体内容，通过线上线下医疗服务实行公平的医保支付政策
2020年11月	国家药监局发布《药品网络销售监督管理办法（征求意见稿）》	正式对网售处方药指明方向，允许网络销售处方药和展示处方药信息
2021年3月	国家发改委等28部门印发《加快培育新型消费实施方案》	其中第二条指出：积极发展"互联网＋医疗健康"，共涉及医务人员互联网多点执业、电子处方流转、医保支付、药品零售、数据互通等方面

数据来源：艾媒咨询。

2. 市场前景看好

据统计，2018年国内医药电商交易规模达到1234.4亿，2019年1524.1亿，2020年1956亿，连续2年增长率高达20%以上。其中2020年受到疫情影响，药品和卫生防疫用品的火爆销售让医药电商获得了一波明显的流量增长，同时完成了对C端用户低成本医药电商品牌认知和网购药品习惯的培养，1药网、康爱多、药房网、健客网等头部垂直医药电商平台备受用户青睐，活跃用户明显增长。阿里、京东、拼多多等互联网大厂亲自下场，迅速抢占了医药健康线上销售的主要市场份额，并在供应链、物流、仓储、技术、管理等各个环节发挥优势，确保货源充足，发货迅速，使C端用户对医药电商品

牌的认知度有所提升。随着疫情常态化，不少消费者开始习惯通过医药电商购买药品，再加上医药电商在物流、配送、服务等方面的优势，发展前景被市场和资本看好。

3. 竞争优势明显

国内医药电商的发展给大众带来医药零售新的认知，线上、线下的打通，使得医药电商比传统的线下实体店更具竞争优势。

一是药品销售价格优势。全面放开网售处方药后，国内医药电商的销售规模快速增长，服务范围扩大到全国，药品流通市场发展以及消费渠道的多样化，大大降低药品的流通成本，消费者能以更低廉的价格消费各类医药产品，而相比于传统药店，受到店面租金以及人工成本等因素影响，很难在药品价格上形成竞争优势。

二是数据优势。国内医药电商掌握海量的医疗数据，通过大数据分析，实现在线跟踪到患者个人，生成有效的医疗与用药数据；数据分析能力也将成为医药电商未来的盈利增长点，不管是对于医生的跟踪追访与科研助力，还是对于药企的药物研发与精准需求来说，都将爆发难以估量的魅力。

三是医药服务体验升级。国内医药电商平台一旦成型，可以快速确立竞争优势，同实体药店拉开差距，如企业可以顺势向诊疗链条上游的预防保健、预约挂号等业务，以及诊疗链条下游的用药辅导、慢病管理等业务进行延伸，基于"互联网＋医疗健康"的"医—药—险"闭环将形成，通过提供一站式、全方位、全流程的医疗服务，实现服务的多样化，培养出对企业有较强黏性的用户群体，业务附加值和产业链地位均有望大幅提升。

（二）发展趋势

人工智能等前沿技术的应用不断助推医药电商业务延展和流程优化，机器学习、大数据、互联网医疗等为代表的数字化技术正在不断融入合理用药、智能分诊、辅助诊断、慢病管理、医保结算对接等环节，国内医药电商对数字技术应用的不断创新与探索，有望在医保在线支付、物流供应链、药品追溯等领域有所突破，促进流程信息化、服务标准化、监管透明化。

1. 处方外流有望成为医药电商新的增长点

据预测，短期内，网售处方药仍以线下相近的慢病、常见病品类为主，市场规模在80亿元左右；中期来看，随着电子处方推广使用的不断成熟，线上处方开具成为常态，更多自费和慢病处方药将会在网上销售买卖，网售处方药市场规模将达 500 亿元；长期来看，有望对接医保系统，包括在线公共医疗保险系统和商保，市场规模有望达 1500 亿元。

2. 医药电商与线下实体药店融合发展

一方面，疫情影响下，实体药店客流受到冲击，为创造更多商机，以此为契机，推动医药流通环节的"智能 +"升级和数字化转型，开创新的零售模式和服务；另一方面，国内医药电商需要克服物流紧张而导致的货物配送延迟等情况，通过与线下药店加深合作、协同发展，"网订店取""网订店送"等新型配送方式得以实现，成为国内医药电商整体发展布局的重要补充。

3. 医药电商概念逐步扩大化

衍生出医药营销、医药咨询等一系列以药品为核心的新服务。在此基础上，通过"互联网 +"，将药店、诊所、医药配送等环节串联起来，构建起"医 + 检 + 药"的健康新服务模式，不但实现"网站导流、线下配送"的完美闭环，还解决了"最后一公里"急药配送问题，相较传统在线购药具有更高的用户黏性，更具行业竞争力。

二、国内医药电商发展的问题瓶颈

（一）处方流转问题

一是处方药销售仍以医院为主，以 2019 年为例，国内处方药销售额达到 1.2 万亿元，占总药品销售额的 66.2%。其中，医院仍占据处方药销售市场较大份额，占比 71.6%。二是处方流转大多集中在"医院—院边店"范围内，国内医药电商想要获取处方，除了通过自身互联网医院创造处方外，需要去争抢其他商区、社区药店的处方。三是外流出来的处方在药店大多只能自费，而在医院，用户可以通过使用门诊统筹等方法来获得医保报销。

（二）医保对接未到位

医保尚未打通是国内医药电商目前遇到的最大问题。目前，我国的医保政策仍实行地区统筹管理，消费者医保支付还只能在当地的药店，线上医保支付彻底放开还需要"医保异地买药结算"的支持，除了政策的进一步统一外，还包括跨区域信息系统软硬件基础设施的兼容以及统一的信息互通，涉及医保病种、报销比例的统一等各种问题，

无法与医保对接仍是影响网上售药的最大壁垒。

（三）监管与发展的统筹

医药电商的发展很可能会产生传统电商发展中出现过的情况，比如全网药品最低价，通过价格战，打击线下药店，挤压其生存空间；又比如，进行处方争夺，通过补贴或奖励等形式，将处方引流到医药电商手中；又或者，当电商平台成型后，很可能对某些药品的流通产生垄断，造成药品供需问题，并以此抬高售价。因此，医药电商的发展切不可因资本利益驱动而背离了医疗服务于民生健康的核心主旨，国家和地方应做好引导，在网售处方药、药品定价、药品配送安全等方面，做好规范和监管，防止因为医药电商的无序发展而产生社会问题。

三、上海促进医药电商发展的对策建议

推动上海医药电商靠前服务、主动服务，突破药品配送平台的单一功能，创造涵盖平台、制药企业、配送方、药店、消费者、医院、政府、医保的多边市场需求，构建医药电商体系，形成医药健康生态圈。

（一）促进处方流转

建立全市统一的电子处方信息共享平台，联合上海市第三方处方共享平台企业如上海医药的上药云健康，国药1健康等共同建设，以"互联网＋药物流通"为切入口，形成处方获取与管理、处方支付与合理性管控、处方实现与配送、处方与患者增值服务的处方药新零售价值链闭环，助力政府及各医疗机构实现医药分家，有序推动电子处方信息共享平台的长三角一体化升级版，促进电子处方在长三角区域内的流转。

（二）促进线下线上融合发展

鼓励实体药店同拼多多、京东等互联网平台合作，带动医药O2O在流量、物流、技术等各方面高速发展，并以上海市成熟的物流配送体系为基础，推动"1小时"达等急药配送服务，解决最后一公里药品配送问题；利用互联网平台庞大的用户群，以互联网平台为媒介和营销平台，将流量从线上导向线下，改变线下药店购药的单一功能，提供药物咨询、用药指导、药物配送等购药体验，提升用户黏性，最终完成和用户的

接轨。

（三）增强药品配送能力

鼓励有条件的国内医药电商建立自己的医药冷链物流，发挥 5G、人工智能、无人机、区块链等技术的优势，以数据驱动优化仓储点、物流路线布局，以大数据提升供应链预测能力，以人工智能优化供应链各环节的协作能力，探索发展采用无人机技术的药品配送新应用场景，不断推动医药供应链的创新发展。

（四）坚持监管和发展并行

加强跨部门的监管创新，坚持包容审慎的监管原则，一方面，要积极鼓励构建医药健康产业生态，避免因为监管越位而制约国内医药电商的发展；另一方面，也不能因为顾虑阻碍创新，对医药电商的发展包容有余而监管不足，国家对于医药政策的松绑，并不代表监管的放松，医药仍然是国家强监管领域，要在医药监管与医药电商创新发展间保持好平衡，创新监管体系，以互联网＋监管、数字化手段等，探索建立以数据驱动的弹性监管和柔性治理模式，坚持药品安全和创新发展并重，逐步向公平性监管、部门协同监管、激励性监管转变。

参考文献：

【1】智研咨询：《2021—2027 年中国医药电商产业竞争现状及市场分析预测报告》。

餐饮业加快业态数字化转型的探索

——"盘点美味"加快第三方中央厨房的系统性改造和重塑的案例

编者按：近年来，在政策引导和疫情冲击等多重因素共同作用下，上海市餐饮企业数字化转型步伐不断加快。处在餐饮供应链上游的第三方中央厨房企业是餐饮业工业化的重要环节，正处在快速增长期，在促进经济高质量发展、提升城市软实力、源头减少"舌尖上的浪费"、推动建设韧性城市等方面具有积极作用，同时有望培育出千亿级的增量市场。作为第三方中央厨房的领军企业，"盘点美味"通过对餐饮供应链和生产过程的数字化改造，不断增强企业实力，提升行业地位，其数字化转型的先进经验值得上海市中央厨房行业和企业借鉴。本报告以"盘点美味"数字化转型为案例，希望从中提炼出一些先进经验和做法为上海市中央厨房企业数字化转型提供启示。

面对新冠疫情带来的巨大冲击，2020 年我国餐饮业仍然实现收入近 4 万亿元，占社会消费品零售总额比重保持在 10% 以上，居社会消费品排行榜第一，呈现稳定复苏局面。中央厨房作为餐饮业工业化的组织形式，主要有连锁餐饮企业自建中央厨房、团餐企业中央厨房和第三方中央厨房三种类型。目前不同类型的中央厨房企业发展呈现明显分化。以服务内部需求为主的自建中央厨房在连锁餐饮企业中的覆盖率已接近80%,在疫情和各方面因素影响下,产能利用率普遍低于60%,投资回报周期不断拉长。相比之下,团餐企业中央厨房和第三方中央厨房正进入快速增长期,特别是第三方中央厨房,能够较好地适应餐饮行业个性化、定制化、多样化的市场需求,具备更强的抗风险能力和市场竞争力,已成为中央厨房发展的蓝海市场。

一、餐饮业大力发展第三方中央厨房的重要意义

(一)有助于在万亿级的餐饮市场中挖掘工业经济新的增长点,提升加工工业在餐饮行业中的比重

从市场结构看,目前我国中央厨房以连锁餐饮企业自建为主,占比达到60%以上,其次为团体餐饮企业型中央厨房,第三方中央厨房总体占比不到20%。传统的自建中央厨房偏重"超大型厨房"属性,是连锁餐饮企业的"成本中心",其价值主要体现在对终端销售的收入贡献上,既难以准确量化,更无法纳入工业部类进行统计。相比之下,第三方中央厨房偏重"食品加工"的工业属性,通过更精细化的社会分工实现价值从第二产业向第三产业的交换和转移。作为独立于终端餐饮企业和消费者存在的工业企业,第三方中央厨房企业的产值、销售数据均可纳入工业统计,经过挖掘和培育有望成为工业经济新的增长点。据估算,若以原材料占终端的全部销售额作为中央厨房的营业规模,2019年我国中央厨房市场规模便已超过3000亿元,假如其中一半转化为第三方中央厨房企业的订单,其市场规模即超过1500亿元,且未来仍有望持续增长。

(二)有助于传承弘扬中华美食文化,激发餐饮业创新创业活力,提升城市软实力

美食文化是中华传统文化的重要组成部分。第十一届上海市委第十一次全体会议审议通过的《关于厚植城市精神 彰显城市品格 全面提升上海城市软实力的意见》,明确提出打造具有全球吸引力的美食之都,并以此作为提升城市软实力的重要举措。从事中式餐饮研发和加工制作的第三方中央厨房,是传承弘扬中华美食文化的重要载体,通过传统制作工艺与现代生产技术的有机结合,可有效克服中餐难以"标准化"的瓶颈,

实现从"手工作坊式"向规模化流水线作业生产模式的跃迁，推动独具风味的中华美食走向更广阔的市场，助力打造具有全球吸引力的美食之都。另一方面。餐饮业作为"保就业"和大学生创新创业的重要行业，全产业就业人数超过 3000 万人。第三方中央厨房的半成品菜生产模式通过减少后厨空间和厨师数量，可帮助餐饮小微企业节省店面租金和人力成本，有效降低餐饮业创业就业门槛，激发全社会创新创业活力。

（三）有助于从源头减少"舌尖上的浪费"，促进消费升级和扩大内需

2021 年 1 月，国家市场监督总局等三部委联合发布《以标准化促进餐饮节约，反对餐饮浪费的意见》，提出"加快建立覆盖餐饮全产业链的节约型餐饮标准体系……支撑打造集约高效的餐饮供应链，最大程度减少餐饮浪费"，这对餐饮行业履行社会责任、减少餐饮浪费提出了更高要求。第三方中央厨房集食材采购、仓储、加工、配送、经营服务等于一体，是支撑打造集约高效安全的餐饮供应链的重要一环，通过将"减少餐饮浪费"的经营理念、技术手段和生产方式贯彻到产业链上下游、企业经营管理的各环节，可实现餐饮浪费"源头"减量。另一方面，伴随着社区团购、外卖、"宅经济"等新兴消费业态的兴起，半成品菜市场正蓬勃发展，日益成为餐饮业扩大内需的重要抓手。根据中国饭店协会《2020 中国餐饮业年度报告》目前我国半成品菜占冻品市场仅有 20% 左右，而在饮食习惯类似的日本则占到 60%，这意味着第三方中央厨房产业在未来将拥有巨大的成长空间，有望成为促进消费升级和扩大内需的新亮点。

（四）有助于强化应急状况下的后勤保障支撑，推动建设"韧性城市"

在抗击新冠疫情期间，各地中央厨房大显身手，为保障防疫一线人员饮食需求，打赢疫情防控阻击战提供了坚实的后勤支撑。根据媒体报道，在一体化中央厨房中，100个工人可供应 10 万人的用餐需求。在城市面对疫情、天灾和战时等紧急情况下，中央厨房通过产能的迅速转换，可有效解决大量人员的餐饮供应问题，实现平战结合和军民融合式的发展，对统筹发展和安全，推动建设韧性城市，构建城市应急保障体系，提升超大型城市现代化治理水平和能力具有重要支撑意义。进入疫情防控常态化阶段以来，不少地区和部门更加重视中央厨房行业发展，大力扶持本地龙头企业，有序引导行业市场化、规范化发展。目前上海在金山廊下、宝山罗泾等地也已初步形成中央厨房的集聚态势。

二、盘点美味全流程推进数字化转型的实践探索

上海盘点食品科技有限公司（以下简称"盘点美味"）是一家第三方中央厨房领军企业。公司连续多年获得"上海市名牌产品"称号，拥有超过 5000 个 SKU 的标准菜肴，涵盖畜肉类、禽肉类、水产类、豆制品类、调味品类等，且已与数千家连锁超市及餐饮酒店建立了合作关系。2020 年 9 月，"盘点美味"总投资超过 1.2 亿元的智能化菜肴研发基地与预制工厂在宝山罗泾正式开业，依托数字化转型，该基地实现了研发、采购、生产、仓储、配送等环节的无缝衔接和敏捷反应，相比传统的工厂，新基地产能提高 1 倍，人力减少 40%，运营效率也得到大幅提升。特别是在疫情期间，"盘点美味"与叮咚买菜合作推出一批"半成品菜"，受到消费者热烈欢迎，线上收入逆势增长 300%。

（一）物料采购上，打造智能平台贸易系统，实现供需精准对接、高效撮合

智能平台贸易系统提供客户订单智能管理、生产计划智能管理。平台直供盘点美味生产的数百款高品质标准化菜肴产品，还可提供定向研发招牌菜肴服务，满足各层次、多品类经营需求。平台整合全球源头供应商，通过集采实现原材料价格直降，按照客户需求提供原材料或者经过盘点加工的半成品。平台供应各品类、各品牌的原料、辅料、调料、香料、餐具等餐饮酒店业常用商品，还可满足客户特殊需求开展代采服务，并接受客户委外加工和品牌运营。平台向所有第三方供应商开放，通过电子商城等互联线上形式，全方位链接供需双方，高效率实现撮合交易。

（二）物流仓储上，实现全产业链信息的正向追踪、反向溯源，为食品安全保驾护航

打造智能物流、仓储平台，该平台既可为商家提供大宗商品储存、代仓、货物托管等仓储服务，还可承担分货、拣选、配货、包装等供应链增值服务，一站式轻松满足各类型的商家需求。"盘点美味"的智能全自动仓库具有冷冻、常温多个温区，通过无人堆垛机、订单自动化分拣操作平台达到管理分析多样化、作业标准规范化。"盘点美味"拥有遍布全国的物流系统，实现全国一件代发，三温配送。云信息系统能时时在线掌控货物运送状态，自动追踪货物销售情况，做到及时提醒补货。

（三）研发生产上，通过智慧生产、工艺控制平台，实时掌控生产精度，为精益管理和新品研发提供数据支撑

建设智慧生产、工艺控制平台，努力克服传统模式的各种弊端，如采购多而乱，品质不稳定，食品安全管理难度大，加工储存难度大，研发全靠个人等问题，采用研发先行，集约化采购，标准化管理，智能化配送，高标准管理食品安全等手段，从"传统模式"向"供应链模式"转变。广泛运用机器人和自动化生产线，从原料入库、食材粗加工到成品包装，部分环节做到无人控制。同时，全线云监控和大数据管理，随时调取原料数据、生产数据、人员管理数据、能源数据，全力保障食品安全。

通过各平台资源的优化配置，以及大数据、人工智能等信息技术的应用，"盘点美味"打造了集仓、配、送为一体的全供应链模式，为客户解决原料采购、技术研发、菜品标准等一系列问题，大大降低客户的运营管理成本，真正实现从研发、原材料采购、生产加工、仓储物流到渠道营销全产业链自动化、数字化运作，为未来中餐标准化菜肴产品进入千家万户做好了必要的准备。

三、对餐饮业加快第三方中央厨房数字化转型的建议

（一）高度重视发展第三方中央厨房产业，加强顶层设计和系统谋划

第三方中央厨房上游连接"三农"，下游连接市场，当前行业参与者众多且格局分散，主要参与者包括餐饮企业、中央厨房企业、食品企业、零售企业等，排在餐饮各业态前列的百家领军企业营业额合计不到 2000 亿元，占行业总量不足 5%，行业集中度极低。在食品安全和环保监管趋严的背景下，大量"小、散、弱"的餐饮供应链企业面临市场出清，标准化、规模化、品牌化的第三方中央厨房企业迎来强势崛起的机会。要结合打造具有全球影响力的美食之都的目标，把第三方中央厨房产业发展纳入区域发展规划，加快培育一批行业龙头企业，研究出台专项扶持政策，支持从"田间到舌尖""概念到餐桌"的领军型第三方中央厨房企业发展壮大。

（二）以全产业链数字化、智能化为重点，加快推动第三方中央厨房数字化转型

长期以来，大众餐饮行业的盈利多来源于成本端控制，随着人工、租金成本上行，去人工、去厨师化已是大势所趋，对中央厨房的需求顺势而起。与此同时，中央厨房自

身也面临数字化转型，如何在确保食品安全基础上，快速适应餐饮企业和消费者需求变化，提高餐饮供应链整体效率和研发生产经营能力，必须加大信息化、标准化、智能化力度。从目前看，中央厨房企业的数字化转型还处于起步阶段。"衣食住行游"等行业与百姓生活息息相关，是具有持久旺盛生命力的传统产业，为推进数字化转型提供了广阔的应用场景。由疫情催生的新需求，5G等技术应用释放的新潜力，人口老龄化带来的新课题，极大加速了数字化转型进程，拓展了市场纵深，也使得数字化转型需求变得更加迫切。"盘点美味"所代表的餐饮供应链企业正是因疫情催生的新需求，而主动推进数字化转型的典型代表。

（三）以价值创造为核心，紧密结合现实应用场景是推进第三方中央厨房数字化转型的必由路径

"盘点美味"作为专业的第三方中央厨房，在餐饮业产业化的发展中扮演了重要的作用，其客户群体包括大型餐饮连锁企业、酒店、电商平台和个人消费者，产品覆盖净菜、复合调料包、预制菜肴、调理食品等，是餐饮业的产业分工与协作的代表性企业。近年来，"盘点美味"积极探索推进数字化转型，在物料采购、物流仓储、研发生产等多个环节开展实践。"盘点美味"的数字化转型，不是简单的买软件、上系统，而是在深刻理解企业发展的目标定位，深入把握市场需求和未来竞争优势，以解决企业研发、生产、经营、管理、营销等面临的实际问题为出发点和落脚点，将数字技术整体嵌入企业物料采购、物流仓储、研发生产等价值创造的核心环节，实现了流程再造、价值重塑和集成创新。如果脱离实际和市场需求推进数字化转型，势必难以取得目前的效果。

上海创新信息消费模式建设国家综合型信息消费示范城市的建议

　　编者按：近年来，全球新一轮数字浪潮蓬勃兴起，新一代信息技术与经济社会各领域深度融合，带动信息消费加速突破，供给侧质量和能力不断提升，成为创新最活跃、增长最迅速、民众感受度最强烈的新兴消费领域之一。上海正围绕加快发展在线新经济、推动商业领域数字化转型、打造信息消费新范式等方面，以数字化赋能千行百业进行转型升级，通过供给侧改革激活内需潜力，畅通"大循环"，加速推进信息消费模式创新发展，助力建设国家综合型信息消费示范城市。

　　随着中国经济向高质量发展转型，消费对促进经济增长的"压舱石"作用日益显现。2021上海信息消费节显示超过13000家小微企业进行了数字系统改造和上云上平台，1100万上海市民消费各类数字在线服务，同比增长超过37%，拉动消费金额超过350亿元，同比增长超过29%。据统计，2020年中国信息消费规模达到5.8万亿元，在最终消费中占比超过10%。面对疫情危机，2020年上海创新性提出建设具有国际影响力、国内领先的在线新经济发展高地，发布《上海市促进在线新经济发展行动方案（2020—2022年）》。数据显示，2020 年上海软件和信息服务业经营收入突破万亿大关，达到 10912.97 亿元，同比增长 12.5%，增加值 3250.74 亿元，同比增长 13.5%，占全市增加值的 8.4%，占第三产业增加值的 11.5%，其中互联网信息服务业营收 3484 亿元，同比增长 19.1%。

一、深化后疫情时期信息消费模式创新

（一）信息消费催生新业态模式

一是生鲜数字化。生鲜数字化是生鲜电商的基础设施，叮咚买菜正加大投入自主研发智能生鲜供应链系统，推动传统生鲜供应链的数字化转型，进一步赋能上游农业。盒马鲜生全球首创线上和线下一体化数字化信息系统、"悬挂链"系统和"盒马村"供应链模式，有效提高了零售业门店和商品的效率；"超市 + 餐饮"的新体验打破了业态界限。生鲜平台模式持续创新，涌现了以叮咚买菜、每日优鲜、朴朴超市等为代表的前置仓即时平台；生鲜传奇、钱大妈等为代表的社区生鲜店；兴盛优选、十荟团为代表的社区团购提货点；盒马鲜生、七鲜等线上 + 线下打通开展到店和到家服务，正不断刺激着消费者新消费需求，带动消费水平、消费方式不断升级。

二是生活服务数字化。伴随着大数据分析、云计算技术、人工智能的持续发展，智慧物流模式创新蓬勃发展，已经从自动化阶段进化到智慧化阶段，实现对于机器人的大规模、多场景的应用。美团点评计划建立无人机城市低空智能配送运营示范中心，推出了自主研发综合快速分发订单的交易平台，基于大数据优化的调度系统，利用自动驾驶技术构建的物流路网，多种人机协同的末端配送模式，形式多样的智能配送终端等无人配送整体解决方案。京东无人仓作为全球首个正式落成并规模化投入使用的全流程无人的物流中心亮相嘉定区，集成了视觉验收、自动码垛、自动分拣、耗材智能算法推荐等领先技术；苏宁易购将打造"末端配送机器人—支线无人车调拨—干线无人重卡"的 3 级智慧物流运输体系，连同正在布局的无人仓、无人机，完成全流程无人化布局，实现无人物流技术应用的闭环。达达集团依托旗下达达快送和京东到家双平台的数字化能力，帮助商户数字化赋能及降本增效，满足全渠道、多场景的零售 + 物流业务需求。

（二）信息消费边界拓展新热点

一是办公数字化。据中国互联网络信息中心发布的《第 47 次中国互联网络发展状

况统计报告》显示，截至 2020 年 12 月，中国远程办公用户规模达 3.46 亿，占网民整体的 34.9%。2020 年，上海在全国范围内首次实现了电子执照和电子印章在企业成立时同步发放。更多的企业建立起远程办公机制，如企业微信服务的用户数从 2019 年底的 6000 万增长到 2020 年 12 月的 4 亿，截至 2020 年 12 月，钉钉企业组织数量超过 1700 万。随着 5G 网络、大数据中心、人工智能和工业互联网等新型基础设施加速建设，企业级应用的硬件、软件基础能力大幅提升，为远程办公生态化建设强化了海量数据处理、云存储和云计算等关键能力。远程办公平台不仅频繁应用于各企业，还渗透到各项政务服务场景中。

表 1　远程办公相关领域及产品汇总

领　　域	典型企业	主　要　产　品
远程会议	会畅通讯	电话会议服务、网络会议服务、云视频
	亿联网络	SIP 统一通信桌面终端、DECT 统一通信无线终端、VCS 高清视频会议系统
	二六三	263 云通信业务、国际移动通信虚拟运营
	齐心集团	B2B 办公物资业务、云视频业务
	苏州科技	视频会议系统、视频监控系统
	梦网集团	梦网通讯云、视信云会议、物联网通讯平台（"MEET"平台）
云计算	浪潮软件	浪潮云视频会议、浪潮 HCM Cloud、浪潮云 +
办公软件 / 协同	用友网络	企业软件、云计算服务（如：企业混合云 NCCloud）
	金山办公	WPS+ 云办公
	泛微网络	e-office、e-cology、e-weaver 和 e-teams 等
摄像头	海康威视	前端音视频产品、中心控制设备、后端音视频产品、AI cloud 平台

数据来源：据公开资料梳理。

二是文娱产业数字化。后疫情时期，短视频、网络直播、网络动漫、网络文学、游戏、音乐等在线文娱内容形态将进一步交叉结合，并与电商、教育、文旅、医疗等业态深度融合。盛趣游戏开发原生云游戏和其专属云游戏平台，并跨界游戏与脑科学的交叉研究，积极布局脑科学项目，进行以网络游戏作为治疗手段的开发与临床试验。结合 5G 技术发展，AR、VR 等技术也将进一步提升虚拟界面的表达能力，以互动广告、360° 全景视角、AI 虚拟人等全新的交互体验将不断优化。波克城市以"红色城市"整体形象，协同旗下三款热门游戏打造了"波克城市 CP 展"，通过互动、舞美、coser 表演等整体设计，让用户感受到尽情玩乐的情感体验。乐相科技推出了在线上店铺购买精选大朋 VR 设备，赠送游戏耳机、手柄、VR 游戏的活动，为资深游戏迷提供丰富的优惠。

二、基于新型产业载体培育全国信息消费体验中心

2021 上海信息消费节开幕式上，盒马 X 会员店、商米之家、小米信息消费体验中心、中国电信体验中心和苏宁智慧生活体验中心 5 家获颁首批全国信息消费体验中心。伴随着新一代信息技术加速创新，新型数字基础设施加快建设，信息消费体验中心将为上海经济增长和美好生活提供广阔想象空间。

一是五大新城。环绕在上海中心城区周边嘉定、青浦、松江、奉贤、南汇五大新城，一面通过轨道交通与主城区相连，一面辐射更为广阔的长三角腹地，围绕新城重点企业培育一批信息消费体验中心，结合当地产业布局，面向 5G、人工智能、区块链等前沿领域，加快推进新一代信息技术在消费领域的深度应用，培育各类新型信息消费产品和服务。

二是在线新经济生态园。依托"张江在线"和"长阳秀带"两个在线新经济生态园揭牌，围绕在线技术、模式、业态、制度集成创新，以在线新经济生态园内先导产业龙头企业为牵引培育一批信息消费体验中心，以场景集成为牵引打造成信息消费最佳实践地。

三是特色园区。上海已累计推出了产业定位鲜明、空间布局紧凑的特色产业园区共 40 个，园区总规模近 170 平方公里，规划产业用地近 100 平方公里，近期可供产业用地超 36 平方公里。围绕特色园区高端制造业企业培育一批信息消费体验中心，聚焦新产品体验、新技术体验、新模式体验等，以创新为主题，突出新产品、新服务、新业态、新模式的新型消费体验引领示范作用，覆盖信息消费众多领域，扩大信息消费的渗透效应。

三、上海建设国家综合型信息消费示范城市的几点建议

一是推动信息消费细分领域数字化转型。积极培育信息消费新业态、新模式，加快 5G 网络建设及创新应用，依托电子商务、无接触配送、无接触餐厅开展日常生活必需品、工作团餐销售，支持本地商贸企业利用 App、小程序等方式维护和拓展客户，积极

发展"线上下单＋无接触配送""生鲜电商＋冷链宅配"等模式。充分发挥拼多多、美团、哔哩哔哩、携程、叮咚买菜等平台公司作用，联动本地企业，更好拓展信息消费细分市场。

二是培育一批全国信息消费示范体验中心。加强市区联动，依托五大新城、在线新经济生态园、特色园区建设，培育一批具有创新能力、特色鲜明、管理规范、互动性强，整体水平居于全国先进地位的信息消费示范体验中心，形成集信息消费产品和服务展示、推介以及交流于一体的平台集群。

三是打造信息消费新范式。加快上海国家综合型信息消费示范城市建设，放大政府产业基金作用，加大对可穿戴设备、消费级无人机、智能服务机器人等产品创新，在核心芯片、先进传感器、新型显示、5G、量子通信、人工智能等产业化发展的支持力度。支持电信运营企业、云平台企业在疫情期间为企业免费提供云上办公服务和提速服务。积极拓展在线诊疗、在线办公、在线教育、数字娱乐、数字生活、数字贸易等新模式。

四是加快发展在线新经济。加快推动在线新经济十二个领域的典型应用场景示范，推广各产业、行业领域＋人工智能＋大数据＋5G＋区块链的典型案例示范，扩大信息消费覆盖面和影响力，提升对"3＋6"新型产业支撑能力。探索对本地企业主动承担智慧物流、原创新药、医疗用品、医疗器械、精准诊疗、快速检测、远程办公、在线教育等产业转化及技术改造项目，根据投入和绩效情况按"一事一议"，并给予一定补贴等。

五是构建安全可靠的信息消费环境。加强国家和地方有关法律法规建设的调研，尽快加强制度建设的探索，完善个人信息保护国家标准，加快信息消费立法步伐，完善多方协同参与机制，进一步加强网络监管，打造一个安全、可靠、公平、有序的线上消费环境。

第二编

数字转型

上海加快推进数字孪生应用与发展的对策建议

编者按：近年来数字孪生的概念频繁出现，很多互联网科技公司紧跟步伐，深入研究数字孪生相关技术，希望探索出一条更加美好的新型城市建设道路，以新一代科技手段，提升城市数字化、精细化、智慧化的运行及治理。

数字孪生已成为全球工业智能化的强劲驱动力和城市数字化转型新抓手，助力工业数字化转型和新型城市迈向数字化高阶，有力推动了产业和城市数字化、网络化、智慧化发展进程。

一、如何理解数字孪生

（一）数字孪生的概念由来

数字孪生理念最早由密歇根大学的迈克尔·格里夫斯（Michael Grieves）提出"信息镜像模型"（Information Mirroring Model），而后演变为"数字孪生"，数字孪生也被称为数字双胞胎和数字化映射。2012 年 NASA 给出了数字孪生的定义：数字孪生是指充分利用物理模型、传感器、运行历史等数据，集成多学科、多尺度的仿真过程，它作为

虚拟空间中对实体产品的镜像，反映了相对应物理实体产品的全生命周期过程。

2015 年以来，美国和德国等国提出了信息物理系统（Cyber-Physical System，CPS），实现物理世界与信息世界的交互和融合，通过大数据分析、人工智能等新一代信息技术在虚拟世界的仿真分析和预测，以最优的结果驱动物理世界的运行。数字孪生的本质就是在信息世界对物理世界的等价映射，因此数字孪生更好地诠释了 CPS，成为实现 CPS 的最佳技术。从 CPS 和数字孪生的内涵来看，他们都描述了信息空间与物理世界融合的状态，CPS 更偏向科学原理的验证，数字孪生更注重工程应用的优化，降低复杂工程系统建设的费用。

（二）数字孪生相关技术

迈克尔·格里夫斯指出数字孪生由物理空间的实体产品、虚拟空间的虚拟产品、物理空间和虚拟空间之间的数据和信息交互接口三部分组成。数字孪生涉及许多关键技术，如 3D 仿真技术、三维空间统计、数据可视化、IoT 物联接入等，实现多物理尺度和多物理量建模、结构化的数据管理、高性能计算等。其中，建立物理实体的数字化模型是实现数字孪生的核心技术，需要集成和融合多项跨领域、跨专业的技术，融合大数据、机器学习、云端和边缘端的协同运算、物联网等技术，并集成虚拟数字认证、概率设计、状态深度感知等多种先进技术，构建目标系统的数字孪生体，实现对物理实体全生命周期各类属性实时掌控及预测。

二、国内外数字孪生主要应用场景

（一）国外数字孪生主要应用场景

最先使用数字孪生概念的是美国的航空航天局（NASA）的阿波罗项目，美国国家航空航天局使用空间飞行器的数字孪生对飞行中的空间飞行器进行仿真分析，监测和预测空间飞行器的飞行状态，辅助地面控制人员作出正确的决策。数字孪生主要应用于创建和物理实体等价的虚拟体或数字模型，对物理实体进行仿真分析，并根据物理实体运行的实时反馈信息对物理实体的运行状态进行监控，依据采集的物理实体的运行数据完善虚拟体的仿真分析算法，从而对物理实体的后续运行和改进提供更加精确的决策。

西门子利用数字孪生完整真实地再现了整个企业，在完全虚拟的环境中模拟、测试并优化产品、生产工艺流程和工厂设备，通过搭建整合制造流程的生产系统数字孪生模型，实现从产品设计、生产计划到制造执行的全过程数字化，大幅提高创新速度和生产力，并不断创建新的业务模式。为了建立更加完整的数字孪生模型体系，西门子不断加大投资，每年投入近 20% 营业额到软件研发中，近几年先后并购整合了质量管理、生产计划排程、制造执行、仿真分析等各领域领先厂商和技术，不断完善数字化解决方案。

此外，新加坡构建"虚拟新加坡平台"指导城市未来建设与运行优化。欧盟构建"数字孪生地球"以期强化对全球环境监控，掌握全球气候问题和标准制定的话语权，帮助欧洲企业在低碳排放领域领先全球，淘汰全球范围内的传统高污染企业。

（二）我国数字孪生应用探索

雄安新区的数字孪生城市代表了完整的物理城市环境和过程状态，从地上到地下，从生态环境到基础设施，从产业发展到公共服务都随着建设时序在数字城市中同步构建，并随着城市发展而不断更新，始终与城市建设发展中的问题、需求和任务共同迭代，形成一个不断进化的生态系统。

中国信息通信研究院发布的《数字孪生城市白皮书》（2020 年）中指出，数字孪生城市建设模式在交通、能源、水利、制造等行业领域广泛应用，并实现迅速推广和复制。如，北京搭建区域交通数字孪生仿真系统，提升西三环围观仿真的可视化与交互能力，为交通改善工作提供方案评估和比选工具。廊坊热电厂充分利用数字孪生技术，实现生产制造全过程数字化、智能化管理，实现故障精准诊断和预判率达到 85% 以上。云南扶仙湖打造数字孪生湖体，通过接入水务感知数据，精准发现污水泄漏点、地下暗河流入等状态，实现河湖管理数据可视、监测可控、仿真推演。

三、上海推进数字孪生的现状基础与主要问题

上海从智慧城市建设到全面推进城市数字化转型，对人、物、事件、态势感知的数字化提出了更高要求，为数字孪生技术与应用提供了巨大的发展空间。

上海具备数字孪生应用发展的良好基础。一是数字基础设施建设全国领先，建成全国"双千兆第一城"，实现全市 16 个区的 5G 网络全覆盖，累计建设 5G 室外基站 3.2 万个，室内小站 5.2 万个。二是数据资源优势明显，累计汇集全市 200 多个单位 340 亿条数据，总体规模国内领先。强化数据共享，打通国家、市、区三级交换通道，实现跨部门、跨层级数据交换超过 240 亿条。三是数字赋能作用显著，以政务服务"一网通办"

和城市运行"一网统管"为代表的两张网建设，助力上海打造城市治理创新的标杆城市。产业数字化能级不断提升，率先建成标识解析国家顶级节点并辐射长三角，标识注册量突破 16 亿。

但是，数字孪生的推进与应用，涉及多领域联动，上海也面临一些主要问题。一是关键核心技术有待突破，特别是精准建模、超大规模计算等核心技术，以及基础工业软件等底层支撑软件缺乏。二是相关技术标准有待推进，数字孪生技术的标准体系尚未建立完善，如，基础标准、数字孪生技术实现、不同数字孪生体系统之间的集成与协作、测试与评估等标准有待建立。三是监管手段与规则有待健全，数字孪生在模型构建及应用过程中涉及三维显示规范和国家信息安全条例等，需要在国家敏感地理信息、数据安全、隐私保护等环节完善监管制度设计。

四、上海推进数字孪生应用的对策建议

把握数字孪生技术与应用在全球数字城市建设、工业智能化变革中的趋势与机遇，将有助于支撑上海超大城市的高效能治理、高质量发展。上海应聚焦城市治理和行业发展两条主线，率先实现数字孪生技术与应用的发展。

（一）加强数字孪生关键共性技术体系构建

加强基础理论与基础技术的研发与应用，如支撑数字孪生深入获取物理对象数据的微型化、高集成传感技术和控制技术，数字孪生精准建模技术，以及实现全新人机交互的 AR/VR 技术等。聚焦数据集成和建模分析两大领域，加强数字孪生与新一代信息技术的融合，持续拓展数字孪生数据集成范围和深度，构建跨领域、跨尺度、跨类型模型融合的复杂孪生模型，不断提升数字孪生模型精度。研究构建数字孪生验证和评估方法及体系。

（二）以数字孪生支撑城市数字化转型

探索构建城市规划、运行新模式，加强数字孪生技术对城市规划设计、建设、运行等方案的模拟与发展推演，进而实现物理城市与数字孪生城市同步规划、同步建设、同生共长。实现城市全要素数字化和虚拟化、全状态实时化和可视化、城市运行管理协同化智能化，推进城市的智能化服务和可持续运营。

（三）加快数字孪生在制造业领域的应用落地

聚焦制造业重点行业，如电子信息产品制造业、精品钢材制造业、汽车制造业、石油化工及精细化工制造业、成套设备制造业、生物医药制造业等，围绕生产、储存、运输、经营、使用和处置等环节，运用数字孪生技术，发展先进制造领域全域信息泛在感知、多源信息智能融合与实时认知、风险异常识别与预警、人机共融的应急决策与处置。

（四）优化数字孪生的生态建设

鼓励数字孪生产业链上下游企业积极合作，以头部企业为引领，构建数字孪生解决方案资源池，加快形成数字孪生创新联合体。平衡好产业发展和风险控制要求，实施对数字孪生企业的业务监督和管理，构建全流程、全生命周期、全产业链的监管体系。兼顾数字孪生参考架构与现有工业互联网等架构的有效衔接，积极参与或主导数字孪生国际国内标准制定。

参考文献：

【1】周瑜、刘春成：《雄安新区建设数字孪生城市的逻辑与创新》，城市发展研究院25 卷 2018 年第 10 期。

【2】中国信息通信研究院：《数字孪生城市白皮书》（2020 年）。

【3】《加快推动数字孪生技术与应用，需要关注的若干问题与建议》，上海市科委调研报告。

借力城市数字化转型，加快边缘计算应用数字工厂的政策建议

编者按：边缘计算应用是人工智能与制造数据深度融合在制造场景上的典型体现，其发展对人工智能和大数据具有双赢优势：一方面边缘制造大数据可以借助智能算法释放更多的潜力，让数据产生价值，提供更高的可用性；另一方面边缘计算能为智能算法提供更多的数据和应用场景，面向应用场景搭建高质量的数据集。传统的人工智能和工业大数据都存放在云端，而边缘智能技术在制造边缘部署边缘节点，直接从加工测试物理端设备获取数据并实现智能计算，将有力推动人工智能在智能制造应用的普及与发展。因此搭建基于边缘应用的工业互联网体系，能够解决边缘节点计算资源受限的难题，满足智能制造工业应用场景对任务响应的要求。

数字工厂、智能制造作为城市数字化转型中的主要单元，是不可或缺的场景应用，而边缘计算作为场景侧的数据计算处理平台，是链接物理实体以及云端平台的枢纽。边缘计算有着低时延、少带宽、高安全性的优势，可以快速应对局部性、实时、短周期数

据的处理需求，助力城市数字化转型中的场景大规模部署实现需求；同时，可根据不同场景对 AI 算法、机理建模等方面的差异化特点，进行计算资源的均衡化配置，可以大大提高城市数字化转型中的投资成效。

一、边缘计算在数字化工厂建设中的功能作用

传统制造行业虽然针对生产过程逐步配备了一定数量的数字化、自动化装备和信息系统，使得制造效率得到有效提升。然而制造单元系统闭环控制能力薄弱，边缘层装备停留在数控化、自动化层面，大量加工过程数据未得到充分集成与应用，影响加工工艺的优化迭代，质量一致性和安全生产水平提升面临瓶颈。在某种程度上，数字化工厂更多的是数控化工厂。数字工厂的内涵最主要的是将"价值流"充分融入自动化技术和数字化技术的应用，从而构建更加优化与高效的生产运营和内外协同环境，即利用数据创造价值。

边缘计算应用数字工厂的价值体现是面向制造单元建立云边端的边缘应用架构，通过物理端数据采集，云端建模以及边缘侧数据实时处理，一方面将前道制造单元产生的加工信息实时传递到后续制造单元，另一方面实时预测加工质量，并快速调整加工工艺参数，对产品最终质量进行有效控制，从而提升产品加工一致性。由于边缘计算可以在制造单元侧就近处理加工过程数据，解决实时性问题，并通过联通边缘计算节点，快速传递制造信息，使得上下游制造单元的信息共享，因此对产品加工质量改进有着重要的应用价值。

边缘计算应用数字工厂的作用主要体现如下：

（一）创新应用制造过程数据

采用边缘应用能够利用制造过程关键单元物理侧数据集、算法、模型夯实质量基础，突破工业算法赋能数据、数据赋能机理、工艺知识图谱开发与智能应用等关键技术，有利于制造知识的沉淀，其中核心是算法、来源是技术和技能，从而形成典型的制造过程数据创新应用的新模式。

（二）辅助解决行业机理模型

边缘计算应用尤其面向特殊制造过程，能够建立黑箱或者灰箱模型，辅助解决行业

机理不清的难题。黑箱模型又称经验模型，是一些内部机理尚未被人们所知的现象，但可以通过输入—输出关系建立起笼统的因果关系。灰箱模型是难以通过模型完全提炼规律性信息和知识的模型，但可以通过将复杂的问题进行简化近似求解。例如火化工行业中的固体推进剂燃速与配方和装药生产过程的机理作用不清晰，需要通过输入—输出数据，建立两者之间的近似模型，用于结果预测。

（三）规范智能制造单元标准

边缘计算应用通过建立导则和标准，能够更加精确地规范智能制造单元内物联感知、数据规范与算法、平台架构及安全防护的基本要求，从而保障智能制造单元的标准化实施。

综上，企业在数字化工厂建设过程中，需要在数控化、自动化等机器设备硬装备和MES、SCADA 等信息系统软装备同步建设的基础上，进一步利用边缘计算技术，建设制造边缘的节点云，解决产品关键制造过程中数据的采、存、管、用，形成以数据和算法为核心的创新应用能力，助力产品质量提升，真正实现数据价值创造。

二、边缘计算应用数字工厂的现状和问题

（一）边缘计算应用数字工厂的现状分析

1. 国外情况分析

企业层面，谷歌公司采用"Cloud IoT Edge"将强大的数据处理和机器学习功能扩展到数十亿台边缘设备，比如机器人手臂、风力涡轮机和石油钻塔，这样就能够对来自其传感器的数据进行实时操作，并在本地进行结果预测。

标准层面，有关边缘计算的标准化工作正逐渐受到各大标准化组织的关注，主流的国际标准化组织纷纷成立相关工作组，开展边缘计算标准化工作。2017 年 ISO/IECJTC1SC41 成立了边缘计算研究小组，以推动边缘计算标准化工作。2017 年 IEC 发布了 VEI（Vertical Edge Intelligence）白皮书，介绍了边缘计算对于制造业等垂直行业的重要价值。

2. 国内情况分析

企业层面，边缘计算技术与应用处于发展初期阶段，但是各地企业在边缘计算方面已经展开广泛探索，目前边缘计算主要处于技术研究、实验室测试，以及相对简单场景

的预商用阶段。

英特尔和阿里云联合在重庆瑞方渝美压铸有限公司打造的工业边缘计算平台，采用了英特尔开发的深度学习算法和数据采集到协议转换的软件，以及阿里云开发的基于 Yocto 的操作系统（AliOS Things）、数据接入云端 LinkEdge。该平台可以运行在工业边缘计算节点本地，并将结果聚合并存储在边缘服务器上，再通过阿里云的 LinkEdge 实现数据上云。

标准层面，2016 年 11 月 30 日，我国边缘计算产业联盟（ECC，Edge Computing Consortium）在北京成立。2016 年和 2017 年分别出版了国内的《边缘计算参考架构》1.0 和 2.0 版本，梳理了边缘计算的测试床，提出了边缘计算在工业制造、电力能源、智慧城市、交通等行业应用的解决方案。

在上海，工业边缘应用亦处在起步阶段。边缘应用主要面向工厂设备进行流数据的储存和处理，更多的是关注端的应用，或者说是面向工厂中的设备，不是面向工厂中的产品。由于没有建立起完善的云边端协同机制，所以在对产品加工质量价值的提升上贡献度较低。以航天领域为例，上海航天企业以产品加工过程中的问题为导向，通过产学研用合作模式，初步建立了云边端协同的模式，并同步建立了边缘应用的行业导则，目前正在持续的深化应用中。详见附图，基于航天领域的边缘应用架构图。

（1）数据采存层：利用物联网技术实现测试设备的组网、测试业务的在线采集、实时采集以及边缘计算，形成"逻辑统一、物理分散"的分布式数据存储管理能力。

（2）数据管理分析层：建立业务信息系统到数据仓库的数据流转通道，实现数据流转无缝连接。

（3）数据服务层：包括业务算法开发、机理模型赋能开发，建立数据与算力的结合，方便数据赋能、数据产品开发等能力的形成。

（4）数据应用场景层：发布数据产品、完成数字化交付，结合可视化技术形成场景级数据应用、变现数据价值。

（二）边缘计算应用数字工厂遇到的问题瓶颈

1. 投入产出见效慢，模式复制推广难

工业边缘应用更多的是解决工厂内部的疑难杂症，从数据的采集、工业算法的选取，到机理模型的建立是一个知识经验固化以及优化的过程，整个过程繁琐而漫长，难以在短期内见到效果。同时又因为工业专业众多、业务场景复杂导致模式的可复制性不

高，哪怕是同样的加工专业也会由于加工对象不同，影响加工质量的特征也会不尽相同，所以想要建立一个可以快速复制推广模式难度较高。

2. 专业化、数字化复合型人才缺口大，商业模式不健全

边缘应用在推广过程中，面临着软件服务商有算法没数据、制造企业有数据没算法的境况。边缘应用要想快速复制，需要培养大量专业化与数字化相结合的复合型人才，才能让软件服务商与企业制造方更好地在同一频道上对话，缩短探明机理的过程。

三、推动边缘应用在数字化工厂建设的政策建议

（一）推动制造企业以数字化转型为抓手，以用促建，提升场景应用价值为导向

企业数字化转型的核心是业务模式的转型，业务模式面向场景驱动，因此需要建立健全业务场景转型的体系架构，支撑企业产品化、专业化能力提升。

（二）创新商业模式，推动装备制造商、软件服务商以及企业制造方联合创新

由于业务场景中工艺专业知识至关重要，因此在数据采集方面需要装备制造商和软件服务商提前介入，充分考虑到需要采集的特征参数，并在装备出厂前完成传感器布置以及数据接口预留，从而避免在后续实际应用中出现传感器布置难、特征数据采集难等现象，给场景应用带来极大不便。

（三）鼓励有条件的企业开放场景和数据，打造实训中心

由于工业场景的复杂性，使得边缘应用推广难度较大。为解决这一问题，需要建立面向不同行业的实训中心，让不同行业内边缘应用条件较好的企业开放数据和场景，并形成完善的建设导则和标准，这样边缘应用的模式才能快速地复制和推广。

（四）边缘应用是突破软件国产化的重要手段

软件本质是数据和算法的耦合。通过边缘应用，让制造业务场景的数据和算法见底。只有数据和算法见底了，过程机理模型才能具备清晰的条件。面向不同行业，将见底的数据、算法和模型进行耦合封装，就此形成具有行业特色的软件，这样国产软件化的道路才会更加的坚实有力。

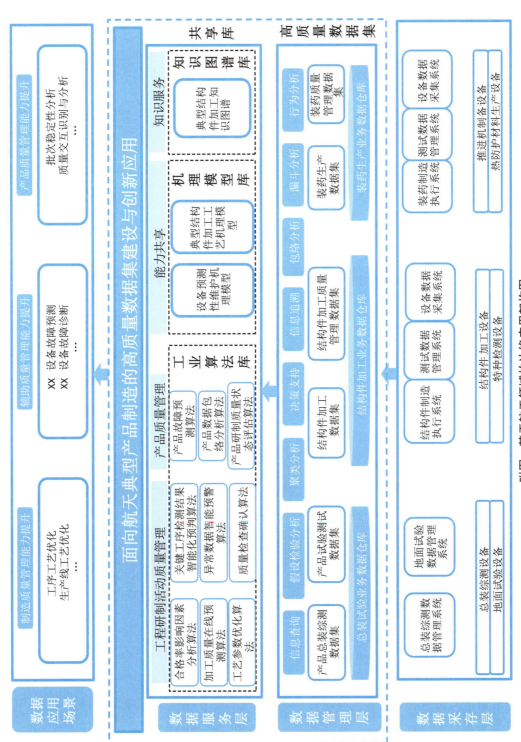

附图：基于航天领域的边缘应用架构图

整合算力资源，加快发展上海计算服务产业的对策建议

编者按：我国数字经济在国民经济中占比已经超过 30%。为了谋求先发优势，在新基建的东风下，各地掀起数据中心建设的热潮，但作为数字经济时代的基础设施，算力缺口依然巨大。目前上海正在加快计算服务枢纽节点建设进程，并将迅速跨越信息、技术、产业和服务的数字鸿沟，构建算力海量化、计算精准化、对接柔性化、服务系列化的计算服务平台，大力发展自主架构的算力产业，是上海应对"产业＋服务"数字化融合大潮的必由之路。

一、计算服务产业平台化发展亟须整合算力资源

全球的数字化转型已进入倍增创新阶段，各个国家的数字经济占比将持续提升，计算力是数字化技术持续发展的重要因素，是数字经济时代的核心生产力。浪潮信息联合 IDC 发布的《2020 全球计算力指数评估报告》显示：计算力与国家经济息息相关，计算力指数平均每提高 1 个点，数字经济和 GDP 将分别增长 3.3‰ 和 1.8‰。追赶者国家算力指数每提升 1 个点，对 GDP 增长的拉动提高到 1.5 倍，而这个数字在领跑者国家

为 2.9 倍。国家计算力指数越高，对 GDP 带动性越强。美国位列国家计算力指数排名第一，坐拥全球最多超大规模数据中心，这是美国算力的基础保障。中国位列第二，AI 算力领跑全球。日本、德国、英国分列三至五名。中美两国在计算效率和应用水平方面仍有差距，但中国的各项指标增速均高于美国，随着工业互联网、云计算、AI、物联网等新兴技术的快速发展和行业渗透，中美两国的差距将进一步缩小。

（一）算力服务"平台化"，让海量算力聚集起来

国务院发展研究中心国际技术经济研究所发布的《中国云计算产业发展白皮书》预计，以新计算产业为发展底座的"新基建"及应用，在 2020 年至 2025 年，能带动投资 11 万亿元，平均增速 10%，成为驱动数字经济的主要力量。

简言之，计算服务通过统一的采集引擎、规则引擎和告警引擎，将遍布全国的计算中心进行统一运营管理和运维管理，按需按量为客户提供服务。如果说以前的计算中心是分而治之，那么计算服务要做打包服务。要实现这一点，离不开计算服务雄厚的算力基础、绿色节能等技术优势和整合服务的站位目标。

传统的云计算服务通常强调算力及算效，计算服务往前进了一步：在更多算力和更高算效之外，整合服务是它的重中之重。通过极致用户体验，计算服务可以为用户提供最便捷、易用、稳定的算力服务；以多中心融合，形成异构混合调度，实现计算资源聚合；以计算、应用、数据、调优、咨询、运营、运维等全业务场景覆盖，为用户提供一站式服务；以丰富多样的应用计算服务，包括计算动态弹性扩展、数据高效传输等。

（二）全国算力资源的不均衡，亟须加快统筹调度

整体来看，数据中心的建设、智能计算的产业布局不是一时一地，而是需要放在基础设施的高度通盘考虑的问题。2021 年 5 月 24 日，国家发改委、网信办、工信部、国家能源局联合印发了《全国一体化大数据中心协同创新体系算力枢纽实施方案》（以下简称方案），明确提出布局全国算力网络国家枢纽节点，启动实施"东数西算"工程，构建国家算力网络体系。

方案明确提出，要推进实施算力一体化。推动各行业数据中心加强一体化联通调度，促进多云之间、云和数据中心之间、云和网络之间的资源联动，构建算力服务资源

池。这也顺应了"十四五"规划和2035年远景目标的要求：加快构建全国一体化大数据中心体系，强化算力统筹智能调度。从中可以看出，作为新基建的"基建"，计算力的"全国一盘棋"已经成为必然趋势。算力基础设施的建设发展由此进入新阶段，计算资源的开放、融通、共享成为核心关键。

二、上海计算服务产业的发展重点和制约瓶颈

上海新兴技术的投入与算力投入相关性极高，算力为新兴技术应用提供了"新基建"保障，新兴技术的发展又反推计算服务产业化能力提升。"制造业升级，计算力先行"，制造业"数字化转型"为上海算力投资重大契机，计算服务主要集中在研发、生产、供应链管理和服务等环节，70%的制造企业将进行边缘计算试验，提高产品和资产的质量和创新能力，以工业互联网为代表的新业态和新模式将为制造业带来新的发展动能。上海人工智能发展已经进入与行业深度融合的阶段，AI计算能力反映了上海最前沿的计算能力。随着数据的激增和算法的日益复杂，AI算力将变得至关重要，对各个国家人工智能产业的发展具有极大的推动作用。金融科技是上海算力投资和计算服务的核心行业，也是对人工智能算力投资最大的传统行业。IDC数据显示，全球AI算力支出的24.9%来自金融行业，预计到2024年，区块链和量子计算技术将在金融和会计领域普遍应用。这些新兴技术的使用奠定了金融行业在未来几年算力投资稳定增长的基础。

（一）上海超算已经成为"数据中国"的战略载体

工业互联网是新一轮科技革命和产业变革的核心内容，它会贯穿工业生产的全生命周期，从产品的设计、研发、生产制造、营销到服务构成闭环，彻底改变传统工业的生产模式，促使企业由制造型向服务型转变。以"上海超算"为代表的产业计算服务平台为了更高效地解决制造业在创新升级过程中遇到的研发计算资源问题，一直致力于工业研发计算、工业数据处理与分析、工业仿真云平台等核心技术和产品的开发，正努力打造成为国内一流的超融合计算解决方案与服务提供商。近些年来依托"蜂鸟"超级计算机系统，为生物药物、汽车设计、航天航空、装备制造、环境保护、钢铁化工、核电工业等多个领域的研发计算和数据处理提供了大量服务。通过为国产商用发动机研制、C919大飞机研制、飞船与空间站对接系统研究、"沪崇苏"长江隧桥工程、大型重型机

械设备制造等一批国家重点预研项目和重大工程项目提供研发计算和数据处理服务，有效支撑了上汽、商飞、商发、宝钢、核工院、沪东重机等上海本地重点企业的创新发展和转型升级。但是上海既有的工业互联网计算服务存在数据难管理，多云分散管控，应用层面的数据安全和访问控制缺乏必要的审计信息等一系列制约有待突破。

（二）上海 AI 计算服务日益成为巨量复杂运算的新工具

随着 AI 发展如火如荼，高校作为基础研究的主阵地，正扛起推进 AI 研发和应用的大旗，如何构建 AI 所需的超高算力并加速科研成果转化早已提上日程。有限的算力资源和繁复的硬件部署流程成为挡在他们面前的主要阻碍。因此，一个稳定成熟且拥有强大算力基础的资源调度平台成为刚需，它可以按需进行 AI 算力供给和分配，同时有专门的技术和运维团队予以支持。这将使更多研究团队在满足 AI 计算需求的同时，不必在环境配置和应用部署耗费时间，而是更加专注于自己的科研项目本身。作为国内最早涉足 AI 领域的高校之一，上海交通大学有着丰富的 AI 计算需求。恰逢超级计算机迭代之际，上海交通大学 AI 计算平台即依托从 2018 年开始立项的 π 2.0 来建设，它也是国内最早搭建的高校统一 AI 计算平台之一。上海交大 AI 计算平台面向全校提供稳定强大的 GPU 资源调度，同时也支持校外用户来申请计算资源，峰值算力达 16PFLOPS。此外，该平台还提出一个创新的"交大型"服务模式：借助超级计算机 π 向高水平科研用户提供丰富的技术支持，和多学科研究进行紧密融合，支撑和催化学校的科研发展。一是利用 AI 计算平台具备较高数据处理能力，提供海量数据和巨大计算需求。二是利用 AI 快速数据迭代提供柔性化的配置环境。三是利用 AI 计算平台需具备完善的资源调度系统和强健的集群管理工具，灵活调度集群算力资源，提升应用运行效率。与此同时，目前 AI 计算服务依然存在算力性能不强，计算并行度不足，当作业众多时，会发生资源争用，需要排队，以及运行时间过长且难以复用等行业应用中亟待破解的难题。

（三）上海计算服务产业正助力科技金融实现跨越

"监管沙盒"由英国政府于 2015 年 3 月率先提出，按照英国金融行为监管局（FCA）的定义，"监管沙盒"是一个"安全空间"，是模拟金融产品及服务的仿真计算服务平台，进入"监管沙盒"的金融科技企业可以测试其创新的金融产品、服务、商业

模式和营销方式，而不用在相关活动中遇到问题时立即受到监管规则的约束。也就是说，监管者在保护消费者、投资者权益、严防风险外溢的前提下，通过主动合理地放宽监管规定，减少金融科技创新的规则障碍，鼓励更多的创新方案积极主动地由想法变成现实，推动实现金融科技创新与有效管控风险的双赢局面。如"基于多方安全图计算的中小微企业融资服务"项目进入中国版"监管沙盒"——上海金融科技创新监管试点应用，其运用了领先的多方安全计算、图计算等技术，在确保各方原始数据不出域的基础上，实现银行和电信运营商的关系图谱数据的融合，准确识别企业集群背后的复杂关系链条以及欺诈风险，助力银行中小微企业精准贷款投放和集群风险管控，提升金融机构风险防控能力以及客户的贷款体验。2020年公布的试点应用均为知名金融机构与金融科技公司共同探索的前沿金融服务项目或科技产品，涉及隐私保护、数据融合、金融风控、区块链上的信息共享等多个创新领域。在体现计算服务对于科技金融的强大支撑作用的同时，也反映了该领域计算服务成本偏高，数据量巨大且清洗困难，且长期存储成本和安全性值得关注，未经专业计算环境优化的计算方案比传统方案效率更低等现实问题不容小觑。

表1　上海金融科技创新监管试点首批8个创新应用项目

序号	创新应用名称	应用类型	申 请 机 构
1	基于多方安全图计算的中小微企业融资服务	金融服务	交通银行股份有限公司、中移（上海）信息通信科技有限公司、上海富数科技有限公司
2	基于区块链的小微企业在线融资服务	金融服务	上海浦东发展银行股份有限公司
3	"上行普惠"非接触金融服务	金融服务	上海银行股份有限公司
4	基于人工智能的智慧供应链融资服务	金融服务	上海华瑞银行股份有限公司
5	基于区块链的金融与政务数据融合产品	科技产品	中国银联股份有限公司、上海浦东发展银行股份有限公司、上海银行股份有限公司
6	"信盟链"风险信息协同共享产品	科技产品	建信金融科技有限责任公司、中国建设银行股份有限公司
7	"融通保"中小微企业票据流转支持产品	科技产品	兴业数字金融服务（上海）股份有限公司、兴业银行股份有限公司
8	"易融星空"产业金融数字风控产品	科技产品	上海聚均科技有限公司、中国工商银行股份有限公司上海市分行

数据来源：中国人民银行上海总部。

三、上海计算服务产业发展路径和建议

（一）打造面向制造业互联创新的超算服务平台

根据"共性先立，急用先行"的原则，以现有工业仿真云和企业分中心为基础，全力构建面向制造业互联创新的研发计算及数据处理公共服务平台。平台面向六大业务场景，满足企业研发计算领域六大需求。整个平台系统按照功能划分为研发计算服务平台、研发数据处理服务平台、企业研发协同与资源共享支撑平台，在突破产业计算服务既有局限的同时，将全力打造专注研发计算和数据处理的功能性公共服务平台，以上海各产业领域领军企业为主要服务和合作对象，实现更多领域专业或社会化云服务平台资源对接，以推动产业链及生态圈资源动态配置和共享。资源共享支撑平台以传统计算资源服务为支点推动服务延伸，以与企业分中心等龙头企业长期合作为基础，共同构建不同类型的行业应用云。通过建设落户于行业龙头企业的超算分中心，提升已有企业超算分中心服务能级，重点支持与对接核电、汽车、发动机产业的行业研发云，促进产业链上下游研发企业汇聚，形成协同研发、数据共享的研发生态圈，服务于上海智能制造产业链和互联网制造创新模式。

（二）"精打细算"，AI 计算使专业运算更简单

作为一种新业态，AI 计算服务的优势特色是以产业、社会需求为牵引，海量算力的聚合以及多元的计算服务能促进产业转型升级，推动社会发展。借助 AI 计算技术实现服务模式的转变和升级，携手高端研发机构逐步建立 AI 及算分中心战略合作模式，努力构建面向科技创新的研发计算及数据处理公共服务平台。通过分中心模式和公共服务平台的建设，建立面向其他更多不同研发需求的服务能力，可支持百家以上的中小型研发机构，并将部分资源对接服务于上海及长三角区域的 AI 计算平台，相互协调、资源共享，致力于成为中国最有价值的科技创新算力基础设施和大规模算力的公共计算服务平台，并在科学数据服务、生物信息、工业仿真、智能制造等领域多点开花。像这样，作为科技创新算力基础设施和公共计算服务平台为大科学、大工程、大系统产生直接作用。未来，AI 计算服务主要应用于三大领域：科学计算、人工智能、工程计算。它让用户轻松拥有强劲、丰富、优质、安全和极速的算力资源。提供端到端全栈算力生产、交付与应用支持服务，助力产业升级、科研创新、政务服务和信息技术应用创新。基于

"新定位、新架构、新技术、新模式"进行建设的 AI 计算服务网络，可以实现"集约化建设、共享化服务和市场化运营"，预计可带动长三角区域全产业链经济效益达数十亿级产值增长。

（三）通过计算服务加快形成良性循环的金融科技创新环境

为了应对数字经济时代对计算服务的需求，快速发展具有自主架构的"算力、算法产业"正在迎来新一轮机遇期，并催生计算服务产业化项目落地并推动金融科技创新，助力数字金融市场良性发展。作为金融科技创新公共服务平台，计算服务的服务范围、对象、内容将大大扩展，并在"十四五"期间建成为国家金融科技创新环境的新力量。在通用计算无法满足上海国际金融中心多样化需求的情况下，利用计算的云网端边化等创新模式，以数据为中心、云服务为基础，金融安全为保障，进一步服务上海金融科技创新和金融企业数字化转型，实现银行和电信运营商的信用信息共享，打破现有数据壁垒，为机构风险防控提供线索和依据：一是，丰富资源，丰富的计算资源和异构加速资源，助力产业升级、金融科技和服务应用创新；二是，开放生态，开放的金融科技服务生态环境，开放的架构，多元的算力；三是，极速互联——网络极速互联，具备运营商互联网专线、国际专线、金融网、数据专网同时接入能力；四是，安全可靠，合作中心按照三级等保标准设计和建设，网络安全与数据安全全方位保障；五是，优质服务，同时提供 7×24 小时在线专家团队应用优化与应用支持服务，保障计算任务顺利执行。

上海探索数据要素产业化发展的对策建议

编者按：近年来，我国不断推进网络强国、数字中国、智慧社会建设，以数据为新生产要素的数字经济蓬勃发展，数据的竞争已成为国际竞争的重要领域，其中数据确权是数据交易的基础和前提。十三届全国人大常委会第二十九次会议通过了《数据安全法》，在数据确权和数据交易保护方面，明确了国家建立健全数据交易管理制度，规范数据交易行为，培育数据交易市场。2021年1月4日，上海正式发布《关于全面推进上海城市数字化转型的意见》，在打造具有世界影响力的国际数字之都的过程中，上海亟待尽快在地方数据立法、数据治理、数据赋能、数据交易中推动数据要素产业化发展，力争在全球数据交易的竞争中取得先机。

在充满不确定性的后疫情时代，数字经济逆势崛起，成了推动中国引领全球经济复苏新引擎。伴随信息技术和人类生产生活交汇融合，各类数据迅猛增长、海量聚集，对经济发展、人民生活产生了重大而深刻的影响。据企查查相关数据显示，截至2021年6月，我国在业/存续"大数据"相关企业共有18.65万家。其中上海大数据企业数量在

全国省市中排名前三位，共计 1.41 万家，仅次于深圳市 1.60 万家。

一、国内外探索数据要素产业化发展的经验借鉴

数据是数字经济时代的"石油"，是数字化转型的"润滑剂"，正成为各个国家和地区重要的战略资产。近年来，西方国家都在加快构建自己的数据主权立法体系，并出台了一系列有关信息自由、数据保护、个人隐私和个人信息保护、数据确权的政策，这些经验对于推动国内和上海未来持续探索推进数据要素产业化具有一定借鉴意义。

（一）欧美国家对于数据要素产业化发展的探索

1. 关于信息自由、数据保护等方面的国家层级的法律陆续出台

美国、澳大利亚、英国、德国、法国、加拿大等主要西方发达国家，早在20世纪60—80年代，就关注对个人隐私权的界定和保护，强调公民有权利要求政府机构提供相关信息；同时，政府有义务保护公民的个人隐私信息。美国拥有一套较为完善的法律体系，核心法律包括《信息自由法》《宪法第一修正案》《电子信息自由法令》《阳光下的政府法》《隐私权法》《GPO 电子信息获取促进法》等。设立了 data.gov 行政督导委员会和 data.gov 项目管理办公室，由它们为 data.gov 的执行提供政策和策略建议，还由司法部信息政策办公室（OIP）负责监测《信息自由法》的执行。截至目前，data.gov 中"地方政府"类数据集占比最高，共 23855 个；"教育"和"气候"类数据集数量位居第二、第三，分别有 463 个和 462 个。

澳大利亚政府通过发现数据（discover）、过程处理（process）、授权许可（license）、数据发布（publish）、数据完善（refine）5 个阶段将数据开放流程化。同时，制定了的数据属于国有资产；从设计着手保护隐私；数据完整性与程序透明度；技巧、资源共享；与企业界和学术界合作；强化开放数据等六大数据开放共享原则。英国出台《自由保护法》《开放标准原则》等，规范政府数据开放行为。其数据开放门户网站 data.gov.uk 上公开的数据类别有商业与经济、犯罪、国防、教育、环境、政府、政府支出、健康、地图、社会、城镇、交通共 12 大类。这些重点类别不仅包含了国家经济和能源等宏观维度的内容，也凸显了英国政府对民生（环境、教育、健康、老龄化）、安全（灾害、国防）等领域的重视。加拿大出台《信息获取政策》等，明确政府信息获取渠道。德国通过实施《信息自由法》等系列法律，明确政府数据的公开性和透明化原则。法国颁布

《"数字共和国"法案》《公众与政府关系法》等，强调政府数据开放和数据安全。

2. 关于个人隐私和个人信息保护的国家立法受到高度重视

2012年，新加坡政府公布了《个人资料保护法》（PDPA），旨在防范对国内数据以及源于境外的个人资料的滥用行为。2016年，英国政府在10月设立了国家网络安全中心（NCSC），11月发布了国家网络安全战略。在2017年2月发布的《政府转型战略：更好地利用数据》政策文件中，强调安全合理地管理和利用数据，保证公共部门工作人员理解数据分享的道德准则，包括什么被允许和什么不被允许。美国颁布《隐私保护指令》，强调开放数据过程中要注意对个人隐私权的保护；同时，制定了金融、通信、健康、信用、教育等专门领域的个人信息保护法律，形成较为完整的个人隐私保护体系。加拿大出台系列政府指令，具体化个人隐私保护内容。澳大利亚通过《隐私条例》，进一步规定个人信息保护准则。德国颁布《电子政府法》，明确个人和政府数据安全的有关问题。欧盟于2020年2月出台《欧洲数字战略》，提出尊重公民数据权利，支持个人提升对其数据的控制权。

3. 关于数据确权进行了不断尝试

2018年5月，欧盟《通用数据保护条例》（GDPR）全面实施。该条例明确了数据主体所拥有的"数据携带权""知情权"以及"可遗忘权"等权利。2019年12月，美国发布《联邦数据战略与2020年行动计划》，采取了数据确权的实用主义路径，将个人数据置于传统隐私权的架构下，利用"信息隐私权"化解互联网对私人信息的威胁，在金融、医疗、通信等领域制定行业法，辅以行业自律机制，形成了相对灵活的体制。2020年2月，欧盟发布的《欧洲数据战略》中指出，数据的价值在于能够使用和重用。"使用"是数据本身应有的价值，能够重用（为其他目的而使用这些数据）的前提是数据能够被广泛地交易和共享。2020年9月，英国发布《国家数据战略》设定释放数据的价值；确保促进增长和可信的数据体制；转变政府对数据的使用，以提高效率并改善公共服务；确保数据所依赖的基础架构的安全性和韧性；倡导国际数据流动等五项"优先任务"。

（二）国内相关区域对于数据要素产业化发展的探索

目前，我国现阶段尚未对数据权属进行明确的规定，并且某些部门的管理理念、业务流程、运行机制仍较为传统，对数据共享的认识还不到位。同时，各个信

息系统长期以来"条块分割"的建设模式，也导致了系统之间缺乏统一标准，形成了众多分散建设、相互封闭的"数据孤岛"。但国内部分区域率先开展了一些有益探索。

2021年7月6日，深圳市公布《深圳经济特区数据条例》，并于2022年1月1日起实施，首次提出了"数据权"的概念，针对不同的数据类型明确数据权归属，是国内数据领域首部基础性、综合性立法。自然人对其个人数据依法享有数据权；公共数据属于新型国有资产，数据权归国家所有；数据要素市场主体对其合法收集的数据和自身生成的数据享有数据权。2021年6月，山东省市场监管局会同山东省大数据局在全国首发《关于促进标准化大数据发展的指导意见》提出加强标准化大数据保护，实现标准化数据安全预警和有效溯源。2020年7月，天津市发布了《天津市数据交易管理暂行办法（征求意见稿）》对数据交易双方的数据权进行了规定，要求交易数据必须无权利争议，经处理无法识别特定数据提供者且不能复原，数据需方不得对数据进行重新识别，按约定完成使用后应及时销毁数据。

二、上海数据要素产业化发展存在的问题瓶颈

目前，数据作为数字经济时代的全新生产要素，具有损耗低、风险大、增值多、管理贵、增长快、垄断易、确权难等特性，这些特性使得上海和长三角数据要素产业化相关的立法监管、权属界定、价格形成、交易流通、开发利用等各个环节仍存在较多亟待解决的问题。

（一）数据权属界定问题尚不清晰

适用于上海大数据环境下的数据分类分级安全保护制度亟待完善，政务数据、企业商业秘密和个人数据的保护亟待加强。此外，在《民法典》的立法精神的基础上，尚未建立统一个人数据的保护路径。对于数据要素的立法保护、数据权保护存在一定缺位。

（二）数据流通交易机制有待改善

缺乏针对数据产品和交易商的评估体系、可信流通体系。数据的质量水平、不同的应用场景和特定的法律道德限制均会对数据资产价值有所影响。数据外部性、异质性特征及价值稀疏性特点使得数据确权及定价困难。

（三）数字金融监管法律法规存在空缺

国家和地方区块链与数字金融的准入标准制度亟待建立。上海涉及金融行业的区块链企业，暂未参照现行相关法律设立一定的注册资本门槛，如何确保让具有一定实力的区块链金融企业进入区块链金融行业开展业务，并保证其偿付能力，有效去降低区块链金融行业所带来的风险。

（四）数据要素市场存在安全风险

上海地方数据标准化体系尚未完善，数据共享流通时会因缺乏统一标准，导致建立统一的数据要素市场存在风险。公安、经信、网信、市场监管等多委办协调配合、发挥监管合力等方面尚未形成常态化协同监管机制。

三、探索推动上海数据要素产业化发展的对策建议

数据要素产业化发展既是上海数字经济发展过程的核心问题，也是处理区域数据流动和数据保护二者关系的重要切入点，有助于激发市场主体的活跃度，平衡公正和效率，产生良性的利益刺激，从而加速数字社会建设步伐，乃至促进整个社会经济的良性发展。

一是尽快搭建上海数据要素流通公共服务平台，建设涵盖完善"政—政"数据共享、"政—企"数据开放、"企—政"数据汇集和"企—企"数据互通等多个维度方向的数据要素流通公共服务体系。产业主管部门联动财政、税务、金融、大数据等委办，打造与数字化生产力相匹配的数据要素流通分配和数据要素"监管沙盒"等政策工具箱，对与数据要素流通相关的投资、财政、税收、金融等方面政策进行适配优化。

二是联合高校、科研院所和企业，针对数据资产评估、数据交易定价、数据流通管理、数据安全保障、数据治理体系、数据治理绩效评估等关键问题，聚焦数据资产盘查、数据特征值提取、数据防泄漏以及数据加密、评测认证等技术方向，以数据要素市场基础理论研究为牵引，面向行业主管部门、数据交易平台、数据运营公司等不同行业主体，为上海数据要素市场体系构建提供全方位整体解决方案。

三是借鉴海南自贸港跨境数据安全有序流动的相关创新举措，以应用需求为指引，精准对接市场需求，强化数据确权定价、准入监管、公平竞争、跨境流通、风险防范等

方面制度建设，加快推动地方数据立法探索，营造健康可持续的数据市场环境，推进数据与其他创新要素深度融合。探索数据确权、数据收益评价机制，尝试建设跨境数据流动交易中心，打造数字贸易国际枢纽港。

参考文献：

【1】火星财经：《数据确权与个人数据保护驱动互联网信息革命？》。

【2】人民网人民数据：《数据确权，将是这个时代最大的变革》，2021年2月22日。

【3】宋卿清、冯海红等：《国内外政府数据开发利用的进展及对我国的政策建议》，载《中国科学院院刊》2020年第6期。

【4】金色财经：《构建数据要素市场可能用到哪些技术？》。

【5】李瑞龙、梁恺璇：《国际政府数据开放的经验与启示》，腾讯研究院2021年5月6日。

上海促进区块链发展的对策建议

编者按：自 2019 年 10 月 24 日，中共中央政治局就区块链技术发展现状和趋势进行第十八次集体学习以来，全国迎来了区块链热潮。各省市政府不断出台政策进行鼓励引导，对区块链的支持力度也不断加大，各地结合自身特点在相关领域推进区块链应用建设。同时，以中国电子学会区块链分会为代表的区块链权威机构也纷纷加强了对全球以及国内各省市区块链发展特点的分析，先后发布了《区块链白皮书（2020 年）》《2020 中国区块链城市创新发展指数》（以下简称"《指数》"）。本文在对上述文献进行综合研究基础上，梳理形成了上海区块链发展建议，旨在利用区块链技术提升政务服务效率，降低社会运行成本，推进数字经济发展。

一、区块链发展趋势和前瞻追踪

各国政府均积极探索通过新兴技术降低经济社会运行成本，提升实体经济运行效率，进一步寻找经济发展新的增长点。区块链与云计算、人工智能等新技术基础设施交

又创新，越来越多的实体经济垂直领域呈现出"区块链+"的发展格局。

（一）政策项目协同，促进产业发展

政策方面，各国政府加大对区块链产业的战略布局。2019—2020年，全球24个国家发布了专门针对区块链产业发展及行业监管方面的专项政策或法律法规。项目方面，各国政府积极推进区块链技术项目落地。其中，中国、美国、荷兰、韩国、澳大利亚、英国等国在推进应用落地方面更为积极主动。

（二）资本热情趋冷，行业回归理性

产业规模层面，虽然全球不断有新增的区块链企业，但增长速度自2018年起逐年放缓。截至2020年9月，全球共有区块链企业3709家。受到区块链技术尚未规模应用、风险投资减少、前期高速增长自然回落等因素影响，2019年起全球新增区块链企业数量大幅度回落。

（三）多向创新突破，生态稳步构筑

专利方面，全球区块链专利申请量仍然呈快速增长趋势。2013年至2020年9月，全球区块链发明专利申请量达到3.5万件，授权量达到2165件。中国自2018年开始保持在较高的增长水平，申请量方面以2.1万件高于其他国家，授权量方面也以998件处于领先水平。此外，美国、韩国、欧洲区块链专利申请量也位于前列。

二、中国区块链城市创新发展现状和问题分析

（一）发展现状

1. 北京、深圳、上海、杭州区块链综合发展优势明显

中国区块链地区发展头部城市优势明显，北京、深圳、上海、杭州分列前4名。北京和上海作为我国两座重要的直辖市，在综合评分上依托研发、产业发展和公共热度等方面的优势，综合排名分别占据第一和第三。深圳作为改革开放的排头兵和先行地，依托于当地大型技术企业和创新包容的城市特质，在综合排名中紧随在北京之后，位列第二名。杭州作为新兴的互联网城市，依托活跃的创新基因和产业基础，本次排名位列第四。

2. 北京、杭州、深圳创新性基础研发能力占优

从研发单项排名来看，北京由于积聚了国内最好的科研院校，以及拥有最强的追踪科技前沿发展的能力，在研发领域牢牢奠定领先优势，在研发单项排名中位列第一。杭州依托阿里巴巴等众多区块链创新应用研发企业，区块链专利申请数量突出，排名第二仅次于北京。深圳在研发单项中排名进入前三，在一定程度上展现了深圳多年来注重引进国际知名高校人才和培育国际顶尖人才的成效。上海作为国内的金融贸易中心和科技创新中心，在研发单项排名中处于第四名，在论文和专利等方面与北京存在差距。由此可见，上海在创新性基础研发方面还有较大提升空间。

3. 北京、深圳、上海、杭州产业发展迅猛

从产业发展单项排名来看，得益于活跃的创业环境、产业基础和产学研合作氛围，北京、深圳、上海和杭州无可争议的成为第一梯队。这四个城市都具备一定的区块链产业积累度，同时城市支撑力较强，未来可进一步发挥其产业协同力。作为全国区块链产业发展的头部城市，北京拥有强劲的互联网产业，为区块链产业的发展奠定了扎实的基础和保障。深圳在构建梯次型产业体系的同时，也注重产学研合作，不断培育和引进各式新型研发机构，并凭借着这些机构的突出创新能力和巨大的增长潜力，成为关联新兴产业的引领者。上海凭借各单位之间的联动协同作用，在区块链产业发展方面迅速，产业生态不断完善。杭州凭借着由行业到底层技术的区块链技术发展路线，区块链安全产业逐步兴起，在多个行业领域率先落地。

4. 北京、上海、深圳、杭州在公共热度上组成第一梯队

从公共热度单项排名来看，北京大幅领先。北京集聚了国内大量的科技头部企业，具有最强的追踪科技前沿发展的能力，而且作为人民日报、央视等权威媒体和央企聚集地，强势的宣传力度也使其在公共热度评分上领先上海 5.62 分。上海作为国内的金融中心通过日渐完备的金融机构体系、高质量的金融人才、金融国际化的快速发展等，在金融生态环境建设中取得重大进展，在公共热度中排名第二。深圳依托华为、腾讯等高科技企业和众多创新应用企业以 3.96 分的微小差距紧跟上海排名第三。凭借阿里巴巴等众多区块链创新应用研发企业走在全国城市前列的杭州，在高科技企业的带动下，将互联网经济作为经济发展的带动点之一。但其在公共热度上仍与第三名相差 8.17 分，位列第四。

5. 北京、杭州政策具有前瞻性，上海政策推进动力强劲

从政策单项排名来看，北京依托其拥有优质的科研资源以及对高新技术的敏锐性，

引领着区块链领域的发展。2016 年，北京将区块链等金融科技技术作为积极培育的方向。杭州依托其城市发展优势，早在 2014 年就确立了到 2020 年发展成为全国领先的信息经济强市和智慧经济创新城市的战略目标。同时，杭州也正在积极探索近几年快速发展的区块链技术，为区块链、大数据等新技术的发展建立了良好的氛围。上海在出台《加快推进上海金融科技中心建设实施方案》《上海市 2020 年节能减排和应对气候变化重点工作安排》等诸多支持政策的同时，采用市—区联动以及多机构协同推进机制，加快了区块链在金融、绿色发展等领域的融合发展。

6. 金融、政务、医疗等领域启动应用实践

在金融领域，2020 年 10 月，上海银行与蚂蚁金服"双链通"区块链平台合作供应链融资项目正式落地放款。在政务领域，2019 年，北京把区块链应用到了不动产登记过户和不动产登记服务；海淀把区块链技术用到了全区"一网通办"平台，推出"智慧审批"。在医疗领域，2021 年 7 月，全国首个 5G ＋ 区块链疑难危重新生儿急救转诊系统在上海启动。在民生领域，2019 年 3 月，杭州地铁可开出基于区块链技术的电子发票；6 月，上线了全国首个区块链电子票据平台；12 月，深圳全市上线区块链电子证照平台。在司法领域，2019 年 4 月，杭州西湖龙井茶溯源平台成功对接司法区块链平台，2020 年 1 月，上海市浦东公证处打造的证信区块链及数据存证平台成功上线试运行。

（二）存在问题

1. 基础和创新性研发有待加强

2020 年上海高校在国内高校发表区块链相关论文数量排行榜中，仅上海交通大学、华东政法大学、上海大学、复旦大学四所高校挤进了前三十；2020 年上海申请的区块链专利数量只占全国 6%，远低于北京的 22%，其中，专利主要集中在上海点融信息科技有限公司、中国银联股份有限公司、上海唯链信息科技有限公司等企业。

2. 核心技术及应用问题亟须攻克

上海区块链技术主要集中运用在金融、医疗、供应链、智慧城市、现代农业、建筑业、信息内容分发保护、司法等行业有已落地运行的区块链应用，大多还在进行小范围试点运行。随着区块链应用范围的逐步扩大，对区块链技术的隐私性、可靠性、可拓展性的要求日益提高。目前，区块链技术仍然存在着运行稳定性低，技术扩展性不强，隐

私性不足的问题。

3. 专业人才相对紧缺

根据赛迪区块链研究院统计，我国区块链招聘企业数量、招聘职位、招聘人才需求持续增加，截至 2020 年 11 月，区块链从业人数较 2019 年有大幅度增加，但区块链人才市场技术型人才与高端复合型人才需求缺口仍然较大。区块链人才尤其是"区块链＋产业"的复合型人才面临供不应求局面。区块链是密码学、计算机科学、经济学等多学科的融合技术，区块链的发展需要与前沿技术融合，因此，区块链人才培养难度大。区块链的人才流失现象也不容忽视，由于人才需求旺盛，企业间顶尖人才的争夺现象也日益突出。

4. 标准体系建设有待进一步完善

区块链作为新一代信息技术产业，在上海处于初步发展阶段，区块链应用建设尚未形成统一的标准体系，缺乏高效的跨链标准来促进各链之间的互联互通，这将加大区块链行业的监管难度，也不利于区块链的信任互通、跨链合作。同时，在区块链标准制定的多个环节中均存在不同解决方案之间相互竞争、相互冲突的现象。区块链技术标准的缺失会在很大程度上制约区块链技术的发展。

三、上海促进区块链创新发展的对策建议

（一）提高技术创新能力，促进产学研紧密结合

综合运用政策、投入、服务等多元化的支持方式，引导各类创新要素向高校、科研院所等单位集聚，使科研单位真正成为技术创新活动的主体，帮助企业开发新产品、调整产品结构、创新管理和开拓市场，提升核心竞争力，促进产学研紧密结合。

（二）推动核心技术自主可控，构建产业生态体系

探索开发基于区块链的可信芯片、可信系统、可信协议，推动区块链与经济社会各领域、各行业加快深度融合，鼓励创建区块链融合应用和产业发展集群，努力构建具有较强创新能力和自主可控的区块链发展生态体系。

（三）注重人才培养，凝聚发展动力

以高校、科研机构为人才培育主体，加快建设区块链科技园区、实训基地，增强理

论在实践中的运用，加快培育区块链领域专业人才。利用上海在金融、科技、产业等方面的区位优势，吸引优秀人才、积累人才红利，促进区块链产业高质量发展。

（四）完善区块链标准体系，促进产业健康稳定发展

鼓励科研机构、高校和企业加快研究面向核心技术的基础性、关键性和安全类标准，推动完善现有标准体系，建设全面可靠的区块链标准体系，助力提升上海在国内外区块链行业中的话语权。

参考文献：

【1】中国信息通信研究院：《区块链白皮书（2020 年）》，http://www.caict.ac.cn/kxyj/qwfb/bps/202012/t20201230_367315.htm。

【2】中国电子学会区块链分会等联合发布：《2020 中国区块链城市创新发展指数》，http://www.199it.com/archives/1114436.html。

【3】中国经济网：《上海银行携手蚂蚁金服共同布局供应链金融》，http://finance.ce.cn/home/jrzq/dc/201911/04/t20191104_33516734.shtml。

【4】中国青年网：《北京：区块链技术"加持""不动产登记 + 用电过户"一并办》，https://baijiahao.baidu.com/s?id=1630931643413561738&wfr=spider&for=pc。

【5】奚晓蕾：《全国首个 5G + 区块链疑难危重新生儿急救转诊系统在沪启动》，https://www.cn-healthcare.com/articlewm/20210713/content-1242685.html。

【6】科技金融时报：《杭州地铁携手支付宝　推出区块链电子发票》，http://st.zjol.com.cn/rdzx15491/201903/t20190328_9782593.shtml。

【7】杭州日报：《全国首个区块链电子票据平台上线》，http://www.hangzhou.gov.cn/art/2019/6/13/art_812262_34605997.html。

【8】深圳市政务服务数据管理局：《24 类常用电子证照上链"i 深圳"App 区块链电子证照应用平台上线》，http://www.sz.gov.cn/szzsj/gkmlpt/content/7/7039/post_7039297.html#19236。

【9】杭州网：《搭载 5G 技术　西湖龙井茶牵手杭州互联网法院成立司法区块链平台》，https://ori.hangzhou.com.cn/ornews/content/2019-04-01/content_7170498.htm。

【10】上海市浦东公证处：《浦东公证处数据存证平台现已正式上线》，https://www.

thepaper.cn/newsDetail_forward_5531436。

【11】复旦大学等：《2020 上海区块链技术与应用白皮书》，https://max.book118.com/html/2020/1212/8044106121003025.shtm。

【12】赛迪智库区块链产业形势分析课题组：《一文读懂区块链产业最新发展趋势》，https://new.qq.com/omn/20210222/20210222A07JZA00.html。

以认知智能为前沿牵引，发展上海知识图谱产业的对策建议

编者按：随着人工智能的发展，知识图谱作为人工智能中从感知智能向认知智能飞跃的重要基础支撑技术，逐渐受到关注，成为人工智能领域的重点发展布局之一。目前知识图谱只在部分信息化行业应用，未来将探索更多垂直领域应用场景。在面临全面转型时期，企业纷纷从数据中获取更多价值，图数据和知识图谱将会变成企业必不可少的新型数据基础设施之一。

知识图谱（Knowledge Graph）的概念由谷歌于 2012 年提出，主要用于支撑下一代搜索和广告业务。知识图谱本质上是描述事物间关系的结构化语义知识网络，构筑成一个类人脑信息处理机构。知识图谱是实现机器认知智能的基础，是企业进行数据管理的未来趋势，随着人工智能的算法和算力不断提升，知识将成为比数据更为重要的资产。

知识图谱产业链包括上游的数据提供方、中游的知识图谱构建平台，以及下游应用（涉及金融领域风险评估、银行领域征信审查、电商领域场景推荐、医疗领域辅助诊疗等）。其中，中游的知识图谱构建平台是产业链中的关键环节，其对上游数据进行抽

取、融合、加工、更新、验证，并基于构建的知识图谱为下游提供应用服务。图谱构建的规模和质量直接决定应用效果，是整个知识图谱技术落地的核心。据艾瑞咨询统计推算，2019 年知识图谱核心产品市场规模约 65 亿元，预计 2024 年突破 200 亿元。2019 年知识图谱技术带动我国经济规模增长 391.8 亿元，预计 2024 年将突破 1000 亿元。另据 Gartner 发布的 2019 年、2020 年人工智能领域的技术"成熟度曲线"分析，国双数据科学团队认为，在短短 1 年时间，知识图谱的成熟度由技术萌芽期一跃达到期望膨胀期且非常接近最高点。尽管知识图谱还需要 5—10 年时间才能度过泡沫破裂低谷期和恢复期到达成熟阶段，但其依然有很大的发展空间。未来知识图谱逐渐成为人工智能应用的强大助力。

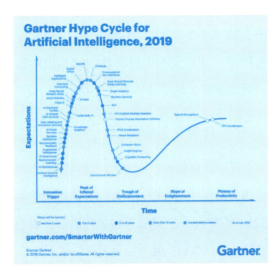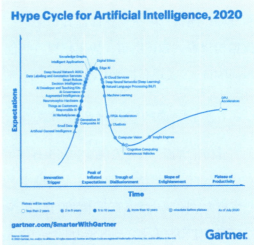

图 1　Gartner 发布的 2019 年、2020 年人工智能领域的技术"成熟度曲线"

一、国内外知识图谱产业最新发展态势

（一）行业集中度不高

诸如微软和谷歌等互联网巨头在规模方面具备优势，拥有全

世界最大的通用知识图谱，Facebook 拥有全世界最大的社交知识图谱，百度打造了世界上最大的多源异构知识图谱。然而由于图谱构建技术尚未成熟，很难有一家或少数几家企业以一己之力覆盖广泛细分领域的知识。在众多大数据、人工智能企业、科研机构的共同参与下，行业整体呈现多点开花的局势，国内外均无具备垄断资格的头部企业出现。

（二）由通用知识图谱向领域知识图谱进发

相比通用知识图谱，行业知识更具专业性，专家标注成本更高。经历了通用知识图谱构建阶段，近年来企业纷纷向各行业场景渗透，帮助具体的行业解决具体的问题，提升行业生产率。

从国外来看，谷歌起初构建通用知识图谱用于提升自身搜索质量，近年开始增加汽车、视频游戏等领域知识，并尝试覆盖更主观、模糊的知识；亚马逊建立商品知识图谱；Facebook 则建立社交知识图谱；Palantir、kensho、GRAKN.AI、Graphpath、MANNA、IBM i2 等人工智能初创企业在垂直领域落地知识图谱应用。

从国内来看，百度基于通用知识图谱，构建医疗、法律、金融、风控等强专业性领域知识图谱；阿里构建商品知识图谱；美团大脑基于美团点评的用户评价、标签等数据构建餐饮知识图谱，为用户提供智能搜索排序。清华大学构建科技领域知识图谱 ArnetMiner，实现高精度学者画像、同名消歧、智能推荐、趋势分析等关键技术。

（三）图谱构建技术呈现异构化、众包化、自动化三大特征

异构化方面，百度发展复杂知识理解构建、多元图谱异构互联技术；杭州依图医疗建立多模态知识图谱结构化平台；清华大学构建多语言知识图谱 XLore；德国莱比锡大学和曼海姆大学团队从维基百科中抽取知识后构建知识库 DBpedia，能够覆盖多种语言。华为专家贾岩涛预测未来三到五年内非结构化、多语种、多模态数据建设会有突破性进展。

众包化方面，为节约图谱构建成本，将常识判断、幽默判断、价值判断等机器不擅长的知识交给众包平台完成。目前显示众包是主流形式，即工人知晓自己正在完成众包任务，如，国内 OpenKG 的众包平台 OpenBase 开展新冠知识图谱众包；国外 Wikipedia 向全互联网开放，Wikidata 利用在线社区吸引用户。成本更低的隐式众包让用户不知不觉地完成众包任务，如，谷歌收购 MIT 创建的验证码公司 ReCAPTCHA，利用用户填写验证码的过程，免费帮助谷歌识别大量模糊不清的文本，国内亟待在这一领域展开探索。

自动化方面，阿里和智谱华章合作将知识图谱自动构建准确率从 55% 提升到 88%；百度发展图谱自动收录技术；明略科技采用自动化机器学习技术 AutoML 搭建模型训练平台 MatrixAI，降低人工训练模型的重复劳动；科大讯飞认知智能国家智能实验室开展大规模行业知识图谱的自动构建、自动推理技术、行业知识的自动抽取和表示技术相关

研究。国外知识图谱的自动构建始于美国华盛顿大学、卡内基梅隆大学、谷歌的早期项目。卡耐基梅隆大学汤姆·米歇尔（Tom Mitchell）教授的知识自动学习 NELL 项目开启利用机器学习构建知识图谱的浪潮，不断从网络获取资源，涉及命名实体识别、同名消歧、规则归纳等关键技术。

（四）产业生态化合作如火如荼

首先，技术开放赋能开发者及用户。国外亚马逊开源知识图谱嵌入库；国内明略科技依托国家新一代人工智能开放创新平台开放 Text2KG API 接口，让开发者获得文本转图谱能力，降低人工训练模型的重复劳动。百度 2014—2015 年构建知识图谱服务于自身搜索业务，近年开始为企业提供搜索、行业知识图谱平台、决策引擎服务。腾讯云通过知识图谱数据库（TKGD 平台）为微众银行打造关系图谱，挖掘潜在客户。华为云使用户通过华为的平台可视化、自动化构建知识图谱。

其次，大数据、人工智能企业、科研院所优势互补。德国马克斯·普朗克研究所整合维基百科、WordNet 以及 GeoNames 等数据源，构建综合型开源知识图谱 YAGO，应用于 IBM 的 Waston 问答系统。明略科技组建来自清华、北大、卡内基梅隆大学，以及 IBM、NEC、Oracle、Schlumberger 等 500 强企业的研发团队，在知识图谱自动化构建、知识图谱辅助决策做前瞻性研究，借助研究机构和开源的力量，构建常识知识库。智谱华章依托清华计算机系技术成果转化创立，在科技情报领域构建了亿级科技知识图谱。科大讯飞认知智能国家智能实验室以产业应用需求为牵引，开展面向认知计算的深度学习共性技术、知识自动构建与推理技术等认知智能基础理论的研究。一览群智与浪潮集团、天阳科技、中信网科联合创新。

二、上海知识图谱产业的发展态势

（一）具备良好的发展基础

一是知识图谱产学研项目集聚上海。知识图谱应用需要跨界团队，一线城市具有较高的区位优势。创合汇创服研究、烯牛数据显示，知识图谱项目北京占全国的 40%，上海占 22%。如，复旦大学基于图数据管理实验室，以肖仰华教授为负责人设立知识工场实验室，承担众多国家科技部、上海市科委、上海市经信委支持的项目。交通大学的学术知识图谱 AceKG 以结构化的格式呈权威学术知识。达观数据与上海交大外国语学院、

浦东软件园进行产学研合作，成立语言智能实验室。同济大学、复旦大学、海义知信息科技等一批上海本土企业和高校，会同浙江大学、东南大学、文因互联、小米人工智能实验室等国内知名机构在中文开放知识图谱 OpenKG.CN 上开源数据。

二是人工智能大数据企业落地产品应用。上海在金融、政务、商贸领域涌现一批知识图谱应用。竹间智能为本土企业好买财富构建基金市场知识图谱，降低人工投顾咨询量；为徐汇区行政服务中心提升民众办事效率。星环科技帮助某股份制商业银行建立风控图谱识别可疑交易；搭建大宗商品领域知识图谱，为大宗商品定价。达观数据的客户意见洞察系统帮助政府和企业掌控舆论动向，洞察行业变化。客户包括中国银联、深交所、中国银行、工商银行、建设银行、渣打银行、汇丰银行、招商证券、新华财经、人民网、万科、碧桂园、中国移动、中国科协等。云享智慧将知识图谱应用于小程序和门店机器人，帮助优衣库、ZARA 提高运营效率。

三是本土企业积极参与行业标准制定。思贤信息、星环科技协同中电科大数据研究院、东软集团、联想、南华大学、数联铭品、阿里巴巴等国内知名机构，积极参与中国电子技术标准化研究院《知识图谱标准化白皮书》的编写，梳理国内外政策、技术、行业标准建设情况，初步提出知识图谱技术架构和标准体系框架。此外，星环科技还受邀加入美国 IEEE 标准协会国际标准工作组。

（二）存在的不足

一是关键技术存在痛点。近年来，知识图谱构建技术在各方面都取得了显著的进步，但不可否认知识图谱仍是一个新兴的技术，面临最大的挑战还是前沿技术的突破。复杂规则表示技术待破解。三元组的表示方法侧重简单事实，知识图谱难以表达产生式规则、贝叶斯网络、决策树等复杂规则，对常识的覆盖有限。待探索其他知识表示方法相辅佐的表示技术。国内，仅有明略科技等少数企业开展相关前沿布局。国外，微软于 2016 年发布的 Microsoft Concept Graph 多年积累来自网页的公开数据，为机器提供文本理解的常识性知识。动态知识表达技术存在挑战。疾病诊断、投资决策、司法解释等专家的决策性知识是动态且带有主观性的，知识图谱侧重静态客观的语义关联。动态知识表示是目前重要的攻关方向。构建成本待降低。目前借助人工审核保证准确性的半自动化构建基本达到应用水平，但由于需要大量的人工参与，构建成本仍然是制约大规模图谱构建的因素。待探索知识图谱自动化构建技术。

二是知识图谱覆盖范围有限。由于技术尚未成熟，目前还无法大规模、高质量地在各个领域构建知识图谱。具体而言，虽然通用知识图谱得到清华、复旦等高校的大力投入，但领域知识图谱依然匮乏，尤其是智能决策、故障定位等需要更多专家经验和常识的领域图谱构建难度较大，相应地，下游的知识图谱落地效果也受到影响。

三是产业数字化水平待提升。知识图谱的发展需要以产业数字化水平为基石。由于不同行业间数字化水平差异较大，导致各行业知识图谱发展程度参差不齐。麦肯锡全球研究院数据显示，我国数字化水平较高的行业，如金融、医疗、公安、贸易、媒体等，开始逐步落地知识图谱应用场景。而数字化水平较低的行业，如制造、政务、运输仓储等，数据质量较差，处理成本高昂，知识图谱应用项目较少。

三、对策建议

（一）加强知识图谱核心技术攻关

自动化知识获取方面，重点关注弱监督、远程监督、自监督、小样本等国际上最新的抽取方案，以及面向开放域、跨语言、跨媒体的知识抽取、知识表示、知识存储技术。知识表示方面，重点支持事理图谱、动态知识图谱、时序点过程、自动化构建等前沿技术研究。

（二）重视行业经验的复用

借鉴北京智谱华章依托清华大学的大数据分析平台提供知识图谱构建服务的经验，鼓励本土企业依托复旦大学知识工场、交通大学学术知识图谱 AceKG 等高校资源，拓展更为多样的服务和应用。参考达观数据与上海交大外国语学院、浦东软件园成立语言智能实验室的案例，鼓励企业建立开放性实验室，推出培训课程。以同济大学、复旦大学、海义知信息科技等一批上海本土企业和高校会同国内外知名机构在开放知识图谱 OpenKG.CN 上开源共性技术的模式为标杆，引导领先企业打造知识图谱开放平台，降低企业在验证、数据、工具、算力方面的投入。政府汇总行业内知识图谱优秀案例，建设案例库，方便企业借鉴学习。行业协会协同第三方组织机构常态化开展圆桌会议，推动本土企业、高校融入行业生态，加速共性技术研发。

（三）循序推进应用落地

由于对常识的覆盖困难，专业性较强的领域应用相对容易落地。短期内鼓励企业选

取类似 AlphaGo 等知识体系封闭、涉及较少常识的场景先行试点。此外，支持本土企业借鉴明略科技根据语音实时生成图谱的系统、复杂场景下的因果图谱的案例，积极拓展差异化产品和功能。

（四）政企合作提升工业数字化水平

知识图谱的发展需要产业的数字化水平支撑。推广明略科技与政府合作采集园区数据，构建企业知识图谱，发现高潜力企业，清退低效资产的政企合作模式；鼓励工业企业采用本地大数据、云计算企业的服务，构建产业数字化生态；针对具有海量数据但数字化较低的行业，重点支持人工智能、大数据、互联网企业开展无监督法挖掘领域词汇的技术开发。

（五）知识图谱重点领域标准研制

依托正在研制的知识图谱技术架构等标准，围绕行业需求，率先研制术语、参考框架、算法模型、技术平台等重点急需标准，鼓励行业协会、企业参与相关标准研制。借鉴思贤信息参与编写中国电子技术标准化研究院《知识图谱标准化白皮书》，星环科技加入美国 IEEE 标准协会国际标准工作组等经验，鼓励企业积极对接 ISO/IEC、JTC1/SC42、W3C、IEEE、全国信息技术标准化技术委员会、国家人工智能标准化总体组等国内外标准制定机构，对标《知识图谱技术架构》等国内外标准建设进度，形成良性互动，为上海本土企业提供知识图谱标准体系。

参考文献：

【1】《2020 年中国面向人工智能"新基建"的知识图谱行业研究报告》，艾瑞咨询 2021 年 1 月 20 日。

【2】肖仰华：《大规模、高质量的金融知识图谱，如何自动化构建？》，https://mp.weixin.qq.com/s/W0ee58um2-wZhfOjLH7BOA（恒生技术之眼，转载时间：2019 年 11 月 8 日）。

【3】国双数据科学团队：《解读知识图谱的 2020：技术成熟度飞速跃升，与产业互联结合更加紧密》，https://mp.weixin.qq.com/s/aHlbxf9m05zzJZ3Ou6k4Sw（AI 前线，转载时间：2020 年 12 月 27 日）。

顺应产业数字化转型，发展上海公有云 IaaS 产业的对策建议

编者按：据 IDC《全球云计算 IT 基础设施市场预测报告》显示，2019 年，全球云上的 IT 基础设施占比超过传统数据中心，成为市场主导力量。云服务作为国家数字经济产业的"基座"，正日益彰显出重要的战略意义，而新冠肺炎疫情后，移动互联网出现了前所未有的迅猛发展，实现云计算产业技术的弯道超车指日可待。上海正在打造国际化超大城市和长三角世界级城市群的核心引领城市，加快数字化转型驱动产业升级，为经济发展注入新动能，是"十四五"完成城市数字建设基本框架的主要命题之一。本文在分析公有云 IaaS 行业竞争格局及发展趋势，上海发展 IaaS 产业优势和存在问题的基础上，提出了相关对策建议。

云计算作为一项新兴技术，历经十多年的发展，已在关键技术和应用规模上实现对传统 IT 的全面超越，而且用云可比传统 IT 节省一半以上的成本。据搜狐网报道，阿里云携手用友帮助致力于医药产业的核心 ERP 系统和核心数据库迁移上云，使其数据库直

接成本下降 20%，运维成本下降 50%。尤其是 2020 年新冠肺炎疫情加速了企业数字化转型进程，也刺激了我国云计算市场的新一轮爆发，企业上云将成为普遍趋势。

云计算产业链由上游云计算设备制造商，中游云服务供应商和下游政府或企业等终端用户等构成。中游环节是云计算产业链最核心的价值体现，按照服务提供云服务类型的不同，中游企业包括基础设施即服务（IaaS）、平台即服务（PaaS）、软件即服务（SaaS）三类厂商。其中，IaaS 号称云基础设施的骨骼，主要是为用户提供完整的 IT 基础设施资源服务。据中国信息通讯研究院、融中研究的数据显示，2019 年，我国公有云市场发展规模首次超过私有云市场，总规模 689 亿元，占云计算市场总规模的 51.63%。各行业受疫情影响对远程办公的需求持续增长，预计公有云服务的相关细分市场规模将显著提升，到 2022 年前后总规模将突破 3000 亿元人民币，2023 年总规模将达到 3754 亿元人民币。相较于全球云计算市场主要集中于 SaaS 相关服务，我国云计算行业市场的增长多集中于 IaaS 相关的基础设施服务建设中，预计 2022 年 IaaS 层市场总规模将达突破 1200 亿人民币。

一、全球 IaaS 市场格局的最新发展态势

（一）大型互联网企业占据主要市场

IaaS 产业对资本密集、技术迭代、客户资源的稳定和服务要求较高，互联网巨头以自身业务覆盖范围广，能够打造 IaaS、PaaS、SaaS 云生态系统的天然优势独占鳌头。据 IDC 数据显示，2020 年一季度，占据全球市场份额前三的是亚马逊、微软、阿里；国内市场份额前三的是阿里、腾讯、华为。从国外看，亚马逊 AWS 在美国 IaaS 领域一家独大，足够的规模效应助力亚马逊的 IaaS 服务价格低廉，随之拓展出的 PaaS 业务提升了差异化盈利水平。随着亚马逊 AWS、微软、谷歌等公司正占据越来越多的市场份额，未来排名靠后的企业极有可能被淘汰，市场集中度进一步提升。依托强大的创新开拓能力，上述公司在技术稳定性和可靠性方面领先全球。

从国内看，虽说与国外领头企业稍有差距，但已基本形成阿里云主导国内市场，腾讯、华为紧随其后的市场格局。如，腾讯云与东软、中科软、思迪、中科大洋等各行业领军企业合作，为交通、政务、公安、旅游、保险、工业等用户提供一站式云计算解决方案。从目前的技术动态分析，国内市场在 IaaS + PaaS 环节滞后欧美市场约 4—5 年。

（二）上游硬件企业探索业务转型

从国外看，亚马逊于 2006 年掀起的计算浪潮对 IBM 所在的传统 IT 市场造成剧烈冲击。2013 年，IBM 开始投入公有云市场，但缺少能将 IaaS、PaaS、SaaS 三层技术进行融合的平台，市场份额逐渐下滑。2018 年，IBM 收购开源平台软件公司红帽，利用红帽在云原生、开源存储、软件定义网络的技术形成跨越 IaaS、PaaS、SaaS 模式的产品，并与亚马逊 AWS、微软、阿里等云计算厂商合作。而思科、惠普、富士通等老牌硬件设备厂商在 IBM 之前也曾进入公有云领域，由于未能深刻认识到云计算的本质在于服务，延续了原来硬件生产商的基因，因此均以失败告终。

从国内看，传统 IDC 厂商依靠国外云计算服务商的技术支持转型云计算业务。如，世纪互联与微软 Azure，光环新网与亚马逊 AWS 合作。中国电信、中国移动、中国联通等电信运营商则利用数据中心方面的先发优势，为政企客户提供云计算服务。服务器制造商受利润挤压而被迫转型云计算，其转型过程较为艰难。

（三）其他细分领域企业拓展云服务

从国外看，美国的微软、Oracle 等软件企业利用其产品市场认可度高，也在向公有云 IaaS 市场拓展。如，微软构建战略合作关系联盟，将软件与其云服务融合，利用生态化的云平台和全面的行业解决方案帮助用户实现快速成长。微软商店可以构建混合应用程序，在 Linux 上开放工作负载并与关键企业平台集成。

从国内看，青云、优刻得（上海）、七牛云（上海）等初创型企业从云存储等基础领域切入公有云 IaaS 市场，随后扩展多样性服务。其发展机遇在于，阿里云、腾讯云、亚马逊、金山云等巨头掌握的电商、网络社交、游戏等传统业务客户，属于云计算业务下游。当阿里等拓展云计算业务时，对下游客户来说，将数据储存于（传统业务方面与之有竞争关系的）上游企业手中持谨慎态度。相比之下，优刻得不从事与下游客户相关业务，其中立特质形成差异化优势，赢得了聚美优品、爱奇艺等与巨头有同业竞争关系的客户订单，以及中国移动、江苏电力等对数据安全敏感的用户。

（四）生态化战略合作成为发展趋势

按照 IaaS 相关市场发展规律，首当其冲的是满足客户对计算、存储、可靠性和安全

性基本的需求。然而当云计算发展到一定程度，IaaS 企业的服务性能差距缩小，仅靠价格战非长久之计，需利用积累的现有客户群体、基础资源、品牌知名度，开发向 PaaS/SaaS 衍生的差异化产品，拓展增值服务；或吸引 SaaS、PaaS 合作伙伴，建立云服务生态平台，更好地满足用户需求。从国外看，亚马逊 AWS 围绕其公有云的合作伙伴，建立了充满活力的生态系统；微软的战略合作关系联盟也在积极推进生态平台建设。

从国内看，阿里云、腾讯云、华为云等头部企业目前都纷纷联合各行业合作伙伴，建立广泛的云服务生态圈。如，世纪互联 Switch + 高能数据中心以原有数据中心为基础，与阿里云、腾讯云、百度云、金山云、华为云、京东云等数十家云平台建立连接，为客户提供多种云服务。另一方面，相对于国际巨头而言，国内互联网公司拥有更大的客户群，更广泛的合作伙伴关系，基于文化和生态圈的打造，在产品设计和售前售后服务方面更能贴近国内用户使用习惯，可争取更多的本土化市场份额。

二、上海发展公有云 IaaS 产业的基础和问题分析

（一）具备良好的发展基础

一是数字新基建为 IaaS 产业发展提供支撑。上海具备国内领先的基础设施，信息通信网络覆盖广，移动 5G 基站总量领跑，2020 年率先建成了双千兆带宽城市。三年内，上海将继续新建 3.4 万个 5G 基站，实现全市范围内的 5G 覆盖。同时，上海具有数据中心与平台优势。如，庞大的计算和存储资源方面，上海拥有超级计算中心、亚太数据港、宝山数据服务外包暨云计算产业园等；平台方面，上海数据港建设云计算基础设施服务平台，并和上海超级计算中心、甲骨文、戴尔合建联合实验室、金融衍生品计算服务中心，为阿里、腾讯、付费通等服务。上海新一代人工智能计算与赋能平台为算法研发提供大规模数据处理能力，可支持同时接入 850 万路视频，同时满足四个超 2000 万级人口的超大规模城市使用。

二是巨头集聚上海打造云计算生态圈。拥有 IaaS 到 SaaS 全体系的阿里云已在上海开展数字政府、工业互联网平台、社会治理、交通管理等多方面业务。如，阿里云发布的城市大脑 3.0 助力相关政府单位建立数据体系，沉淀产业链、企业、社会舆论等数据，提供精准招商策略。亲清在线平台让企业诉求在线接通城市大脑。另一方面，阿里云支撑光明乳业、林清轩、伽蓝集团、日播时尚等上海本土企业通过上云、搭建中台、钉钉智能导购等实现新零售转型；支撑上海银行、华瑞银行、东亚银行实现金融服

务在线化；联合上交所打造"证通云"，推动券商行业上云。华为近年来加大对云计算等软投入，并在上海市成立了上海鲲鹏生态创新中心，建立"三开源"生态：开源硬件方面，基于鲲鹏、昇腾处理器发布云服务。如，华为云 Stack 为政企客户提供 IaaS、PaaS、SaaS 等混合云服务，一站式实现应用上云；开源操作系统方面，支持各软件迁移到 openEuler 的操作系统上；开源基于鲲鹏的企业级数据库。

三是本地企业在细分领域各显神通。盛大集团在游戏、视频、无线领域的业务都需要强大的计算、存储、带宽支撑。从起初为满足自身业务需求，到战略性地逐步深入云计算，盛大云在各地布局 IDC 数据中心建设，为政府、金融、大数据、人工智能等传统行业提供公有云 IaaS 服务（云主机、云存储、云硬盘、云分发、专享云、CDN 等基础服务）和 PaaS 服务（大数据云、数据库云），现聚焦金融、大数据、人工智能等更专业的领域，探索创新专业的 IT 架构和解决方案。优刻得以其纯云计算服务商的"中立"特色，帮助中小企业上云，除了提供存储、计算等基础服务外，还提供附加值较高的数据分析、AI、IoT 等 IaaS 服务。

（二）存在的问题

一是本地中小企业难以突破行业壁垒。资本壁垒和规模经济使 IaaS 行业具有超强的马太效应，国外云计算巨头多来自亚马逊、微软、谷歌等互联网与软件厂商，国内互联网巨头同样独大，包括优刻得在内的上海本地服务商受制于有限的资金、资源和日益激烈的价格战，市场份额和利润难以快速提升。

二是数据安全问题待突破。用户将数据存储于服务商的存储设备上，面临被相邻租户或黑客窃取的风险。如，数据没有彻底清除，其他租户可恢复原来用户的数据信息；租户可能恶意租用数万台云服务器，对重要行业网络设备发起攻击或密码破解。

三是土地资源与环境保护问题。虽然 IaaS 产业本身对环境无太大影响，但其上游的数据中心需要大量的土地和电力资源。一些分析模型预测，若不加以控制，到 2030 年数据中心的能耗可能会超过全球电力供应量的 10%。国外企业纷纷进行节能技术创新，谷歌结合人工智能根据天气情况优化冷却系统，将冷却能耗降低近 40%；Facebook 减少低流量时段服务器数量，节省 10%—15% 的电力。上海电信数据中心、真如 3 号楼数据中心也通过冷却技术、发电机尾气净化来减少环境负担。未来随着土地资源的减少和对环保日益严峻的要求将给数据中心带来更多限制与挑战。

三、上海加快发展公有云 IaaS 产业的对策建议

一是支持本土企业专注细分领域做深做精。重点挖掘和支持一批利用自身基础特色切入云计算行业的本土企业，围绕数字化转型引发的公有云 IaaS 市场需求，加强关键技术攻关，实现核心服务环节突破。鼓励二线 IaaS 服务商另辟蹊径，主攻私有云市场，避开与巨头的竞争。完善企业并购相关机制，加速云计算中小企业并购重组，优势互补，在垄断格局中谋求空间。

二是鼓励中小企业积极融入产业生态圈。IaaS 产业生态已成为公有云厂商竞争核心要素，未来将是多个综合生态体之间的竞争。顺应这一行业发展特点和趋势，鼓励更多的头部企业搭建企业对接平台，加速各垂直领域中小企业融入生态圈，探索更为丰富的解决方案，为上海的云计算产业注入新的活力。

三是引导工业企业上云助推产业发展。用足用好政府补贴、云计算企业让利，支持工业企业上云的支持政策，拓宽上海云计算企业的服务市场。鼓励本地云计算企业参与各大园区上云服务，借鉴盛大云为上海云部落 TMT 园区企业提供技术支持的经验，选派专员一对一帮助企业解决问题，并为资金紧张的企业提供"先用云后付款"服务模式。此外，基于阿里云、优刻得在金融领域的云计算服务经验，推广类似的云计算企业帮助制造业企业融资的新模式。

四是加强数据安全技术和数据中心节能技术攻关。鼓励上海市企业联合研究机构的创新资源，加快研究数据风险识别与防护技术、数据脱敏技术、数据安全合规性评估认证、数据加密保护机制及技术监测手段。积极推广优刻得在业界率先提出的安全屋产品概念，即数据所有权和使用权分离，在保障数据安全的前提下实现数据的高效流通。另一方面，明确数据中心建设单位节能技术能级的要求，鼓励其与国内外高校、科研机构或企业开展协同攻关，结合人工智能、虚拟电厂和冷却技术等应用，最大程度降低数据中心能源消耗。

参考文献：

【1】沈海兵：《优刻得——国内独立第三方 IAAS 厂商，携手中国移动强力拓展云市场》，天风证券 2020 年 1 月 20 日。

【2】罗擎：《云计算行业报告 IaaS 篇（下）》，招商银行研究院 2019 年 1 月 29 日。

【3】卢佩珊:《2019 年中国公有云 IaaS 行业市场研究报告》,头豹研究院 2020 年 11 月 3 日《云计算发展白皮书》,中国信息通信研究院 2020 年 7 月 29 日。

【4】《用友与阿里云数据库互认证,共同推进企业数字化转型》,https://www.sohu.com/a/455391947_120191063(搜狐网,转载时间:2021 年 3 月 12 日)。

以商业数字化转型推动上海建设国际消费中心城市的建议

编者按：2021年上半年，上海全市社会消费品零售总额达到9048亿元，同比增长30.3%，增幅高出全国7.3个百分点，上海建设国际消费中心城市具有良好的基础和条件。疫情倒逼商业创新的背景下，也让消费者更愿意尝试新的消费模式，商业数字化转型成为助力国际消费中心城市建设的重要抓手。本文通过比较上海及兄弟省市商业数字化转型的相关做法，结合国外的典型案例的分析，提出上海还可以在数据贯通、线上线下融合发展、为中小商户赋能、与"上海制造"相联动等方面，加快上海商业数字化转型。

一、商业数字化转型是上海建设国际消费中心城市的重要举措

国际消费中心是全球化时代国际化大都市重要功能之一。2021年7月19日，国务院批准在上海市、北京市、广州市、天津市、重庆市，率先开展国际消费中心城市培育建设。这是推动我国高质量发展的一项重要举措，对服务构建新发展格局、推动经济高

110

质量发展、更好满足人民美好生活需要具有重要意义。上海因商而兴，因商立市，是我国最大的经济中心城市和最具消费基因的城市，具有良好的基础和条件建设国际消费中心城市。2021 年上半年，全市社会消费品零售总额达到 9048 亿元，同比增长 30.3%，增幅高出全国 7.3 个百分点，相较 2019 年同期实现 15.7% 的增长。

（一）以应用场景建设为抓手推动上海商业数字化转型

2021 年 7 月上海发布了《全力打响"上海购物"品牌加快建设国际消费中心城市三年行动计划（2021—2023 年）》，提出将开展商业数字化转型专项行动，加快商业数字化主体培育，推进商业数字化载体建设，打造直播电商高地，推进消费领域新基建。目前，围绕数字贸易、贸易数字化、数字供应链、实体商业数字化、新零售、口岸数字化等重点任务，已推出首批 7 个数字化转型应用场景。其中，数字商圈和智慧早餐已被纳入上海 11 个生活数字化转型标杆场景。2021 年 9 月，上海率先发布《上海市建设国际消费中心城市实施方案》，提出加快商业数字化转型，打造商业数字化转型示范区，推动大型连锁商业企业全方位数字化转型，建设一批智慧购物示范场景。

（二）上海商业数字化转型的实践探索

南京路步行街：以自有公众号为主的新媒体矩阵作为核心的内容渠道，结合 App 和小程序作为能力渠道。依托智能传感、移动互联、大数据等信息化技术和手段，通过商业信息、优惠活动、停车相关、会员任务、线上消费等功能，利用线上营销工具、积分商城、优惠发放等方式进行线上平台与线下实体的互动，实现用户的转化与活跃。

美谷美购美妆直播基地：作为淘宝直播在上海第一家重点合作的美妆品类基地，该基地具备活动营销、内容策划、数据诊断、货品供应链组织、主播孵化等能力，能够推进直播电商美妆领域的高速有序发展。商家入驻"美谷美购美妆直播基地"即可享受直播间后台提效工具、平台流量奖励、主播资源推介等多重专属权益，更可参与淘宝直播官方举办的各种奖励活动、营销活动，助力美妆企业，尤其是中小型美妆企业便捷、快速地转入直播带货的"快车道"，为品牌孵化提供持续助力。

二、国外商业数字化转型的典型案例

Westfield 购物中心：以对消费心理和习惯的深度研究为核心开展智能营销，利用数

据反馈、线上线下融合、客户管理、流畅体验等方式来吸引实体消费者。Westfield 是全球市值最大的零售物业集团，在澳大利亚、新西兰、英国和美国等地设有 119 个大型购物中心，年销售额超过 610 亿美元，有超过 23700 家的零售商。

一是创新数字化营销，实现最大化引流。通过开发移动应用，利用数据反馈、线上线下融合、客户管理、数字搜索、导购引流等方式创新数字化体验；通过电子屏结合传感器的创新量化了顾客消费行为，使其可以通过流量、搜索轨迹与浏览深度等数据来分析受众，从而能输出更精准的产品设计与营销方案。

二是与社交网站合作，实现信息精准推送。根据年轻购物者并不喜欢与购物引导员或者商场管理员有过多的语言接触，更倾向于在网络上提问的特点，购物中心分配专门的人员通过社交网站来解答顾客的提问，用线上的方式博取年轻购物者的青睐。

三是创立众创空间，有效加强消费互动。开创"购物中心 + 创业空间"的新业态，创业空间施行前店后办公模式，为创业电商提供实体落地平台。在商场里的消费者们能直接看到、触摸并实地测试全新的电商产品，消费者可直接参与产品讨论会议，增强与消费者之间的互动，同时为创业者和购物中心提供一手的素材与建议。

四是数字化赋能流程优化，有效提升消费体验。基于室内精准导航技术，自主开发的具备无缝式停车引导功能的应用。该应用具备显示周边停车场信息、引导泊车、停车费"一键缴费"、提示附近的公共交通信息等功能。此外该应用还有信号发送服务，消费者买东西多时可启动该项服务，保安立刻出现，把东西都接过去寄存起来，待逛完要走的时候再次启动，东西会被送还过来。

三、兄弟省市商业数字化转型的案例借鉴

（一）北京：开展数字赋能计划

2021 年北京市商务工作报告指出，北京将实施数字赋能行动，倡导智能消费，拓展社交电商、网络直播卖货、云逛街等消费新体验。北京深入推进"互联网 + 流通"行动计划，鼓励推广新零售、无接触配送等新模式，带动更多商贸流通企业、老字号企业创新转型。鼓励连锁超市企业进入社区布设自提点。探索餐饮业数字化转型路径，推动餐饮商户开展经营管理、营销推广、供应链管理等方面的数字化改造。

（二）广州：注重线上线下相互赋能

广州提出将围绕"两平台四体系"，加速建设数字商务，全面赋能实体经济。"两平

台"指的是多元化线上数字化平台和专业化线下载体平台。目前，阿里、腾讯、京东、唯品会、字节跳动、快手等知名数字化平台企业都已在广州布局。专业化线下载体平台则充分发挥电商、商贸、专业市场、服务贸易各领域特色。"四体系"则包括政策支撑、主体培育、资源对接和人才培养四项支持服务体系。通过出台"1 + 2"电子商务扶持政策，培育商务数字化转型典型案例，举办一系列有影响力的重大活动，实施全面构建商务数字化人才培育工程，助推数字商务建设。

（三）天津：数字商贸行动计划待出台

2021 年 8 月天津发布的《天津市加快数字化发展三年行动方案（2021—2023 年）》中，明确天津将发展新贸易。通过制定实施数字商贸建设三年行动方案，建设数字商贸综合服务平台，赋能国际消费中心城市和区域商贸中心城市建设。持续深化传统贸易数字化转型，加快数字金街建设，推动商场、超市等实体零售企业数字化升级，打造智能售卖、智慧菜市场等新型数字商业应用场景，用数字经济赋能消费。支持和加强数字可贸易化、防止数字不当交易等前瞻问题研究，探索建立互惠共享、可持续发展的数字贸易新局面。积极争取数字人民币试点，推动数字人民币应用场景建设。

（四）重庆：融合创新数字消费

重庆提出建设国际购物、美食、会展、旅游、文化"五大名城"，开展渝货精品培育、特色服务品牌塑造等"十大工程"。2021 年 11 月《重庆市培育建设国际消费中心城市实施方案》，方案中提出重庆将利用互联网、大数据、区块链等现代信息技术，集中打造"住业游乐购"全场景集，通过推动商场、超市等实体商业消费数字化、智能化转型，优化"互联网 + 体育消费""互联网 + 医疗健康"，探索发展 C2M 反向定制等措施，健全"互联网 + 服务"，大力发展数字消费新业态、新平台、新渠道、新模式，进一步丰富数字消费服务业态，带动消费迭代升级。其中，"住业游乐购"全场景集是重庆推进"智慧名城"建设，以大数据智能化驱动城市治理的重要抓手。

四、加快上海商业数字化转型的对策建议

（一）深耕数据贯通充分释放数据要素红利

面向 15 分钟生活圈，实现社区、商圈和互联网平台的数据贯通。依托物联网、大

数据、人工智能等信息化技术和手段，实现商业信息、优惠活动等信息的精准推送和智能营销；面向口岸和贸易便利化，依托区块链、大数据等技术进行整体升级优化，实现船舶物流、通关及金融信贷等领域的数据贯通，实现物流集约化、运行智能化、流程可视化、监管精准化。

（二）线上线下相互促进活跃消费市场

鼓励新型消费企业搭建开放平台赋能传统业态数字化改造，发挥下游对上游的转型带动作用，推动传统企业上下游、产供销等产业链、供应链的协同融合发展，形成线上线下高效融合的新生态。鼓励企业采用反向定制、柔性生产等新模式实现产品体系"更新换代"，引导传统消费向智能消费、健康消费、绿色消费、时尚消费升级。支持线下商业实体与电商、直播、MCN（多频道网络）机构、社交新媒体等平台合作，通过相互引流，加强消费互动等方式，相互赋能。

（三）注重为中小商户数字化转型赋能

坚持市场主导，鼓励商业龙头企业先行先试，集聚一批面向中小企业数字化转型的解决方案供应商，发挥好行业带动作用；加强政府引导，创新数字化转型公共服务模式，帮助中小商户降低成本、提高效率。积极发挥政策引导作用，鼓励中小商户全面升级在线规模服务能力，补足市场失灵的短板；坚持场景驱动，不断挖掘消费场景需求，不断沉淀商业数字化服务经验。借鉴"购物中心＋创业空间"模式，更好满足中小商户的新需求，提升新体验。

（四）加强"上海购物"与"上海制造"品牌联动

以数字化转型为契机，探索老字号品牌数字化转型升级的优秀做法。鼓励发展具有"中国元素""上海特色"的城市定制商品和高级定制品牌，盘活老字号品牌资产，提升上海本土企业能级。老字号品牌通过科技加持、设计赋能、产品焕新和跨界合作等方式，实现传统文化内核与当前时尚潮流的结合，不断吸引年轻一代消费主力军的青睐，实现"上海购物"与"上海制造"的联动创新发展。

国内兄弟城市发展"5G＋工业互联网"的经验做法及对上海的启示

编者按：当下，"5G＋工业互联网"领域的创新方兴未艾，"5G＋工业互联网"成为当下制造业数字化转型的路径选择之一。以北京、广州、深圳、青岛为代表的四个城市在"5G＋工业互联网"方向上已做了较多探索，成效显著。本文分析了以上四个城市的经验做法并提出对上海的发展启示。

5G和工业互联网分属于国家新基建范畴中的信息基础设施和融合基础设施，两者之间具有融合发展产生技术叠加倍增效应的潜能。在工信部及各地工信部门的引导支持下，"5G＋工业互联网"已在多地区、多行业展开探索实践，成为工业数字化领域技术创新活跃、探索实践较快的模式之一。2021年以来，全国在建"5G＋工业互联网"项目超过1800个，"5G＋工业互联网"与国民经济重点行业的融合创新应用正在加速拓展。

从已有的实践成效看，北京、广州、深圳、青岛四个城市是国内"5G＋工业互联网"探索实践中较为突出的城市。以上四个城市在发展过程中形成了各具特色的经验做

法，为上海进一步深化"5G＋工业互联网"融合应用提供了经验借鉴和相关启示。

一、国内兄弟城市发展"5G＋工业互联网"的经验做法

（一）北京：发力关键技术突破与生态构建

北京市依托丰富的科创资源，在工业互联网发展过程中以"赋能全国数字化转型"为指引，突出"5G＋工业互联网"的关键技术突破和行业生态打造。

关键技术产品方面，《北京工业互联网发展行动计划（2021—2023年）》指出，要加快推动5G等新一代信息技术在工业互联网领域的融合应用，联合推进工业5G芯片/模组/网关、智能传感器、边缘操作系统等基础软硬件研发。2021年，北京推动产业链上下游联合创建了北京工业大数据中心等3个市级产业创新中心，成立了全国首个工业互联网底层技术信创工作组，突破关键工业互联网底层技术中的难点堵点，提升"5G＋工业互联网"发展过程中的独立自主性。

生态打造方面，北京依托丰富的高端智库资源和专业人才支撑，积极参与工业互联网标准规范和国际规则制定，把握产业创新发展规则制定权，承办了"5G＋工业互联网"高峰论坛、世界5G大会等行业峰会，吸引行业高端资源汇聚，营造行业发展氛围。

（二）广州：突出应用侧的创新突破与示范推广

广州凭借在工业互联网及制造业发展方面的基础优势，深入贯彻广东省在"5G＋工业互联网"领域侧重于应用场景探索和推广的发展思路，重点围绕融合应用中的难点堵点，广泛推进垂直行业的应用示范及推广。

着眼于工业企业设备通信能力不强的发展堵点，广州通过专项资金等方式，支持工业企业对工业现场"哑设备"进行网络互联能力改造，并支持制造业企业结合产业转型升级的实际需求，搭建与行业应用系统相结合的5G示范网络。

着眼于中小企业建网用网成本高的发展痛点，黄埔区积极探索面向中小企业的5G虚拟专网的建设与运营模式，按照"先行先试，成熟一个，建设一个"的原则，推动面向中小企业的5G虚拟专网建设，支撑不同场景业务支撑需求，促进5G专网产业链成熟并推动进一步产业融合。

着眼于垂直行业的应用难点，贯彻广东省建设"5G＋工业互联网"应用示范园的发展思路，率先在白云区、黄埔区、番禺区、花都区、增城区、南沙区等产业重点区，推

动建设一批"5G＋工业互联网"示范园区，并在汽车制造、智能装备、生物医药等重点领域建设基于 5G 网络的工业互联网，支持建设面向垂直行业的工业互联网平台，服务行业应用全面推进。

（三）深圳：夯实基础、勇于探索，打造发展样板

作为社会主义先行示范区和经济特区，深圳勇于先行先试，大力推动"5G＋工业互联网"的发展，其相关做法已被国家发改委列入《深圳经济特区创新举措和经验做法清单》，主要体现在以下三方面。

一是相关政策的大力支持。在工业互联网发展初期即成立工业互联网专家委和工业互联网联盟，助力工业互联网相关技术标准的建设、新技术应用推广等。疫情后，深圳将 5G 创新应用作为深圳参与国际国内竞争的重点领域之一，并以政策文件的形式对重大项目予以补贴，以更好地优先保障技术攻关项目资金需求。

二是重视网络和关键技术支撑。率先实现 5G 独立组网全覆盖，为 5G 的应用提供领先基础，重视关键核心设备研发，并依托当地电子信息制造业基础强大、在通信设备研发领域突出的优势，支持华为、中兴等一批领先的设备厂商在芯片、模组、网关等领域不断创新开拓。

三是勇于推进行业实践。早在 2019 年即开始推进"5G＋工业互联网"应用试点项目评选，在"5G＋AGV"、工业协同、智能检测等领域打造了行业示范标杆。后续结合地区产业实际，重点围绕电子制造、机械装备、精密制造、医药生产、服装等领域进行拓展。

（四）青岛：突出做好工业互联网的"加法"

从 2015 年提出打造工业互联网领军城市到 2020 年提出建设世界工业互联网之都的发展目标，青岛工业互联网迅速发展，培育并聚集了以海尔卡奥斯为代表的一批工业互联网生态企业及相关技术服务企业，并建设海尔下属的两座全球灯塔工厂。在此基础上，青岛借助良好的工业互联网发展基础，发力将"5G＋"的内涵融入工业互联网深化发展要求之中，提升工业互联网的赋能实效。

一是支持工业互联网平台领军企业深入探索"5G＋工业互联网"，不断拓展应用的深度与广度。在青岛发展新基建的政策规划中，明确支持卡奥斯工业互联网平台建设基

于工业互联网协同制造平台的 5G 专网项目。在青岛入选工信部的两个典型案例中，其中一个是由海尔家电工厂结合海尔卡奥斯工业互联网平台打造的基于 5G+MEC（多接入边缘计算）的互联工厂，显示出工业互联网平台在数据集成应用、软件适应性开发与 5G、智能硬件三方融合发展的叠加效应。

二是延续工业互联网打造场景清单的发展思路，激发企业探索应用的动力。在梳理评选工业互联网场景清单的过程中，按应用领域分设"工业赋能"和"未来城市"两张清单，并在"工业赋能"清单中重点支持"5G + 工业互联网"项目。

三是注重融合创新要素的资源对接与外部引培。一方面，鼓励产学研各方以及解决方案提供商之间联合组建创新载体，实现 5G 与工业互联网融合应用中的多维技术协同；通过定期举办"5G + 工业互联网"行业应用沙龙，搭建企业交流对接平台，通过专家点评、案例分享、经验交流等方式，宣传推广 5G 在工业互联网领域中的典型应用，打通技术供需堵点，培育强强联合、共存共赢的产业生态。另一方面，注重创新人才引培，支持高等学校积极培育适应工业互联网发展需求的交叉融合学科（方向）；与深圳等地成立青岛市工业互联网专家协作联盟，同步启动青岛·深圳"5G + 工业互联网"产才协作行动，推动两地相关单位和人员的合作协同。

二、国内兄弟城市发展"5G + 工业互联网"的经验借鉴

（一）强化总体制度设计

统筹 5G 和工业互联网发展，加强对"5G + 工业互联网"的总体规划设计。在 5G 和工业互联网日益密切融合的背景下，以上四地对"5G + 工业互联网"均制定了较为详尽的发展计划，将"5G + 工业互联网"的产业发展融入到 5G、工业互联网、新型基础设施建设等相关规划中，从招商引资、人才培育、减税降费等各方面给予有力支持。

（二）探索地方特色发展路径

结合地方在"5G + 工业互联网"的优势和不足，选择在技术创新或模式创新方面发力，形成地方的发展特色和优势。例如，北京技术基础较好、创新资源丰富，提出着重突破 5G 产业及工业互联网领域的关键性技术瓶颈，从推进标准体系构建、加速创投基金孵化等方式，抢占行业发展主动权；广州依托于丰富的产业背景，更注重于应用层面的拓展、探索及成熟模式的孵化，以尽快在创新网络部署方案、组建产业联合体形式、

探索商业模式方面形成一批成果；深圳发挥科创资源丰富的优势，在底层技术和关键设备方面加以支持；青岛在已有工业互联网优势的发展基础上，着眼于本身创新资源缺乏、通信业与工业互联网结合不足的短板，制定相应对策提升"5G＋工业互联网"的融合发展实力。

（三）激发主体联合创新动能

引导各类市场主体联合，不断推动"5G＋工业互联网"的技术创新迭代和应用边界拓展成为主要发力点。从各地的政策导向以及示范性项目结果看，三大运营商、工业龙头企业、工业互联网平台企业以及5G设备商在产业生态构建中均可发挥关键作用。同时，各产业园区管理委员会作为产业载体的主管部门也在建网用网商业模式探索中承担了重要的推动作用。

（四）打造领先的行业发展生态

抢占行业发展的人才资源和行业标准制定权，打造融合创新的发展生态。一方面，随着融合应用的探索不断深入，打造5G与工业互联网融合发展的产业生态成为各地着重建设的方向，通过开展高标准的行业会议、赛事，设立专家委、行业联盟等形式，将各地乃至全行业的发展资源汇聚起来。另一方面，各地尤其注重高质量人才的吸引和行业标准的制定，争取占据技术发展、应用创新的领先和前沿位置，如北京、深圳两地都提出参与行业的标准建设；青岛与深圳建立人才的跨区域协作。

三、对上海发展"5G＋工业互联网"的启示

以上四个城市结合自身产业发展实际，从产业生态、需求牵引、技术支持等方面大力探索，形成了特色鲜明的发展模式。上海要在此基础上进一步结合自身优势深入探索，凝练发展模式，激发主体活力，壮大行业生态。

（一）推动需求牵引与技术创新同步

上海既有扎实的制造业发展土壤，也具有5G、工业互联网等方面的技术基础，可融合以上城市的做法，在需求端的应用探索和供给端的技术突破两方面集中发力，引导需求端和技术端的对接联动。一方面，依托上海行业龙头集聚、大型企业较多的特点，

总结行业具有典型性和代表性的发展需求，驱动"5G + 工业互联网"的技术创新与迭代。另一方面，依托上海在 5G、工业互联网等技术领域的领先优势，推进关键设备产品的技术研发、工艺升级及产业化落地，形成需求拉动与技术推动互相促进、同步发力的发展模式。

（二）激发多方主体联合创新动力

依托上海在 5G、工业互联网、人工智能等技术领域丰富的创新资源和创新平台，进一步发挥行业协会、产业联盟、通信运营商的 5G 融合应用创新中心等组织的作用，举办论坛、沙龙、会议，促进通信领域、工业设备领域、信息技术领域的交流合作。鼓励通信厂商或工业互联网平台企业发挥技术集成的作用，根据项目或行业发展的需求，通过股权合作、技术合作等方式组建创新联合体，为工业企业提供兼具技术优势和成本优势综合性解决方案。

（三）打造关键要素集聚的行业生态

瞄准复合型人才、行业标准在构建"5G + 工业互联网"发展生态中的关键性作用，不断壮大"5G + 工业化联网"的产业生态。基于"5G + 工业互联网"产业链条上的关键环节，进一步引育关键设备厂商、工业软件服务商、工业互联网平台等企业落户与集聚，鼓励上海高校、企业设立教育平台，培养一批既懂通信技术，又懂工业生产的复合型人才。支持通信商、设备厂商等探索形成基于各垂直行业 5G 应用的技术细节与标准和 5G 资费标准，积极参与国家"5G + 工业互联网"的标准体系建设，推动行业的规范化发展。

第三编

要素配置

合肥市借力国有资本创新产业项目招商思路的借鉴和启示

编者按：近几年来，深圳、合肥、上海、江苏等地国资系投资重大产业项目异常活跃，成为地方政府加强实体经济支撑、提升产业竞争优势，打造区域更高水平更高质量发展增长极的重要抓手。其中，频频上热搜的合肥市政府，通过京东方、兆易创新、蔚来汽车等一系列重大产业项目落地，撬动了当地显示屏产业、半导体产业和新能源汽车产业等，带动了当地的就业，也加速推进着产业的升级。市经济和信息化发展研究中心经过深入分析"合肥模式"认为，地方政府需充分发挥国有资本融合"功能"与"市场"的特色，促进产业链、创新链、资本链深度融合，筑强全生命周期投资管理与综合赋能体系，为"十四五"区域经济高质量发展注入新动力。

当前，聚焦重点产业，构建"资本＋园区＋项目"深度融合的生态链，大力实施精准招商，持续引进人才密集、资金密集和技术密集型项目，逐渐成为各地招商的标准配置和产业升级的有效利器。地方政府化身风险投资人，"以基金撬动资本，以资本引入产业"（又称风险投资、资本化招商），通过地方融资平台、产业引导基金等方式入股企

业，以利益互绑的方式招揽企业入驻成为时下多方关注的做法。经过产业培育、壮大和规模化的过程，地方政府再通过二级市场将所获企业股权转让套现。据清科研究中心统计，截至 2020 年底，国内已设立 1851 支政府引导基金，目标规模达 11.53 万亿元，已到位募资规模 5.65 万亿元，资金到位率约 48.98。另据 CV Source 投中数据分析，引导基金的设立目前集中于浙江、北京、上海、深圳、江苏、广东等六大辖区。

一、"合肥模式"的经验借鉴

合肥市是安徽省会，全国重要的科研教育基地，长三角城市经济协调会会员城市。过去十多年间，合肥凭借成本优势和开放市场，通过京东方、合肥长鑫、蔚来汽车等一连串政府主导投资，精准地抓住了新型显示、集成电路、新能源汽车等战略性新兴产业机会，伴随中科大等高校在量子信息、人工智能、可控核聚变等有望颠覆未来的原创研究领域取得突破，已从一个名不见经传的三线城市，跃升为"明日创新之城"。更是令合肥市有足够底气在"十四五"规划中提出了"人均生产总值加快跻身长三角城市前列，综合实力加快迈入全国城市二十强并力争前移、争创国家级科学城、建国际顶尖研究中心"等愿景目标。

"合肥模式"以股权投资／风险投资的思维做产业导入，以投行的方式做产业培育。即成立市场化运作的产业投资基金，服务于招商引资战略性产业。善于运用资本招商，先大手笔投资基金拉拢企业落户，后期再将投资所获股份脱手，翻倍获利，继续扩充投资基金，以一笔投资换一个产业。其模式的成功，既靠自身修炼，又靠外部借力。一方面依托下属合肥产投、合肥兴泰、合肥建设三大投资平台，通过与中信、招商等头部投资机构合作设立产业基金累计组成了将近 1000 亿元的产业基金群，通过项目孵化，带动相关产业集聚，进而推动整个区域经济结构转型并塑造强劲的研发量产竞争力，走出了一条以资本和资源引入先进生产力落地的探索之路。另一方面找准产业方向，尊重产业规律，通过国有资本引导社会资本和实施资本市场有序退出，国有资本实现保值增值后投向下一个产业，实现良性循环。

（一）地方政府从上到下"投行化"

1. 依托龙头企业，聚焦重点产业领域，强链补链延链

以"引导性股权投资＋社会化投资＋天使投资＋投资基金＋基金管理"模式，通

过国有资本撬动社会资本，打造总规模超过 600 亿元的国有基金丛林，在保障重大项目融资需求的同时，投资上下游产业链的重点项目，覆盖产业链发展的全生命周期。截至"十三五"末，合肥国资累计向战新产业项目投入资金超过 1200 亿元，带动项目总投资超过 4500 亿元，带动上下游产业链总投资近 5000 亿元。

合肥国有资本快速跟进京东方、台湾力晶、兆易创新、维信诺、蔚来汽车、欧菲光、联想、启迪控股等国内外龙头科技企业，组建合资公司，先后推动京东方 10.5 代线、晶合 12 吋晶圆、长鑫 12 吋 DRAM 存储器、维信诺第 6 代柔性屏、双子 COF 卷带、视涯硅基 OLED、蔚来中国、启迪控股、神州数码信创总部基地等重大产业项目落地开工，将关键核心技术和科技成果转化为先进生产力，迅速做大规模，抢占市场份额。

依托龙头企业，"强链补链延链"。挨着上下游产业链挖，打通全产业链，市场需要什么企业，政府就去谈什么企业。

新型平板显示领域。投资并引入彩虹、康宁、联宝、三利谱等企业，延伸覆盖上游原材料器件、中游面板模组和下游智能终端，实现"从沙子到整机"的完整产业链布局。

集成电路领域。通过基金直投、跟投等方式聚集顾邦封测、通富微电、芯基微装、恒烁半导体、联睿微电子等集成电路上下游企业，形成涵盖设计、制造、封装测试及设备材料的全产业链条。

人工智能领域。围绕科大讯飞、华米科技等尖端企业，发起设立总规模 50 亿元的智能语音及人工智能产业发展基金，"中国声谷"获批成为首个国家级智能语音产业集聚区。

新能源汽车领域。大众汽车集团入股国轩高科，并成为第一大股东；同时将投资 10 亿欧元获得江淮汽车母公司——安徽江淮汽车集团控股有限公司 50% 股份，并增持电动汽车合资企业"江淮大众汽车有限公司"股份至 75%，参与到电动汽车、电池电芯生产的完整价值链，同时共同加强在电池领域研发。2020 年 4 月，蔚来获得合肥市 70 亿元战略投资，蔚来中国总部落户合肥。参与零跑汽车 B 轮融资。

2. 形成合理模式，降低融资风险，实现保值增值

形成"引进团队→国资引领→项目落地→股权退出→循环发展"的产业运作模式，通过审慎尽职调查和技术设计，确保决策理性，最大可能地提高成功率、降低风险，在

"一进一退"之间,实现国有资产的保值增值和产业项目落地。

在谋划项目之初,通过科学的分析研判,从产业方向、竞争环境、发展空间等细分层面,多维度对项目进行充分论证。在方案论证的同时,预留国有资本安全退出通道。在投资完成既定目标后,通过市场化方式安全退出。据合肥国资委相关数据显示,国资系统企业(不含科技银行)综合资产负债率为59.8%,处于合理水平,整体运行平稳,风险可控。

加强事中事后监管,实施动态运行监测。陆续出台或修订投资、融资、担保、产权交易、损失核销等40余项制度,规范企业经营行为,重点掌握企业财务状况、资产质量、盈利结构、存在的风险点等,及时发现问题,堵住漏洞。

以全面预算管理为抓手,对企业资产负债率及负债预算水平进行压降调控。通过发行企业债、中期票据等方式降低融资成本,同时,争取多渠道增加资本金投入,积极改善资产负债结构,确保企业资金链安全。

(二)招商工作凸显系统化和专业化

据合肥市投资促进局《2020年项目支出绩效目标及项目情况表》显示,年度预算安排了1084.28万元,用于推进编制重点产业招商指南、形成纵横交错的招商工作网络、优化完善招商引资配套文件等相关工作。

1. 优化完善招商引资配套资源

持续编印《中国合肥投资指南》《合肥重点产业招商指南》《合肥投资促进》简报,列出了重点招商目标企业和招商对接平台,每一个产业的产业发展趋势、产业政策、产业链情况、重点目标企业、招商对接平台都被清晰地以文字、表格、图表的方式呈现;提供了产业招商路线图,招哪些商、到哪些地方招商、以哪些企业为重点、通过什么方式招商一目了然。

优化调整《招商引资考核办法》,科学合理设置考核指标,进一步激发招商引资工作积极性;修订完善《招商引资大项目政策导则》,提升政策的针对性、含金量和吸引力,推动招大引强。

2. 形成纵横交错的招商工作网络

通过平台招商、驻点招商、县干招商、委托招商,形成了纵横交错的招商工作网络。依托"世界制造业大会"、"世界显示产业大会"等等重点会议、会展招商活动平台，邀请重要客商交流、走访世界 500 强企业和国内外知名企业。在京津冀（天津）、长三角（上海）和珠三角（广州）设立三个驻外招商小组，进行脱产驻点招商。开展驻深办日常招商引资，建立与珠三角地区的密切联系。组建三十二个县干招商小组，进一步优化招商队伍，锻炼培养干部。委托境内外自然人、法人或其他组织对外开展招商引资活动。

在推进过程中，企业只要有项目、有策划，来合肥投资，地方政府可以免去相关行政事业性手续费用，并提供最完善的条件，又快又好地协助搞企业。市直部门和市属国有企业也逐渐锻炼出了一批懂产业、通政策、熟悉市场、擅长谈判，精于资本运作的人才队伍。

二、对上海创新产业项目招商思路的启示

政府招商引资的流程包含投资拉拢—企业落户—择机退出，不同地方政府的招商水平不同，带来的结果就会不同。如，传统的坐地招商，能够提供较好的营商环境、低价出让的地皮，在企业和金融机构之间帮忙牵线搭桥，让企业购地投资建厂。社会化招商，引进优秀的产业新城运营商，借产业新城运营商的信息灵活和品牌口碑为企业提供领包落户参考和风险保障。风险投资、资本化招商（"合肥模式"），选择好标的，以足以覆盖企业落户建厂成本的大手笔出钱，吸引企业落户，最后，政府通过二级市场将所获企业股权转让套现。从资金运作的角度看，完全可以实现资金的良性循环。

在产业布局方面，如何选择具有成长前景且填补国内技术空白的细分产品，在资本运作方面，如何最大限度调动多元化金融资源实现资金使用效率最大化，在项目退出方面，如何让利创业者，激发他们更强的创业斗志实现企业更好的成长，最终实现创业者、资本方更大层面的共赢，均值得上海重大产业项目招商思路创新去借鉴。

（一）除政策性支持之外，政府直接提供资本支持

"合肥模式"有别于过去政府招引项目主要给予土地、税收等政策性支持的传统方式，创新突破在于，政府在政策性支持之外，还直接提供资本支持，即拿出钱来参与项目建设，稳定市场信心，引导社会资金参与。其取得成功的背后，取决于其对自身定位、发展阶段、科教优势、产业理解、机会判断的准确度，以及最终将这种理解判断落地的组织效率。

"合肥模式"从一个侧面证明：政府入局投资既可以说是对市场配置资源的弥补，又可以说是发挥出了国有资产在战略眼光、长远布局上的作用与价值。地方政府在投资方式上，应尊重市场规律，利用好二级市场，以国有资本带动社会资本。投资项目标的选择，应注重长期投入，兼备产业发展规划和战略眼光，收益考量上也要更加多元：不过度追求短期回报，而是关注技术储备、产业带动、人才集聚、税收、就业等更多社会价值。

（二）布局全产业链实现地方政府和企业"双赢"

合肥在不同时期引入京东方、合肥长鑫、蔚来汽车等龙头企业，这些企业及项目具有着投资规模大，回报周期长，收益率不确定等种种投资市场所不欢迎的因素，投资合作对象从国资背景、到跨境企业、民营企业等。引入的龙头企业及重大产业项目与地方政府既有的家电及汽车产业基础相匹配，处于原有产业链的上下游，壮大发展了显示面板、集成电路及新能源汽车等重点产业。在人才团队、知识产权、生产经验方面，这些企业已经在行业内具有一定积累，甚至形成一定程度的竞争力，使得他们在产业链中具有主导性，不仅能够保证项目落地的成功率，还可以带动一批配套企业向当地集中。

（三）对重大产业项目落地风险有着相对全面评估与把控

特别值得关注的是，"合肥模式"对重大产业项目落地风险有着相对全面的评估与把控。如，在引入具有北京国资背景的京东方项目时，充分去了解技术团队，确定拟落地项目具有相关技术能力与积累，且执着于显示行业的深耕，这在一定程度上可以避免项目失败所带来的资产损失，采用国有资产撬动社会资本，分批注入上市公司，带动市场共同完成了整个融资行为。而在最近一次与蔚来汽车的合作中，合肥市更是与之签订了对赌协议，以最大限度地保证资产安全。

（四）地方政府是否应成为"风险投资者"尚存争议

在"合肥模式"取得成功的同时，国内相关省市失败的案例比比皆是，从乐视、赛麟、博郡、拜腾等接二连三停摆的新能源车企，再到南京德科码、成都格芯、陕西坤同等搁浅的半导体企业，皆有地方政府入股，对于地方政府是否应成为"风险投资者"，目前各方仍存在一定争议，这也是上海重大产业项目招商思路创新值得关注的问题。

一是重投资、长周期、高壁垒行业，由于社会资本对高风险的规避，政府需要承担起引导作用，通过直接投资与企业形成利益共同体。二是由于投资规模巨大，市场风险很高，风险投资失败概率较大，缺乏足够的尽职调查，如果引资失败，由地方政府投资是否能够持续，用纳税人的钱买单是否合适。三是投资最大的风险在于地方政府官员的任期与项目投资收益周期如何有效挂钩。

三、对创新上海产业项目招商思路的有关建议

（一）探索重大产业项目招商地方政府与企业"双赢"

依托产业链龙头企业自身的实力，在市场化竞争中逐步获得产业链中的话语权和领导权，其本质是市场行为，推动先进制造业重大项目布局，塑造产业链生态圈。而地方政府作为招商管理具体操作的主要责任是维护和发展重点核心产业链，发挥好建设者和协调者的功能，协助企业重大产业项目落地并高效匹配本市产业链关键核心环节，充分发挥国有资本融合"功能"与"市场"的特色，最终实现重大产业项目招商地方政府与企业"双赢"。

（二）充分发挥政府引导基金和国有资本的引领作用

围绕上海先进制造业"3 + 6"重点产业体系，联动市国资委等相关委办，优化国有资本布局。以"基金 + 产业""基金 + 基地""基金 + 项目"等多种模式，吸引先进技术和人才团队，积极招引产业链龙头企业。明确市属平台公司功能定位，善于运用金融和资本市场工具。探索"引进专业团队→国有资本投资引领→项目落地→通过上市通道退出→循环支持新项目发展"的产业运作模式，先进制造业重大项目一旦确定，联动国有资本快速跟进，推动项目落地达产，并做大规模。

（三）结合国有资本构建招商辅助决策系统打通招商链

以编制"重点产业链图谱、目标企业画像、目标企业招商图谱"为导向，借助大数据全面分析全市先进制造业产业链补链、强链、稳链、控链环节，按照企业业绩、技术路线、获得荣誉等权重指标推荐适合本市产业定位的招商目标企业，并通过分析企业关联关系、产业上下游关系、金融服务关系等关键线索提供目标企业最优接洽和招商路径，并引入国有资本，通过国有资本撬动社会资本，提升上海重大产业项目落地的成功率。

参考文献：

【1】黄金萍，南方周末，《地方政府如何变身风投?》(南方周末，黄金萍)。

【2】王俊，澎湃新闻，《合肥十四五目标：综合实力加快迈入全国城市二十强并力争前移》。

【3】合肥市国有资产监督管理委员会，《"美好合肥'十三五'成就巡礼"系列新闻发布会——发挥国资引领作用带动战新产业发展》。

【4】合肥市投资促进局，《合肥市投资促进局 2020 年部门项目情况》。

把握产融结合新趋势，促进上海产融联动发展的对策建议

编者按：2021年6月10日，第十三届陆家嘴论坛开幕，展望了大变局下金融行业新出发点和新增长点。随着上海国际金融中心和全球有影响力的科技创新中心深入推进，金融成为链接产业和科技联动发展的关键点。金融如何更好地服务实体，帮助制造业企业健康发展，是制造业高质量发展的关键要素。本期简报基于金融与产业融合发展的趋势分析和典型案例解析，依据"产业是根本，金融是手段，共赢是结果"的发展模式，提出了加快上海金融业和制造业融合发展的对策。

一、产融结合的新趋势

产业的转型进步始终与金融发展相伴相生，金融产业必须赋能产业的政策导向、细分产业的金融需求和产业发展战略的要求，金融与产业的融合也逐步进入了深度交融的

产业金融 3.0 阶段。① 未来的产业金融，是以产业为核心，通过平台化方式集合商流、物流、资金流、信息流，通过垂直化发展重塑产业竞争力，通过资本化纽带提升生态圈联动，成为金融与产业融合发展的一条脉络。

（一）科技化：金融科技成为产融升级的加速器

金融科技对金融、产业的渗透力持续增强，越来越成为产业和金融企业开展业务的重要手段。以大数据、云计算、物联网、人工智能、区块链等前沿技术为代表的金融科技助推产业创新升级，催生新产品、新业态、新模式，成为发展数字经济的新引擎。人民银行印发《金融科技发展规划（2019—2021 年）》，上海发布《加快推进上海金融科技中心建设实施方案》，提出了通过金融科技手段进行产业赋能和数据打通（如数据信息、业务信息、场景信息等），使产品服务更加智能、场景结合更加紧密、数据价值更加凸显，加速产业的重构和升级。如，中国银联打造了"银联云"服务平台，可为产业各方提供安全可靠、高效专业的金融级云平台产品和服务。在数字新基建领域，从网络设备、服务器芯片到操作系统、数据库、中间件服务实现全栈自主可控，构建行业领先的信息基础设施的创新应用示范，在加快金融行业数字化转型的同时，助力上海城市数字化转型。

（二）资本化：资本市场成为连接产融的纽带

产业变革面临腾笼换鸟、转型升级，新兴产业亟须跨越"死亡谷"，产业资本的完善和创新是产业发展的重要推动力。战略性新兴产业的发展离不开资金的支持，资本市场是发现新兴产业的"伯乐"。资本方通过管理提升、技术导入、产品互通等方式，与被投资方逐步形成产融协同，通过资本化的方式深度布局产业链，使产业链逐步形成生态，为产业的长远发展创造价值。如，新能源造车是一个资本高度集中、密集的市场，已经从资金 + 设想的草莽发展期，转向了技术创新 + 管理运营 + 产业链整合能力的精细化、深度耕作期。蔚来汽车早期获得红杉、高瓴资本等多家风投青睐，从经历连年巨亏、险陷退市危机的至暗时刻，到落户合肥获得注资，蔚来汽车的市值屡创新高，俨然成为了中国版的特斯拉，实现了穿越"生死线"的翻盘。资本的注入、新能源汽车市场的火热，均是驱动蔚来汽车触底反弹的"动力源"之一。

---

① 产业金融 1.0：直接面向单点客户的传统金融服务模式。产业金融 2.0：产业链金融模式，通过产业链进行客户获取，开展融资租赁、担保、企业财务、保理等业务（普华永道，产融 2025）。

（三）垂直化：产业链垂直整合塑造产融竞争力

产融结合的边界在不断拓展，不仅着眼核心企业的融资传递，而且向产业链的垂直化和专业化纵深发展，打造"产、融、投"一体化的综合性控股集团模式。大型企业利用自身禀赋和能力，通过拓展产业链细分市场、纵深挖掘行业以及辐射覆盖周边地域，依托产业链满足上下游企业客户的金融需求，最大程度发挥地缘优势覆盖周边消费者，助推多元化综合性转型发展。如：上汽金融为上汽集团产融结合的主要着力点，核心发展理念在于为汽车行业垂直领域提供全方位的汽车金融服务，形成了以公司金融、汽车金融、股权投资、汽车保险为核心的全方位汽车金融产融结合模式。上游通过财务公司提供供应商应收账款业务，下游主要通过遍及全国350个城市的近7000家汽车经销商实现下游供应链金融，对接零售端客户进行信贷产品销售。

（四）生态化：构建产融生态圈是产融的主旋律

以产业为核心，通过构建产融平台，实现跨产业链的横向融合，进而形成全新生态圈，也因此给产融生态体系带来新的创新空间。通过产业金融平台链接各方商业主体，以支持产业、服务产业的方式，开展金融撮合乃至金融业务，通过平台化方式集合商流、物流、资金流、信息流，构建场景化的生态圈，帮助产业链生态共同提升硬实力，进行整体生态化转型，使金融能真正服务于产业的各类主体。如：海尔金控是海尔集团旗下物联网共享金融平台，以金融为要素链接生态资源，通过金融业务和产业输出链接产业上下游参与者，重构产业新生态。海尔金控搭建起产业链金融平台、家庭金融平台、信用生态平台、产业生态平台和社群共享平台，为海尔产业链中的2500多家上游供应商、3万多家下游中小微企业、160多万名创业者在创业发展期间提供资本的支持，让中小微企业与银行能够良好地对接。

二、上海产融联动发展的瓶颈问题

金融是上海这座城市的重要基因，上海金融市场体系完备、中外金融机构集聚，已成为中国金融对外开放的最前沿、金融改革创新的先行区。截至2020年末，上海拥有中国外汇交易中心暨全国银行间同业拆借中心、上海证券交易、上海期货交易所、上海黄金交易所、中国金融期货交易所、国际能源交易中心、上海票据交易所、上海保险交

易所、沪伦通、沪港通等 14 家各类全国性金融要素市场，拥有持牌金融机构达到 1674 家，金融业增加值 7166.26 亿元，比上年增长 8.4%，是驱动上海经济发展重要的力量。

与此同时，上海金融业与实体经济显露出结构性失衡，金融与制造业的融合发展仍面临诸多瓶颈问题。

（一）金融发展有脱离实体经济的本质倾向

一是资本逐利本性是虚拟经济膨胀的内在动力。从宏观来看，金融产业对促进经济社会发展发挥了巨大作用，但是，在一定程度上存在"脱实向虚"问题，金融之水难解实体经济之渴。收入差距拉大、传统产业衰落等矛盾，更加剧了实体经济衰败、产业空心化。二是资金运用效率仍待进一步提升。大量资金在金融体系内"空转"，导致实体融资成本提升，信用风险积聚，引发资产泡沫，货币政策管控力降低。

（二）上海金融行业的资源配置能力不强

一是企业和金融端的信息和资源不对称，存在"鸿沟效应"。企业追求发展和金融寻求稳定的利益诉求往往不一致，不对称的信息和资源损害双方的融合发展，使金融机构不愿承担不可预测的风险，导致融资市场上的"逆向选择"，钱反而给了最不需要的企业。二是金融服务实体的意愿和能力不强。银行贷款供给并不足以支撑"溢出"的融资需求，而上市融资门槛过高、私募融资渠道过少、风险投资规模太小，导致企业通过股权进行融资的难度较大。三是全球资源配置和辐射带动能力不强。美国限制外国企业上市后，部分优质企业可能会选择重新在全球第二大股票市场中国获取融资，上海金融中心面临机遇。上交所目前尚无外国企业上市，而纽交所、伦交所均有数百上千家；上交所境外投资者占比也小于 10%。

（三）金融扶持实体经济的生态建设不足

一是缺乏灵活高效的财政投入激励机制来引导社会资本进入实体经济领域。特别是，针对前沿引领技术、颠覆性创新技术，缺乏市场化、规模化运作的金融工具和平台，推动形成一批重大原始性的科技成果产业化，实现财政资金的杠杆作用。同时，在科技创新和金融创新双向加速的时代，监管体制还不能适应新兴产业的发展要求，资金监管重稳求妥，忽视了产业发展绩效的评估和考核。二是初创型、创新型企业的扶持力度和手段的不足。针对创业投资扶持力度不足，影响科技创新企业和科技金融发展。需要进一步加大科技投入力度，鼓励企业从事研发创新活动。上海从事创业投资的机构数量，以及管理资本规模、风险投融资等指标均落后于北京和深圳。

（四）中小微企业融资困难问题亟待解决

一是中小微企业存在天然的弱质性，表现为发展不确定、信息不对称和规模不经济。中小微企业大多处于产业链末端，门槛低，竞争激烈，对外部环境变化的抵御能力较低；同时，金融机构难以准确评价小微企业的信用、前景以及资金使用效益，对小微企业的贷款更谨慎。二是疫情对上海中小微企业的影响更加显著。民建上海市委发布的"2020 年上海中小微企业生存发展指数"值为 64.50 分，与 2019 年的 65.53 分相比下降了 1.03 分，处于近四年的最低值。其中，经营指数比 2019 年下降较为明显。最为突出的当属资金来源受限以及融资困难等问题，融资困难已成为制约企业发展的主要原因。同时，企业发展到一定阶段，额外资金的注入是保证企业发展战略得以实施、企业商业计划得以落地的有效保障，持续资金源的缺乏无疑制约着中小企业的长远发展。

三、促进上海产融联动发展的对策建议

上海产业金融要发挥其配置金融资源的中心战略节点和重要枢纽的作用，成为促进新兴产业换道超车的关键，形成产业和金融共赢的生态圈，提出以下建议：

（一）加大金融科技创新，赋能传统金融机构和新兴产业

发挥上海在云计算、区块链、人工智能、生物识别等技术优势，建设具有全球影响力的金融科技生态圈。打造张江金融科技产业集聚区，加强智慧网点、智能客服、智能投顾、智能风控等金融产品和服务方面创新。推动传统金融机构通过线上平台，创新线上产品，加强智能风控，低成本、高效率地服务小微企业，缩小双方数字化鸿沟，提升金融服务效能。

（二）深化产业投资基金功能，引领先进制造业创新发展

发挥上海产业转型升级投资资金的引导作用，通过市场机制把政府专项资金、产业基金、投贷联动等金融工具组合发力。引导金融机构适当降低先进制造业企业的抵、质

押门槛，放宽股权质押、专有技术质押、知识产权质押等条件。加大对创新企业、平台的资金投入，推进企业孵化、项目众筹等商业模式，提升众创空间金融孵化功能。

（三）加快金融基础设施建设，推动金融领域数字化转型

谋划布局多元化、多层次的上海数字金融基础设施体系，建设面向产融结合的"新基建"。聚焦新一代金融数据中心、绿色算力中心、现代化支付系统、登记托管系统建设，推动大数据、云计算、区块链和人工智能等技术的金融场景化应用。加快央行数字人民币的试点应用，布局中国银联等卡基或三方支付转接清算系统、金融 CA 认证体系、第三方区块链数字函证平台等。

（四）完善银政企产融平台，促进企业与金融机构的合作

发挥上海产融合作协作机制作用，开展银企需求信息对接，引导金融机构使用金融科技手段加快完善中小微企业、民营企业、科创企业等重点领域的信贷流程和信用评级模型，提升企业融资精准化服务水平。建立供应链金融服务平台，针对重点产业投资项目、专项资金项目，为上下游企业提供高效便捷融资、结算等"一揽子"服务。

（五）加快绿色金融布局，推进产业的绿色可持续发展

据央行统计，目前全国绿色债券中超过 90% 在上海发行，绿色环保企业股权上市融资超过 60% 发生在上海。把握"双碳"目标下的绿色金融发展机遇，进一步发挥上海在全国碳交易市场的先发优势，推进绿色制造、新能源、节能减排、环境保护等领域投融资服务，在金融机构碳核算、金融机构及融资主体的气候和环境信息强制披露、绿色金融产品评估论证等方面迈出更大的步伐。

参考文献：

【1】普华永道：《产融 2025：共生共赢，从容应变》。

【2】罗莉萍、徐文俊：《关于广东科技、产业、金融融合创新发展的思考》，载《科技管理研究》2016 年第 19 期，第 81—85 页。

【3】许建生、韩芳侠：《做强产业金融，推动战略新兴产业和先进制造业发展》，载《中国发展》2013 年第 4 期，第 24—28 页。

探索上海"创芯"人才机制，加快破解"缺芯"困局

编者按：集成电路是支撑上海高端产业发展的战略性、基础性和先导性产业。当前，中国面临的"芯"困境，很大程度上是因为集成电路领域的关键核心技术"受制于人"。集成电路人才总量不足、领军人才匮乏，已成为制约产业发展最突出的瓶颈问题。近期通过对张江、临港等集成电路产业高地调研发现，虽然"中国芯"产业迅猛发展，但专业人才供应短缺、教学培训和产业实践脱节等问题日益凸显。本文结合上海集成电路产业比较优势，就进一步创新产学研合作机制和人才培养模式，加快补齐芯片人才方面的短板，给出相应对策建议。

2020年，新冠疫情在全球迅速蔓延，导致全球各国大批企业陆陆续续被迫停工停产，给全球半导体产业的发展带来了不确定性，2021年伊始全球半导体供应链又持续受到"科技单边主义"冲击，导致汽车芯片等集成电路细分产业链、供应链的全球性断供，继而加剧了半导体行业的人才结构性短缺局面。半导体产业的快速脱困离不开专业技术人才。

一、技术人才争夺战成为国际集成电路产业竞争焦点

（一）全球集成电路产业链"重构"或将引发人才争夺战

从 2020 毕马威全球半导体行业调查报告来看，未来三年内半导体公司的战略重点人才培养及管理仍是重中之重，当前半导体公司为争夺仅有的少数科学家和工程师而展开激烈竞争，一场人才争夺战悄然上演。从全球发展趋势看，STEM（理工科）的毕业生作为集成电路人才的主要后备力量，即使在过去几年得到美国政府和产业界的重视，也仍然存在一定的匮乏。从美国国家科学基金会（NSF）最新发布的年度数据显示，超过半数的美国高校电子工程和计算机科学专业的全日制毕业生来自美国本土之外。因为工作签证和移民政策的限制，部分海外人才难以留在美国。而美国的一些社会组织和机构也认识到这一问题，不断向美国政府提议优化响应政策，以使得美国半导体等行业可以获得源源不断的海外人才补充。

表1　美国集成电路相关人才培养规模

	2014	2015	2016	2017	2018
美国公民和永久居民	20157	20322	21612	21332	24242
国际学生	71780	78243	79907	71078	68361
总　计	92937	98565	101519	92410	92603

注：表中数据为电子工程专业和计算机科学专业的全日制研究生人数。
数据来源：美国国家科学基金会（NSF）最新发布。

（二）国内集成电路产业人才需求将出现爆发式增长

预计到 2022 年前后中国全行业人才需求将达到 75 万人左右，截至 2019 年底，我国直接从事集成电路产业的人员规模在 51 万人左右，这意味着将有 24 多万集成电路人才缺口。3 年 24 万人，也就是一年需要 8 万人，我国集成电路人才严重短缺，不仅缺少领军人才，也缺少复合型创新人才和骨干技术人才。中国电子信息产业发展研究院等编制的《中国集成电路产业人才白皮书（2019—2020 年版）》显示，我国集成电路人才在供给总量上仍显不足，到 2022 年，芯片专业人才缺口预计超过 20 万人。

面对芯片人才供应短缺的情况，国家部委和各地政府也在想办法解决。2020 年 8 月，国务院发文要求加快推进集成电路一级学科设置工作，努力培养复合型、实用型的高水平人才。设立集成电路一级学科的讨论和动议由来多年，但由于存在争议无法形成。随着学科的不断发展变化，原有的学科划分已限制了我国集成电路人才的培养，影响了我国集成电路产业的良性发展。近年来在中美摩擦背景下，美国对我国集成电路产业打压造成的困难，更证明了这一学科的重要性、紧迫性。工信部于 2019 年 10 月回复政协提案指出，要"推进设立集成电路一级学科，进一步做实做强示范性微电子学院"。此次将集成电路作为一级学科的通过，对我国集成电路产业的发展、人才培养、科研开发等，都是一大利好消息。随后清华大学、北京大学、复旦大学和厦门大学四所高校首批获准建设国家集成电路产教融合创新平台。该平台将瞄准中国集成电路核心关键技术"卡脖子"难题，涵盖芯片设计、EDA 工具、器件工艺与芯片封装等方向，培养集成电路产业亟须的复合型、交叉型人才，着力推进中国集成电路产业发展进入快车道。

表 2　我国建设示范性微电子学院的高校名单

支持建设示范性微电子学院的高校名单	北京大学、清华大学、中国科学院大学、复旦大学 *、上海交通大学 *、东南大学、浙江大学、电子科技大学、西安电子科技大学（清华大学率先设立芯片学院）
支持筹备建设示范性微电子学院的高校名单	北京航空航天大学、北京理工大学、北京工业大学、天津大学、大连理工大学、同济大学 *、南京大学、中国科学技术大学、合肥工业大学、福州大学、山东大学、华中科技大学、国防科学技术大学、中山大学、华南理工大学、西安交通大学、西北工业大学（南京成立集成电路大学）

注：* 为上海高校。

数据来源：工信部、教育部官网。

二、上海集成电路专业人才缺口问题凸显

（一）上海集成电路产业链"高密集"特性导致专业人才紧缺

上海是全国集成电路产业最集中、综合技术水平最高、产业链最为完整的地区之一。上海市集成电路行业协会发布的最新统计数据显示，2020 年上海集成电路产业实现销售收入 2071.33 亿元，同比增长 21.37%。在集聚效应、规模效应初步显现的同时，行业人才缺口也开始出现。上海集成电路企业的人才问题主要是难以找到充足的、有着高等学历和匹配经验的合格员工，空缺岗位涵盖了 AI，先进芯片设计，高阶制造工艺和加工，软件架构和量子计算等。半导体这种技术和人才密集型产业需要大量的"高技"人才，即高技术、高技能和高技标。同时，本土的从业者出现"老龄化"趋势，这意味着从业人员有着相对丰富工作经验的同时，知识结构开始"老化"。

2020 年以来，上海浦东的一些重大集成电路产业项目取得关键性突破。如位于张江

科学城的中芯国际，其14纳米先进工艺在2019年第四季度投产后，产品良率已达业界量产水准。位于张江的上海集成电路设计产业园，揭牌至今已集聚了博通、高通、AMD等外资芯片巨头以及紫光集团、韦尔半导体、阿里平头哥等国内集成电路领军企业。但从学科设置落地到人才供给，中间还需要一个过程。芯片行业最缺的是有经验的工程师，而"芯片到了纳米级教材还停留在微米级"。培养一个成熟的芯片工程师需要十年时间，但国内整个行业还没有积累那么多人才。建立面向集成电路全产业链的"产学研用交叉平台"，已经刻不容缓。包括集成电路设计、制造、封装、测试，EDA软件等产业领域，亟须掌握电路设计、器件物理、工艺技术、材料制备、自动测试以及封装、组装等知识技能的创新型技术技能人才。

（二）国内集成电路产业的"跟风效应"加剧上海产业人才"紧缺局面"

当前集成电路人才供给的主要短板在于：全国各地集成电路7—14 nm项目竞相上马，供给难以跟上需求。近年来，国内多个城市加快布局集成电路行业。以长三角为例，除了上海，合肥、南京、无锡等地纷纷开出优厚条件招揽芯片人才。这种互相"挖角"的行为，使得以上海浦东为代表的集成电路人才高地也面临人才供应吃紧的挑战。

数据来源：《中国集成电路产业人才白皮书（2019—2020年版）》。

图1 2018和2019年集成电路产业链从业人员主动离职率

以张江为例，近三年时间，园区内芯片设计企业数量、员工数量实现翻番，而社会供给能力没有同步跟上，关键人才、核心人才、骨干人才普遍缺乏。其根源是待遇虽高于一般制造业但吸引力有限，导致大量理工科毕业生未进入芯片行业。与互联网、金融等热门行业相比，芯片人才在待遇上的吸引力有限。来自 BOSS 直聘发布的相关报告显示，2019 年芯片人才平均招聘薪资为 10420 元，同比提升了 4.75%。拥有十年工作经验的芯片人才平均招聘工资为 19550 元，为同等工作年限的软件类人才薪资水平的一半。甚至出现了在陆家嘴金融城搞芯片研究（证券和投资市场）的人才，比张江科学城更多的怪圈。据统计上海前几年部分重点高校的微电子行业毕业生中，估计只有 30% 左右进入了集成电路。此外，在对人才供给提出了新要求的同时进一步加剧了行业人才供给紧张局面。集成电路产业是典型的资本密集型、人才密集型产业。除了微电子专业，集成电路行业还需要大量的材料工程师、化学工程师、机械工程师、电气工程师，过去集成电路产业发展的问题，一是缺钱，二是缺人。随着国家集成电路产业投资基金的成立和科创板的开板，行业缺钱问题大为缓解。但随着各地集成电路项目竞相上马，未来五年，国内的芯片人才缺口将更为突出。

（三）解决人才供需"脱节"或可弥补上海集成电路产业人才缺口

相关行业专家表示，集成电路产业发展日新月异，最新的集成电路制程已经到了 3 纳米至 5 纳米，而部分教材里的晶体管仍为微米级（1 微米 =1000 纳米），存在较大的滞后现象。教学内容滞后，理论与实践脱节。同时，大部分高校教师，因为与产业界接触较少，或受制于企业知识产权保护，没能及时获取业界最新动态，因而难以将新技术和进展整理编写至教材或实验材料之中。另一方面，集成电路产业需要产品化和工程实践能力，需要能够解决工程应用问题的人才，而大多数学校可提供的集成电路工程实践条件有限。目前，上海地区只有少数院校具备完整的实验产线，而且要承担不菲的日常维护费用，因此要求高校普遍添置大型工艺设备并不现实。

集成电路企业普遍反映，从高校招来的毕业生还需经过一两年时间的培养才能真正上手，客观上拉长了人才培养周期，亟须进一步探索产学研用合作新模式。上海浦东等产业高地宜大力培养和引进高层次、复合型、骨干型和工程型的集成电路人才，缓解我国集成电路产业对人才需求的燃眉之急。

三、破解上海集成电路产业"创芯"人才困局的对策建议

（一）加大集成电路上下游产业链延伸的人才投入

要具备发展眼光、注重长远利益，敢于突破制度和规则的限制，积极向上争取政策

和资源，运用好产业引导基金和人才发展基金的杠杆作用，大力创新人才培养和集聚模式。发挥专业园区优势，搭建公共技术平台。以上海浦东为例，目前已成立了上海集成电路设计产业园、东方芯港等一系列集成电路专业园区，同时还拥有上海科技大学、复旦大学微电子学院等知名高校。实现集成电路人才倍增计划，鼓励企业家进驻高校担任客座教授，以及高校教师担任市内企业导师且共同开展项目。业内人士认为，可以充分整合这些资源，为集成电路人才成长创造良好的环境。比如，可以借鉴张江"药谷"的模式，设立 EDA（集成电路设计工具）公用技术平台，不断降低芯片企业的研发成本。进一步增强人才平台工作，以人才吸引人才，以人才带动产业，促进上海市及长三角的高端产业发展。

（二）在人才政策上向集成电路行业适度倾斜

致力于增进企业—高校之间在集成电路相关产业及专业领域的交流与合作，注重人才二三梯队建设。积极发挥集成电路领域人才引进窗口和以才引才的作用。吸纳国际先进理念与学术成果，促进国际交流与合作，在培养人才、内生发展的同时，也要注重引进人才、留住人才。在芯片人才队伍中，除了海归高层次人才，对在本土勤勉工作 5 年、10 年甚至更长经验的工程师，希望地方政府也给予更多关注。对集成电路企业聘用或自主创业人才，按照领军人才、专门人才、应届毕业生类别和层次，在落户、个税及医疗教育配套等方面，得到地方政府的更多支持。对于专门从事集成电路设计、制造、封测、装备和材料生产及研发等经营活动的相关企业和人才，特别是一线工程技术技能人才实施专项引进和培育，对于长期（至少 5 年）驻留上海的集成电路创新创业人才实施专项扶持。

（三）率先探索集成电路行业"产学研用"合作新模式

鼓励和支持上海市高校、职业院校对接产业发展需求，增设集成电路相关专业，采取多种形式培养紧缺和骨干专业技术人才，比如，设立企业定制班，为企业定向培养集成电路人才；将企业相关研究课题和软硬件资源向学校和科研机构合理开放，实现资源共享，构建双赢模式；为解决高校专业课程内容滞后问题，鼓励学校聘请企业的专家作为导师定期授课，联合编写培养教材。定向引导有兴趣的在校学生设立远大志向，为行业未来发展做好人才储备。只有通过产学研的模式创新和深入合作，才能使大学、企业和科研单位之间实现优势互补、强强联合。产教融合，加大这方面的职业教育培养，能解决集成电路行业中低端实操型人才的输出。实行"订单式"培养模式，即高校、企业、平台三方共同培养，为企业定向输送集成电路人才。订单培养以工程师岗位为导向，着重实践类课程，让学生们在读书期间即可参与到企业的工作中去，毕业后甚至能直接进入企业工作。为应对集成电路人才需求仍呈增长的势头，产业需要大量基础性工程师和技术工人，通过产教融合，可以为上海集成电路产业发展提供人才支撑。

聚焦城市数字化转型重点领域需求，出台多层次人才扶持政策

编者按：城市数字化转型是事关全局、事关长远的重大战略，2020 年底成立了上海城市数字化转型成立领导小组，进一步增强全面推进城市数字化转型的坚定性和紧迫感，牢牢把握超大城市规律，坚持全局性谋划、革命性再造、持久性攻坚，加强顶层设计、聚焦重点难点、创新推进机制，加快打造具有世界影响力的国际数字之都。目前，"数字化转型"成为上海城市发展的重要发力点。根据上海市城市数字化转型工作领导小组办公室近期发布的《2021 年上海市城市数字化转型重点工作安排》，围绕数字化转型的经济、生活、治理三个方面，上海将全面铺开一系列具体举措。

上海市城市数字化转型工作领导小组办公室提出今年首要任务是通过顶层设计，建立起数字化转型的"四梁八柱"。同时，相关委办局要找准各领域、各行业发展中"高频急难"问题，摸清城市数字化现状底数；针对转型中可能碰到的数字法治、伦理等问题，将建立健全数字"规则"体系，实施"数据开放提质"工程、"数据流通加速"工

程、"数据创新应用"工程。围绕数字化转型的经济、生活、治理三个方面，今年将全面铺开一系列具体举措。

随着边缘数据量、连接性和处理能力的日益增长，今天的智能互联变得越来越普及。然而，对于很多场景应用而言，数字化转型的成功实现似乎仍然遥不可及：试行数字化制造解决方案的企业中，有2/3未能进入大规模推广阶段。

但从数字化转型发展来看，需要解决三大矛盾：一是数字意识不足与盲目智能化的矛盾。一方面，多数人数字意识不足，从政府、企业到个人都需要变革；另一方面，部分组织盲目追求高端化、智能化，难以对实际应用场景进行真正赋能。波士顿咨询全球资深合伙人兼董事总经理、Digital BCG全球负责人汤睿科认为，数字化转型不仅是数据和技术的利用，更要实现整个人员与场景流程的转型。二是海量数据与场景应用不匹配的矛盾。尽管海量数据涌来，但多数数据存在"黑盒化"现象，特别是IT与OT数据不匹配，多系统间形成数据孤岛，无法横向联通，需要政府和企业共同解决。三是专业人才供给与需求之间的矛盾。现在的信息化项目普遍存在"找不到人、找不对人、请不起人、留不住人"的困惑。

一、高度重视数字化转型下的人才需求

德勤与美国制造业研究所合作开展的最近一项研究发现，各行各业都在步入一个严峻的长期劳动力短缺时期。专业人才的稀缺，进一步加重了数字化转型的另一大难点——数字化技能缺口。近期，英特尔发布了名为"工业加速"的全新研究，该研究发现大多数西方工业生产培训计划和政府投资计划未能解决的严重技能人才缺口。

首先，研究整理了各企业为数字化转型计划投资的技术，其中，人工智能居首，占比过半。

其次，研究采集了各受访的制造业企业所面临的各种挑战，人才问题是导致数字化解决方案的投资落空的最重要原因。研究中，一些受访者提到的一些未来技能需要超越基础编程技术以深入理解数字化工具，这包括数据采集和分析、并将结果实时反馈到操作环境中。但研究发现，尽管企业和民众对数字化转型需求极大，例如有83%的公司计划投资智能工厂技术；但与此同时，这一转型所要求的最为重要的技能和特征，往往并未得到大多数行业工作培训项目或相关政策制定者的重视。

再次，数字化转型领域目前在人才培养领域，主要靠单纯的学校培养模式也受到缺

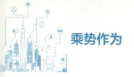

少实战场景的约束，没有充分发挥出校企联动的潜力；部分领域的专才不缺，但整个社会缺少具有跨界思维和拥有综合业务能力的通才，社会对通用型，应有型的数字化人才的总需求要大于研发型的专业数字化人才需求。

同时，对于数字化人才的定义是非常广泛而多元的，目前仍然缺乏一套标准的人才培养体系，数字行业从业人员水平参差不齐，合格的数字化人才紧缺，加上数字化知识和科技更新迭代太快，人才技能发展计划赶不上变化，数字领域尤其是数字营销从业人员流动性较高，知识资产无法积淀，培养和评估体系难以适应社会发展的需求。

二、加大对数字化转型人才需求的分析研判

数字化时代具有两大特征：一是时间轴大幅度缩短，企业寿命，产品生命周期，场景应用服务时间窗口都在以前所未有的缩短，各个领域被重新定义。二是断点、突破、不连续性、不确定性，使得商业环境和商业竞争从可预测和不可预测。沿着旧地图，一定找不到新大陆，因此人才管理也必须做出改变。

数字化转型对人才能力的新需求包括：一是智能化升级，迫切需要人才具备传统业务体系和多元化技术体系的梳理能力。二是智能应用场景的建设，迫切需要人才加强自身关键研发能力和数据应用能力。三是项目的科学管理，需要人才对项目的实施管理，协调组织，技术沟通等方面有较好的能力。四是持续改进，需要人才不断更新智能技术知识并持续应用的能力。

由于数字化系统的整体性、创新性、持续改进等特点，数字化人才绝对不是单一技能和某一专业，有综合性、系统性等特征，与现有职业技能体系有着较大的差别，具体包括：

（一）数字变革者

数字变革者承担的任务是数字化领导力资源整合，需要熟悉产业和社会运行体系，并有较好的领导力、沟通能力和组织管理能力。

（二）创新预言家

创新预言家拥有灵活敏捷的跨界思维，以客户和市场未来发展为导向，对未来有前瞻性分析能力，且具备将未来蓝图进行路径描述的能力。

（三）问题协作者

问题协作者可以敏锐感知风险和细节问题，进行安全性问题管理，避免数据、技术和业务漏洞对系统运行和组织产生的冲击。

（四）电子商务专家

熟知各电商平台的属性、运营和交易特点，对未来电子商务趋势和模式有创新想法，具有较强的电商私域流量运行管理能力。

（五）场景应用专家

能够较好地分析数字化转型中的场景应用需求，并把需求转换成技术要求，利用新兴信息技术系统和生产研发部门一起合作开发新产品的使命。

（六）数据科学家

数据科学家通过搭建整合数据搭建数据中台，了解应用者的喜好和需求，进行应用模式、使用数据、产品选型、互动等多方面的预测。

（七）渠道开发专家

数字化转型过程也伴随着渠道的数字化，渠道开发专家负责数字化渠道开发，拓展和管理，形成数字化转型的应用生态。

（八）新生活方式专家

由于生活方式也将引来变革，需要面对数字鸿沟的弱势群体，同时要在新的生活方式下进一步驱动变革。

三、尽快出台满足城市数字化转型需求的人才政策

（一）宏观层面

一是围绕国家战略，如五大新城、长三角一体化、自贸试验区新片区、新基建等重大项目，把人才建设作为数字化转型战略的重要组成部分，加强数字化人才培养的顶层

设计，加大社会投入，提高数字化人才薪资待遇，税收优惠等。二是加大城市数字化转型中有关人才职业技能的调研分析工作，推进高校、政府和企业间的合作，共同制定针对城市数字化转型相关职业标准、职称评定标准。三是提升全民"数字化"素养，提倡终身学习，开展数字化转型科普工作，围绕民生、治理等重点数字鸿沟领域开展普适性培训。

（二）中观层面

一是支持企业为现有的劳动力开发终身学习的项目，开展数字化工具和技能的培训，注重在解决方案实施前问题的评估和解决，通过平衡外部专家的引入和内部员工的培养来助力企业的数字灵活性的增长。二是鼓励支持企业开展数字化转型相关咨询、培训业务，提供相关补贴。三是鼓励企业引进年轻人才、数字化人才，增加年轻员工比例。

（三）微观层面

一是鼓励国内院校注重人工智能领域学术型人才和复合型人才的培养，广泛开展产学研用转化对接服务。二是支持开展各类组织主管部门领导、企业高管的数字化转型相关培训，提升政府和企业高层管理者对数字化转型的认知和落实能力。三是加速职业培训工作向城市数字化方向转型，适应行业转型对技能水平提出的新要求。

加快上海产业高技能人才队伍建设的对策建议

编者按：随着上海产业进入高质量发展新阶段，产业发展与技能型人才缺乏的矛盾越来越突出。高技能人才在加快上海产业转型升级、推动技术创新和科技成果转化进程中扮演着越来越重要的角色，发挥着不可替代的作用。为缓解这一矛盾，近年来上海连续出台一系列扶持政策，着力培养与提升传统优势产业相适应的技能型人才队伍，并依托职业教育培养基地，借助社会各方力量，广泛开展技能型人才的培训工作。本文将梳理上海产业人才队伍建设的情况，针对人才队伍建设中的现状问题和未来产业对人才的需求，提出加快上海产业人才队伍建设的对策和建议。

一、上海产业高技能人才培养引进的现状梳理

近年来，上海努力建立健全产业高技能人才培养、引进、使用、评价、激励制度，大规模开展职业技能培训，加快培养一大批适应产业发展的高素质劳动者和技术技能人才，连续多年，上海职业技能培训量增幅在全国居前列；2020年克服疫情影响，职业

培训总量更是不减反增，截至 2020 年 11 月底，全市补贴性职业技能培训 173.16 万人次，企业新型学徒制 1.71 万人。受疫情影响开展线上培训企业达 6100 多家，参训职工 106.27 万人次。据上海市人力资源和社会保障局相关数据显示，2020 年上海户籍高技能人才占技能劳动者比重达到 35.03%，高技能人才总量约 116 万人。中高级技能劳动者的比重明显上升，等级结构比例逐步趋向合理。

随着上海产业进入高质量发展新阶段，产业发展与技能型人才缺乏的矛盾越来越突出。高技能人才在加快上海产业转型升级、推动技术创新和科技成果转化进程中扮演着越来越重要的角色，发挥着不可替代的作用。为缓解这一矛盾，上海连续出台一系列扶持政策，着力培养与提升传统优势产业相适应的技能型人才队伍，并依托职业教育培养基地，借助社会各方力量，广泛开展技能型人才的培训工作。

（一）现状梳理

一是围绕产业培育高技能人才。上海从实际出发，围绕产业发展和企业生产的实际需求，培养高技能人才，建立健全有利于人才集聚的机制，制定吸引各类高层次人才的配套措施，加强职业教育和培训，营造良好、便利的工作和生活环境，使上海成为国际化高端人才的集聚地，为上海建设国际化大都市提供人才支撑。为此，上海广泛开展技能培训工作，面向各类劳动者开展社会化培训，大力实施专项培训，推进企业新型学徒制试点，市区两级都推出了不少有特色的培训项目。近年来，上海职业技能培训每年保持在 100 万人次以上，约占全国总量的 10%，2019 年上半年，上海开展职业技能培训 61.27 万人次。

以静安区为例，该区推出的"半工半读"特色项目，集职业技能等级培训、就业和在岗学历提升于一体，帮助青年实现学历和技能的双提升，实现更高质量的就业。以上汽集团为例，在"电动化、智能网联化、共享化、国际化"的"新四化"战略指引下，上汽集团进一步明确关键领域紧缺高技能人才需求，制定鉴定标准，建立培养体系，加大对技能人才，特别是一线岗位技能人才的培训投入，不断优化员工队伍结构，促进技能等级的整体提升。目前，上汽集团已累计投入超过 6.5 亿元用于高技能人才培养基地建设，建立了 4 个基地、近 50 个实训室，并形成一支 2.5 万人的高技能人才队伍，占技能人员比例达 33%。同时，上汽集团已建立起 8 个"国家级技能大师工作室"、9 个"上海市技能大师工作室"，获批 84 个"上海市首席技师项目资助"。

据相关资料显示，通用设备业、汽车制造业和电子器械制造业，这三个技术密集型行业的技术人员行业占比的变化趋势比较相似，整体呈现平稳上升趋势，且近几年的比重基本稳定。

二是出台政策鼓励岗位成才。近年来，上海推出一系列加强产业工人队伍建设的政策措施，产业工人整体素质明显提升、权益得到有效维护。同时，推出新时期产业工人队伍建设改革"33条"，鼓励建立健全产业工人职业晋升"多通道"机制。上海还明确，获得中华技能大奖、全国技术能手称号、国务院特殊津贴、世界技能大赛奖项等荣誉的高技能人才；取得国家一级职业资格证书或技能等级认定证书（高级技师）的技能类高技能人才；取得国家二级职业资格证书或技能等级认定证书（技师）且获得国家及省部级以上技能竞赛奖励的技能类高技能人才可申办落户。2020年10月，上海市人社局会同市财政局再次出台《关于在本市实施职业技能提升行动"互联网＋职业技能培训计划"的通知》，推行线上线下深度融合的职业技能培训新模式。

同时，上海还建立面向上下游企业开放的高技能人才培养基地130家，覆盖本市人工智能、集成电路、生物医药等重点产业领域，辐射带动行业企业技能人才培养，并加大对高技能人才培养基地的扶持力度，推动行业、企业积极培养符合自身岗位要求的技能劳动者。经过这一系列的政策引导和扶持，目前，上海已经初步形成一支与产业发展基本适应、规模较大、素质优良的技能人才队伍。

（二）具体做法

一是分类施策。积极发挥各类企业在高技能人才培养中的主体作用。在重点行业和战略性新兴产业建立高技能人才培养基地，辐射带动上下游企业技能人才培养；鼓励并资助大企业自主开展职工职业技能培训；依托中小微企业职业培训平台，帮助其获得适需有效的培训服务。

二是榜样引领。建设"上海市技能大师工作室"，鼓励并资助企业培养选拔优秀高技能人才成为"首席技师""技能大师"，发挥其在技能创新研发、技术推广交流和技能代际传承方面的带头引领作用。

三是以赛促训。每年采用"比赛、观摩、展示、体验"于一体的方式开展"中国技能大赛——上海市职业技能大赛"（市级一类竞赛），同时鼓励各区、主管局、行业企业等主管部门大力开展职业技能竞赛活动（市级二类竞赛），年均有10万多人次参加。以

此，推进高技能人才培养工作。

四是完善评价体系。首先，建立高技能人才"考、评、督、巡"联动机制和考务管理运行系统。上海每年组织实施国家职业资格鉴定超过50万人次，发放证书年均35万本。其次，扩大企业培训评价自主权。积极推进企业技能人才多元化评价，依据国家职业标准，结合企业岗位实际，形成"企业自主开发、自主评价，政府进行技术支持和监督管理"的运作模式。目前，上海已建立了78家企业技能鉴定所。再者，全面推进职业资格证书和学历证书的"双证融通"试点，实践学历教育与职业资格培训的衔接贯通，以实现职业资格证书和学历教育课程学分的转换互认。

五是建立激励措施。近年来，上海在高技能人才的培养、使用、评价、激励制度等方面制定了更加细致、完善的管理制度体系，并建立在薪资待遇等方面与之相对应、相匹配的激励机制和评价体系，形成"人人渴望成才、人人努力成才、人人皆可成才、人人尽展其才""技能等级越高，工资也越高"的良好氛围。

（三）存在问题

目前，上海产业高技能人才面临的最主要问题是：

一是比重偏低。截至2019年8月，上海全市高技能人才占技能劳动者比例为33.0%，距离2010年《上海市中长期人才发展规划纲要（2010—2020年）》定下的至2020年高技能人才占技能劳动者46.0%的发展目标还有一定差距。从增长情况看，近年来上海高技能人才的增速放缓，2016—2019年，年增长率不足1%，导致了高技能人才的市场供需矛盾突出。

二是人才流失。高技能人才由于专业度高、就业应用领域较窄，受行业景气度波动影响较大。2019年，受汽车、船舶、装备等重型制造行业不景气、产品价格走低、成本压力增大的影响，精密制造类行业高技能人才的流失率偏高。以船舶行业为例，平均流失率达15%，高于传统制造业5%的流失率。

三是待遇偏低。2018年，上海技能人才的工资略高于当年全市职工平均工资的15%；高技能人才的工资约高于全市职工平均工资的50%。但低位数工资仍大幅低于全市职工平均工资。以致在一些关键岗位上难以留住高技能人才，行业内高技能人才的后备力量规模较小。

四是衔接不够。目前，上海高技能人才队伍的专业结构与产业结构尚不匹配，人才继续培养方案滞后于产业发展现状，高技能人才的职业能力与企业新工种、新岗位需求脱节。技能人才的青黄不接，使一些行业面临发展困难。

五是难尽其才。目前，在产业高技能人才培养引进方面，存在"过于注重过程，而忽略了人才培养引进后的效用是否发挥到最大值"的问题。据调查，上海市多家上市公司每年从海外花费大力气引进科技创新高层次人才，但最后的使用状况却不容乐观。

二、上海产业高技能人才培养的需求分析

（一）重点行业关键制造环节人才缺口显著

上海高技能人才培养和引进工作，因行业不同而有落差。有的行业高技能人才比较多（比如，全国 5G 人才基本云集上海）；有的行业尤其是重点产业高技能人才仍然十分短缺，特别是在一些关键制造环节上，人才缺口显著；应对未来智能化生产环节的技能型人才的比重还有待提高。

资料显示，2019 年全年正常出勤的技能人才，包括高级技师、技师、高级工、中级工和初级工（其中高级技师、技师和高级工为高技能人才）17.5 万人，平均工资为12.79 万元，本市城镇单位就业人员平均工资为 11.50 万元，技能人才的平均工资高于全市平均工资 1.29 万元。

按不同的技能等级来看，高级技师的工资中位数为 18.68 万元，技师为 16.02 万元，

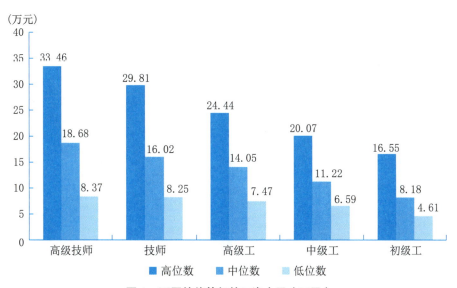

图 1　不同技能等级的工资水平（万元）

高级工为 14.05 万元，中级工为 11.22 万元，初级工为 8.18 万元。随着技能等级的提升，工资水平相应提高。

从初级工和中级工的情况看，在 25—35 周岁时平均工资最高，为 12 万元；以后有所降低，在 10 万—11 万元之间，显示出对于等级较低的技能人才，高年龄段在工资水平上没有优势。

而从高技能人才的情况看，虽然在 25 周岁以下时与同年龄段初级工和中级工的平均工资相差不大，但随着经验的丰富和技能的进一步成熟，工资水平提高较快，在 55 周岁以上年龄段达到最高，为 19.04 万元。同时，在 25 周岁后各年龄段，高技能人才与初级工中级工的平均工资差距也在逐步拉大，25—35 周岁为 2.90 万元，35—45 周岁为 6.49 万元，45—55 周岁为 7.99 万元，55 周岁以上为 8.19 万元。

从不同规模企业的技能人才工资中位数看，大型企业为 10.99 万元，中型企业为 10.32 万元，小微企业为 8.38 万元。

电力热力燃气和水生产供应业、信息技术服务业、科技服务业的技能人才工资较高。

从各行业技能人才工资水平看，电力热力燃气及水生产和供应业、信息传输软件和信息技术服务业、科学研究和技术服务业较高，工资中位数分别为 22.38 万元、16.13 万元和 12.75 万元，比全部技能人才工资中位数（10.53 万元）高 11.85 万元、5.60 万元和 2.22 万元。

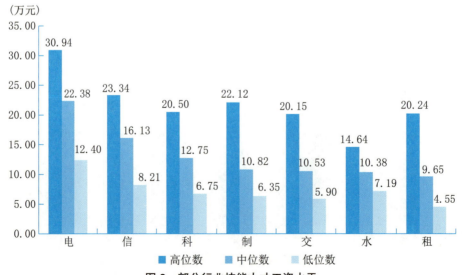

图 2　部分行业技能人才工资水平

其中，制造业的高技能人才人数较多，占全部调查技能人才总数的39.92%。2019年，制造业技能人才工资中位数为10.82万元，其中有色金属冶炼加工业（19.25万元）、化学制品制造业（15.14万元）、汽车制造业（12.37万元）、专用设备制造业（10.82万元）、铁路船舶航空运输设备制造业（10.77万元）高于全部技能人才工资中位数。

表1　2020年上海企业技能人才市场工资价位总体情况（单位：万元）

类别名别	高位数	中位数	低位数
高技能人才	281069	146056	77571
技能人才	223800	105251	56027
高级技师	334643	186798	83657
技师	298117	160242	82545
高级工	244417	140476	74657
中级工	200700	112159	65945
初级工	165533	81796	46131

表2　部分制造业行业技能人才工资情况（单位：万元）

类　别　名　称	高位数	中位数	低位数
有色金属冶炼和压延加工业	25.62	19.25	15.64
化学原料和化学制品制造业	26.30	15.14	9.41
汽车制造业	22.53	12.37	7.37
专用设备制造业	17.56	10.82	5.87
铁路、船舶、航空航天和其他运输设备制造业	15.83	10.77	7.95

（二）目前产业高技能人才的培养渠道有限

从产业高技能人才的培养渠道来看，主要途径有两条：一是企业自己培养。基本上以"师傅带徒弟"的方式进行，但数量有限，难以适应高速度发展的产业的需求。二是学校集中培养。目前，技能人才主要来源于中专、职业高中、技校等中高职学校，为产业发展做出了基础性贡献。但存在一些短板，如中高职学生学业基础薄弱、学业结构不完整，面对快速迭代的技术，职业发展后劲不足；中高职学生成为高技术技能工匠的比例偏低，无法满足产业需求。新的技术、新的行业对师资力量提出了新的要求，原有的职业技能师资力量已无法满足需求。

（三）对技能人才培养认识不足

这主要分为两方面：一是企业对高技能人才的培养认识不足，错误地认为培训要增加企业成本，更怕员工经过培训提高技能后，跳槽另谋高枝，所以不鼓励员工参加职业培训。二是制造业相比金融等行业薪资待遇偏低，一些年轻员工着眼眼前，不愿沉下心来钻研技术，而是选择跳槽"挣快钱"，影响了技能人才的培养。

三、加快上海产业高技能人才培养引进的对策建议

"十四五"时期，上海技术工人群体在数量、能力上的"适配性"压力依旧存在，高技能人才结构性缺乏带来的挑战甚至还将加剧。要解决高技能人才培养引进工作的现实尴尬，需要加大相关政策扶持和奖励力度。

（一）政策层面

1. 优化政策，完善体系

在高技能人才培养引进政策方面，上海应借鉴其他省市的举措，结合市情，优化政策，制定出相关可行的人才培养、引进工作体系和方案，并给予一定的资金支持。积极协调高层次高技能人才在工作环节中的各种事务，以更好地发挥其作用。

2. 合理配置，按需培养

高技能人才培养与人才引进，要从企业自身人力资源结构和产业结构出发，不论是数量上还是质量上，都要与企业的发展方向相契合。在人才培养和引进之后，需考虑岗位工作要求和岗位需求数量等因素，进行合理的人才配置，避免人才浪费。

3. 分类区别，合理使用

对于不同类型的高技能人才，企业应根据其个性、层次等特点，在培养与引进使用的过程中分类区别，从而实现人才效用的最大化。

4. "四链贯通"，合力育才

上海要尽快建立和完善产教融合现代职业教育体系，推进"产业链—创新链—教育链—人才链"的"四链贯通"，深化高等教育供给侧改革，发挥大学在科技和产业技术进步的策源作用。形成从中职到专业学位研究生各学段的衔接体系，促进地方本科院校转型为应用技术大学，营造跨部门联动和深度融合的制度环境。

（二）相关建议

1. 严格实行劳动准入制度

劳动准入制度是强调上岗资格、提高劳动者素质的重要措施，西方国家已普遍实施。在这一方面，上海应走在全国的前列。关于此，目前上海只在少数行业中进行，尚未全面铺开。建议抓紧制定各类工种（岗位）的上岗资格要求，如来不及，先明确技术要求高的工种（岗位）标准，并加以严格实施，促使职工技术能力的提高。

2. 推进职业技能培训立法

制定上海职业技能培训地方性法规，将职业技能教育、职业技能培训、终身学习贯穿始终，构建终身职业培训体系。建立企业职工培训刚性约束制度，实行技能培训与考核评价、工资待遇相结合的激励机制。

3. 创新职业技能的办学机制

建议恢复具有雄厚资金、人才、技术能力的龙头型制造企业的职业教育办学权，鼓励龙头型制造企业自办职校。将"师徒教学"制度化，以保证人才培养的高效化和企业利润的最大化。鼓励有条件的企业建立具有专业特色的实训基地，并给予政策上的优惠与支持。

4. 加强校企合作

产业管理部门要汇总企业对高技能人才的需求，主动对接高校、职业学校和职业技能培训学校，对接企业所需，协调学校及时调整培训规划、理论课程和实践科目，使产业发展与教育培训互动机制紧密结合、覆盖全产业链和教学全过程。

5. 建立多重标准高技能人才认定体系

打破当前高技能人才认定的"职级原则"和"证书认定办法"，建立多重认定标准体系，以适应科学技术快速进步、产业结构深刻调整、新兴行业不断涌现的发展需求。

充分发挥上海企业技术中心创新主体地位的对策建议

编者按：党的十九届五中全会提出，要强化企业创新主体地位，促进各类创新要素向企业集聚，鼓励企业牵头组建创新联合体，承担国家重大科技项目。2021 年 5 月 25 日，上海市政府表彰了 2020 年度上海市科学技术奖获奖人员（项目）[①]，共授奖 281 项（人）；其中上海市企业参与数达到 175 项（人），占比 62%，企业在产业技术创新的主体作用进一步彰显。企业技术中心是产业创新体系中的重要组成部分，自 1993 年国家开展企业技术中心建设以来，企业技术中心的品牌影响力和知名度不断提升，目前上海已有各级企业技术中心 2380 家（国家级 92 家、市级 660 家、区级 1628 家），形成了企业技术中心三级网络体系，成为全市技术创新的主力军。本文旨在分析上海市各级企业技术中心获 2020 年上海市科学技术奖的相关情况，聚焦市级以上企业技术中心在技术创新方面的引领作用，为进一步加快建设上海市产业技术创新体系，激发企业创新活力提出建议。

[①] 《上海市人民政府关于表彰 2020 年度上海市科学技术奖获奖人员（项目）的决定》，https://www. shanghai.gov.cn/nw12344/20210525/79ba956915b946a5b46f00ef63957f07.html（"上海市人民政府"，发布时间：2021.05.25）。

一、上海企业技术中心奖励情况分析

经统计，在 175 项上海市企业参与的获奖项目（人）中，共有 102 家企业技术中心获奖 107 项，累计获奖企业 151 家次，占全市企业参与获奖项目（人）的 61%。按获奖奖项来看，共获得青年科技杰出贡献奖 2 项、技术发明奖 17 项（一等奖 9 项、二等奖 8 项）、科技进步奖 88 项（特等奖 1 项、一等奖 18 项、二等奖项 38、三等奖 31 项）。

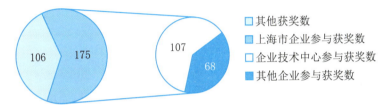

图 1　2020 年度上海市科学技术奖获奖项目（人）上海市企业参与情况及企业技术中心获奖情况

（一）市级以上企业技术中心获奖占比居高，国有企业仍是创新的主力军

102 家企业技术中心中，市级以上企业技术中心获奖企业共 78 家（国家级 30 家、市级 48 家），占比逾四分之三；共获奖 85 项，累计 124 家次，占比逾八成。

表 1　上海市市级以上企业技术中心获奖所有制的占比情况

企业技术中心性质	获奖数	获奖总数占比	市级以上总数	市级以上总数占比
国有企业（含国有控股）	52	66.67%	244	21.31%
民营企业	21	26.92%	314	6.69%
外资企业（含中外合资）	5	6.41%	194	2.58%
合　计	78	100.00%	752	10.37%

从获奖企业所有制分布情况来看，国有及国有控股企业最多，总数达 52 家，占比 66.67%，占市级以上国有企业技术中心 21.31%，继续领跑上海市科技创新活动的第一集团；民营企业 21 家，占比 26.92%，占市级以上民营企业技术中心 6.69%；外资企业 5 家，占比 6.41%，占市级以上外资企业技术中心 2.58%（详见表 1）。

从科学技术奖获奖成果分类来看，企业参与的获奖项目主要还是集中在科技进步奖（72 项），而侧重于技术的创造性、先进性、完备性和实用性的技术发明奖（13 项）较少。而获奖项目的参与单位主要仍为上汽集团、振华重工、国网上海电力等国有大型企

乘势作为

业，或者上海化工研究院有限公司、电信科学技术第一研究所有限公司、上海材料研究所等科研院所及院所改制企业，非国有资本企业的原发性技术创新尚有较大发展空间。

相较而言，国有及国有控股企业的人才梯队培养体制机制较为完善、科技研发投入较为稳定、前沿技术的交流合作较为便利，在重视和持续开展创新活动方面具有显著优势；民营企业虽然主动创新意愿强烈，但受限于其自身创新要素匮乏、经营成本压力较大、风险承受能力较低等特点，在创新基础能力、创新资金保障能力方面较为薄弱；外资企业的科技成果取得通常面临集团上收管理、统一境外申报等问题，容易导致其创新活动成果无法在境内体现。

（二）浦东、徐汇、闵行、杨浦、静安 5 区企业创新较为活跃，成为科技研发投入和关键技术突破主战场

从各区获奖企业总数来看，企业技术中心获奖总数排名靠前的区主要为：浦东新区（33 家）、徐汇区（12 家）、闵行区（11 家）；从各区企业技术中心总数的分布占比情况来看，排名靠前的区分别为：徐汇区（9.68%）、杨浦（8.86%）、静安区（7.02%）、浦东新区（6.25%）（详见图 2）。

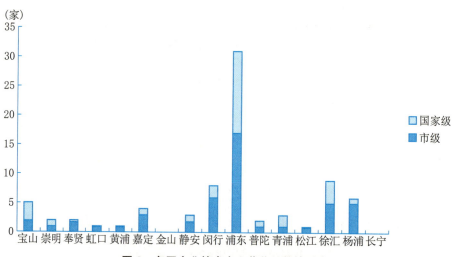

图 2　各区企业技术中心获奖总数情况表

上述各区由于加大科技研发投入、增强企业创新活力方面的持续发力，使得科技成果不断涌现，产业创新遍地开花结果。比如徐汇区通过布局"创新徐汇"战略，2020 年人工智能及相关特色产业总产出达 350 亿元，年均增速超过 20%；生命健康产业总产出

达 650 亿元，年均增速 10%。同时，全社会研发投入占 GDP 比重达 8.4%，每万人发明专利拥有量达 110.1 件，位居全市第一。杨浦区聚焦"上海科创中心重要承载区"建设，2020 年地方财政对科技投入规模达 20.78 亿元；新增国际知名大学研发机构 6 家；每万人发明专利拥有量达 96.3 件，位居全市第二；静安区着力实施"一轴三带"发展战略，2020 年专业服务、文化创意服务业、信息服务业等重点产业实现税收近 200 亿元；全年成交技术项目达 330 项、高新技术成果转化项目达 20 项。浦东新区始终做好"改革开放的开路先锋"，以 528 家企业技术中心领跑全市，2020 年地区生产总值逾 1.32 万亿元，其中战略性新兴产业总产值超 5000 亿元。同时，每万人发明专利拥有量达 90 件，并建有"上海张江国家自主创新示范区"、"国家版权创新发展基地"等国家级创新示范区；闵行区重点推进"上海南部科创中心"建设，2020 年地区生产总值逾 2500 亿元、全社会研发投入占 GDP 比重近 10%、每万人发明专利拥有量 84 件等，并建有首批"国家产城融合示范区"。

（三）获奖项目"3 + 6 + 1"重点行业实现全覆盖，高端装备、电子信息等行业实现重点突破

按照本市"十四五"期间制造业发展重点领域"3 + 6 + 1"行业（集成电路、人工智能、生物医药、电子信息、汽车、高端装备、先进材料、生命健康、时尚消费品、生产性服务业）的分类，本次市级以上企业技术中心获奖项目实现重点领域全覆盖，其中，高端装备 24 项，占比 28%；电子信息 20 项，占比 24%；生产性服务业 11 项，占比 13%；先进材料 8 项，占比 9%（详见图 3）。

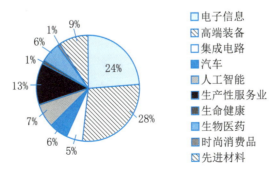

图 3 上海市企业技术中心参与的获奖项目对应"十四五"制造业发展重点领域情况

根据上海市统计局公布的《2020 年上海市国民经济和社会发展统计公报》，2020 年

上海市规模以上六大重点工业行业工业总产值 2.38 万亿元，占全市规模以上工业总产值（3.48 万亿元）比重 68.3%。其中，电子信息产品制造业产值 6466.23 亿元，占重点工业行业工业总产值比重为 27.19%；成套设备制造业产值 4556.95 亿元，占比 19.16%；石油化工及精细化工制造业、精品钢材制造业合计产值 4609.37 亿元，占比 19.38%。正是上述行业的创新活动开展较为活跃，创新成果呈现集聚效应，推动了产业发展。

（四）企业技术中心协同创新效应进一步凸显，企业创新联合体规模效应渐入佳境

传统的"单兵式冲锋"已逐渐无法适应新格局下的产业生态圈模式，"闭门造车式"的产品研发也无法满足日新月异的技术迭代速度，而"企业创新联合体"才是新格局下产业技术创新的必由之路。本次获奖项目中涉及多家企业技术中心开展协同创新的获奖项目达 23 个，占比近三成。例如，科技进步奖特等奖项目"洋山四期超大型自动化集装箱码头关键技术研究与应用"由上海海勃物流软件有限公司、中交第三航务工程勘察设计院有限公司和上海振华重工（集团）股份有限公司等 3 家技术中心共同参与；技术发明奖一等奖项目"高功率密度长寿命燃料电池低铂膜电极研发及应用"由上海汽车集团股份有限公司和上海神力科技有限公司等 2 家技术中心共同参与。

二、发挥上海企业技术中心创新主体地位的相关建议

经过多年发展及培育，目前上海市产业技术创新体系已初具完善，以企业技术中心代表的创新载体已逐步在全市产业技术创新活动中发挥主力军作用。相较于高新技术企业、"专精特新"企业而言，企业技术中心的认定标准最高、创新能力最集中，但受制于战略性新兴行业领域和新型科技创新企业前期研发投入大、经营性收入低、盈利能力差、知识产权积累弱、人才培养制度缺等原因，导致企业的相关定量指标较难符合市级企业技术中心认定条件，认定数量较少，尤其是富有创新活力的集成电路、生物医药、人工智能等行业的企业数量明显不足。

下阶段，围绕"十四五"时期发展的新格局、新要求，充分发挥企业技术中心创新主体地位，加快推进上海科技创新中心建设，提出如下建议：

一是进一步完善企业技术中心三级网络体系建设，鼓励和推动新兴产业企业加入"朋友圈"。建议结合战略性新兴行业领域和新型科技创新企业的发展特点，对现有管理

办法、认定评价工作指南等文件进行针对性调整修订，进一步侧重对新型科技创新企业的关注和引导，对相关定量指标的参数进行调整和优化，降低此类企业加入门槛，从而更有效地增强和带动企业技术中心整体创新活力，形成"比、学、赶、超"的良性科技竞争氛围。

二是进一步围绕"产业链"深化"创新链"，鼓励企业技术中心打造"企业创新联合体"。建议聚焦上海市各区域的特色产业生态环境建设，依托各级政府（园区）、产业联盟、上海企业技术中心创新联盟等各类平台和载体，引导和帮助企业间建立技术协同创新、知识产权共有、经济利益共享的"企业创新联合体"开放合作机制，在产业纵向上以龙头企业为核心，绑定上下游企业的一致行动性；在产业横向上以产业跨界为目标，以产业赋能为抓手，打破技术信息不对称的行业壁垒。

三是进一步探索企业原始创新活动的合理化发展路径，聚焦关键核心领域的产业基础再造。建议上海市各有关委办形成合力，加快推进企业研发费用加计扣除比例等新一轮政策落地，为企业加大研发投入"减减负"；针对处于关键核心领域攻坚克难，再造产业基础的重点项目和高层次人才，进一步放宽项目支持年限、提高项目支持金额、加强人才服务，为企业连续创新、稳定创新"安安心"；针对企业研发投入融资难等问题，进一步宣传和贯彻《"企业技术中心"专项金融支持服务方案（2021—2025 年）》等相关惠企政策落地，同时联合市财政担保基金、政府引导基金等，灵活运用金融工具，撬动社会资本，为企业投身原始创新活动"提提速"。

参考文献：

【1】《上海市人民政府关于表彰 2020 年度上海市科学技术奖获奖人员（项目）的决定》，https://www.shanghai.gov.cn/nw12344/20210525/79ba956915b946a5b46f00ef63957f07.html（"上海市人民政府"，发布时间：2021.05.25）。

北京证券交易所成立对上海企业培育影响分析

编者按：2021年9月2日，国家主席习近平在2021年中国国际服务贸易交易会全球服务贸易峰会上宣布要"深化新三板改革，设立北京证券交易所，打造服务创新型中小企业主阵地"，预示着我国将加快构建资本市场服务中小企业创新发展的全链条制度体系，进一步强化资本市场功能，支持好中小企业的创新发展。本期简报通过梳理研究，对北交所定位发展、上市企业情况、三大二板市场进行了深度分析，并提出了相关对策建议，供参考。

一、北京证券交易所的市场结构及上市企业情况

（一）市场结构

根据证监会对北交所的功能定位要求，北交所将以现有新三板精选层为基础，按照分步实施、循序渐进的原则，总体平移精选层各项基础制度，坚持北京证券交易所上市公司由创新层公司产生，维持新三板基础层、创新层与北京证券交易所"层层递进"的市场结构，同步试点证券发行注册制。

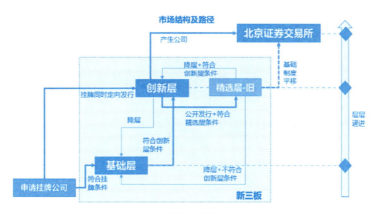

图1　北交所市场结构及路径图

（二）企业地域、行业分布、历史转板及专精特新情况

精选层的66家企业将直接在北交所上市，而创新层内满足条件的企业也将陆续在北交所上市。我们对新三板精选层及所有挂牌企业的地域及行业分布进行了统计分析，从而对北交所上市和预备上市企业有更全面的了解。

从地域分布看，精选层66家企业中，所在省市排名前三位的为北京（10家）、江苏（10家）、广东（7家），上海排名第八（2家，创远仪器、艾融软件）。长三角地区合计18家，京津冀地区合计14家，珠三角地区合计8家。新三板现有7261家企业中，所在省市排名前六位为广东（14.11%）、北京（13.21%）、江苏（12.02%）、浙江（8.69%）、上海（7.41%）、山东（6.22%），长三角地区企业合计占比约28.12%，珠三角地区企业合计占比约为17.56%，京津冀合计占比约为21.38%。长三角地区北交所上市企业数量和潜在转板企业数量在各区域中占比最高。

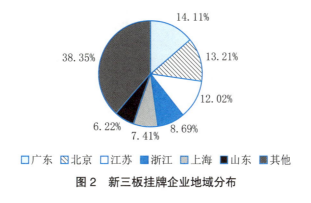

图2　新三板挂牌企业地域分布

从行业分布来看，排名前四位的行业分别为工业（30.28%）、信息技术（25.92%）、

非日常生活消费品（14.04%）、原材料（11.44%），工业与信息技术相关企业占比较高。

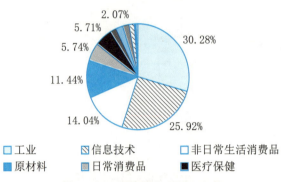

图3 新三板挂牌企业行业分布

从历史转板情况看，自新三板成立，共有556家企业转板上市。其中，在上交所上市220家，在深交所上市336家。上交所转板主要行业为工业——资本货物（52家），材料（43家），软件与服务（27家），技术硬件与设备（20家）。深交所转板主要行业为材料（59家），工业——资本货物（55家），技术硬件与设备（47家），技术与服务（37家），工业——商业和专业服务（31家）。因科创板上市门槛和投资者准入门槛较创业板高，所以历史转板企业数较创业板少，而沪深两所转板企业行业交叉度较高，区分性不明显。

从专精特新企业看，据万得数据显示，截至2021年9月17日，新三板挂牌上海企业共有540家，挂牌专精特新企业共有370家，经过比对分析，我们梳理出在新三板挂牌的上海专精特新企业共22家，具体名单见表1。

表1 新三板挂牌的上海专精特新企业名单

序号	代码	名称	所在层级	总资产（万元）	净资产（万元）	营业收入（万元）	净利润（万元）
1	832063.NQ	鸿辉光通	创新层	61238.75	41192.96	54825.39	4105.33
2	832954.NQ	龙创设计	创新层	56040.15	43564.74	37688.17	4627.44
3	831584.NQ	雷博司	基础层	37127.22	24750.16	33742.97	3846.41
4	833711.NQ	卓易科技	基础层	46150.97	41885.53	31909.08	6418.52
5	830994.NQ	金友智能	基础层	26551.81	10969.82	28751.68	1514.70
6	833972.NQ	司南导航	基础层	39619.73	24194.85	28730.30	2848.90
7	430276.NQ	晟矽微电	创新层	21020.12	12631.88	24376.83	2086.02

（续表）

序号	代码	名称	所在层级	总资产（万元）	净资产（万元）	营业收入（万元）	净利润（万元）
8	831394.NQ	南麟电子	基础层	53074.30	32996.93	23410.22	1910.31
9	831598.NQ	热像科技	创新层	20031.74	14726.00	22113.46	8186.93
10	836521.NQ	商客通	创新层	35144.57	9535.03	19254.51	6094.76
11	831474.NQ	上海科特	创新层	17899.59	12758.51	17221.74	2752.40
12	834534.NQ	曼恒数字	创新层	44839.92	32107.65	16937.57	1449.55
13	430324.NQ	上海致远	基础层	38947.07	30164.28	16758.53	1517.53
14	837555.NQ	中电微通	创新层	24128.54	17009.56	15766.68	1863.43
15	834605.NQ	鸿晔科技	基础层	12480.37	6407.82	9917.03	4591.69
16	872958.NQ	硕恩网络	创新层	8326.39	6231.29	8022.55	1859.77
17	872476.NQ	上海生农	创新层	20625.80	10767.91	23697.26	2185.34
18	872049.NQ	天诚通信	创新层	18853.73	8641.62	24194.48	2990.45
19	870426.NQ	普英特	基础层	26033.52	11054.71	13994.51	1106.52
20	838587.NQ	泽鑫科技	基础层	6369.65	5389.72	6750.82	1703.14
21	838811.NQ	瀚正科技	基础层	8206.41	3472.03	5156.31	1141.69
22	836414.NQ	欧普泰	创新层	10411.11	4879.34	9512.45	2004.71

注：企业名单截至 2021 年 9 月 17 日，财报数据截至 2020 年 12 月 31 日。

新三板挂牌企业中上海专精特新企业数量较少，占新三板上海挂牌企业总数约 6%，且集中在基础层（10 家）与创新层（12 家），精选层未有上海专精特新企业入选。

二、北、沪、深三大交易所二板市场企业培育上市比较

鉴于北交所为三板市场优质企业组成的二板市场，基于同一维度我们将二板与三板市场进行了比较，详见表 2。

表 2　二板、三板市场企业培育比较

	场内交易			场外交易
	北交所	上交所	深交所	全国股转系统
	新三板精选层	科创板	创业板	新三板
企业特征	创新型、专精特新中小企业	硬核科技企业	传统科技企业	创新型、创业型、成长型中小微企业

（续表）

	场 内 交 易			场 外 交 易
	北交所	上交所	深交所	全国股转系统
	新三板精选层	科创板	创业板	新三板
上市财务要求	试点证注册制，四套上市可选财务标准。通行标准为：市值不低于2亿元，最近两年净利润均不低于1500万元，或最近一年净利润不低于2500万元。	注册制，五套上市可选财务标准。通行标准为：市值10亿元以上，连续两年盈利，两年累计扣非净利润5000万元；或连续一年盈利，一年累计扣非净利润1亿元。	注册制，三套上市可选财务标准。通行标准为：最近两年净利润均为正，累计净利润不低于人民币5000万元。	注册制，允许未盈利的企业挂牌。公司依法成立，存续满两年，可以持续经营。
总市值（万亿元）	（0.1979＋x）	5.189	12.6788	—
公司数量（家）	66＋n	333	1016	7299
单个公司平均市值（亿元）	29.98	155.83	124	—
投资者门槛（万元）	50（个人）/不限（机构）	50	10	精选层100

注：数据截至2021年9月3日。

从企业特征来看，基于北交所的市场结构，其行业定位于创新型中小企业，即具有"专业化、精细化、特色化、新颖化"特征的专精特新中小企业，将建立更明确及更多元资本市场结构，为尚未达至深交所创业板或上交所科创板上市条件、早期中小企提供融资平台，以及为境外上市中资企业提供回A的潜在渠道。而上交所科创板的行业定位是面向世界科技前沿、经济主战场、国家重大需求，主要服务于符合国家战略、突破关键核心技术、市场认可度高的科技创新企业，即硬核科技型企业；深交所创业板行业定位于创新、创造、创意，主要服务成长型创新创业企业，支持传统产业与新技术、新产业、新业态、新模式深度融合。

从上市要求严格程度看，科创板＞创业板＞新三板。科创板针对科技硬核型企业，对市值、盈利、研发投入要求均高于创业板和新三板。企业相对上市门槛高，一些达不到科创板上市要求的企业会选择去创业板上市，而达不到创业板要求的中小微企业则选择去新三板挂牌交易，待发展壮大后再转板。

从市场规模看，创业板＞科创板。目前创业板规模远大于科创板，因科创板在2019

年开板，晚于创业板 10 年，再加上上市门槛较高，因此规模还无法与创业板相比较。但科创板单个公司市值高于创业板，一定程度上说明科创板资金规模更集中，企业表现更强劲。

从企业数量看，创业板 > 科创板 > 新三板。截至 2021 年 9 月 3 日，新三板共有企业 7299 家，其中精选层 66 家，创新层 1250 家，基础层 5983 家。按北交所现行政策，精选层 66 家无条件平移上市，创新层挂牌满 12 个月企业满足要求上市，未来北交所上市企业数量将紧逼科创板，但市场规模和单个企业市值不及科创板（目前精选层 66 家企业挂牌均价为 29.98 亿元，科创板企业市值均价为 155.83 亿元）。

三、成立北京交易所对上海中小企业培育影响分析

短期来看，上海会损失两类中小企业，但影响有限。一类是目前已在新三板挂牌的专精特新、高科技中小企业，后期若成长至一定规模，将会直接在北交所上市，不再转板至沪深交易所，该部分企业就目前数据来看数量较少，影响有限；另一类是暂时不符合二板上市要求的或者轮候上市时间较长，有巨大成长潜力的中小企业，将被吸引至新三板挂牌，以期在北交所上市，这部分企业数量还需根据北交所后期交易规模、流动性等进行判断。

长期来看，需持续关注北交所交易规模、流动性，不可过分高估分流影响。由于北交所未来交易规模、流动性等暂不明晰，对企业融资支持力度也无法确定。若较新三板在规模和流动性等方面未有太大提升，则部分企业融资需求仍无法得到满足。且北交所转板制度仍存在，基于北交所有限的交易规模，当此类企业发展至一定程度为了筹集更多资金仍可能选择转板至 A 股上市，故长期分流影响并不大。

四、对上海企业培育的相关建议

持续关注北交所后续情况。目前北交所上市规则、交易规则、会员管理规则试行版、投资者适当性管理指南均已公开发布。从已有规则来看，北交所是股转公司下设子公司，实行公司制，个人投资者交易门槛为 50 万，涨跌幅限制为 30%，整体较科创板、创业板风险更大，但准入门槛与科创板相似。预计门槛的下调将吸引更多资金进场，对上海中小企业培育分流影响会相应提高，但具体影响还需继续关注开市后资金规模与流动性等情况。

加强专精特新企业培育。优化科创板培育库，适度降低入库企业标准，扩大入库企业范围。针对科创板培育库内专精特新及潜在专精特新企业实施分级培育，打造"专精特新"企业梯队，集中要素资源，从企业家培训、用工招聘、融资支持、科技扶持等各方面加大培育力度，打响上海专精特新企业培育知名度，吸引更多潜在优质中小企业在沪上市。

加强数字领域中小企业支持力度。上海正处于全面推进数字化转型的重要阶段，应抢抓数字业态发展先机，推动金融科技与产业融合发展。目前上海已集聚一批如拼多多、喜马拉雅、小红书、携程等数字经济龙头企业，在数字资产确权保护、知识产权质押融资等方面存在客观需求，上海应加强数字企业支持力度，开展数字资产标准和技术模式等相关研究，创新新型交易机构，如探索设立持牌数字资产交易中心，支持数字领域中小企业提质发展。

科技赋能供应链金融，破解上海中小企业融资难的对策建议

编者按：2021 年中国《政府工作报告》中首次提出要创新供应链金融服务模式，以进一步解决中小企业融资难题。在疫情的持续冲击下，中小企业流动性需求不断提升，包括应收账款融资、反向保理在内的供应链融资需求明显增加。经济增速放缓的背景下，为了降低商业银行不良率，同时扩大中小企业融资，发展供应链金融成为金融机构、企业的重要选择之一。上海供应链金融发展较快，但是在金融科技赋能供应链金融方面仍需加强。提升供应链金融的科技含量，将更好地满足上海及长三角地区中小企业的融资需求。

中小企业不仅是国民经济和社会发展的生力军，也是扩大就业、改善民生、促进创业创新的重要力量。中小企业对我国经济贡献十分突出，据工业和信息化部数据显示，中小企业贡献了 50% 以上的税收、60% 以上的 GDP、70% 以上的技术创新和 80% 以上的城镇劳动就业，同时中小企业占据了 90% 以上的企业数量，促进中小企业发展的重要

性不言而喻。然而，资金压力大、融资难是中小企业发展的最大限制之一，亟须创新金融支持的模式加以破解。

一、上海中小企业融资难亟须供应链金融创新

（一）中小企业融资难原因

中小企业资金压力较大。中小企业经营资金压力主要来自两个方面，一方面，中小企业资金垫付压力大。企业往往需要在前期垫付资金，用于进货、支付保证金和其他相关费用，导致资金占用。由于中小企业资金体量往往较小，资金垫付带来了较大的资金周转压力。另一方面，中小企业上下游回款周期不理想。由于供应链产销、回款周期较长，有时需要2—3个月或者更长的时间周期。对于并不占据产业链核心地位的中小企业而言，在账期谈判中往往居于劣势，导致企业运营资金被占用。

金融机构对中小企业融资支持不足。从中小企业自身角度出发，由于中小企业管理不完善、经营年限少、财务报表不全、资产规模较小等原因，提供的信息透明度较低，可融资资产较少，因而面临融资难融资贵等问题。从金融机构角度出发，中小企业信用评价体系不健全、供应链中的非核心企业信用无法穿透以及较高的风控成本造成金融机构对中小企业融资支持力度不足。

（二）科技赋能供应链金融在破解中小企业融资难中的作用

供应链融资是当前金融支持实体经济，特别是支持中小企业的重点方向之一。供应链金融通常以应收账款质押、存货仓单质押、预付账款（保兑仓）等方式，帮助企业盘活流动资产，降低中小企业融资难度，同时实现银行、物流企业、融资企业的合作共赢。供应链金融业务也面临着一定的信用风险。通过科技赋能供应链金融，将有效降低风险，帮助中小企业解决融资难问题。

人民银行上海总部于2021年9月发布的《关于规范发展上海供应链金融的指导意见》，明确支持金融机构应用科技手段提高风险控制水平，与核心企业及仓储、物流、运输等环节的管理系统实现信息互联互通，及时核验存货、仓单、订单的真实性和有效性。在依托于核心企业信用的债权型融资市场已经趋于饱和的情况下，运用金融科技挖掘动产融资效率将是未来供应链金融业务创新发展的主要方向。

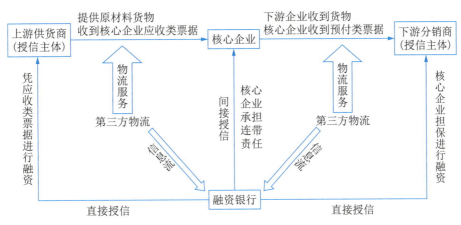

图 1　供应链金融业务模式

（三）上海"供应链金融模式"助力中小企业融资的实践

上海在集成电路、生物医药、人工智能、高端制造、大数据信息等领域推动供应链金融试点工作。通过一链一策、因链施策，实现了担保放大、网上开户、大数据应用等多项突破。截至 2021 年 4 月初，商业银行面向首批试点 5 条供应链融资授信 46.39 亿元，为 113 家链上企业提供融资 28.29 亿元。此外，2020 年 5 月，上海市中小企业融资综合信用服务平台上线运行，依托市公共信用信息平台，归集全市 90 家单位提供的公共信用信息，可查询数据约 5 亿条，通过信息共享、信用赋能、融资撮合和政策匹配，实现企业与金融机构双向选择、自主对接。截至 2021 年 2 月底，平台入驻银行 23 家，推出 168 款金融产品，注册用户 131 万，累计授信金额 222 亿元。

上海供应链金融发展较快，具备以下几个特点：一是业务发展迅速，市场潜力有待发掘。二是资金跨区流动为主，地域辐射范围广。三是依托核心企业信用为主，短期融资占比较高。四是资产质量优良，风险安全可控。

二、上海科技赋能供应链金融存在的问题

目前商业银行供应链金融仍然主要依托于核心企业信用，对于企业动产的价值认可度较低。一方面，供应链上下游的企业的资产主要由存货、应收账款、设备和知识产权等动产构成，企业在动产担保贷款的实际需求还未得到满足，导致产业链上下游企业的大部分动产资源处于"休眠状态"。另一方面，在大宗商品价格变动等市场因素的影响下，银行在动产的安全性和质押有效性等方面的顾虑较大。

乘势作为

人行上海总部有关人士表示，上海在金融科技赋能供应链金融工作中，有三个方面仍然需要完善。第一，数据链接方面有待加强。尽管人工智能、区块链、大数据、物联网等广泛应用于供应链金融，但大多上下游企业、商业银行、物流公司、信息机构、监管机构还未真正摆脱"数据孤岛"和信息碎片化状态，亟须通过技术链接使不同来源、不同结构的数据能相融互补，实现数据的多方链接，切实解决风险控制难、操作效率低、运行成本高等痛点。第二，仓储设施数据监控和反应处理仍需加强。目前，大多物流仓储设施难以对货物存储物理变化、价格变动持续监控及反应处理，无法在不影响企业正常使用存货的过程中确保标的安全。第三，供应链金融科技体系行业标准仍需完善。供应链金融科技体系软件和硬件建设缺乏统一行业标准，有必要通过监管部门引导或建立行业自律组织等方式予以规范推进。

三、金融科技赋能供应链金融，破解上海中小企业融资难的对策建议

通过实现供应链信息互联互通、发展智慧仓储物流、创新智慧供应链监管机制，运用金融科技赋能供应链金融，能有效帮助中小企业解决融资难问题。

（一）加速数字化转型，实现供应链信息互联互通

通过产业链数字化实现交叉验证，重点推动中小企业数字技术落地应用。对中小企业来说，数字化转型是解决信息不对称造成的融资难问题的必经之路。应鼓励中小企业积极发展数字化供应链，解决传统供应链中信息孤岛的问题，激发企业转型内生动力。同时，应鼓励中小企业深度融入核心企业创新链，加深与数字化服务商和金融机构的合作，通过融入产业生态，增加中小企业数字化转型的外在推动力。

利用平台经济，助力供应链数字化升级。将信息流、商流、物流、资金流四流信息通过平台实现数字化，提供针对产业的专业化服务和供应链金融科技化解决方案。通过光学字符识别（OCR）和自然语言处理（NLP）等人工智能识别技术实现中小企业发票、法律文件的电子化，提高信息输入效率和准确度；通过区块链技术，构建不可篡改、去中心化的供应链资产记账体系；通过云计算，为供应链金融各方提供云端基础架构及解决方案，减少前期开发投入及后期的维护成本；通过大数据对供应链上下游企业的历史交易和信用记录进行分析，并预测未来的交易风险，帮助提升融资效率，降低成本。

（二）发展智慧仓储物流，实现标的动态监控

推动一体化供应链物流服务发展，持续提高仓储物流行业的自动化水平和数据洞察能力。利用技术和无人化解决方案提高运营效率和数据采集的准确度，实现对货物存储物理变化、价格变动的持续监控和及时反应。通过提升仓储物流行业 IT 基础设施，提高供应链上下游及各环节合作方信息整合和分析的精准度。通过一体化供应链物流服务，全面覆盖供应链中有价值的数据，并展开动态追踪，在保障标的安全的同时及时将信息流反馈于金融机构，提高风险控制水平。

（三）完善智慧供应链创新监管机制

建立供应链金融科技体系统一标准，加强监管机制创新。科技赋能实现了供应链金融模式的重塑，同时也对行业标准和监管提出了新的要求。建议由政府部门主导，联合金融科技公司、银行、核心企业、中小企业代表及行业协会，推动统一标准建立和完善，规范市场准入门槛。同时，对供应链上下游数据建立统一数据标准，打破技术壁垒提高数据安全，立法明确供应链金融网络中不同主体的查看权限和责任主体。持续完善公共信息平台建设，打通数据壁垒，促进供应链及行业间的信息共享，利用公共平台优势实现多维度数据清洗和分析。加强金融科技应用立法及政策激励，保障智慧供应链金融的合规性和参与主体的利益，同时对参与主体在金融科技应用中的创新实践进行政策激励。

进一步提升上海金融支持企业技术中心的对策建议

编者按：当前科技、经济"两张皮"问题仍是产业技术创新体系建设的发展桎梏，上海市经济信息化委通过与银行建立产融信息交流通道、制定特色金融服务方案等方式，为企业科技创新活动的融资痛、难点问题进行专项支持，取得了一定成效。本文研究了上海金融支持企业技术中心的现状特点和问题瓶颈，并提出相关对策建议。

为强化企业创新主体地位，促进各类创新要素向企业集聚，构建金融有效支持实体经济的体制机制，上海市经济信息化委 2021 年年初与 4 家银行联合发布《"企业技术中心"专项金融支持服务方案（2021—2025 年）》，针对企业普遍存在的科技研发投入风险高、回报周期长、现金流紧张，信贷融资抵押难、利率高、审批周期长等痛、难点问题，提出四项特色专属金融服务，为"十四五"期间上海市企业技术中心的各类科技创新活动累计提供专项信贷资金规模 3200 亿元。

一、上海金融支持企业技术中心特色服务的现状特点

截至目前，该方案已累计服务上海市各级企业技术中心 808 家，提供专项信贷资金支

持515亿元，助力上海市各级企业技术中心的各类科技研发活动有序开展，主要特点如下：

（一）"专项信贷资源支持"为企业融资"增额减负"

"专项信贷资源支持"为具备"企业技术中心"认定资格和有代表性的科技创新型企业，提供专项信贷规模支持企业日常生产经营和科研投入。例如，在服务嘉定区市级企业技术中心上海重塑能源科技有限公司过程中，银行主动上门服务，发现企业专注于汽车行业氢能燃料电池动力系统开发与产业化研究，且已建成国内首条氢燃料系统生产线。但同时，企业存在回款周期较长、资金压力大等难题，经过评估后，银行主动为企业扩增授信额度至5000万元，全力保障企业正常的生产经营。此外，考虑到企业目前尚属初创阶段，各项经营数据正处在快速上升周期，为使企业的科技创新活动能够"轻装上阵"，银行为企业优化了贷款的担保条件，保证企业科技研发经费投入的稳定，助力企业2021年获批国家工信部第6批"制造业单项冠军"。

（二）"建立分级支持制度"打出"快速放款 + 授信增额 + 商票保贴"组合拳

"建立分级支持制度"致力于打造"分级服务、个性支持"特色服务品牌，根据企业的体量、规模和实际科技研发投入需要，银行为企业适配免抵（质）押、免担保、可循环、长周期等多种形式的特色金融产品。例如，在服务浦东新区区级企业技术中心上海汇伦生物科技有限公司过程中，银行针对企业流动资金账期长、营运资金周转压力大的难题，通过"三步走"的方式为企业提供组合式金融产品服务：一是为企业快速发放1000万元信贷资金优先解决燃眉之急。二是根据企业实际生产订单情况为其申请扩增授信额度至2000万元。三是为从根本上解决企业的资金难题，银行围绕以该企业为供应链核心的5家上下游企业订单，开展商业承兑汇票保贴业务，形成资金流转闭环管理，帮助企业贯通"研发—生产—市场"的经营渠道。

（三）"专属利率优惠政策"为企业承担的国家工信部重要研发课题提供低息贷款

"专属利率优惠政策"为切实用于基础科技创新、应用科技创新的企业融资需求，提供低于市场水平的专属优惠利率。例如，在服务国家智能传感器制造业创新中心运营

载体上海芯物科技有限公司过程中，银行了解到企业承担的国家工信部能力建设项目（项目总投资金额 5 亿元）出现项目资金融资需求后，主动为企业提供为期 5 年、总额 1.5 亿元的专项信贷资金支持。同时，考虑到企业本身建设目标为非营利性质的新型研发机构，存在经营性收入较低、还款能力较弱的特殊情况，银行结合"专属优惠利率"承诺和市发展改革委重点行业贴息政策（贴息 1.5%）为该笔贷款"特事特批"，最终审批贷款实际利率仅为 2.48%，远低于企业预期。通过该笔贷款的资金支持，企业的重点研发任务有序开展，并于 2021 年 11 月下旬经工业和信息化部验收审定该能力建设项目获评"优秀"，助力我国智能传感器产业发展稳步向前。

（四）"专属绿色通道支持"发挥上海自贸区资源优势

"专属绿色通道支持"致力于疏通企业融资无门、信息不对称的双向交流渠道，银行按辖区分布设立专人岗位提供服务支持，并依托海外分支机构、专业化子公司等境内外渠道优势提供一揽子金融服务。例如，在服务杨浦区市级企业技术中心上海复旦微电子集团股份有限公司过程中，银行针对集成电路行业 Fabless 设计公司存在晶圆进口备货竞争强、产能资源紧、预付比例高的痛点，安排由"信贷经理＋产品经理＋渠道经理"组成的专业化团队提供服务，并利用银行自身在上海自贸区的资源和渠道优势，为企业的贸易、付款、融资各项业务需求审批"开绿灯"，通过进口代付等国际贸易融资产品，并提供 1.5 亿元的信贷资金支持，解决企业进口晶圆备货难题，帮助企业缓解付款压力。

二、上海金融支持企业技术中心特色服务的问题瓶颈

经过金融特色服务近一年的推广和实施，一定程度上缓解了企业在科技研发过程中遇到的资金短缺问题。但同时，受制于外部环境、实际操作规程等方面影响，在服务深度与广度等方面仍有差距，具体情况如下：

一是上海金融支持企业技术中心创新活动的体量与现实需求尚无法完全匹配。企业技术中心作为全市产业技术创新的主力军，呈现出研发投入大、项目周期长、资金周转紧等特点，银行对其创新活动所需的资金体量支持往往难以满足企业的需要。此外，对于新兴产业的科技创新企业而言，普遍存在经营性收入低、盈利能力差、知识产权积累弱等局限性，在银行现有的信贷风险评估体系下较难获得大额的资金支持。

二是银行机构与企业技术中心创新活动需求之间的对接尚不够充分。目前金融服务对接的场景主要为政府部门不定期举办的各类对接会，或依靠企业主动向上级主管部门提出诉求后再予以对接匹配。而受全国新冠疫情不断反复的影响，致使对接活动的举办无法保证稳定开展，仍有大量企业的创新活动诉求未被发掘，金融特色服务的惠及范围仍有待提升。同时，目前银行机构仍停留在被动式、启发式的服务层级，在挖掘企业资金需求的主动性方面仍有待提高。

三是上海金融支持企业技术中心创新活动的服务能级仍有待提高。目前银行提供的金融特色服务，仅能够在债权层面上解决企业的部分资金诉求，而对于暂时无法满足信贷条件的企业技术中心和普遍无法提供足额、高价抵（质）押物的"独角兽企业""瞪羚企业"等，缺乏在融资担保、投贷联动、股权投资等方面的有效服务手段。

三、进一步提升上海金融支持企业技术中心的对策建议

下阶段，围绕"十四五"时期发展的新格局、新要求，充分发挥企业技术中心创新主体地位，加快推进上海科技创新中心建设，进一步提升上海金融支持企业技术中心提出如下建议：

一是进一步鼓励银行完善金融服务内容，提升服务品质。建议银行进一步发挥专业优势，针对企业申请融资的各类疑难杂症，加强特色金融产品开发，推动金融产品创新，为企业融资的痛、难点需求提供"一事一议、一企一案"的特色品牌服务。同时，鼓励银行对聚焦技术创新但尚不满足相关信贷条件的企业进一步降低服务准入门槛、优化担保条件、提高信贷支持额度，进一步扩大惠及范围，提升企业获得感。

二是进一步加强金融服务的宣传广度和力度，打通产融信息交流渠道。建议根据上海市各区域的产业生态环境特点，依托各级政府（园区）、市属集团、产业联盟、上海企业技术中心创新联盟等各类平台和载体，线上利用新媒体等宣传阵地扩大《方案》的宣传力度，线下通过不定期举办宣贯活动、实地上门服务等方式扩大政策影响力，加大延伸"宣政于企"和"施政于企"的服务触角。

三是进一步探索金融服务的范围和边界，拓展多种投融资渠道为企业科技创新活动"开闸放水"。建议同时联合各类市级特色产业引导基金、市财政担保基金等，灵活运用各类金融工具，积极引导和撬动社会资本，为企业加大科技原始创新活动投入增能提速。

推动上海临港自贸新片区体制机制持续创新的对策建议

编者按：自 2013 年 9 月至 2020 年 9 月，国务院先后批复成立上海、广东、福建、天津、海南等 21 个自贸试验区、自由贸易港，覆盖上海、广东、天津、福建、辽宁、浙江、河南、湖北、重庆、四川、陕西、海南、山东、江苏、河北、云南、广西、黑龙江、北京、湖南、安徽等 21 个省级行政区域，片区数量达到 70 个。设立中国（上海）自由贸易试验区临港新片区，是党中央总揽全局、科学决策作出的进一步扩大开放重大战略部署，是新时代彰显我国坚持全方位开放鲜明态度、主动引领经济全球化健康发展的重要举措，同时也是长三角一体化发展战略中的重要组成部分。临港自贸新片区需要持续性开展体制机制创新，发挥开放优势、制度优势、区位优势，代表上海当好创新发展的排头兵、急先锋。

新冠肺炎疫情的暴发，给全球产业链和供应链带来巨大冲击。以习近平同志为核心的党中央适应百年未有之大变局下国际经济政治形势变化，提出构建以国内大循环为主体、国内国际双循环相互促进的新发展格局。2020 年 11 月 15 日，历经八年谈判，东盟 10 国和中国、日本、韩国、澳大利亚、新西兰共 15 个亚太国家正式签署了全球最大自贸区《区域全面经济伙伴协定》。12 月 31 日，中国和欧盟完成了《中欧投资协定》谈判。这些重大经贸协定的签署表明，中国在区域经济合作和推动全球经济贸易和投资自由化方面迈出了坚实的一步，使得自由贸易试验区成为我国全面深化改革和扩大开放的又一战略考量，助力加快形成以国内大循环为主体、国内国际双循环相互促进的新发展格局的试验田和开放平台。

一、中国自由贸易试验区发展的现状梳理

中国对外开放正沿着"保税区—自贸试验区—自贸港"逐步深化。回顾国内自由贸易试验区、自由贸易港的发展历程，分为三个阶段：

（一）起步阶段（2013 年）

2013 年 8 月 17 日，国务院批复同意设立中国（上海）自由贸易试验区。8 月 30 日，第十二届全国人大常委会第四次会议通过《关于授权国务院在中国（上海）自由贸易试验区暂时调整有关法律规定的行政审批的决定》。9 月 18 日，国务院印发《中国（上海）自由贸易试验区总体方案》（国发〔2013〕38 号）。9 月 29 日，中国首个自贸试验区上海自贸试验区挂牌成立。

（二）扩围深化阶段（2014—2016 年）

2014 年 12 月，国务院决定推广上海自贸试验区的经验，设立广东、天津、福建三个自贸试验区，并扩展上海自贸试验区的范围，从原来的 28.78 平方公里扩展到 120.72 平方公里。2015 年 3 月 24 日，习近平总书记主持召开中央政治局会议，审议通过广东、天津、福建自贸试验区总体方案。2015 年 4 月 8 日，国务院正式印发了广东、天津、福建三个自贸试验区总体方案。随后，三个自贸试验区正式挂牌运作。

（三）探索创新阶段（2016 年至今）

2016 年 8 月，国务院决定，在辽宁省、浙江省、河南省、湖北省、重庆市、四川省、陕西省新设立 7 个自贸试验区，标志着自贸试验区建设进入了试点探索的新航程。2017 年 3 月 15 日，国务院正式印发了辽宁、浙江、河南、湖北、重庆、四川、陕西等

七个自贸试验区总体方案。2017 年 3 月，国务院印发《全面深化中国（上海）自由贸易试验区改革开放方案》，标志着上海自贸试验区进入全面深化改革阶段。2020 年 9 月 21 日，国务院正式印发《中国（北京）、（湖南）、（安徽）自由贸易试验区总体方案》，明确在北京、湖南、安徽三省市设立自贸区。与此同时，国务院还发布了《中国（浙江）自由贸易试验区扩展区域方案》。

表 1   我国 21 个自贸区设立一览

时　　间	省　　　份
2013 年 9 月	上海自贸区
2015 年 4 月	广东、福建、天津自贸区
2017 年 3 月	辽宁、河南、浙江、湖北、重庆、四川、陕西自贸区
2018 年 10 月	海南自贸区
2019 年 8 月	上海自贸区临港新片区
2019 年 8 月	山东、江苏、广西、河北、云南、黑龙江自贸区
2020 年 6 月	海南自由贸易港
2020 年 9 月	北京、湖南、安徽、浙江（扩容）

一是自贸区面积均在 120 平方公里左右。除海南全域开放，全岛建设自由贸易港，面积达 3.54 万平方公里；上海临港新片区一个片区就有 119.5 平方公里，面积上相当于一个省级自贸区，是最大的单一片区；扩区前的浙江自贸试验区实施范围 119.95 平方公里，包括舟山离岛片区、舟山北部片区和舟山岛南部片区，浙江自贸试验区扩展区域实施范围 119.5 平方公里，涵盖宁波、杭州、金义三个片区之外，其余自贸区面积均在 120 平方公里左右。其中最大的上海自贸区覆盖面积为 120.72 平方公里，最小的为广东自贸区，覆盖面积为 116.2 平方公里。

二是自贸区多分布于沿海沿边省份。以人口分布的胡焕庸线为参照，自贸区已经在胡焕庸线以东基本布局完毕。如北京自贸试验区的设立，使得京津冀实现了自贸试验区的全覆盖，且三大自贸试验区实现了差异化定位，彼此又相互支撑、互为犄角，有利于推动京津冀协同发展。自上海自贸区临港片区设立，到浙江片区又进一步扩容，再加上安徽自贸区的加入，长三角三省一市实现了自贸区的全覆盖，有利于推动长三角区域一体化。但江西、贵州、山西、新疆、青海、西藏、甘肃、宁夏、内蒙古、吉林等地仍未设立自贸区。

三是自贸区多位于航空、港口以及综合保税区、产业聚集平台。依托已经有良好的产业基础、优良的开放环境等优势的省份或地区，基本已形成了自由贸易海港、陆港、空港和岛港四种自由贸易试验区类型。如上海、天津、广东、福建都至少拥有一个港口片区。临港新片区还包含了两个世界级港口，分别是小洋山岛和浦东机场南侧。具有海洋经济特征的，如海南自贸港、山东自贸试验区和以舟山群岛为主片区的浙江自贸试验区。以打造国际内陆自由港为目标的，如黑龙江、云南、广西等。

四是各自贸区一般都设定三个片区。除上海自贸区规划有 7 大片区之外，其余大多数自贸区均规划三大核心片区，以便为科技产业创新、贸易投资自由化安排和改革创新发展提供足够的空间。如北京涵盖科技创新片区、国际商务服务片区、高端产业片区。浙江自贸试验区扩展区包含宁波片区、杭州片区、金义片区。若需再容纳新的产业，还可以类似参考浙江自贸试验区，2017 年 4 月 1 日正式揭牌，短短三年多时间，实现了从挂牌到扩区的"两级跳"。

五是自贸区围绕区域定位。如上海自贸试验区旨在进一步探索金融放开创新；临港新片区普遍被视作对外开放政策和制度变革的一次升级，而不是简单地在上海增加一片新的自贸；广东自贸试验区突出粤港澳深度合作目标；福建自贸试验区则彰显对台特色；陕西自贸试验区响应国家的"一带一路"倡议；辽宁自贸试验区为东北工业基地转型提供经验探索；浙江自贸试验区则在海洋贸易制度创新上充当排头兵；广西、云南、黑龙江自贸试验区的设立，有利于推动沿边地区开放，辐射带动沿边发展，进一步密切同周边国家的经贸合作，提升沿边地区的开放开发水平。

二、国内现有自贸试验区的功能定位及特色分类

目前我国自贸区可以分为 10 个沿海自贸试验区、8 个内陆自贸试验区和 3 个沿边自贸试验区，分布于全国各地，形成全方位、有梯度的开放格局。

（一）全面试点重点推进型自贸区

包括上海、广东以及海南。上海自贸区是我国成立的第一个自由贸易试验区，深化探索金融放开创新，临港新片区普遍被视作对外开放政策和制度变革的一次升级，而不是简单地在上海增加一片新的自贸区，被赋予了探索投资自由、贸易自由、资金自由、运输自由和人员从业自由的探索重任。广东自贸试验区突出粤港澳深度合作目标，对接

香港、澳门两大经济重镇，以粤港澳大湾区为腹地，成为中国经济密度最高的区域，吸引国际高端人才，是 21 世纪海上丝绸之路的重要枢纽。海南自贸港最大的特色在于零关税，低税率，封关运作。将全岛封关运作，以零关税为抓手，打造类似香港的特殊关税区，同时岛内消费免税、离岛免税，设立国际通信出入口局，支持建设国际能源、航运、产权、股权等交易场所等，是未来面向太平洋以及印度洋的重要门户，并作为"一带一路"的重要节点。

（二）沿海对外贸易型自贸区

包括福建、浙江以及山东。全方位发挥沿海地区对腹地的辐射带动作用。福建自贸试验区立足于深化两岸经济合作，彰显对台特色，交融两岸经济更能推动金融服务中心以及贸易中心的发展。浙江在海洋贸易制度创新上充当排头兵，负责国家能源保障安全，聚焦油气全产业链发展，针对油气领域改革中的种种困难、制度限制，单独给予浙江自贸试验区系统集成的 26 条政策。而山东培育贸易新业态新模式、加快发展海洋特色产业和探索中日韩三国地方经济合作。

（三）边境经济合作型自贸区

包括黑龙江、辽宁、云南以及广西。是我国首次在沿边地区布局自贸试验区，推动东北全面发展，打通"一带一路"与长江经济带之间的联系，推动中国与南亚东南亚以及东盟各国之间的新合作，为我国进一步密切同周边国家经贸合作、提升沿边地区开放开发水平，提供可复制、可借鉴的改革经验。如黑龙江重心放在深化产业结构调整，打造对俄罗斯及东北亚区域合作的中心枢纽。辽宁为东北工业基地转型提供经验探索，着力打造提升东北老工业基地发展的整体竞争力。云南自贸试验区重点发展高端制造、航空物流、大健康服务、跨境旅游、跨境电商等产业。广西着眼建设西南中南西北出海口、面向东盟的国际陆海贸易新通道。

（四）沿长江经济带型自贸区

包括重庆、四川、湖北、湖南和安徽。促进"一带一路"与长江经济带之间的联系，实现内陆与沿海的协同开放，实现中部地区各新型产业以及高技术产业的建设要求打造高端装备制造业基地，推动西部大开发以及中部地区和长三角区域一体化的发展，推动中国与世界各国之间的合作。如重庆重点推进"一带一路"和长江经济带联动发展。四川推动内陆与沿海沿边沿江协同开发战略，结合创新要素。湖北自贸试验区重点推动创新驱动发展和促进中部地区与长江经济带战略对接和有关产业升级，着力打造集成电路、光电子信息、人工智能、生物医药和新能源汽车五大产业集群。湖南自贸试验区着力促进制造业数字化、智能化转型，支持先进制造业高质量发展；安徽自贸试验区通过布局一批基础研究、应用研究的前沿研发平台和基地，努力建设科技创新策源地。

（五）"一带一路"及中西部省份开放型自贸区

包括江苏、陕西、河南。如江苏聚焦打造开放型经济发展先行区、实体经济创新发展和产业转型升级示范区，推动连云港片区亚欧国际交通的建设以及"一带一路"沿线国家的交流。河南主要聚焦贯通南北、连接东西的现代立体交通体系和现代物流体系建设，并聚焦智能终端、高端装备及汽车制造、生物医药等先进制造业。陕西响应国家的"一带一路"倡议，创新现代农业交流合作机制，扩大与"一带一路"沿线国家的合作。

（六）北京周边及数字经济自贸区

包括天津、河北以及北京。天津、河北主要围绕京津冀的各项目标协同发展，如天津自贸区立足于京津冀协同发展，聚焦于民用航空、装备制造、新一代信息技术、大众消费品、生物医药等新兴产业。河北自贸试验区重在打造建设国际商贸物流重要枢纽、新型工业化基地、全球创新高地和开放发展先行区，发展大数据交易、数据中心和数字内容等高端数字化贸易业态等。而北京在我国服务业开放中具有引领作用，数据显示，北京服务业占 GDP 的比重为全国最高，超过了 80%；北京数字经济增加值占 GDP 比重超 50%，同样位居全国首位，以服务贸易为对象，以科技创新、服务业开放、数字经济为主要特征的北京自贸区，金融、科技、文化创意、知识产权等都囊括在内。

三、推动上海临港自贸新片区机制体制创新的对策建议

展望未来，自贸试验区将从短中期改革任务转入长期战略实施阶段，从制度创新试验田转入"试验田 + 特殊经济功能区"，从制度创新单轮驱动转入"制度创新 + 新旧动能转换"双轮驱动。国家将赋予浦东新区和临港新片区自贸试验区更多改革自主权，需要聚焦产业开展制度创新，将制度创新、风险识别和税收创新更好的结合起来。

（一）突破"4＋2＋2"前沿产业体系的"卡脖子"关键领域

疫情加快了全球产业链调整，临港自贸新片区作为上海高端产业重要引资平台，需持续在稳定投资存量、扩大投资增量上下功夫，加快高端要素集聚，持续引育集成电路、人工智能、生物医药、民用航空、新能源汽车、装备制造、绿色再制造等能够填补空白、突破"卡脖子"核心环节的产业项目，扶持壮大新型国际贸易、跨境金融、高能级航运、信息服务、科技创新服务等产业，围绕总部经济、离岸经济、智能经济、蓝色经济，鼓励区内国内企业向产业链、供应链存在短板的关键领域投资。

（二）深化高端产业"放管服"改革

对标 RECP、CPTPP 及海南自由贸易港方案，加快接轨国际经贸规则，在"五自由一便利"领域中实现更大的制度突破，在国家下放必要管理权的同时，尽快建立制度化的地区产业制度创新容错机制。以洋山特殊综合保税区为载体，以金融创新开放为渠道，着力增强航运物流、跨境贸易、保税研发制造等核心功能，加大现代服务业开放力度，提升离岸业务发展能级。更严格执行知识产权自由交易去吸引高科技产业和创新型企业，促进不同所有制企业公平竞争，打造市场化、法治化、国际化、便利化的优质营商环境和公平开放统一高效的市场环境。

（三）加强临港自贸区深化改革中风险防范能力

在上海自贸区深化改革过程中，采取宏观审慎的原则，加强对风险的识别和防范，特别是涉及国家安全、公共卫生安全、生物安全和生态环境安全、生物制品、金融、信息安全等领域的风险识别。如，防范金融风险，探索产业融合创新中防止国外金融市场的波动直接波及上海，进而对国内和区域金融市场的稳定性造成较大冲击。防范信息安全风险，探索开放数据跨境流动的同时，要确保这种流动是在有序、安全的前提下推进，把会带来负面社会影响的信息传播风险堵在国门外。

（四）提高临港自贸区税收营商环境水平

联动财政、税务、市区产业主管部门，基于新片区重点产业 15% 企业所得税政策吸引企业的"硬实力"，进一步挖掘税收营商环境"软实力"。充分发挥临港新片区改革创新"试验田"的作用，将制度创新作为工作重点，结合区域发展特性和区域优势资源特点，积极运用国家赋予的改革创新自主权，大胆探索纳税服务新举措、新理念，并以制度化的方式将其巩固下来，形成可复制可推广的经验成果。探索新技术、新模式、新业态企业复杂涉税事项税收事先裁定，提前进行精准适用税法适配，协助相关企业有效防范不确定性风险。

第四编

产业创新

突破工业软件软肋是上海制造业弯道超车的必要之举

　　编者按：制造业被认为是国民经济的主体、实体经济的主体，是衡量国家综合实力的象征，是全球化背景下一个国家赖以生存的资本和保障。在近年来几次"卡脖子"事件中，工业软件和芯片是同时击中中国制造的"软""硬"两把利剑。但芯片万众瞩目，相反工业软件，作为中国与西方工业化差距最大的一个行业，也是"制造强国"最大短板，却未引起社会各方足够重视。那么在全球工业软件的世界里，中国工业软件版图到底多大？上海工业软件领域如何在"强化国家战略科技力量，增强产业链供应链自主可控能力"战略下，实现突围呢？本文将围绕上海工业软件的破局和重生给出对策建议。

一、工业软件是中国从工业大国走向工业强国的关键基础

　　工业是立国之本、兴国之器、强国之基。发达国家的强国路径已经证明，拥有规模雄厚、结构优化、创新性强、质量过硬和国际主导的制造业，才是国民经济持续发展和国家繁荣安全的基石。但我国在工业软件领域长期被国外厂商垄断。这样的劣势，在

贸易摩擦的大背景下，成为了大国科技角力的命门之一。2020 年，华为 EDA 和哈工大 Matlab 软件便相继被美国商务部禁用，在芯片设计、课程教学等环节遭遇巨大打击。在 ICT（信息通信技术）高速发展的几十年，中国人一直想拥有一颗"中国芯"，一个中国的操作系统。目前在芯片和操作系统领域，中国企业被卡脖子的情况屡次出现。相信未来，在工业软件领域，我们被卡脖子的事件会不时出现。

（一）工业软件是推进智能化制造和产业智能化的必要基础

工业软件不是一般意义的软件，是科学研究和技术创新成果的软件表现，是"工业知识、工作经验和技术诀窍（Know-How）的集大成者"。业内专家坦陈："没有自主可控的工业软件，就不可能有自主的智能制造。"这让工业软件等产业基础技术的核心地位重新得到承认。2021 年 2 月初，工业软件首次入选科技部国家重点研发计划首批重点专项，标志着工业软件已经成为国家科技领域最高级别的战略部署。一方面，作为工业领域里进行研发设计、业务管理、产品制造、生产调度和过程控制的相关软件与系统，工业软件被公认为"工业制造的大脑和神经"，在国内已形成了千亿级别的市场空间。另一方面，根据科技部发布的《国家重点研发计划"工业软件"重点专项 2021 年度项目申报指南建议（征求意见稿）》，2021 年将坚持问题导向、需求导向、发布实施、突出重点的原则，围绕制造业数字生态及基础前沿技术、产品生命周期核心软件、智能工厂技术与系统、产业协同技术与平台 4 个重点方向，其中，除了数字生态及基础前沿技术侧重基础理论，其余三个技术方向本质上分别对应研发设计类软件、生产管控类软件和工业互联网平台。ERP、CRM 等经营管理类软件已经不是工业软件产业关注的重点（见附表 1）。

（二）中国工业软件市场需求大产出少

虽然与其他软件行业相比，全球工业软件行业的增速不大，每年均能达到 5%—6% 左右，但是市场规模庞大，2019 年全球工业软件规模突破 4000 亿美元。同样在 2019 年，我国工业软件产品收入仅为 1680 亿元，市场规模仅占全球 5.73%，远低于我国工业产值规模在全球 28.4% 的占比。中国所在的亚太市场，包括日韩等国，工业软件的占比也仅为 24%。从市场结构上看，全球工业软件以欧美市场为主，其中北美市场规模 1560 亿美元，市场份额为 39%；欧洲市场规模 1280 亿美元，市场份额为 32%；亚太市场规模为 960 亿美元。增速最高，达到 7.6%。

自 2016 年起，我国工业软件发展每年增速保持在 15%—20%。至 2020 年，我国工业软件市场规模已达 2000 亿元。这个量级虽不及华为手机一家企业的市场规模，但从工业软件升级版——工业互联网的角度来看，市场空间可达万亿，市场空间十分广阔。

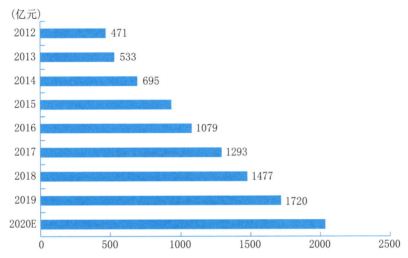

数据来源：据公开资料整理。

图 1　2012—2020 年中国工业软件行业市场规模走势预测

当工业软件与行业技术诀窍相结合，预计在航空航天、汽车、化工等每个典型行业中，都将造就超过千亿的细分市场。据工业和信息化部数据，2017 年中国工业互联网直接产业规模为 5700 亿元，2017—2019 年增速为 18%，2020 年规模能否突破 10000 亿元，我们拭目以待。而据埃森哲预测，2020 年仅全球工业互联网领域投资规模将超过 5000 亿美元。

（三）工业大国与软件小国的身份极不相符

十年前，我国已经跃升全球制造业大国，但不是真正意义的制造强国。与此同时，中国又是世界上最大的工业软件市场，占到全球份额的 1/3 以上。而国外软件巨头占据了国内工业软件从设计、制造至服务的八成以上市场，掌控着仿真设计、分析工具、企业管理和先进控制等工业软件核心技术。工业软件正在成为我国由制造大国走向工业强国的主要瓶颈。"工业软件是工业转型升级的转换器、倍增器和助推器，是现代工业发展的神经中枢。"工业软件不仅关系工业生产的安全，更关系到国家安全。

当前，迈向高质量发展阶段的中国工业，正亟待完成从"中国制造"向"中国智

造"的历史蜕变。有专家断言："软件之于工业，恰如神经之于人体。"这是一次脱胎换骨的转变，是制造业从生产型制造向服务型制造转变，从粗放型制造向绿色制造转变，从低技术制造向智能制造方向转变，即构建以计算机及信息技术应用为特征的新型工业技术体系。早在"工业4.0"之前，少数发达国家就已完成工业软件领域的布局和购并，通过打造工业平台，进而营造产业生态，构建以研发设计、工艺仿真、原型测试、生产制造、远程服务等环节为核心的智能制造生态环境。据相关评估，国产工业软件，尤其是计算机辅助设计CAD、仿真软件CAE、辅助制造CAM、电子设计自动化EDA，落后国际最先进水平至少30年以上。

二、上海工业软件产业发展的潜力和瓶颈分析

（一）上海工业软件创新潜力显现

上海正在推动新一代信息技术与实体经济深度融合，充分发挥软件创新引擎作用。其中，加大支持国产工业软件发展的力度将成为一大抓手，聚焦优质企业培育、产业生态布局，注重核心技术的突破。

目前，上海正积极贯彻落实国务院发布的《关于深化"互联网＋先进制造业"发展工业互联网的指导意见》和《上海市工业互联网产业创新工程实施方案》，2019年9月，市经信委在全市范围内开展了工业App项目和应用示范企业的征集工作。相对于传统工业软件，工业App具有轻量化、定制化、专用化、灵活和复用的特点。在本次征集中，共有166个工业App参与评审，涉及研发设计、生产控制、运维服务、经营管理和其他五大领域，最终评选出上汽大通汽车有限公司、宝钢工程技术集团有限公司、上海华谊信息技术有限公司、上海理想信息产业（集团）有限公司、上海慧程工程技术服务有限公司、上海电器科学研究所（集团）有限公司、上海华虹计通智能系统股份有限公司、上海电气分布式能源科技有限公司、上海电气燃气轮机有限公司、上海燃气有限公司等10家2019年上海工业App应用示范企业。

中国要从制造大国向制造强国转变，上海要完成数字化转型，特别是实现高端制造业引领，就必须要大力发展自主研发的国产工业软件，要持续加大支持国产工业软件发展的力度，聚焦优质企业培育、产业生态布局，注重核心技术的突破。

国外先行者发展历程证明，只有基于高端工业才能诞生和孕育世界一流的工业软件。"工业软件是工业文明的产物，来自工业又无法脱离工业。没有完成工业化进程，

就没有深厚的工业技术积累，就不可能做好工业软件化，也就更无从说优秀工业软件。"工业软件是工业制造的大脑和神经，包含研发设计类（CAD、CAE、PLM 等）、生产调度和过程控制类（MES、SCADA 等）、业务管理类（ERP、SCM、HRM 等）和运营维护四大领域。现在被高度重视的智能制造、工业互联网，其实最内核的是工业软件。智能制造和"工业 4.0"正越来越聚焦于数字化设计、数字化工厂和数字化运营服务。数字建模和仿真、CAD 计算机辅助设计和 CAE 计算机辅助仿真等核心工业软件，已成为上海制造业数字化转型背后不可或缺的支柱。如，上海浦东软件园将以浦软三林园作为核心空间载体，着力加强行业分析与产业研究，为工业软件企业核心技术突破提供强力支持，为工业软件企业发展提供优质环境和成长沃土，充分发挥园区集聚企业共同发展产业的主战场作用。

（二）上海工业软件产业发展瓶颈分析

一是上海的工业软件产业的核心竞争力还未形成。相比较国际工业软件巨头企业，以及领先的国内软件企业，除办公软件、财税软件等管理软件（已经不属于工业软件范畴）较擅长外，计算机辅助设计仿真、辅助制造和电子设计自动软件等工程类软件依然大幅落后于国际最高水平。80% 的规划软件、50% 的制作软件、95% 的效劳软件无法做到自主可控。几何建模、虚拟仿真、数学运算等工业软件内核技术主要由国外授权，国际话语权岌岌可危。

二是自主知识产权，是横亘在上海工业软件企业面前一道难以逾越的屏障。成熟的工业软件，需要完整的总体规划、严格的软件工程、谙熟的编程技巧、严谨的测试检验和长期的积累升级，以及一以贯之的客户服务。工业软件有可能成为中国制造业继芯片之后"最致命"的短板，研发一款掌握源代码软件系统对于企业而言是一项昂贵而费时的系统工程，是研发组织体系、组织管理模式、业务流程等全方面的变革。企业不仅要承担巨大的转换成本，还要承担国产软件与已有的国外软件兼容性及软件操作和员工适应等风险。

三是上海工业软件产业面临技术品牌双重挑战。针对不同类型应用要求，上海工业软件企业面对的是一个相对成熟的存量市场，相比开拓一个全新需求的增量市场，难度更大。国际软件企业利用品牌的先发优势，弹性的盈利空间以及先进的制造技术等优势地位，在维持"可接受成本"的基础上，针对快速变化的市场需求，为中国本地企业提供种类更丰富、功能更齐全、性能更稳定、使用更人性化、环境更友好的产品，严重挤

压国内工业软件的利润空间。

四是软件企业缺乏技术沉淀。上海在工业软件研发的关键技术、工业需求结合方面与国外产品存在较大差距，部分工业软件的核心算法尚未掌握。此外，产品定制和二次开发经验积累不足，标准化、通用型产品居多，MES、ERP、PLM 等主流工业软件少，难以满足复杂多变的工业实际业务与特定场景市场需求，性能参差不齐，版本兼容性差，持续服务无法保证。

五是软件产业价值链待完善。上海工业软件产业链缺少结合信息技术与行业需求的行业应用服务商、工程技术咨询服务商等高技术附加值的增值服务供应商，工业整体数字解决方案、工业数据分析应用系统、工业大数据平台等新兴产业环节尚未进行有效布局。

六是优质复合软件人才稀缺。工业软件是工业技术和信息技术的高度融合。工业软件研发和应用需要大量既懂信息技术又懂工业技术的复合型人才，培养难度大，成材率低。面对国内大市场，国外软件企业加快在华布局，抢夺人才。此举加大了国内软件企业的竞争压力，提升了人力成本，工业软件人才流失严重。

七是缺乏良性软件市场环境。全社会尊重和敬畏知识产权、良性健康的软件发展环境尚未完全形成。为了节省资金，有些中小工业企业选择盗版软件。因缺少工业软件与生产过程的紧耦合性，企业可能会承受盗版带来的严重安全风险。"免费意识"泛滥进一步抵消了国内软件企业研发热情，极易引发工业软件企业凋零的恶性循环。

三、加快上海工业软件产业发展的几点建议

软件企业通常有三条路径可选择：一是正面进攻以工业设计软件为代表的基础软件高地；二是垂直深耕高端制造行业的纵深腹地；三是挺进工业 4.0 时代工业互联网体系。对于上海工业软件产业发展而言，关键是要抓住信息技术发展的窗口期，促进工业软件（软）与制造业（硬）深度融合；按照工业软件产业的发展规律，营造更契合数字化转型的发展生态；加快形成工业软件与工业互联网联动架构。

（一）抓住新一代信息技术发展机遇，促进软硬融合发展

云计算、大数据及工业互联网等新一代信息技术的发展为国产工业软件的新生带来了历史机遇。工业软件则负责工业大数据的处理和利用，并用数据反哺生产，实现工业与管理的优化。工业互联网是连接智能制造产业"云"与"端"的纽带，通过平台、软

件、数据、算法将设备和信息互联，利用物联网和设备收集工业大数据。

未来 20 年间，制造业主体是智能制造。企业实施智能制造的核心是依靠数据的收集、分析和决策，组织研发设计、生产控制、组装测试、售后运维、远程服务等重要生产环节。在工业互联网架构下，工业软件的产品形态发生了变化，打通各个生产环节，对工业流程进行数字化表达，建立数字孪生体。成为智能制造和工业互联网体系中负责优化、仿真、呈现、决策等关键职能的主要组成部分，SaaS（软件即服务）发展模式已经得到业界共识，即工业软件是可被"订阅"的，非传统意义的被"采购"。新兴工业软件公司看到了这些逆袭机会，如上海数巧等企业在 CAE 领域有所突破。

（二）掌握产业定律，营造工业软件发展生态

产品主要基于全球化产业链进行开发，开发投入主要集中在基于细分市场及其场景的应用层开发，不涉及产业链的零部件开发。行业内最知名的 CAX（计算机辅助软件）公司，几乎都是基于工业软件产业链的资源开发，有些产品公司也是产业链的组件提供商。比如 Parasolid、D-Cubed、Kineo 属于西门子，ACIS、CGM、Interop 属于达索系统等。

加大地方政府专项资金持续支持。工业软件起源于高端制造业。依靠大型工业企业的雄厚资金、技术积累和领先优势，积聚顶级技术资源和人力资本，构造起国内工业软件的需求环境和应用环境。注重加强基础理论研究。推动上海软件企业对工业设计原理和工业机理深入积累，加强关键基础材料、核心基础零部件、先进基础工艺、产业技术基础等高端领域积累，收集可封装入软件的先进工业知识和技术，加快掌握工业软件的核心算法。丰富应用场景。发挥我国工业场景多样化优势，以强大的工业数据做支撑，加强软件公司与工业企业的融合，加快工业流程和工业技术程序化，以工业软件介入高端制造为抓手，加快制造业数字化转型进程。

（三）加快形成工业软件 + 工业互联网的联动构架

优先发展工业 App。"工业 App 是基于工业互联网，承载工业知识和经验，满足特定需求的工业应用软件，是工业技术软件化的重要成果。"大力部署工业 App，加快工业互联网平台布局，激活工业数据和知识资源，赋能工业提质增效和转型升级，是缩短工业软件与世界先进水平差距的途径之一。支持算法基础技术。加强对关键基础材料、核心基础零部件、先进基础工艺、产业技术基础等工业基础知识和技术的支持力度，支

持汇集技术规范，操作规范，国家标准、经验公式、模型算法等软件核心内容及解决工具的行业知识库、模型库和算法库的建设。发挥 5G 先发技术优势。万物互联时代，云计算、物联网和 AI 是影响工业软件发展的核心技术。企业实现整体数字化改造，工业软件不可能只作为一种辅助角色出现在特定工业应用场景中，而是以一种深度嵌入、隐秘内生的平台方式主导工业企业的命运方向。"软件 + 服务"的整体解决方案为国内工业软件企业提供了新的历史机遇。

表 1 "2020 年度中国工业软件企业排行 TOP50"榜单

序号	企业名称	细分领域	功能	生态	创新	综合
1	卡奥斯 COSMOPlat	工业互联网平台	95.95	94.81	93.94	94.9
2	国电南瑞	电网自动化	94.63	92.94	92.54	93.37
3	宝信软件	钢铁信息化龙头	94.4	92.87	92.46	93.24
4	用友网络	工业云平台	94.01	93.41	92.28	93.23
5	广联达	建筑信息化龙头	94.31	93.53	91.79	93.21
6	树根互联	工业互联网平台	95.14	93.24	91.19	93.19
7	石化盈科	能源化工信息化	93.85	92.64	90.87	92.45
8	航天云网	工业互联网平台	93.12	93.13	91.08	92.44
9	中控技术	国产 DCS 龙头	92.75	91.6	91.37	91.91
10	工业富联	工业互联网平台	93.41	90.66	91.06	91.71
11	华为	工业互联网平台	92.28	90.34	91.85	91.49
12	柏楚电子	激光切割控制	91.18	90.09	90.87	90.71
13	中望软件	CAD/CA/AM	91.06	90.71	90.27	90.68
14	华大九天	国产 EDA 龙头	90.91	90.34	90.21	90.49
15	阿里云	工业互联网平台	90.69	89.32	90.43	90.15
16	和利时	DCS 系统	90.17	89.21	89.68	89.69
17	国联股份	工业电商平台	89.73	90.14	88.78	89.55
18	朗坤智慧	工业互联网平台	89.22	89.07	89.03	89.11
19	神软	军工航天领域	89.19	88.67	88.76	88.87
20	能科股份	智能电气、智能制造	88.98	88.55	88.62	88.72
21	汉得信息	高端 ERP 咨询服务	88.99	89.47	87.56	88.67
22	鼎捷软件	智能制造 ERP	88.7	88.05	87.94	88.23
23	盈建科	建筑结构设计	88.36	88.07	87.9	88.1

（续表）

序号	企业名称	细分领域	功能	生态	创新	综合
24	概伦电子	集成电路 EDA	88.23	87.59	87.74	87.85
25	金航数码	航空工业信息化	87.79	87.37	86.81	87.32
26	品茗股份	工程建设信息化	87.58	6.89	86.22	86.85
27	芯愿景	集成电路 EDA	86.94	86.86	86.09	86.63
28	安世亚太	CAE 领军企业	86.33	87.53	85.93	86.6
29	黑湖智造	制造协同 SaaS 软件	86.85	86.7	85.68	86.41
30	浩辰软件	CAD 软件与云方案	86.74	86.08	85.04	85.95
31	安怀信	CAE 软件	86.51	86.17	84.72	85.8
32	华天软件	三维 CAD/PLM	86.55	86.03	84.73	85.77
33	数码大方	CAD 电子图板	86.5	85.84	84.68	85.67
34	英特仿真	CAE 软件	86.37	85.72	84.49	85.53
35	亚控科技	组态软件	86.4	85.46	84.08	85.31
36	思普软件	PLM/PDM	85.83	85.16	83.78	84.92
37	开目	CP/PM	85.8	85.33	83.13	84.75
38	天喻软件	PDM/ 加密软件	85.78	85.26	82.62	84.55
39	天河智造	机械 CAD	85.43	85.56	82.05	84.35
40	中车信息	PM/LM	84.89	83.36	81.37	83.21
41	艾普工华	MOM/MES	83.82	83.84	81.25	82.97
42	瑞风协同	CAE 软件	83.52	82.64	81.18	82.45
43	国睿信维	一体化工业软件	82.07	83.08	80.95	82.03
44	摩尔元数	平台型 MES 系统	82.39	82.2	80.89	81.83
45	甘棠软件	BOM/ 成本管理	81.75	81.79	80.51	81.35
46	上扬软件	半导体 MES	81.2	81.44	80.15	80.93
47	盘古信息	IMS 智能制造系统	80.93	81.36	79.87	80.72
48	兰光创新	MES 制造执行系统	80.52	81.27	79.68	80.49
49	元工国际	MES/SCM	80.47	81.23	79.26	80.32
50	艾克斯特	PLM/CAPP	80.21	81.21	78.66	80.03

数据来源：《互联网周刊》。

以自主创新提升上海半导体装备自主可控能力的对策建议

编者按：半导体设备是半导体制造工艺的核心。半导体产业的核心在于制造，制造的核心技术是工艺，工艺的核心是设备和材料。半导体设备与材料与工艺的发展是相辅相成，相互制约的关系。一方面根据半导体行业内"一代设备，一代工艺，一代产品"的经验，一代半导体设备是一代工艺发展的前提。摩尔定律逐渐逼近物理和经济极限，工艺的发展具有放缓趋势，为国内半导体设备企业追赶国际大厂赢得宝贵的"窗口期"。本文将结合国产半导体设备技术加速追赶的趋势分析，对自主创新为基的上海半导体装备产业发展提出对策建议。

由于先进工艺节点的建厂成本呈指数级增长，当前全球也仅有中国台湾的台积电、韩国的三星等个别玩家可以继续投资 7 nm 以下工艺的研发和生产线建设。从"晶圆尺寸"来说，自 2001 年出现 12 英寸硅片以来，由于费用投入过大问题，何时向 18 英寸发展仍是未知之数。而与此相对应的是，AIOT 场景驱动下，诸如辅助驱动、电源、人机接口、射频等芯片，其需求呈现出一种"品多量小"的形态，单一子品类的出货量常不足 1KK，且无需使用最尖端的制程工艺，使用 12 吋线生产性价比一般，8 吋线重新焕发生机。在这样的情形下，为国产设备验证从易到难，逐步提高设备的稳定性，提供了宝贵的练兵机会。

一、国产半导体设备技术加速追赶，国产替代正当其时

（一）全球半导体装备产业加速集聚

半导体装备市场规模：2020 年全球半导体设备市场规模超 700 亿美元。根据 2018 年 12 月 12 日 SEMI 在 SEMICON Japan 2018 展览会上发布年终预测报告显示，2018 年新的半导体制造设备的全球销售额预计将增加 9.7% 达到 621 亿美元，超过 2017 年创下的 566 亿美元的历史新高。预计 2019 年设备市场将收缩 4.0% 至 596 亿美元，但 2020 年将增长 20.7%，达到 719 亿美元，创历史新高。根据 SEMI 数据，2017 年中国大陆半导体设备销售额 82.3 亿美元，同比增长 27%，约占全球的 15%，2020 年中国大陆市场规模占比超 20%，约 170 亿美元。

半导体装备分类占比：技术高、进步快、种类多、价值大。半导体行业技术高、进步快，一代产品需要一代工艺，而一代工艺需要一代设备。IC 制造设备主要分为光刻机、刻蚀机、薄膜设备、扩散、离子注入设备、湿法设备、过程检测等六大类，其中光刻机约占总体设备销售额的 18%，刻蚀机约占 20%，薄膜设备约占 20%。

半导体装备竞争格局：从总体到局部，市场集中度高。半导体设备市场集中度高，主要有美日荷厂商垄断。总体上看，半导体设备市场 CR10 超 60%，前五名分别为应用材料、拉姆研究、东京电子、阿斯麦和科磊半导体；局部上看，每一大类设备市场均呈现寡头竞争格局，前两名厂商占据一半以上的市场份额。

（二）国产半导体装备通过技术追赶逐步自给

国产设备自给率低，进口替代空间大。供给端看，根据中国电子专用设备工业协会对国内 42 家主要半导体设备制造商的统计，2017 年国产半导体设备销售额为 89 亿元，自给率约为 14.3%。中国电子专用设备工业协会统计的数据包括 LED、显示、光伏等设备，专家认为实际上国内集成电路 IC 设备国内市场自给率仅有 5% 左右，在全球市场仅占 1%—2%。2002 年之前，我国集成电路设备基本全进口，中国只有 3 家集成电路设备厂商，由北方微电子、北京中科信和上海微电子分别承接国家"863"计划中的刻蚀机、离子注入机和光刻机项目。国内 IC 制造设备工艺覆盖率仍比较低，国产厂商技术加速追

赶。国产全部 IC 设备在逻辑 IC 产线 65/55 nm 工艺覆盖率才 31%，40 nm 工艺覆盖率仅 17%，28 nm 工艺覆盖率仅 16%；在存储芯片产线上的工艺覆盖率大概约为 15%—25%。

数据来源：SEAJ。

图 1　历年全球和中国大陆半导体设备规模

随着摩尔定律放缓，国产厂商技术加速追赶。2006 年，《国家中长期科学和技术发展规划纲要（2006—2020 年）》设立国家科技重大专项——极大规模集成电路制造装备及成套工艺科技项目（简称 02 专项）研发国产化设备，并于 2008 年开始实施。在 02 专项的统筹规划下，国内半导体厂商分工合作研发不同设备，涵盖了主要设备种类。目前已有 20 种芯片制造关键装备、17 种先进封装设备，通过大生产线验证进入海内外销售。以北方华创（255.00—2.27%，诊股）刻蚀机为例，2007 年研发出 8 寸 100 nm 设备，比国际大厂晚 8 年；2011 年研发出 12 寸 65 nm 设备，比国际大厂晚 6 年；2013 年研发出 12 寸 28 nm 设备，比国际大厂晚 3—4 年；2016 年研发 12 寸 14 nm 设备，比国际大厂晚 2—3 年。国内厂商与全球龙头技术差距正在逐渐缩短，专家认为未来 3—5 年将是半导体设备国产替代黄金战略机遇期。

二、上海加强半导体设备自主可控能力亟待突破的瓶颈

半导体设备行业是半导体芯片制造的基石，上海半导体装备产业总体处于半导体产业链的上游核心环节，根据半导体行业内"一代设备，一代工艺，一代产品"的经验，

半导体产品制造要超前电子系统开发新一代工艺，而半导体设备要超前半导体产品制造开发新一代产品。上海集聚了国内多家高端电子装备领军企业，整个半导体装备产业呈现出四大业务条线协同发展的态势，涵盖半导体装备、真空装备、新能源锂电装备及精密元器件业务，广泛应用于集成电路、先进封装、半导体照明、微机电系统、功率半导体、光伏太阳能、平板显示、化合物半导体等多个泛半导体制造领域。

（一）半导体装备产业化能力相对薄弱制约了上海集成电路产业发展

一方面，目前我国本土半导体销售额占全球市场份额不到 7%；另一方面，随着下游家电、PC、手机等产业崛起。2017 年国内市场半导体销售额达 1297 亿美元，占全球 31.62%，半导体装备自给率不足 20%，形成巨大的供需不匹配。例如，半导体设备投资中晶圆加工设备占比达 80%，是半导体设备在新建的晶圆厂资本支出中最主要的资本支出项目，其他依次为封装测试设备（15%）和辅助设备（5%），相关数据显示，在这些设备中，进口刻蚀机投资占比最高达 25%，其次是进口薄膜沉积设备占比 20%，进口光刻机占比 23%，其余进口设备合计占比 18%。在各细分领域中，上海半导体设备企业具备竞争力的设备主要包括刻蚀设备（可以替代约 5% 左右的份额）、薄膜沉积设备（可以替代约 3%—5% 左右的份额）及清洗设备（可替代约 2% 的份额）。由于装备受制于人，导致上海 TOP5 晶圆制造商的产线设备主要依赖进口，可见，上海半导体设备的产业化能力要形成系列化布局，跟上集成电路产业快速增长模式，依然任重而道远。目前以上海中微等为代表的龙头公司正在加紧布局设备国产替代。国产半导体设备企业在刻蚀、薄膜沉积、离子注入、光学测量、研磨抛光、清洗设备等主要设备均有布局，客户的接受度也不断增强，包括中微半导体的介质刻蚀机，上海盛美的清洗设备等国产 12 英寸设备已经在生产线上实现批量应用。另外，一部分应用于 14 nm 的国产设备也开始进入生产线步入验证。

（二）半导体装备与材料缺乏投入导致集成电路产业"过热"而产业基础"不牢"

2020 年以来，各省市上半年签约半导体项目已经超过了 1600 亿。这个数据是 2019 年的两倍，集成电路产业显然进入螺旋上升期，但是仔细看，这些投资 90% 用在了集成电路设计方面（即芯片设计），而非产业化领域，在产业基础领域的设备和材料方面投入仅有 3% 左右，与国外发达国家相比形成产业倒挂现象，导致只能自主"塑"芯，不

能自主"造"芯。由于芯片设计的投资回报周期较短，大量资本被"引流"到"快速通道"，这种"逐利"的市场行为，使得实体产业发展陷入"冰火"两重天的怪圈，一方面，2019年上海半导体产业资本开支虽有所回落，但依然占全国比重超过10%，远高于历史平均水平，尤其是晶圆制造领域的投资占比超过一半，带动了上游国产设备需求。另一方面，半导体设备和材料虽然具备较大市场规模（分别占全球比重的14.5%和16.2%。），但中国大陆产业占比同样较低。几乎所有关键半导体设备（如先进光刻机）和材料（如硅片）仍几乎全部依赖进口，核心零部件和关键材料的自产化比例几乎为零。例如，上海中芯国际14 nm产线的EUV光刻机全部来自荷兰ASML公司，而光刻机是晶圆加工设备中技术壁垒最高的设备，全球光刻机生产商主要有ASML、尼康和佳能，其中ASML具有绝对的垄断地位。阿斯麦始终保持持续的高研发投入。研发费用率常年保持在10%以上，仅2019年，研发费用达到了22亿美元，而上海微电子10年研发投入才6亿人民币，目前复旦系半导体装备关键核心零部件企业——隐冠半导体获1.5亿元融资，或将重启上海半导体装备产业重投入进程。

（三）半导体设备行业亟须"软硬兼施"才能助力集成电路产业实现真正的自主可控

这一波缺芯前所未有，也是始料未及，"缺芯"已成为2021年半导体产业的一大重要标签，为此全球半导体巨头争相扩产，数千亿美元砸向晶圆制造，来缓解芯片产能危机以及巩固新一轮竞争周期中的身位。据芯思想的统计，全球19家公司有30个新增或扩产项目的情况，不包括存储扩产项目（如表1所示）。

表1　未来几年各大企业部分晶圆扩产情况列表

公司	扩产地方	投资金额	扩产情况（月增产能）	预估产能释放时间
士兰微	厦门	50亿元	扩增至3万片12英寸90-65纳米	2021—2022
士兰微	杭州	21亿元	扩增至8万片8英寸	2021—2022
华润微	重庆		新建3万片12英寸	2022
闻泰科技	上海	120亿元	新建3—4万片12英寸	2022—2023
博世	德国	10亿欧元	新建2万12英寸	2021
德州仪器	美国		扩建12英寸	2023—2025
华虹集团	无锡	52亿元	扩增至6.5万片12英寸90-65/55纳米	2021—2022

（续表）

公司	扩产地方	投资金额	扩产情况（月增产能）	预估产能释放时间
中芯国际	天津	未知	扩增至 4.5 万片 8 英寸	2021—2022
中芯国际	北京	未知	扩增 1 万片 12 英寸 28 纳米及以上	2021—2022
中芯国际	深圳	23.5 亿元	新建 4 万 12 英寸 28 纳米及以上	2022—2023
中芯京城	北京	76 亿美元	新建 10 万 12 英寸 28 纳米及以上	2024—2025
晶合集成	合肥	未知	新增 N2 厂 4 万片 12 英寸 55—40 纳米	2022—2023
晶合集成	合肥	未知	新建 N3 厂 16 万片 12 英寸	未知
粤芯半导体	广州	65 亿元	二期扩增 2 万片 12 英寸	2021—2022
绍兴中芯	绍兴		扩增至 9 万片上英寸	2021—2022
宁波中芯	宁波		新增 3 万片 8 英寸	2022—2023
海辰半导体	无锡	14 亿美元	释放约 5 万片 8 英寸	2021
海辰半导体	无锡		释放约 6.5 万片 8 英寸	2022
台积电	南京	28.87 亿美元	新建 3 万片 12 英寸 28 纳米及以上	2023
台积电	美国	120 亿美元	新建 2 万片 12 英寸 5 纳米	2024—2029
台积电	台北	270 亿美元	扩增 3 纳米、5 纳米和 7 纳米等先进工艺	2023
联电	台南	15 亿美元	12 英寸 1 万片 28 纳米及以上	2021—2022
联电	台南	30 亿美元	12 英寸 3 万片 28 纳米	2023—2024
联电	厦门	4 亿美元	12 英寸 5000 片 28 纳米	2021—2022
力积电	铜锣	2780 亿新台币	12 英寸 10 万片 1x-50 nm	2023
世界先进	新竹	未知	新建 4 万片 8 英寸	2023—2024
格芯	美国	未知	扩建 FA88	2023—2024
格芯	新加坡、德国、美国	14 亿美元	扩增 12 纳米至 90 纳米	2021—2022
三星	美国	170 亿美元	扩增 3 万片 12 英寸 7-5 纳米	2023—2024
英特尔	美国	200 亿美元	扩建 12 英寸产能，部分代工	

数据来源：芯思想研究院。

　　说到软件，我们最为了解的当属 EDA 设计软件，2020 年美国对华为软件的出口管制，EDA 设计软件三巨头牢牢把握住了芯片设计的命脉，也让我们见识了 EDA 设计软件之于芯片的重要性，但其实，半导体制造软件在芯片制造过程中也有着很重要的地位。半导体制造是高端制造中信息化程度最高的代表，其中以晶圆制造最为复杂。晶圆厂在车间生产制造过程中面临生产过程不透明、现场信息反馈难、设备运行状态监控难等诸多痛点，大多数企业渴望加强对生产过程的管理。半导体制造端的软件主要有 CIM 软件，CIM（Computer Integrated Manufacturing）计算机集成制造系统是部署在半导体晶圆制造以及先进封测工厂内部的生命级软件系统。它包括制造执行系统（MES）、统计过程控制系统（SPC）、设备自动化方案（EAP）、配方管理系统（RMS）、良率管理系统（YMS）等。由于 CIM 一直被外商占据主流市场，因此不被外界所熟知。制造执行系统（Manufacturing Execution System，简称 MES）是面向晶圆制造厂执行层的生产信息化管理系统，被喻为芯片制造的"大脑"，控制和管理芯片制造的全过程。MES 软件是未来智能制造不可或缺的一部分。然而，如同芯片一样，在半导体生产管理类软件领域，也是国外垄断的局面，如 IBM 和应用材料的 MES 软件都已经很成熟。但我们的中芯、华虹却没有自主可控的 CIM 和 MES。目前上海的 4—6 寸晶圆制造厂基本实现国产化。而到了 8 寸晶圆厂就开始有差距，超过 50% 市场都是被外资占领。12 寸基本被外资垄断。形成这样差异的原因，晶圆尺寸越大，对软件的要求也越高。如果半导体制造软件也像 EDA 软件那样被卡，那么国产的全自动化的 12 寸晶圆厂将难以开工。

三、加快上海半导体装备产业发展的对策建议

（一）加强自主可控，大幅提高本地化设备应用比例

目前集成电路制造业中，半导体设备的自给率不到 20%。其中门槛较低的后端封装测试设备占比较大，前道晶圆加工中的设备自给率甚至不到 10%。因此，半导体设备替代进口设备具有巨大的空间。在新建的晶圆厂和在建产线中，提高国产设备比例，以应对国外供应链不确定因素影响，引导大厂采购本土厂商的设备，积极配合半导体设备本土研发。完成产业布局，对在刻蚀机、薄膜设备、测试设备和清洗设备等领域已布局的企业保持高强度的持续支持，推动龙头企业做大做强，形成系列化、成套化装备产品。加快开展光刻机、化学机械研磨设备等核心设备以及关键零部件的投资布局，保障产业链安全。充分发挥在全产业链布局的优势，持续推进装备与集成电路制造、封测企业的协同，加强全产业链企业间的上下游结合，加速装备从验证到"批量采购"的过程，为本土装备材料企业争取更多的市场机会。督促制造企业提高国产装备验证及采购比例，为更多国产设备材料提供工艺验证条件，扩大采购规模。伴随着国产化率的提高、客户验证的持续推进、覆盖工艺数量的增加，并利用中国大陆半导体设备市场开始与全球周期脱钩的机遇，推动半导体设备一线龙头制造商加速国际渗透率。

（二）坚持自主与引进并举，双管齐下提升国产替代能力

大基金二期将继续支持国产半导体设备和材料发展。2019 年国家集成电路产业基金二期成立，投资布局及规划方向主要有三点：第一，支持龙头企业做大做强，提升成线能力；第二，产业聚集，抱团发展，组团出海；第三，继续推进国产装备材料的下游应用。加大核心零部件和关键材料的国产化力度，上海半导体装备材料基金为上海市扶持集成电路装备材料产业的基金，也是国家集成电路产业投资基金的子基金，基金总金额 100 亿元，首期规模 50 亿元，聚焦集成电路装备和材料领域、半导体产业链上下游企业及其他相关领域，面向全球开展投资。加大科创板等市场化融资机制对本地化高端半导体设备制造的扶持力度，适度降低投融资成本，提升资本利用效率，加大对核心零部件和基础材料投入强度。进口替代逻辑逐步兑现国产化率上升空间，利用成熟工艺设备，突破新工艺新设备，推动新工艺新设备有机融合，并批量进入客户验证或量产，率先在技术能级相对较低但使用数量较多的设备（如清洗设备等）领域实现全面替代。

（三）加快引导设备制造商与软件企业融合提升

鼓励设备制造商与软件企业合作，开发新产品，填补 12 寸半导体全自动产线 MES 系统国产化的空白，使本地化工业软件成为国内率先拥有自主知识产权的半导体全自动化 CIM 软件方案的系统提供商。半导体设备能否发挥最大效能，很大程度取决于软件开发的水平，同时软件开发出来后，还要经过项目不断试错，不断积累经验值，最后才能成为一个成熟的产品。据了解，上扬软件已经接到国内 12 寸的项目，而且在 2021 年年初的项目初步验收中，整体测试效果达到预计目标。在国内的 4 寸到 12 寸的前道、封装、材料厂中，都可以看到上扬软件的身影。迄今为止，采用上扬软件产品和服务的众多国内外半导体制造企业有中芯、歌尔、格科、长电、天科合达、有研等行业头部企业。推动软硬件企业以技术为导向融合发展，不断在半导体高端制造领域深耕，通过对工艺技术的摸索—总结—固化，为半导体高端制造企业提供 CIM 整体解决方案，即 MES、SPC、EAP、RMS、EDA 和 MDM 等系统，面向半导体、光伏、LED 三大领域，不断推出的技术自主可控的半导体工业软件系统，并且针对性地开发专用工业软件，应用在半导体衬底材料、前道晶圆制造、后道封装测试等集成电路产业链关键环节，提供具有技术独创性的整体解决方案和优质的本土化全寿命周期管理服务。

依托 G60 科创走廊，推动长三角集成电路产业协同发展的对策建议

编者按：长三角地区是中国集成电路产业基础最扎实、产业链最完整、技术最先进的区域，产业规模占全国半壁江山。其中，G60 科创走廊"一廊九区"，已成为全球电子信息产业结构调整和投资布局的焦点。G60 科创走廊包括 G60 国家高速公路和沪苏湖、商合杭高速铁路沿线的上海市松江区，江苏省苏州市，浙江省杭州市、湖州市、嘉兴市、金华市，安徽省合肥市、芜湖市、宣城市 9 个市（区），总面积 7.62 万平方公里。2021 年 4 月出台的《长三角 G60 科创走廊建设方案》明确提出，到 2025 年，新兴产业蓬勃发展，形成若干世界级制造业集群，在国内外产业分工和价值链中的地位明显提升等发展目标。本期简报聚焦 G60 科创走廊九地市的集成电路产业发展，通过剖析各自特色优势和产业链联动存在的问题，有针对性地提出了相关对策建议，以供参考。

自 2018 年 G60 科创走廊联席会议通过并发布《G60 科创走廊总体发展规划 3.0 版》

以来，九地市联合编制的《长三角 G60 科创走廊"十四五"先进制造业产业协同发展规划》《关于推动长三角 G60 科创走廊产业（园区）联盟建设发展的指导意见》和《关于推动长三角 G60 科创走廊产业合作示范园区建设发展的指导意见》等文件相继出台，成立了长三角 G60 科创走廊集成电路产业联盟，推动了浙江省及金华市、湖州市、芜湖市、宣城市在松江区建设产业协同创新中心，并与工商银行等 13 家商业银行签订战略合作协议，"一廊九区"集成电路产业协同发展正持续推进。若能进一步突破行政界限壁垒，深化产业分合有序协同发展，无疑将对长三角地区打造世界级集成电路产业集群起到积极作用。

一、"一廊九区"集成电路产业发展的走势分析

在市场机制主导和产业政策引导相结合的背景下，"一廊九区"发挥各自优势，集成电路产业定位与发展脉络基本清晰。按照不同发展阶段具体表现为：

（一）杭州市、苏州市、松江区起步较早、基础雄厚

杭州市集成电路设计业发展强劲，在嵌入式 CPU、EDA 工具、微波毫米波射频集成电路、数字音视频、数字电视、固态存储（固态硬盘控制器）、计算机接口控制器（包括磁盘阵列和桥接芯片）、LED 芯片和光电集成电路等领域技术水平处于国内领先地位，个别已进入了国际主流市场。不仅拥有士兰微电子、矽力杰半导体、华澜微电子、中科微电子、中天微电子等上市公司或国内知名企业，还有平头哥半导体、国芯科技等一批在细分领域处于国内领先地位的中小设计企业。2020 年集成电路及相关产业业务为收入 340 亿元，同比增长 12.6%。依托数字新经济优势，集成电路产业正逐渐向解决应用场景、生产加工等产业链下游延伸，以士兰微电子旗下的士兰集成、士兰集昕等为代表的（8 英寸）特殊工艺制造和三五族集成电路设计制造一体化在全国具有较强的优势与综合竞争力。杭州市未来的重点突破方向是发展特色芯片、高端存储芯片等芯片制造，兼顾封装测试与材料的较为完整的集成电路产业链。富芯半导体模拟芯片 IDM 项目（12 英寸）、中电海康高端存储芯片产业化项目（12 英寸）、紫光 5G 网络应用关键芯片及设备研发项目等重大项目相继开工建设。

苏州市拥有集成电路及相关企业 230 余家，从业人员超过 4 万人，秉承"封测做强、设计做大、制造做专"的原则，产业覆盖从设计、制造、封测、关键材料到核心设

备全产业链，主要产品方向包括电源管理芯片、智能硬件及物联网芯片、网络通信芯片、存储及信息安全芯片等领域。2020年实现集成电路产业销售收入625.7亿元，同比增长21.3%，占全国的7%。其中，封装测试业实现销售收入371.3亿元，已全面掌握了晶圆级封装（WL-CSP）、硅通孔技术（TSV）、系统级封装（SiP）等世界三大主流封装技术，在江苏省乃至全国占据重要地位，无论产业规模还是技术水平均具有领先优势。主要代表企业有科阳半导体、晶方半导体、京隆半导体、日月新半导体、通富超威半导体等。苏州市未来突破的重点方向是在网络芯片、功率芯片、高端数模芯片、嵌入式芯片等集成电路设计细分领域形成国内优势；布局GaN、GaAs、MEMS等特色工艺制造产线；发展光刻胶、化学试剂、特种气体、靶材等集成电路制造、封测关键材料及装备。

松江区作为上海集成电路产业"双核多极"空间布局中的"一极"，瞄准打造高能级的集成电路产业集群的发展目标，以芯片制造和关键材料为核心，集聚了170多家集成电路企业，包括台积电（上海）、豪威半导体、芯圣电子、上海超硅半导体、上海新阳、尼西半导体、博康精细化工等知名企业，已基本形成集研发设计、核心材料及装备制造、封装测试于一体的完整产业链。2020年集成电路产业规模超百亿元。其中，超硅半导体的超纯芯片铜互连电镀液产品实现大批量生产并替代美国同类产品，300毫米抛光硅片国产化填补国内产能空白；尼西半导体在多芯片方案整合、产品尺寸小型化、提高产品能量转换效率等方面占据了行业技术核心位置。松江区未来突破的重点方向是着力攻关GaN、SiC两类第三代半导体器件、外延设计、材料及配套芯片前沿技术；重点发展12寸晶圆封测系统、高压大电流功率器件封测系统，以及硅外延片、硅和硅基材料晶圆、光刻胶、光刻掩膜等；加快提升智能终端、工业控制、医疗电子、汽车电子等高端芯片设计能力。

（二）合肥市、嘉兴市后起发力、成长迅猛

合肥市围绕打造"芯屏器合"产业布局，全力加大招商引资力度，以重大项目为引领，积极推进存储芯片、面板驱动芯片、家电核心芯片、汽车电子芯片国产化。拥有集成电路企业近300家，聚集从业人员超2万人，长鑫存储、通富微电、沛顿科技、联发科技、君正科技、新阳半导体、至纯科技、炬芯智能、瑞昱等一批知名企业在经开区、高新区、新站高新区迅速集聚。2020年集成电路产业规模约400亿元。其中，杰发科技车规级MCU芯片实现国产突破，晶合晶圆实现手机面板驱动芯片代工市占率全球第一，

芯碁微装双台面激光直接成像设备打破国外垄断。初步形成从芯片设计到晶圆制造到封装测试以及专用装备、核心零部件和关键材料的较为完善的产业链，实现集成电路产业从无到有、从有到多。合肥市未来突破的重点方向是借助智能家电、新能源汽车、生物医药等优势产业，重点布局第三代半导体、汽车电子、医疗电子等爆发式增长的未来新兴领域，促进集成电路产业链进一步完善。

嘉兴市以嘉兴科技城、嘉善经开区、海宁泛半导体产业园为核心，主动承接优质项目和团队落户，形成了较好的产业基础和相对优势。在 IGBT 芯片、音频功率放大器、电机驱动、北斗卫星导航射频芯片等设计方面已形成特色，拥有以 DIP、SOP、TO、QFN、SIP 封装为主的集成电路测封形式，并具备晶体材料专用设备、精密抛光机、集成电路测试专用设备以及电子级硫酸、蓝宝石晶体衬底材料、陶瓷封装材料等量产能力。2020 年集成电路产业实现销售收入 105 亿元。培育了嘉兴斯达半导体、格科微（浙江）、嘉兴禾润电子、恒诺微（嘉兴）、浙江恒拓电子、天通控股等一批企业。嘉兴市未来突破的重点方向是聚力特色产品、功率器件、MEMS 传感器和大硅片等项目，着力打造集成电路专业设备及半导体器件产业基地，努力建设集成电路引领性开放公共平台。

（三）湖州市、金华市、芜湖市、宣城市加快布局、目标清晰

湖州市紧盯集成电路等特色型产业集群发展，已成功推进一批"芯设计"项目落地，5G 射频芯片、嵌入式主机 USB3.0 核心模块、窄带物联网芯片等特色设计初具规模。中科院上海硅酸盐所落户湖州的碳化硅晶体项目，已建成包括"晶体生长—晶圆加工—清洗封装"在内的完整碳化硅晶体晶圆产品生产试验线，将打造碳化硅晶体材料和相关半导体器件产业群。知路导航首款基于 RISC-V 架构的室内高精度音频定位芯片 Kepler A100，已面向全球正式发布。

金华市出台了多项政策措施，积极谋划推进集成电路产业发展，初步形成了以集成电路应用、集成电路设计、集成电路化合物半导体基板材料、集成电路上游原材料产品生产为主导的产业结构。代表企业康鹏半导体的化合物半导体基板材料项目，达产后可形成年产 4 英寸砷化镓晶片 200 万片和 6 英寸砷化镓晶片 100 万片能力。

芜湖市以化合物半导体为突破口，积极推进在汽车、家电等领域的应用，代表企业有启迪、赛腾微和江智科技等。其中，西安电子科技大学芜湖研究院围绕以氮化镓和碳化硅等化合物半导体材料为代表的亚毫米波器件与电力电子器件，正积极开展芯片设

计、制备、测试、封装和产业应用工作。

宣城市在现有 PCB（印制电路板）等一批特色领域的基础上，把集成电路作为未来产业培育，将加速发展硅晶圆、拉晶片、切片等新材料，开发面向数字电视、光伏新能源、新能源汽车等量大面广的芯片及模块。

二、"一廊九区"集成电路产业链协同发展亟须关注的问题

面对全球集成电路产业风起云涌、竞合博弈的发展态势，"一廊九区"如何巩固产业基础优势，激发组团出击活力，在集成电路产业链固链补链、强链、造链上大有作为，亟待解决以下几个问题：

一是关键核心技术是制约集成电路产业的最大瓶颈。"一廊九区"的集成电路产业发展不均衡，大部分地市处于创业阶段，发展势头较好的杭州市、苏州市、合肥市和松江区，目前集成电路制造工艺技术仍落后国际主流 3 代左右，在高端封测领域做不了"高端产品"，在同一封测技术以及封装制程、封装设计分析及系统化等方面与国外差距较大，光刻机等关键设备、光刻胶、光掩模板、超精密抛光工艺、EDA 工具等国产化程度较低。"一廊九区"对颠覆性技术布局较少，缺乏重大原创成果和核心专利，第三代化合物半导体材料研究分散在不同地市，有待进一步组团攻关。

二是产业链各环节缺乏有效联动。"一廊九区"集成电路产业项目建设横向竞争较多，一些地市偏重于招商引资拉项目，市场引领的产业生态营造作用未充分发挥，企业间、产业链上下游间缺少有效的分工合作和协同创新，难以形成"非对称"和"杀手锏"技术。体现在设计企业的高端芯片代工还是依赖台积电等企业，制造企业工艺 IP 核或 IP 资源库积累不足，对设计企业的技术支持、服务能力还较弱。由于缺乏测试、验证平台以及量产规模，重点设备、材料企业产品在本地集成电路生产线应用比重还比较低。

三是科创资源壁垒有待尽快突破。由于行政区划考核而导致的市场分割、适应产业特点的创新政策不完善，各种阻碍人才、技术、资金和信息等创新要素在"一廊九区"顺畅流动的藩篱依然坚固。体现在产学研用协同开展产业基础研究明显不足，产业链上下游跨区域联合攻关缺乏政策扶持，产业链和产业集群建设长效机制缺位。受各地集成电路投资热潮兴起影响，长三角地区集成电路人才分流加剧，叠加以美国为首的国家和地区对技术管控升级的制约，海外人才引进难度及限制也将大大增加，使得"一廊九区"集成电路人才供需缺口进一步扩大。

三、加快"一廊九区"集成电路产业协同发展的对策建议

长三角地区集成电路产业发展关系到国家的战略安全。充分发挥 G60 科创走廊"一廊九区"资源聚合、协同创新、知识溢出和人才培养的辐射效应,加强区域联动协同发展,实现集成电路产业重点突破和整体提升,有助于推动 G60 科创走廊从城市战略上升为长三角区域战略,成为贯彻新发展理念推动区域协同发展的实践样本。

(一)加速推进"一廊九区"创新资源有序流动

由 G60 科创走廊联席会议办公室牵头,会同各地市经济、科技等主管部门,深入开展调研,摸清家底,制定 G60 科创走廊集成电路产业协同发展三年行动计划,明确九地市在新发展格局中的功能定位,形成关键核心技术联合攻关清单及产业链固链、补链、强链和造链路线图。九地市的经济、科技主管部门应设立集成电路联合攻关专项,对立项项目按照各项目单位的投资比例,由各地市同步分别给予专项支持。在条件成熟后,探索建立财政资金跨区域项目支持模式,由主牵头企业所在的地市的经信、科技部门给予专项支持,推进产业链上下游联动和创新资源共享。联席会议办公室应联合九地市各相关部门,清理阻碍各类创新要素和自主产品合理流动的政策细则,实施统一的市场准入制度和标准,统一的高新企业和人才评价互认等机制。

(二)精细布局"一廊九区"产业企业协同互补

把"一廊九区"作为长三角一体化推动集成电路产业链深度分工合作的支点,结合各地市产业特色和发展实际,强化产业链上下游协作分工,构建新型的区域协同创新体系。以杭州市、松江区、苏州市、合肥市为主导,进一步增强"一廊九区"集成电路设计能级,突破高端处理器芯片、车规级芯片、图像处理器芯片、5G 芯片及 EDA 等开发工具的自主研发,超前布局与数字经济、低碳发展密切相关的芯片前沿技术。同时,以优势整机与市场应用为引导,联动嘉兴市加快晶圆制造工艺技术、新型封测技术的研发与应用。以苏州市、合肥市、芜湖市和松江区为主导,联动湖州市、金华市、宣城市,围绕创建国家第三代半导体技术创新中心建设,突破一批第三代半导体衬底材料、外延片等核心技术,提升 12 英寸硅片、高端掩膜板、光刻胶、湿化学品、电子特气等基础材料产能和技术水平。

（三）全力支持"一廊九区"开放合作提升能级

贯彻落实国家"双循环"战略部署，紧扣长三角打造世界级产业集群的需求，以"一廊九区"为载体，主动对接全球产业链、价值链、创新链，积极吸引国际领先的芯片设计、关键材料和装备企业前来投资，加速提升产业集聚规模效应。强化创新主体和研发机构的本地根植性，鼓励企业与国内外高等院校、科研机构深度合作，布局产业基础研究、"卡脖子"技术攻关或建立人才培养、实训基地。引导九地市加强与上海市浦东新区、江苏省南京市和无锡市、浙江省宁波市集成电路产业多向联动，推动长三角地区集成电路产业上下游协作配套、联合攻关、推广应用和区域内投资扩能，促进研发创新平台、实验室、检验检测中心等产业链创新平台和科研资源的区域共享，提高研发效率、减轻成本负担。

加快我国工业软件产业发展的对策建议

编者按：近年来，为推动工业软件行业的持续发展，国家相继出台《新时期促进集成电路产业和软件产业高质量发展的若干政策》《工业互联网创新发展行动计划（2021—2023年）》等相关政策。2020年，工信部提出要发挥工业互联网平台优势，提升平台的数据处理能力，加快推动工业知识、技术、经验的软件化，培育发展一批面向不同场景的工业软件。本文旨在对国产工业软件的产业发展、应用现状进行分析，对下一步国产工业软件发展过程中的挑战提出建议。

一、全球工业软件产业的发展现状

目前，全球产业进入工业经济向数字经济加速转型过渡期，以数字经济为核心的产业融合发展成为新趋势。工业信息化成为数字经济与工业融合的典型代表，是全球未来产业发展的代表方向。2019年全球工业软件行业市场规模达到4107亿美元，近三年同比增长率均在5%以上，2012—2019年复合增长率为5.4%，未来发展空间巨大。

以达索系统、西门子、参数技术公司、思爱普为代表的欧美工业软件企业处于全

球领先地位，积极布局科技前沿技术，争夺产业发展战略高地。达索系统公司开发的CATIA 是世界知名 CAD/CAE/CAM 一体化软件，在航空航天、汽车、机械等领域一直居于统治地位；西门子股份公司作为欧洲第一大、全球前三的工业软件企业，拥有最广泛的工业软件和服务组合；参数技术公司通过将增强现实、工业物联网、PLM 和 CAD 解决方案组合起来，帮助其客户取得了瞩目的成绩；思爱普股份有限公司是全球领先的业务流程管理软件供应商之一，帮助企业高效处理整个企业范围内的数据，实现无缝的信息流。

二、中国工业软件产业的发展现状和存在问题

（一）现状分析

近年来，中国工业软件产业规模增长率远高于全球水平，且仍有较大的增长空间。2013 年以来，中国工业软件产业呈现出快速发展态势，工业体系更加完善，国际影响力持续提升。截至 2019 年，中国工业软件产业市场规模已达到 1720 亿元，同比增长率突破 15%，2012—2019 年复合增长率为 13%，但中国市场规模仅占全球市场规模的 6%，因此中国工业软件产业仍有较大的提升空间。

目前，得益于中国工业软件市场需求和国家对国产软件的重视，工业软件国产化正快速有序推进，但各行业的工业软件国产化进程存在明显差距。在石化、钢铁等行业，我国积累了丰富的生产管理经验，具有软件自主研发的优势；在家居服贸行业，由于行业对精度要求不高，因此企业敢试敢用国产软件；在电子行业，我国对国外工业软件的依赖程度相对较高，随着软件国产化的意识逐步提高，国产软件有望突破国外工业软件的垄断；在汽车、航空、航天等行业，由于行业对软件的精度和安全要求较高且长期被国外产品垄断，行业自主可控度低，因此存在较大的断供风险。

（二）存在问题

1. 我国工业软件市场竞争力不强

国外大型企业逐步形成了从研发设计、生产制造到运维管理的全产业链供应闭环。而我国贯穿整个制造业过程的生态化部署较少，为用户提供整体解决方案的能力弱。其次，缺乏统一的软件标准，用户企业的产业链上下游采购不同主流厂商软件，在数据格式、接口标准上难以协同，与国外一体化平台软件存在一定差距。

2. 卡脖子威胁时刻相随

中国工业技术软件化产业联盟通过对北京神舟航天软件技术有限公司、浙江中控技术股份有限公司等 30 余家知名工业软件供给侧企业和 28 家头部工业软件需求侧企业开展调研，结果显示近 95% 的研发设计类工业软件依赖进口，国产软件主要应用于行业环境简单、系统功能单一的领域。尤其在汽车、航空、航天等行业，由于具有工业流程复杂、系统功能要求多样、对建模精度要求高等特点，进口软件成熟度高，国产软件目前无法满足这一行业的要求，因此企业几乎全部依赖国外产品，这将面临较大的"卡脖子"风险。

3. 复合型人才稀缺

从高等教育看，工业软件本身具有跨学科、跨专业属性，但目前我国高校大多未设置工业软件相关专业，成熟的复合型人才培养方案及课程配置比较缺乏。从毕业流向看，纯软件开发人才大多流向互联网、电商、游戏等，具备工业知识的人才大多流向对应的工业企业，从事工业软件开发的复合型人才较少。

4. 工业软件与工业生产有待进一步深入融合

我国由于历史原因，工业基础较薄弱，在零件制造、检测、研发技术上较依赖于进口，行业自主研发能力较弱，这限制了国产工业软件的设计。同时，国产工业软件与进口工业软件之间的差距，使得工业企业不愿意使用国产工业软件，无形中减少了国产工业软件的成长机会。

三、加快我国工业软件产业发展的对策建议

（一）加强工业软件发展研究，提升国际影响力

加快发展我国工业核心软件产业，支撑先进工业健康发展，保障产业安全，推进我国从制造大国到制造强国的转变。加强战略研究，做好顶层设计，制订新型工业软件发展路线图。在围绕产业链部署创新链的同时，着力提升产业规模化和价值链发展能力。重视我国工业软件生态发展，探索研制工业软件标准，提升国际影响力。

（二）加强工业自主研发能力，提升工业软件的成熟度

通过政策引导、加大资金扶持力度等方式，持续推进工业信息化科技工程，推动核心软件产业发展壮大。鼓励企业积极探索工业的高新技术，加强我国工业的自主研发能

力，提升工业基础，积累基础工艺研发数据和经验，为国产工业软件发展提供必要的前沿专业技术支撑。

（三）加强校企联动，培养满足工业软件需求的复合型人才

从短期看，着力提升人才引进、管理和保障水平。鼓励企业通过校企合作、国际化学术交流等中间渠道，扩展人才信息来源，重点引进具有工业软件实战经验的人才。从长期看，深入挖掘校企合作动力，提升高校人才供给能力；加强工业软件职业教育，探索一条适合国内需求的复合型人才教育和培训之路。

（四）鼓励企业采购国产工业软件，强化软件与企业的融合

《"十四五"软件和信息技术服务业发展规划》提出面向数控机床、集成电路、航空航天装备、船舶等重大技术装备以及新能源和智能网联汽车等重点领域需求，重点突破工业软件。充分利用国内现有的工业企业资源，鼓励企业采购国产工业软件，为软件发展提供充足的成长机会。加强国产工业软件与工业企业的深度融合，建立工业软件开发者社区，及时向软件开发企业提供用户反馈和必要的专业技术支持。

关于推进上海国产自主品牌工业机器人产业发展的对策建议

编者按：工业机器人，通常是指面向制造业的多关节机械手臂，或其他拥有多自由度的机械装置，主要用于代替人工从事柔性生产环节，它融汇了机械制造、电子电气、材料科学、计算机编程等学科的尖端技术，是智能制造领域最具代表性的产品。以上海为核心的长三角地区，其机器人产业依托当地科技创新全球影响力与完善的技术、人力及资本对接平台，逐步形成具备国际竞争力的机器人高端研发高地与规模化产业应用生态。但是近年来受贸易摩擦、宏观经济承压、汽车及电子等下游产业景气度下行等多重因素影响，国内工业机器人市场销量连年下降，在这种局势下，自主品牌工业机器人的保护和发展更应该得到重视。

一、国产自主品牌工业机器人产业的发展现状

（一）国内国产自主品牌工业机器人的基本情况

中国工业机器人市场经历了多年持续增长后，2018 年首次出现销量下滑，2019 年

延续下滑趋势，降幅进一步加深。但从全球市场看，中国工业机器人消费量连续第七年位居世界首位，超过欧洲、美洲、非洲的总和，占据全球总销量的三分之一。

资料来源：CRIA & IFR。

图1　2013—2019 年中国工业机器人市场情况

据 CRIA 与 IFR 联合统计，2019 年中国工业机器人市场销量呈负增长，全年累计销售 14.4 万台，同比下降 8.6%，降幅较 2018 年加深 7.7%。其中，自主品牌工业机器人销售近 4.5 万台，外资品牌机器人销售约 9.9 万台。从增长速度看，2019 年自主品牌工业机器人销售增速明显放缓，2019 年同比仅微增 0.8%，比上年放慢 17.1%。

从价值量看，2019 年自主品牌工业机器人市场价值约 54.9 亿元，其中三轴及三轴以上工业机器人市场价值约 45.6 亿元，占总价值量的 83.1%；工厂用物流机器人市场价值 9.3 亿元，占总价值量的 16.9%。在增速上，2019 年自主品牌机器人价值量同比下降 1.7%，与销量增长的趋势相反。其中三轴及三轴以上机器人的价值量自 2013 年以来出现首次负增长，同比下降 3.6%；工厂用物流机器人价值量的增速则由负转正，增长 8.6%。

从应用领域看，2019 年近半数的自主品牌工业机器人应用在搬运与上下料领域，总量为 2.2 万台，较上年下降 9.1%，增速由正转负，其在各应用领域的具体情况为：

1. 搬运与上下料的应用领域

用于材料和塑料成型的搬运与上下料机器人最多，分别为近 5200 台和近 3100 台；但塑料成型的搬运和上下料同比下降 25.8%，是搬运、上下料领域机器人销量下降的主要原因之一，另一主要原因是应用在金属铸造的搬运与上下料的机器大幅下降，同比下降了 47.8%；码垛搬运与上下料领域中，自主品牌机器人销量同比增长 33.5%，占比升至第三位，成为搬运与上下料领域中最积极的因素。

2. 焊接与钎焊的应用领域

焊接与钎焊是自主品牌工业机器人的第二大应用领域，2019年的销售总量7400余台，较上年增长10.2%，但各细分领域表现不一：其中弧焊领域销量为3800余台，同比增长53.8%，跃升为焊接与钎焊中销量最大的细分领域，也是焊接与钎焊领域销量增长最主要的动力来源；钎焊领域销量为2100余台，同比降低19.9%，降至焊接与钎焊各细分领域中的第二位；激光焊领域共计销售近660台，同比增长49.4%，升至焊接与钎焊领域的第三位；点焊领域销量近600台，同比下降42.5%，降至第四名。

3. 其他应用领域

2019年用于装配的自主品牌工业机器人近4600台，同比下降2.7%，占自主品牌机器人总销量的10.3%，比2018年下降0.3个百分点。用于涂层与封胶的自主品牌工业机器人共计销售3700余台，同比下降3.1%，占自主品牌机器人总销量的8.4%。用于加工（激光切割、机械切割、去毛刺、抛光等）的机器人年销售近年来一直波动明显，2015年及以前逐年递增，2016年到2018年，小幅下跌和大幅增长交替出现，2019年销售近2600台，同比增长189.8%，占总销量的5.8%，比2018年提高了3.8个百分点。用于洁净室的机器人450台，同比下降8.2%，占总销量的1%。

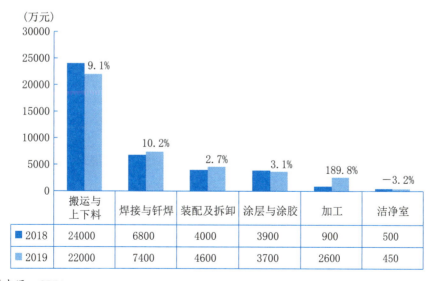

（万元）	搬运与上下料	焊接与钎焊	装配及拆卸	涂层与涂胶	加工	洁净室
2018	24000	6800	4000	3900	900	500
2019	22000	7400	4600	3700	2600	450

资料来源：CRIA。

图2 2019年自主品牌工业机器人销售价值量及增减情况

（二）上海国产自主品牌机器人产业的发展情况

上海相对于全国其他地区拥有突出的区位发展优势，拥有良好的制造业发展基础与产业配套环境，在工业机器人国产替代进口方面也走在全国前列，但不同产业链环节进程有快慢：系统集成最快，基于工程师数量和素质整体提升的红利以及本土化优势，在系统集成方面国产自主品牌已经可以与国际知名的机器人公司形成竞争，但该模式的限制长期来看无法培养出具有一定统治地位的企业；机器人本体其次，硬件技术趋于成熟，国产加速追赶，通过掌握运动控制技术等关键技术提升附加值和走差异化路线是被验证的正确方向；核心零部件最后，这部分技术含量高、向上突破难度大，但一旦突破则可以培养出在国际上都能有一定竞争优势的优秀企业。

表 1　上海的国产自主品牌机器人典型企业的相关产业发展情况

自主品牌	在上海的相关产业发展
克来机电	公司于 2003 年在上海市成立，教授技术创业，创始人及核心技术人员来自上海大学，都是中国最早一批机器人自动化技术专家。目前公司两大业务板块，一是自动化生产线，主要应用到汽车行业，主要是汽车电子、汽车内饰领域；二是收购上海众源，进入发动机核心零配件生产领域，与上汽大众深度绑定。
达闼机器人	达闼机器人属于服务机器人领域的新秀，疫情期间，达闼 5G 云端清洁消毒机器人在上海儿童医院高效、自主完成医院内的清洁消毒任务，降低工作人员工作时长，避免交叉感染。目前，达闼机器人在上海的智能柔性关节 SCA 生产及机器人产线已进入量产阶段。
博实自动化	博实重点攻关石化领域机器人码垛生产线，博实研制的国产化设备促使聚丙烯全自动包装码垛生产线实现了国产化替代，后依托哈工大机器人研究所的技术储备，挺进上海市场，同上海石化签订合同，将国外设备替代出局。目前其全自动包装码垛机器人生产线速度已达到国际领先水平。

从几个典型可以看出，国产自主品牌机器人在上海的产业发展在部分关键技术及应用上取得了一定突破，并且在区别于传统机器人的，如医疗民生机器人领域的差异化发展道路上取得了优秀成果。但是，自主品牌在更核心的关键技术、核心零部件领域目前还未能拿出可以与国际优秀企业直接进行竞争的成果，其相关应用目前还无法完成国产化替代。

二、上海国产自主品牌工业机器人产业发展面临的问题

上海拥有突出的区位发展优势，拥有良好的制造业发展基础与产业配套环境，该地区

自主品牌工业机器人产业总体发展良好，正逐步获得市场认可，但是我们离发那科、ABB、安川、库卡等国际知名企业还有很长的一段路要走，目前行业中还面临着这些困境：

（一）国产自主品牌的核心零部件存在差距

核心零部件环节，尤其是伺服系统与减速器部分缺口仍然较大，绝大多数需依赖国际市场采购获得，贸易成本与供应链风险较大。

关于核心部件中的伺服系统部分，国产伺服电机与日系和欧美品牌仍然存在差距，主要表现为：大功率产品缺乏、小型化不够、信号接插件不稳定、缺乏高精度的编码器。

表2 国产自主品牌的核心零部件主要差距及具体表现

主要差距	具体表现
大功率产品缺乏	我国伺服电机行业早期模仿日本产品，因而以中小功率为主，功率多在 3 kW 以内，5.5—15 kW 的中大功率伺服缺乏，导致某些需要大功率伺服电机和驱动配套的系统无法提供。
小型化不够	小功率产品往往追求精细化，目前松下 A6 和安川的 Σ7 电机短小精致，而国内伺服电机普遍偏长，小型化不够。
信号接插件不稳定	国产信号接插件不够稳定，随着接插件的小型化、高密度化趋势，未来需要不断提高接插件的可靠性。
高精度编码器缺乏	工业机器人需要用多圈的绝对编码器，目前该类产品严重依赖进口，是制约我国高档伺服系统发展的重要瓶颈。

在核心零部件的减速器部分，国内厂家开始研制工业机器人相关减速器的历史较短。日本纳博特斯克在 RV 减速器领域处垄断地位，日本哈默纳科则在谐波减速器领域处垄断地位，两家合计占全球市场的 75% 左右，由于其极高的技术壁垒，工业机器人本体制造环节对减速器环节议价能力很弱。在上海地区，上市公司中，上海机电的业务涉及减速器，2013 年与纳博特斯克在国内合资成立公司；非上市公司中，力克精密则是自 2013 年开始从事 RV 减速器开发。整体来讲，国产减速器有所突破，但知名度和市占率仍有待进一步提高。

（二）国产自主品牌机器人在关键技术上储备不足

上海的自主品牌机器人企业在关键技术上的储备不足，由于自主开发能力较差，缺乏具有自主知识产权的创新技术。尽管在某些关键技术上有所突破，但还缺乏整体核心

技术的突破，特别是在制造工艺与整套装备方面。这也导致了上海在工业机器人行业总销售收入体量较大，收入尽管绝对值数量可观但相对值并不突出，整合有关键技术的高端产品的收入占比在全国来看并不占排名优势，区域平均研发投入占比并无明显优势。

（三）国产自主品牌机器人的研发投入不足

机器人是高科技行业，优秀的机器人企业往往在研发方面大力投入，并长年保证有较高的研发投入。目前上海的自主品牌机器人企业研发投入不足，大多中小企业多将经费投入到了拓展销售方面，普遍存在"高端产业低端化"和"低端产品产能过剩"的风险。

三、推进上海国产自主品牌工业机器人产业发展的建议

（一）对关键技术环节开展攻关

对关键技术开展攻关，具体为掌握以下核心技术：模块化、可重构的工业机器人新型机构设计，基于实时系统和高速通信总线的高性能开放式控制系统，在高速、负载工作环境下的工业机器人优化设计，高精度工业机器人的运动规划和伺服控制，基于三维虚拟仿真和工业机器人生产线集成技术，复杂环境下机器人动力学控制，工业机器人故障远程诊断与修复技术等。

（二）提高上海产学研协同创新驱动能力

建立高层次工业机器人技术研发与测试平台，重点培养一批高水平的研发队伍，进一步提升完善上海自主品牌工业机器人产学研合作效果。优先研究和制定具有自主知识产权的工业机器人基础标准和安全标准体系，鼓励企业和科研院所参与国际标准的制订，为推进机器人产品走向市场奠定基础，并且可以整合上海市产学研资源共同攻坚关键零部件存在短板的问题，缩小或弭平与日系、欧美系的差距。

（三）增大上海国产自主品牌机器人研发投入

加大资金与政策扶持，重点扶持、培育工业机器人三大核心零部件产业标杆创新企业，增大并维持研发投入，推进上海的自主品牌机器人产业朝中高端方向发展。同时，支持优势企业、创投机构等筹建创新基金或产业创投基金，鼓励推动创新性企业在科创板上市，并设立国家核心产品领先示范奖，提升企业对关键技术的研发创新能力。

把握战略新需求，培育壮大上海稳定同位素产业的对策建议

编者按：稳定同位素是核工业的基础。长期以来，稳定同位素的产品市场基本被发达国家垄断，美国则是我国的主要供应国。而今，美国已限制国内公司向我国出口稳定同位素相关产品，给我国核工业及核相关行业的发展带来了巨大的挑战，迫切需要开发自主核心技术，实现国产化替代。据相关行业专家介绍，经过多年持之以恒的研发，上海在稳定同位素及标记化合物的研究方面一直走在全国前列，建议进一步形成合力，深化稳定同位素在核电产业、半导体产业、临床医疗等领域的应用研究，积极打造面向国际的区域性稳定同位素供应中心。

同位素（质子数相同而中子数不同的元素）可分为稳定性同位素和放射性同位素。作为核技术应用产业的重要组成部分，稳定同位素因其无辐照伤害、安全、不受半衰期影响等自身特性，逐渐发展成为适用于长时间示踪的技术领域，在核能、航空航天、高能物理、生态环境、生物医药、公共安全、基础科研等领域有着重要而广泛的应用，具

有高技术含量、高附加值的特性。

一、全球稳定同位素产品市场被美国等所垄断

目前，全球具有稳定同位素生产技术的国家主要有美国、以色列、日本、格鲁吉亚（苏联遗留的装置）和中国。自 20 世纪 80 年代起，各种稳定性同位素产量迅速增长，特别是美国在稳定同位素生产技术、生产规模、产品品种、应用技术等方面均为世界领先水平。如美国 EP 工业公司是全球硼 -10 同位素主要供应商，美国 CIL 公司和 ISOTEC 公司垄断了全球 90% 以上的碳 -13 同位素市场，美国 CIL、日本 NIPPON SANSO 和以色列 MARSHALL 公司是全球氧 -18 同位素的主要供应商，而我国在重要稳定同位素分离技术、制备技术和产业链方面与美国等差距较大。

出于技术保密和产品垄断等原因，虽然国外公司在稳定同位素及标记化合物方面已形成较为完整的技术和产品链，但各国的产量及一些工业化生产资料鲜有报道，有的技术标准和检测方法也未见公开发表。由于稳定性同位素涉及军民两用，是我国重要"卡脖子"关键技术之一，在当前美国连续出台法案遏制"中国制造"，阻断国际合作交流的背景下，积极布局相关稳定同位素开发，避免关键环节受制于人，对上海乃至国家战略产业发展具有十分重要的意义。

二、上海发展稳定同位素产业的优势条件

（一）优势条件

据相关文献报道，我国研究稳定同位素已有 70 多年的历史，在氮 -15、氧 -18、氖 -20、氖 -22、碳 -13 等方面已完成分析技术研究，以及制备、检测技术的国产化开发，具备批量化生产能力，较有代表性的为上海化工研究院有限公司、中国同辐股份有限公司、大连博恩坦科技有限公司等企业和科研机构，上海在稳定同位素及标记化合物研发方面位居国内前列。

1. 拥有国内一流的稳定同位素分离技术的研发单位

上海化工研究院有限公司从事稳定同位素开发已有 60 多年，是国内唯一全面掌握低温精馏法、水精馏法、化学交换法、热扩散法、真空精馏法等稳定性同位素高效分离技术的工程技术中心，是国内唯一拥有市场占有率超过 50% 的氮 -15 产业化成套技术、国内唯一氖 -22 中试生产线和国内唯一碳 -13 中试制备技术的单位，也是国内排名第一

氧-18产业化成套技术的拥有者。已形成从富集、制备到应用示踪较为完整的产业链，年生产规模可达到30公斤的氮-15、100公斤的氧-18，800升的氖-12，以及部分氖-22和氖-20同位素。

公司整体研发实力雄厚，已获批国家同位素工程技术研究中心（上海分中心）、上海市稳定性同位素工程技术研究中心；建立了上海市稳定同位素检测与应用研发专业技术服务平台、上海化工研究院有限公司生物医药检测中心，其生物医药检测中心以稳定同位素测试为特色，2020年率先在国内获得稳定同位素试剂检测领域CMA和CNAS认证认可。截至2021年6月，在稳定同位素及其标记化合物的制备生产方面，已制定国家标准、行业标准、企业标准70余项。

2. 具备成熟的稳定同位素市场应用及协作伙伴

在20世纪80年代，世界上70%的稳定同位素用于医学领域，如氙-129用于核磁共振成像中的造影增强剂。现今稳定性同位素新的应用领域逐步拓展，如碳-13、氧-16被广泛应用于人体疾病检测、药物性能标记性测定等医疗行业；硅-28被广泛应用于制作半导体器件、芯片等微电子行业。目前，上海稳定同位素的市场应用场景主要包括：

（1）稳定同位素+临床诊断。

在生物医药领域中，稳定同位素主要用于新生儿筛查、临床质谱、试剂盒等人体疾病检测及药物性能标记性测定等方面，如PET肿瘤诊断试剂（重氧水）、临床诊断试剂（碳-13葡萄糖等）、代谢疾病机理研究（碳-13葡萄糖等）、药物代谢机理研究，起到代谢失踪信息反馈的作用。它与质谱仪、试剂盒的有效结合，能实现精准检验，为精准诊断和治疗提供科学依据。以新生儿筛查为例（IMD），利用串联质谱法一次检测可以获得几十项参数，筛查40多种疾病，且假阳率和成本都低于传统生化法。

上海在临床诊断应用方面，不仅集聚了生产稳定同位素的上海化工研究院有限公司；生产体外诊断产品的上海安谱实验科技股份有限公司、上海复星长征医学科学有限公司、海美吉逾华生物医药科技有限公司等，还拥有新华医院、瑞金医院、仁济医院、中山医院等一批三甲医院作为终端用户。据相关数据统计，未来五年，全球范围内临床质谱检查的增长速度会达到7.3%左右。当前国内临床质谱尚未普及，预计未来五年，临床质谱市场将以7.6%的速度增加，整体检测市场规模将超百亿元。仅维生素D一项检测即可带来76亿元的检测收入，新生儿筛查检测项目可带来约22亿元左右的检测收入。

（2）稳定同位素＋食品安全检测。

在食品安全检测中，稳定同位素主要用于食品痕量检测、原产地溯源、过敏原检测等。同位素稀释质谱法是食品痕量检测的"金标准"，食品安全 ISO、AOAC（美国分析化学家协会）、国家及行业标准中均使用同位素内标保证质谱检测结果准确性。

上海化工院有限公司历年已开发三百余种食品安全检测用同位素内标试剂，以及农药残留、兽药残留、非法添加剂、违禁色素、污染物检测试剂。如同位素标记敌敌畏、甲萘威、毒死蜱、氨基甲酸酯、氨基脲等农兽药残留检测用试剂；同位素标记三聚氰胺、苏丹红、防腐剂等非法添加剂检测用试剂；同位素标记塑化剂等污染物检测用试剂等，可广泛应用于过敏源检测、风味物质示踪与检测、产地溯源、非法添加污染物、兽药残留检测等领域，整体技术水平在国内行业处于领先地位。

（3）稳定同位素＋半导体领域。

值得关注的是，中美贸易摩擦升级后，美国对我国的集成电路企业进行打压，部分基础原材料、高端芯片的正常贸易受到严重影响。在部分产品进口受阻后，上海的稳定同位素应用研发也从医疗诊断、食品安全、环境保护等传统领域扩展到了半导体行业。

在半导体行业中，由硼-11同位素生产的硼-11F$_3$气体可用作离子注入气，上海化工研究院有限公司已与国内芯片制造厂商联手自主研发硼-11，这种稳定同位素原本全部依赖进口，且单价较高，国际市场价格约为5美元/克，国内需求量大约在1—2吨。一旦实现完全自主研发生产，不仅开拓了新的应用市场，更为国产高端芯片作出巨大贡献。截至2021年6月，实验室小批量产品已试验成功，目前正在攻克工业化的技术难题。

此外，稳定同位素还能应用于公共安全，例如毒品、兴奋剂检测、司法鉴定等，公安部第三研究所司法鉴定科学研究院正深入开展应用研究。

（二）劣势分析

相关行业专家指出，无论是技术研发还是产业规模，上海均属于国内一流水平。但与国际水平相比，我们的稳定性同位素开发及应用技术差距明显。

1. 产业发展较为分散，龙头企业和产业集群亟待培育

这不仅是上海的问题，更是我国稳定同位素产业的共性问题。从全国范围看，稳定同位素领域主要产业单元涵盖了从科研院所到小型民企在内的数十家单位，但尚无龙头企业。虽然不同单位的研发和生产领域有所侧重，但是产业整体发展分散，上下游企业

良性互动不够，缺少合力及发展重点。对标美国的 CIF 标准品公司、欧洲 Urenco 公司等，能否打造以上海为中心的稳定同位素产业集群及龙头企业是值得深入探讨的话题。

2. 技术平台不完善，标记化合物制备水平亟待提升

稳定同位素的研发周期长、难度高，如辽宁化工院于 1950 年启动硼 -10 同位素研究，但至今尚未突破工程化关键技术。上海在高丰度稳定同位素标记化合物生产和分析测试领域，存在研发范围较窄、高端产品少等短板，与美国上万种产品相比，尤其在标记药物、标记检测试剂、标记蛋白质等新兴高端产品的研制方面差距较大。在重要的稳定同位素基础标记试剂方面，均未实现国产化替代。

3. 市场占有率很低，新型应用领域亟待开拓

随着稳定同位素示踪技术的不断发展，稳定性同位素的市场竞争逐步由分离技术的开发转向标记化合物的研发，进一步从市场发展趋势研判，稳定性同位素具有非常广阔的应用空间。但目前上海稳定同位素产业在多领域市场应用拓展方面较为滞后，新应用领域开发速度缓慢。部分稳定同位素原料与产品严重依赖进口，供应链安全存在隐患。

三、培育壮大上海稳定同位素产业的对策建议

世界强国都把稳定同位素产业作为优先发展的战略产业，竞相争夺产业技术发展的战略制高点，且稳定同位素应用领域越广，带来的需求量也越大。相关行业专家建议，上海应积极布局和深入推进稳定同位素分离技术研究，并加快形成产业化应用，这对建立我国稳定同位素自主可控的产业链，确保战略性新兴产业安全将起到重要的支撑作用。

（一）优化产业布局，加快形成先进稳定同位素产业集群

实施稳定同位素产业示范工程，以稳定同位素产业园建设、稳定同位素综合生产体系落地为突破口，探索产业深度融合发展的新模式、新机制。适度超前进行产能布局，以上海的技术优势、资源优势为核心，打造建设面向国际的区域稳定同位素供应中心，全力构建稳定同位素及相关产品研发、生产、储存、运输、加工、服务、贸易于一体的高附加值产业链。引进和培育若干稳定同位素产业龙头企业，提升产业发展质量。

（二）完善开发体系，协同突破稳定同位素生产技术壁垒

明晰我国同位素产业在原料与技术领域存在的"缺失""薄弱"环节，依托上海化工

研究院有限公司的国家级、市级研发、测试服务平台，协同相关高校、生产企业和用户单位共同构建稳定同位素产业技术创新体系，加快突破制约产业发展的关键技术，研究制定质量评价共性技术方法、评价用质控物质和评价规程规范，形成一批有自主知识产权和市场前景的新技术、新产品。鼓励上海市企业开展收购、重组，提升自身研发及产业化水平。

（三）拓宽适用空间，着力打通稳定同位素市场化应用路径

加强稳定同位素市场需求与供给分析，由政府部门牵线搭桥与研发生产企业自身推广形成合力，重点聚焦稳定同位素在医疗诊断、电子行业、示踪检测技术、放射性同位素生产、同位素材料制备、标记化合物产品制备等领域的广泛用途，从终端用户出发，寻找新应用场景，开发不同领域背后隐藏的价值，持续推进稳定同位素产业链延伸。在优化应用中不断提高研发水平和技术能级，打破国外产品垄断中国市场的局面。

参考文献：

【1】《推进我国稳定同位素产业发展的建议》，中核战略规划研究总院 2020 年。

【2】薛岳、徐广铎：《中国核技术应用产业发展现状》，中国学术期刊电子出版社 2021 年版。

进一步深化上海医疗数字化转型的相关建议

　　编者按：医疗数字化转型作为城市数字化转型的重要组成部分，是生活数字化的重要场景，是科技企业创新的重要方向，更是医疗卫生治理的重要环节。本文通过对比兄弟省市医疗数字化转型的经验做法，并结合相关调研的情况，建议从加快降低市民享受不同互联网医院服务的迁移成本，加大便捷就医服务宣传报道力度，加深医院需求端和企业供给端之间的沟通，加强医疗场景与其他生活场景之间的横向联动等方面进一步深化上海医疗数字化转型。

一、兄弟省市推进医疗数字化转型的经验做法

（一）医疗数字化是城市数字化转型的重要内容

　　在新兴数字技术与医疗行业的不断融合应用的背景下，医疗数字化转型的步伐逐渐加快。医疗健康数据逐渐打通，智能化的产品供给日渐丰富，互联网医疗的服务模式不断创新，使得患者享受医疗服务的模式和理念正逐渐转变，医疗健康相关产业迎来新的发展机遇，也为医疗卫生治理带来新的变革。

1. 医疗数字化转型是生活数字化的重要场景

医疗作为民生大事，是老百姓生活中不可避免要接触的重要场景。长期以来，受到医院物理空间范围限制，"挂号难、缴费慢、排队长"等看病的老大难问题是老百姓就医体验感差的主要诉求。在新兴数字技术与医疗行业的不断融合应用的背景下，从老百姓就医需求出发，运用 5G、大数据、人工智能等技术，不断优化就医服务流程，提升医疗服务质量，是提升老百姓就医体验感的必由之路。

2. 医疗数字化转型是科技企业创新的重要方向

医院个性化的需求为企业进行产品迭代升级，提升企业技术服务能级创造了广阔的空间。疫情防控常态化的当下，医疗服务向线上线下相结合的模式转变，也为企业进行产品创新、模式创新提供了新机遇。AI 辅助阅片、临床辅助诊断系统等新兴数字化产品和服务在医疗场景下的应用，为企业提升技术创新能力提供了最佳实训场。

3. 医疗数字化转型是医疗卫生治理数字化的重要环节

医疗数字化背景下，利用 5G、大数据、人工智能等技术，一方面可实现对健康医疗数据资源的梳理，不断完善医疗基础代码库、临床知识库、医疗机构及其医务人员基础信息库等。另一方面，基于政府监管、医院管理和医务人员自律管理需要，可实现实时监管、辅助决策支持、风险预警提示、安全运维管理等应用。医疗数据治理为解决区域医疗资源不均等问题提供了解决方案。

医疗数字化转型的重要性也在国家层面得到了认可。近年来，国家卫健委陆续开展探索。2018 年和 2019 年分别印发了《全国医院信息化建设标准与规范（试行）》和《全国基层医疗卫生机构信息化建设标准与规范（试行）》，分别针对二级以上医院及基层卫生医疗机构，对大数据、云计算、人工智能、物联网等新兴技术应用提出明确要求。2018 年 9 月，国家卫健委和国家中医药管理局组织制定了《互联网诊疗管理办法（试行）》《互联网医院管理办法（试行）》《远程医疗服务管理规范（试行）》。2020 年 12 月发布了《关于深入推进"互联网＋医疗健康""五个一"服务行动的通知》，将各地在疫情防控中的典型做法向全国推广，持续推动"互联网＋医疗健康"便民惠民服务向纵深发展。

（二）兄弟省市医疗数字化转型的具体做法

各省市积极落实国家卫健委文件要求，以便民惠民为出发点，结合各自实际，开展医疗数字化转型工作。在丰富线上线下相结合的诊疗模式、破解医疗领域老年人的"数字鸿沟"、减少患者等候时间、提高患者就医体验感、数据打通、集成服务、"一码通用"等方面进行创新探索，各具特色。

1. 北京市：推动挂号就医服务跨越数字鸿沟

一是按传统方式设置线下人工窗口，同时配备导医、志愿者、社会工作者等人员，为老年人提供就医指导服务。二是强调完善预约转诊服务，积极推进社区预约转诊，要求综合医联体核心医院向医联体内基层医疗机构预留 20% 预约号源。三是优化老年人"互联网＋"就医服务。针对老年人使用互联网和智能设备中遇到的困难，优化互联网医疗服务平台界面设计和服务功能，简化网上办理就医服务流程，在互联网医院建设中充分融入方便老年患者的就医服务流程。

2. 浙江省：打造"掌上"医疗健康服务生态圈

一是上线集监管与服务功能于一体的省互联网医院平台。通过"一个码"就能获取院前预约挂号、在线取号，院中排队叫号、扫码就医、费用结算，院后报告处方查询、互联网诊疗等医疗医保服务，以及疫苗接种、体检报告和电子健康档案查询、母子健康手册等健康管理服务。二是推广"出生一件事"，提供"一表申请、一站受理"的集成服务。三是建成全省精密智控疫情调度指挥平台，汇聚各级各类医疗卫生机构的疫情防控数据，对接海关、药监等部门的疫情预警信息，全面掌握区域的物资保障、核酸采检、医疗救治及急救转运能力，建立多点触发监测预警机制，实现多部门、多层级的协同联动响应。

3. 广东省：开展便民服务"五个一"专项攻坚行动

一是建设居民电子健康码，实现医疗健康服务"一码通用"。二是建设两级健康信息平台，实现医疗卫生机构"一网联通"。三是优化再造服务流程，实现看病就医"一键诊疗"。四是建设远程医疗体系，实现远程医疗"一站会诊"。县级以上医院、医疗联合体和基层机构逐步接入省远程医疗平台，基本实现远程医疗服务全覆盖。五是发展互联网医疗服务，实现线上线下"一体服务"。

二、上海推进医疗数字化转型的进展

上海在认真贯彻落实国家政策基础上，以全面数字化转型推动医疗健康服务体系流程再造、规则重构、功能塑造、生态新建。运用 5G、大数据、人工智能等技术，通过

线上线下相结合的方式，由点及面，重塑就医流程，加快"便捷就医服务"应用场景建设，构建智慧医院新模式，打造数字健康城区，全方位赋能医疗领域的数字化转型，让老百姓切实感受到医疗数字化转型成果。

（一）线上服务：注重互联网医院建设

2019 年 8 月上海市卫健委印发《上海市互联网医院管理办法》，主要是基于国家卫健委 2018 年发布的相关标准，对互联网医院的准入、执业管理、监督管理进行了规范。根据上海申康医院发展中心发布《2020 上海市级医院互联网总平台便民服务大数据报告》，2020 年上海市级医院互联网总平台微信公众号和 App 覆盖 38 家市级医院。为用户提供预约挂号、在线咨询、寻医问药、新冠早筛、影像云胶片、报告查询、院内导航、互联网医院总入口、长三角精准预约、健康档案查询等便民服务，累计预约达 2341 万人次。但目前各个互联网医院之间提供的相关服务各有特色，但操作界面并不一致、相同服务的名称不同等现象时有发生，患者在享受不同互联网医院提供的服务时学习成本较高。

（二）线下服务：聚焦"便捷就医服务"应用场景

在上海市数字化办公室牵头下，市卫健委会同市医保局、市经济信息化委、申康医院发展中心、市大数据中心等单位，带领试点医院，组建"便捷就医服务"数字化转型工作专班，开展"便捷就医"七大应用场景建设（七大应用场景分别为：精准预约、智能预问诊、互联互通互认、医疗付费"一件事"、电子病历卡与电子出院小结、线上申请核酸检测及疫苗接种、智慧急救）。运用 5G、大数据、AI 等数字新技术，开创了上海"便捷就医服务"数字化转型与数字医疗创新发展新局面。2021 年 6 月《上海市"便捷就医服务"数字化转型工作方案》正式发布，目标到 2021 年底实现七大场景全市全覆盖。但对于"便捷就医服务"的具体功能点，市民的知晓度并不高。这一现象普遍出现在不常就医或家中不常有人就医的年轻人以及外地来沪就医的患者中。经常就医的患者也会因为熟悉了传统模式，而缺乏对互联网医院等新型就诊模式的信任。

（三）由点及面：打造数字健康城区

自 2021 年 4 月起，上海规划建设数字健康城区，依托互联网医院、远程医疗协同，在医院与城区之间建立紧密协作关系。同时围绕"智慧医疗""智慧服务""智慧管理"，积极推动智慧城区医疗一体化发展制度创新。如：青浦区依托长三角（上海）智慧互联网医院，搭建长三角三级专科互联网总医院，会同嘉善、吴江两地共同推动医疗行业治理及服务模式创新。截至 2021 年 7 月，长三角互联网医院平台已注册医师 129 名，累计接诊 2000 余人次，其中长三角居民占比近 30%，有效打通优质医疗资源服务"最后一公里"。但在依托优质医疗资源建设数字健康城区过程中，医院定制化需求与企业标准化产品供给不匹配的现象常有发生。

三、进一步加快上海医疗数字化转型的对策建议

（一）加快降低市民享受不同互联网医院服务的迁移成本

通过出台互联网医院相关服务操作指南等方式，从患者在不同医院享受相同服务的操作便利度、一致性等角度出发，降低患者的学习成本，方便患者在不同医院就医时快速理解相关服务。尽可能消除由于不同医院流程不同给患者带来的困扰，便于互联网医院的相关服务模式快速推广使用。加快总结现有互联网医院的成熟经验，从便民惠民的角度出发，适当前瞻探索更多功能，从外沿服务延伸到医疗服务的核心区域。

（二）加大便捷就医服务宣传报道力度

充分运用互联网、新媒体等渠道，通过组织媒体探营、邀请市民体验等形式，结合直播、短视频等新兴宣传方式，广泛推介医疗数字化转型重要成果和便捷就医方式，引导人民群众了解就医变革，逐步改变患者传统就医理念和习惯，从而增加患者使用频率。同时也要加强舆论引导和舆情监测，积极回应社会关切问题，营造良好的社会氛围。

（三）加深医院需求端和企业供给端之间的沟通

除传统的通过举办各类医疗数字化转型相关的沟通会、论坛等活动外，政府部门也可以通过发布创新产品目录、开放医院应用场景吸引医疗科技企业进行"揭榜挂帅"等新兴方式指导医院开展数字化转型试点，加强医院需求端与医疗科技企业之间的深入沟通。在资金支持方面，综合运用参股基金、联合投资、融资担保、政府出资适当让利等多种资金支持方式，积极引导民间资金向医疗数字化转型领域投资，鼓励企业和医院联

合开展医疗创新产品的技术攻关。

（四）加强医疗场景与其他生活场景之间的横向联动

将医院的服务从围墙内向围墙外进行拓展，与酒店、交通、养老等数字化转型应用场景进行全方位打通。例如：为就医患者及其家属提供便捷的酒店住宿推荐，为患者提供便捷停车和叫车服务；将出院患者与基层医疗机构联动，方便患者进行康复治疗；与社区、养老场景结合，拓展在养老院场景下的远程医疗；通过信息化手段，结合市民政智能相伴计划，实现就医场景的一键通等。

加快培育瞪羚企业　促进上海产业高质量发展

编者按：2021 年 7 月 30 日中共政治局会议首次提出"开展补链强链专项行动，发展专精特新中小企业"。培育一批专注于细分市场、聚焦主业、创新能力强、成长性好的中小企业，助力实体经济做实做强做优，提升产业链供应链稳定性和竞争力。各地政府正在创造良好的营商环境，培育和扶持专精特新企业。其中，"瞪羚企业"在解决关键核心技术"卡脖子"问题方面扮演着至关重要的角色。本文通过梳理国内重点地区瞪羚企业发展现状及政策等，结合上海瞪羚企业的现状，提出加快培育瞪羚企业发展相关建议。

瞪羚企业的概念最初由美国麻省理工学院教授大卫·伯奇（David Birch）在 20 世纪 90 年代提出，是指在 1990 年的销售额不少于 10 万美元，且在随后 5 年内每年均有 20% 以上增长率的企业。之后，瞪羚企业在发达国家引起了广泛关注。《硅谷指数》[①]

[①]　由硅谷联合投资（Joint Venture Silicon Valley）首创，后和硅谷社区基金会（Silicon Valley Community Foundation）联合制定并发布的包含人口、经济、社会、空间和地方行政等内容的综合性区域发展评价报告。

将"瞪羚企业数量"作为反映硅谷经济景气程度的重要指标之一；经济合作与发展组织（OECD）每年都会持续跟踪报告瞪羚企业等高成长企业的发展。我国引入"瞪羚企业"这个概念，一般是指创业后跨过死亡谷，以科技创新或商业模式创新为支撑，进入高成长期的中小企业。

一、我国加快发展瞪羚企业的重大意义和实践经验

（一）培育瞪羚企业的现实意义

1. 有助于加快培育小巨人、制造业单项冠军

目前，我国专精特新"小巨人"企业共计 3 批 4762 家，单项冠军企业 5 批 596 家。[1] "十四五"期间，我国将通过"百十万千"梯度培育的体系，引导中小企业走"专精特新"发展之路，即培育孵化带动 100 万家创新型中小企业，培育 10 万家省级专精特新企业，1 万家专精特新"小巨人"企业，1 千家单项冠军企业。

在此契机下，从专精特新企业中发掘一批体量小、成长性高、创新能力强、发展潜力大的瞪羚企业，有助于聚焦重点培育潜力型企业，帮助其加速发展，最终成长为"小巨人"企业、单项冠军企业，助力产业高质量发展。

2. 有助于填补产业供应链空白、带动创新关键核心技术攻关

一般而言，能以超常规甚至是倍增的速度持续成长的瞪羚企业往往在细分技术领域拥有原创的技术能力，开发出独特的产品；或是能够应用前沿技术对需求方提供最佳解决方案，带动产业链上下游企业集聚，形成产业集聚化发展效应。如广州明珞汽车装备公司在建立之初仅 2 人和 15 万元的启动资金。在中国汽车焊接制造设备 60% 依赖进口，部分核心关键技术与产品被国外垄断的形势下，明珞装备把握契机，研发了国内首款多车型共线柔性总拼系统，在 10 年时间内逐步发展成为特斯拉、宝马、奥迪等国际高端汽车品牌的供应商。如粤芯半导体 2017 年底在广州成立，用了不到 18 个月就成为自 2006 年以来中国大陆地区 12 英寸晶圆代工领域新晋者中唯一量产的企业，带动了大湾区半导体上下游产业链的协同发展，实现了大湾区从汽车电子家电等消费品制造向产业链上游不断延伸。

3. 有助于提升区域产业发展整体水平

根据《国家高新区瞪羚企业发展报告 2019》显示，瞪羚企业业绩表现全面优于高新区平均水平。2968 家国家高新区瞪羚企业以 2.5% 的数量占比，贡献了 3.3% 的工业总

---

① 《培育更多专精特新中小企业》，载《人民日报》2021 年 8 月 19 日。

产值、3.8% 的出口额、4.1% 的营业收入、4.5% 的实际上缴税费、5.1% 的从业人员数量和 7.4% 的净利润。同时，瞪羚企业占高新区企业技术收入总额的 11.7% 和科技活动人员总数的 8.8%，表现了瞪羚企业在引领新经济创新发展方面的突出作用。

（二）国内发展瞪羚企业经验做法

2003 年起，我国各地方政府陆续启动瞪羚计划。比如 2003 年北京中关村管委会开始实施"瞪羚计划"，广州高新区于 2013 年正式启动"瞪羚计划"。近几年，瞪羚企业更是得到了一些地方政府的高度重视，相继出台了支持政策。2014 年北京出台了《关于支持中关村国家自主创新示范区瞪羚重点培育企业发展的若干金融措施（修订）》，2015 年出台了《中关村科技园区瞪羚计划》，2019 年出台了《关于进一步支持中关村国家自主创新示范区科技型企业融资发展的若干措施》。武汉 2018 年出台了《东湖高新区瞪羚企业认定及培育办法》。杭州 2020 年出台了《关于支持瞪羚企业加快发展的实施意见》。这些政策举措主要有以下特点：

1. 认定标准突出高成长性

各地瞪羚企业的认定标准、申报条件各有不同，但都突出高成长性。如科技部火炬中心联合外部企业每年发布《国家高新区瞪羚企业发展报告》，提出了"国家高新区瞪羚企业遴选标准"。该标准如下：

表 1　2019 年国家高新区瞪羚企业遴选标准

定量提取指标	入选需满足以下条件之一。 1. 企业成立时间不早于 2005 年，2015 年总收入不少于 1000 万元且 2015—2018 年复合增长率不低于 20%，且 2018 年正增长； 2. 企业成立时间不早于 2005 年，2015 年雇员总数不少于 100 人且 2015—2018 年复合增长率不低于 30%，且 2018 年正增长； 3. 企业成立时间不早于 2014 年，2018 年总收入不低于 5 亿元（即成立 5 年内总收入突破 5 亿元），且 3 年收入无大幅下降； 4. 企业成立时间不早于 2009 年，2018 年总收入不低于 10 亿元（即成立 10 年内总收入突破 10 亿元），且 3 年收入无大幅下降。
定性筛查指标	入选需满足以下全部条件，否则将被剔除。 1. 行业性质：非烟草、铁路、矿产资源、公共服务等垄断性行业企业，以及房地产、基础建设、银行等行业。 2. 企业性质：非大型央企、外企生产基地、分公司、销售公司、贸易公司。
创新门槛指标	4 年平均科技活动投入强度（即科技活动投入经费占营业收入的比例）不低于 2.5%。

又如北京中关村瞪羚企业入选条件要求为：企业的技工贸总收入在1000万—5000万元之间，年收入增长率要达到20%或利润增长率达到10%；总收入在5000万—1亿元之间的，年收入增长率达到10%或利润增长率要达到10%；总收入在1亿—5亿元之间的，收入增长率要达到5%或利润增长率达到10%。

2. 聚焦重点产业

北京重点聚焦大信息和大健康两大核心产业，尤其是医药健康产业"创新药物＋高端医疗设备＋医疗服务"三个细分领域。深圳侧重培育金融科技、远程教育、电子商务企业。苏州聚焦电子信息、光电机一体化等，广州聚焦半导体和集成电路。杭州高新区支持培育属于鼓励发展类重点产业且为细分行业领先的企业。

3. 支持力度较大

一是金融信贷方式。北京对瞪羚企业的扶持主要包括担保贷款、贷款贴息两个方式。担保贷款方面，企业执行1.782%的担保费率和0.3%评审费率，每年享受的最高担保贷款额为3000万元。贷款贴息方面，主要包括担保补贴、金融产品创新补贴、贷款贴息、利息补贴、融资租赁补贴、上市支持等方式。二是落户一次性奖励。深圳宝安区对入选国家科技部火炬中心最新年度的瞪羚企业，引进落户后年产值达到5亿元以上的，给予200万元一次性奖励。三是营收及研发奖励。深圳龙华区连续3年给予入选国家高新区的瞪羚企业上年度可加计扣除的研发费用（扣除上年度区科技创新专项资助额）30%的扶持、每年不超过300万元。四是生产用地奖励。杭州高新区对经认定的瞪羚企业，租用楼宇、厂房用于生产经营的，给予其实际租用生产经营用房房租50%的补贴，单个企业补贴面积原则上不超过5000平方米。

二、上海培育瞪羚企业发展的现状和问题分析

（一）发展现状

据"瞪羚云"统计，目前中国瞪羚企业已有24089家，涵盖87个行业大类以及193个热门领域，其中北京、广东、湖北、江苏、浙江是瞪羚企业数量最多的5个省市。上海拥有瞪羚企业527家，位列全国第七。

目前上海在区级层面，金山区开展了瞪羚企业认定工作探索，制定了《金山区瞪羚企业认定及管理实施细则》，明确瞪羚企业需满足基本条件：年均营业收入在1000万—5000万元之间的，营业收入年均增长率不低于30%；年均营业收入在5000万元以上

的，营业收入年均增长率不低于20%。此外，还需满足近两年平均研发投入强度高于3%、拥有设立经认定的研发机构、取得相关质量管理体系认证等6项专项条件中4项及以上。根据《金山区瞪羚企业认定及管理实施细则》，2020年至2021年，金山区两年间共培育瞪羚企业28家，其中机械装备行业企业占比32.1%，材料和化工占比25%，如生物医药行业数量占比10.7%、电子行业数量占比7.1%、汽车行业数量占比7.1%等。通过瞪羚企业两年的认定评审，重点培育一批潜力型企业，为金山工业发展发挥了积极作用，并为未来的产业转型升级做铺垫。金山区2020年度规模以上工业企业产值增速（属地）为8.3%，高于全市的6.4个百分点；金山区2021年上半年规模以上工业企业产值增速（属地）19.1%，高于全市的0.3%。

（二）存在问题

一是目前上海市级层面，没有出台关于瞪羚企业的认定标准、管理办法等相关政策。二是区级层面仅金山区开展了瞪羚企业认定工作，但认定标准过高且培育领域未聚焦上海重点产业发展方向。三是上海市级层面未出台关于人才培育、金融服务等方面的政策支持鼓励培育一批瞪羚企业，未来向隐形冠军和制造业单项冠军方面发展。

三、上海加快培育瞪羚企业的相关建议

（一）研究制订上海市级瞪羚企业认定标准

建议结合上海实际，研究制定上海市级瞪羚企业认定标准，拟筛选企业成立时间不早于2005年，且近四年复合营收增长率不低于20%；申报前四年度营收不少于1000万元，雇员不少于100人。在全市重点培育"专精特新"中小企业的基础上，优中选优，大力培育一批成长速度快、创新能力强、专业领域新、发展潜力大的瞪羚企业。

（二）培育领域聚焦上海重点产业发展方向

建议在大力培育"专精特新"中小企业的基础上，聚焦上海"3 + 6"重点产业，培育一批瞪羚企业，未来打造成为专精特新小巨人、制造业单项冠军企业。发挥瞪羚企业创新优势，围绕"卡脖子"技术和产品，在产业发展的基础零部件、基础材料、基础工艺、基础设备、基础芯片、共性技术基础等领域，加强科技创新，增强产业链供应链韧性，助力上海产业高质量发展。

（三）制定上海瞪羚企业发展相关支持政策

加快梳理和制定上海瞪羚企业培育方案，明确支持政策，健全上海瞪羚企业公共服务支撑平台，拓展瞪羚企业人才积分制度挂钩，人才荣誉奖励等人才方面配套政策，以及贷款融资优惠、金融产品创新、支持科创板上市等多层面政策激励。同时，促进跨界融合交流，发挥瞪羚企业带头效益，做精"专精特新"中小企业培育，为关键核心技术攻关，产业链固链强链提供支撑，促进产业高质量发展。

加快上海时尚食品业发展的对策建议

编者按：上海是中国近代和现代食品制造业的重要基地和发祥地，也是中国食品品牌的摇篮。近几年来，上海时尚食品业围绕国家"供给侧结构性改革"发展战略，聚焦上海建设国际消费城市目标，以高水平保障食品安全和提升产业自主创新为重点，着力推进食品工业规模化、特色化、集群化、品牌化发展，打造具有国际竞争力的现代食品产业体系，成为上海经济发展不可或缺的重要组成部分。

2020 年是一个非比寻常的时期。新冠肺炎疫情给上海时尚食品行业生产经营带来了极大的冲击。面对疫情影响之下的困境，2020 年，上海时尚食品业（不包括烟草制造）完成工业总产值 1135.6 亿元（可比价），可比下降 0.1%；占全市工业总产值 3.3%，较 2019 年基本持平；2020 年完成主营业务收入 1388.9 亿元，同比下降 0.8%；实现利润 122.2 亿元，同比增长 18.9%，有力保障了上海特大型城市的食品供应。

一、上海时尚食品业发展的主要特征

食品工业是我国最早开放的竞争性行业之一。多元化的所有制形式，为食品行业注

入了蓬勃生机和活力，市场发展空间扩大，涌现出一批初具规模、管理规范，极具竞争力的龙头企业和名牌产品。

在全球化浪潮中，上海时尚食品业企业正在不断融入国际市场，食品企业通过产品出口、文化输出、海外建厂、并购等方式，实施"走出去"的发展战略，积极主动参与国际市场的竞争，开始全球市场的布局。例如，光明食品集团自2010年收购新西兰新莱特乳业51%股权起，已陆续沿着"一带一路"拓展了10多家海外企业合作。

近年来，上海时尚食品业围绕国家"供给侧结构性改革"发展战略，聚焦上海建设国际消费城市目标，以高水平保障食品安全和提升产业自主创新为重点，着力推进食品工业规模化、特色化、集群化、品牌化发展，打造具有国际竞争力的现代食品产业体系。呈现出以下五个发展特征：

一是上海时尚食品行业进入"减量增质"期。上海时尚食品业优化结构，减量增质。数据显示，获得食品生产许可证的企业，从2010年底的2210家减少到2016年底的1487家，减少了近三分之一。2020年，380家规模以上食品工业企业，2020年完成主营业务收入1388.9亿元，同比下降0.8%；实现利润122.2亿元，同比增长18.9%。

二是多种经济助推发展。据上海市食品协会统计，光明等国有食品企业工业产值占据半壁江山，外资、港澳台资、中外合作、民营等经济组织占上海时尚食品制造企业的50%。

表1 时尚食品业主要行业产品升级一览表

行　业	升　级　产　品
面粉工业	发展富强粉，开发出饼干、面包、糕点等专用粉，馒头、蛋糕自发粉、饺子粉、煎炸粉、全麦粉，以及高筋、中筋、低筋等专用粉
油脂工业	发展精炼油、玉米油、菜油、橄榄油，开发起酥油、煎炸油等专用油脂，大豆蛋白等
肉类加工业	发展冷却肉、低温肉制品等
乳制品工业	发展保鲜奶、酸奶、超高温灭菌奶、奶粉、奶油、干酪等
烘焙工业	发展各种夹心饼干、曲奇饼干、威夫饼干、蔬菜饼干、超薄饼干等，甜咸兼备、形态各异
饮料工业	发展碳酸饮料、植物蛋白饮料、果汁饮料、果蔬汁饮料、含乳饮料、茶饮料、天然矿泉水、桶瓶装饮用水等，饮料功能扩大
冷冻行业	发展方便食品、速冻食品、速冻熟制食品、方便菜肴、半成品等厨房食品
老字号企业	发展休闲、旅游、传统特色食品
食品保健企业	针对不同人群的生理需求，开发各类营养强化保健食品、婴幼儿食品、老年食品等

三是科技创新引领潮流。上海建立健全食品工业创新体系，推动食品产业技术创新平台建设。规模以上食品工业企业研发设计、生产管理、营销服务等关键环节，互联网应用覆盖率都达到了国际先进水平。

四是"三品"行动成效显著。上海时尚食品业在产值规模持续扩大的同时，不断适应消费者需求变化，调整产业结构。产品结构向多元化、优质化方向发展，新兴产品、创新品类不断涌现，上海时尚食品行业的产品家族日益丰富和壮大。有效保证了广大人民群众对安全、营养、方便食品的消费需求。形成了一批与人民群众生活息息相关的国内外知名品牌群。食品质量安全保障能力明显提升，食品工业企业诚信管理体系建设覆盖面进一步扩大。

五是绿色低碳效果明显。上海时尚食品业规模以上企业节能指标进一步提高，绿色制造水平明显提升，一大批关键共性绿色制造技术实现产业化应用，形成一批绿色发展的示范企业。

二、上海时尚食品业的发展现状分析

（一）2020 年上海时尚食品业运行情况

1. 产值规模保持稳定

2020 年，上海市 410 家规模以上食品工业企业完成工业总产值 1135.6 亿元，可比下降 0.1%，基本保持平稳；规模以上企业同比增加 22 家，其中农副食品加工业企业增加 14 家，食品制造业增加 9 家，饮料、酒和精制茶制造业减少 1 家。

表 2　工业总产值完成　　　　　　　　　　单位：亿元

	工业总产值（可比价）		
	2020 年	2019 年	可比增长 %
上海时尚食品业合计	1135.6	1137.2	−0.1
其中：农副食品加工业	307.9	321.4	−4.2
食品制造业	718.2	713.8	0.6
饮料、酒和精制茶制造业	109.5	102.0	7.4

从图 1 中可以看出，2020 年全年食品工业产值增长波动较小，一季度受疫情影响，复工复产工作虽然卓见成效，但是仍受到一定影响，二季度开始生产全面恢复正常，至

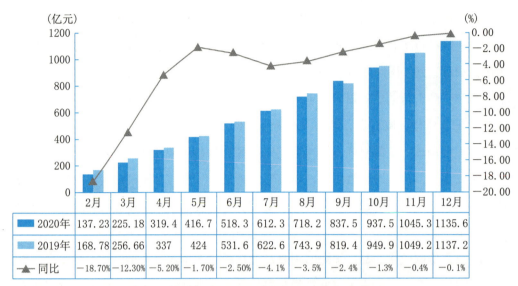

	2月	3月	4月	5月	6月	7月	8月	9月	10月	11月	12月
2020年	137.23	225.18	319.4	416.7	518.3	612.3	718.2	837.5	937.5	1045.3	1135.6
2019年	168.78	256.66	337	424	531.6	622.6	743.9	819.4	949.9	1049.2	1137.2
同比	−18.70%	−12.30%	−5.20%	−1.70%	−2.50%	−4.1%	−3.5%	−2.4%	−1.3%	−0.4%	−0.1%

图 1　2020 年月度累计产值对比

下半年，基本保持平稳。

分行业看，农副食品加工业产值可比减少 4.2 个百分点；食品制造业中，除乳制品制造业产值有较高增长，可比增长 11.4% 外，其他子行业的产值波动都相比较小，罐头食品制造业由于规上企业数量减少，产值可比下降 15.9%；饮料、酒和精制茶制造业中，酒的制造产值减少，饮料制造产值增加，精制茶加工业中唯一的一家企业不再生产，对该行业的产值数据影响较大。

2. 营业收入小幅下降

2020 年，上海市规模以上食品工业企业完成营业收入 1388.9 亿元，同比下降 0.8%，受一季度疫情影响，市场销售萧条，营业收入大幅下降，二季度开始降幅逐月收窄，至 12 月，基本与 2019 年持平。

表 3　营业收入、出口交货值完成　　　　　　　　　　　　　　　　单位：亿元

	营业收入			出口交货值		
	2020 年	2019 年	同比 %	2020 年	2019 年	同比 %
上海时尚食品业合计	1388.9	1399.3	99.3	38.1	49.5	77.0
其中：农副食品加工业	420.9	416.3	101.1	10.9	12.8	85.6
食品制造业	835.1	833.3	100.2	25.4	34.9	73.8
饮料、酒和精制茶制造业	132.9	149.7	88.8	1.8	1.9	96.0

	2月	3月	4月	5月	6月	7月	8月	9月	10月	11月	12月
2020年	183.78	281.76	398.4	514.9	633.8	742.6	863.5	1000	1131.2	1256.7	1388.9
2019年	214.37	325.58	430.4	539.2	646.2	770.3	896.5	1011.1	1138.9	1261.2	1399.4
同比	−4.3%	−3.5%	−7.5%	−4.5%	−1.9%	−3.6%	−3.7%	−1.1%	−0.7%	−0.4%	−0.8%

图2　2020年月度累计营业收入对比

分行业看，农副食品制造业因疫情关系，迎来增长，小幅增长 1.1%；食品制造业中，乳制品制造业增长 10.0%，增长率排在子行业第一，罐头食品制造业以 8.4% 的增长率排在第二，方便食品制造业同比增长 5.7%，排在第三。由此可见，疫情对人们的消费方向造成了较大影响，居家时间变长，使得农副食品、乳品、罐头及方便食品的消费量增大，相对食品依赖度较小的如糖果巧克力制造业，其他食品制造业等，销售呈下行趋势，营业收入分别下跌 8.2% 和 4.5%；酒及饮料制造同样受到市场萧条影响，营业收入分别下跌 14.4% 和 10.0%。

3. 赢利增速继续回升

2020 年实现利润 122.2 亿元，同比上升 18.9%，企业亏损面占 27.8%，同比上升 2.8 个百分点。

表4　利润完成 　　　　　　　　　　　　　　　　　　　　　　　　单位：亿元

	利　润		
	2020 年	2019 年	同比增长 %
上海时尚食品业合计	122.2	102.8	18.9
其中：农副食品加工业	28.0	16.6	68.7
食品制造业	81.7	76.3	7.0
饮料、酒和精制茶制造业	12.5	9.8	27.0

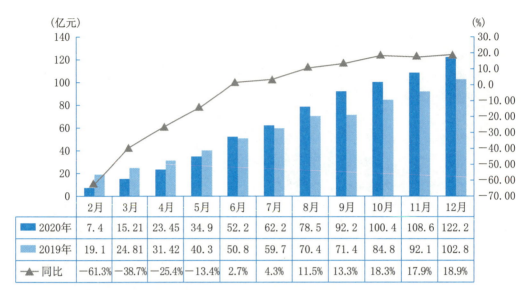

	2月	3月	4月	5月	6月	7月	8月	9月	10月	11月	12月
2020年	7.4	15.21	23.45	34.9	52.2	62.2	78.5	92.2	100.4	108.6	122.2
2019年	19.1	24.81	31.42	40.3	50.8	59.7	70.4	71.4	84.8	92.1	102.8
同比	−61.3%	−38.7%	−25.4%	−13.4%	2.7%	4.3%	11.5%	13.3%	18.3%	17.9%	18.9%

图 3 2020 年月度累计利润实现

主要原因是：

1. 由于一季度疫情关系，使农副食品的市场需求大幅增长，使得农副食品制造业的产值、营收一改往年的颓势，大幅拉动了食品行业的整体增长；

2. 企业对于疫情的市场销售策略都做出了及时的改变，通过调整产品结构，改变销售策略等方式，减少以量取胜的低端产品的制售，转而推广更多中高端新品的投放，从而使得企业虽然在产值、营收等方面都有所下降，但是利润保持了较高增长；

3. 政府部门及时的税收优惠政策也使得企业在疫情环境下，降低了生产成本，从而提高了利润。

4. 2020 年，面对疫情等不利影响，上海市规模以上食品工业企业逆势爬坡，实现利润同比增长 18.9%，增速回升。

表 5 主营业务收入利润率

	主营业务收入利润率 %	
	2020 年	2019 年
食品工业总计	8.8	7.3
其中：农副食品加工业	6.7	4.0
食品制造业	9.8	9.2
饮料、酒和精制茶制造业	9.4	6.6

2020 年，主营业务收入利润率为 8.4%，同比上升 1.1 个百分点。

（二）上海时尚食品行业发展态势

按中类分，上海市食品工业种类覆盖全部食品工业 19 个子行业中的 17 个，相较于往年，糖的制造以及精制茶的制造业已经从上海市消失。目前 17 个中类子行业中，焙烤食品制造业已超过其他食品制造业成为上海产值最高、规上企业数量最多的产业，也是近几年中，规上企业增长数量最多的子行业。

焙烤食品制造业目前拥有规模以上企业 73 家，与 2017 年相比，增加了 13 家规模以上企业。2020 年产值 211.07 亿元，在上海时尚食品业中占比 18.2%，营业收入 220.82 亿元，在上海时尚食品业中占比 15.9%。

上海作为一个海派文化浓郁的城市，焙烤食品以及咖啡业近年的发展都非常迅速，如"面包新语""巴黎贝甜""山崎"等国外品牌，"85 ℃""宜芝多""克莉丝汀""元祖"等台湾地区的品牌，均在上海市落户发展。上海本土品牌如"凯司令""牛奶棚""老大房""澳莉嘉""哈尔滨食品厂"等，也是家喻户晓的本土老品牌，屹立不倒。

食品制造业中，营收排在二、三位的分别是其他食品制造业以及乳制品制造业。其他食品制造业以企业数量 62 家排在各中类子行业第二，产值 198.2 亿元，在上海时尚食品业中占比 17.4%，营业收入 189.0 亿元，在上海时尚食品业中占比 13.6%。以可口可乐为代表的其他食品制造业在近几年发展增长势头迅速，2017、2018 年的赢利增长均超过 40%，近两年有所放缓，但是在整个食品制造业中已经是数一数二的大行业。

乳制品制造业以仅 8 家企业的数量位列上海市食品行业产值第五，营业收入第三，2020 年产值 80.3 亿元，在上海时尚食品业中占比 7.1%，营业收入 152.34 亿元，在上海时尚食品业中占比 11.0%。以光明乳业为代表的乳制品制造业，一直是上海市食品行业中最具象征的子行业。

农副食品加工业中，变化较大的为豆制品制造业，在经过一系列的关停并转之后，至 2020 年，上海市豆制品制造业企业已仅剩 8 家，清美绿色食品集团作为一家民营企业，近几年取得了高速发展，是上海市最具代表性的豆制品企业，目前集团已有下辖子公司 20 余家，产品除了豆制品以外，还包括各类中式面点、面包、饮料等产品，还拓展了生鲜超市、门店等。

相较于这些发展较好的子行业，上海市也有部分行业呈下滑趋势。如罐头食品制造业，至 2020 年，上海市已仅剩一家上海梅林食品有限公司。精制茶制造业唯一的一家企业，英联川宁饮料（上海）有限公司已于 2019 年撤出上海。萎缩较多的还有食用植物油加工业，小型企业基本已经全部淘汰，剩余的 11 家食用植物油加工企业，以良友集团下属的油脂企业以及嘉里粮油下属的油脂企业占据多数。

（三）上海时尚食品业发展面临的问题

2020 年，上海时尚食品业总体仍处于平稳下降的趋势。食品工业企业仍面临诸多的困难与挑战。内在来说，企业要面对土地、人力、原料成本的不断上升，面临产业结构调整。外在来说，随着人们生活质量不断提高，如何适应市场经济的新常态，满足市场多变化、多样化、品质化的需求，也是食品企业需要考虑的重要问题。

1. 由于受疫情影响，上海时尚食品原料短缺，尤其是以低温冷藏或冷冻的进口原料，如水海产品、冻干品、肉品等，由于需要进行核酸检测等原因，进货周期会较于以往大幅度拉长，并且会产生更多的不确定性，从而影响企业正常生产。

2. 由于疫情目前尚不明朗，全国各地的物流运输会随时受到影响，如 2020 年年底进入河北多地区的物流就突然全部停止，使得企业的产品滞留，当地采购的原辅材料难以运出等问题。

3. 受疫情影响，原辅材料价格大幅上涨，如 2020 年对于大豆的采购价格就上涨了40%。更多的企业由于采购不到国内的原料转而看向海外采购，进而面临上述所说的第一个问题。

4. 生产要素成本上升。随着原材料、劳动力、能源管理销售、运输等成本的不断上升，制约上海旅游食品工业发展的生产要素问题日益突出，导致不少企业经济效益下滑。上海时尚食品行业整体发展速度较慢，工业产值总体仍处于下滑的状态。

5. 创新创造能力不足。上海多数食品制造企业供给侧结构性不合理、缺乏市场竞争力，尤其在融资、人才、技术和管理等方面存有短板。产品同质化严重，企业自主研发和创新能力不足，国际竞争力仍然薄弱。

6. 综合利用水平不高。上海时尚食品业的加工废料转化增值功能较低，综合利用意识薄弱。精深加工、专用型、功能性、保健型产品占比较低，满足市场多变化、多样化、品质化需求的意识不强，土地和资源的综合利用水平不高。

三、加快上海时尚食品业发展的对策建议

围绕高质量发展和高品质生活的要求，"解决好人民日益增长的美好生活需要和不平衡不充分的发展之间的矛盾"，以建设市民满意的食品安全城市为抓手，食品工业将继续发挥国民经济重要民生产业的作用，着力加强供给侧结构性改革，着力提高供给体系质量和效率，加大创新力度，加快转型升级，保持平稳健康发展。具体对策和建议是：

1. 加强政策引导。加强政府对产业规划和实施的引导作用，完善产业相关配套政策，加强与国家、上海市相关规划的衔接和统一，有序推进食品工业规划落实。由市相关部门组成工作专班，具体组织实施"提品质、增品种、创品牌"战略，统筹食品产业宏观调控，优化行业结构布局，提高供给质量效率，鼓励企业做大做强，向产品多元、优质、安全、功能化方向发展。

2. 加大财政投入。市、区两级财政要加大对食品工业的投入力度，通过重点技术改造专项资金和信息化专项资金，以及税收优惠等多种政策杠杆，支持食品企业开展技术改造、产品升级换代和信息化建设。

3. 加强品牌建设。市区相关部门要积极支持和培育一批国际、国内知名的上海时尚食品品牌工业企业，提高食品安全各项能力。大力支持食品企业开展诚信管理体系建设和品牌建设。支持上海时尚食品企业参加"中国品牌经济（上海）论坛"和"中华老字号企业博览会"等有关品牌建设活动。继续开展市级品牌培育试点示范工作，健全品牌公共服务体系，完善品牌价值发现机制。

4. 加强科技扶持。发挥政府在企业科技创新方面的引导作用，利用品牌基金等科技创新资金的杠杆作用，努力发挥科技创新对丰富产品品类的作用和创意设计对增加产品品种的作用，引导食品企业向个性化、时尚化、绿色化、智能化、品质化、品牌化方向发展，

5. 改善营商环境。进一步深化食品相关产品行政许可制度改革，健全审查机构年度检查和报告制度，继续落实许可证分类分级管理制度，探索对非发证食品相关产品生产企业开展安全评价。加强新技术新手段在食品安全生产监管中的应用，努力营造良好的营商环境。

6. 推进区域协作。进一步推进市、区和长三角地区食品工业区域合作机制，制定具

体行动计划，推动长三角地区食品工业安全生产监管一体化建设，推动完善区域食品安全应急协作机制、舆情交流机制，会商交流制度。进一步完善"长三角地区名优食品"认定等工作，促进上海和长三角地区食品工业的跨越式发展。

参考文献：

【1】《上海市食品工业发展三年行动计划（2018—2020）》。

第五编

区域联动

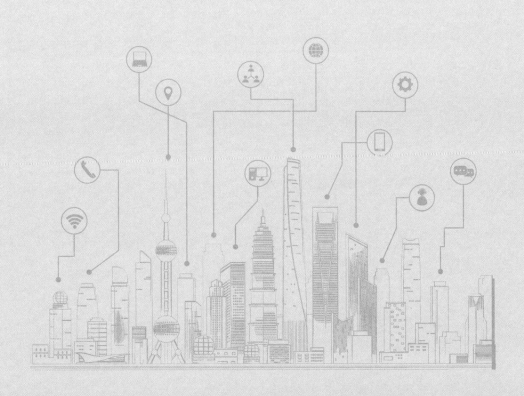

上海与兄弟省市"十四五"制造业高质量发展的规划比较

编者按:《中国先进制造业发展指数》于 2020 年 11 月 17 日召开的第八届先进制造业大会上发布。该指数体系从创新能力、多领域融合能力、经济带动性、品牌质量、绿色集约五个维度对各城市进行评选,上海连续三年在先进制造业城市发展指数 TOP50 中总分第一,深圳、北京、广州、苏州、南京、杭州、成都分列 2—8 位。市经济和信息化发展研究中心选取上述城市及所在行政省份,结合各自发布的"十四五"规划建议中关于制造业发展布局及措施进行了对比分析,形成如下简报供参考。

《中共中央关于制定国民经济和社会发展第十四个五年规划和二〇三五年远景目标的建议》提出,"要加快发展现代产业体系,推动经济体系优化升级。坚持把发展经济着力点放在实体经济上,坚定不移建设制造强国、质量强国、网络强国、数字中国,推进产业基础高级化、产业链现代化,提高经济质量效益和核心竞争力",要"推进能源革命,加快数字化发展"。围绕上述要求,北京、上海、广东、深圳、广州、江苏、南京、苏州、浙江、杭州、四川和成都等 12 个省市均在"十四五"规划建议中,对发展

先进制造业明确了新定位和新举措。未来相当一段时期内，"保持制造业比重基本稳定"，促进制造业与服务业并驾齐驱、融合发展，将是全国各省市实现经济高质量发展的主要命题。

一、国内先进制造业典型省市"十四五"产业规划情况

（一）从产业发展定位看

上海市提出了发挥三大产业引领作用、六大重点产业集群和面向未来的先导产业，国内其他先进制造业典型城市主要围绕战略性新兴产业、未来产业和传统产业转型升级等进行战略布局（见附表1）。

战略性新兴产业方面，包括新一代信息技术、生物医药及健康、新能源、新材料、高端装备、集成电路、新能源智能汽车、绿色低碳、航空航天、海洋装备等。12个省市都着力于谋篇布局这些战略性新兴产业，大多地区寻求多领域齐发展，将其作为工业转型升级和实现创新驱动发展的重要载体，但在引领新时代产业高质量发展的同时，也会产生加剧区域同质化竞争的问题。要想在先进制造业领域发挥引领作用，"杀手锏"技术和产品的把握至关重要。

未来产业方面，主要聚焦量子信息、第三代半导体、下一代人工智能、氢燃料电池、天然气水合物、区块链、太赫兹、类脑芯片、柔性电子、前沿新材料、北斗星链、合成生物、深海深空等。未来产业和国家实力息息相关，全球互联网和制造业巨头企业都紧盯前沿领域，新一代信息技术和新材料的不断突破，不仅赋能各个领域并提高制造系统的性能，而且颠覆式创新的出现，有望带来新一轮的产业变革。北京市、上海市、深圳市、浙江省等9个省市都将未来产业的谋划纳入了"十四五"规划建议之中，争取抢占发展制高点，培育竞争新优势。

传统产业转型升级方面，主要聚焦汽车及零部件、石油化工、钢铁、机械和现代纺织等行业。其中，江浙沪三地和广东省、深圳市"十四五"规划建议明确要加快传统产业绿色化、智能化、时尚化发展，并作为支柱型的、稳住"基本盘"的主要方向。

（二）从产业发展重点看

集成电路方面，7个省市列为重点产业门类，浙江省则将第三代半导体纳入未来产业。生物医药及健康或生物工程方面，11个省市均列为重点产业。其中，四川省则将口

腔医疗单独纳入打造全国重要的产业集群之一，把生物工程纳入未来产业集群打造。苏州市集全市之力发展生物医药，要打造产业地标。人工智能方面，7个省市列为重点产业门类。其中，北京市将其纳入未来产业培育；浙江省分类更细，将视觉 AI、人工智能列入打造具有国际竞争力的数字产业集群之一，努力成为全球视觉 AI 产业中心，而将下一代人工智能列入未来产业超前布局。

新能源汽车和智能汽车方面，6个省市列为重点产业门类，上海市和广东省均将新能源智能汽车归集到汽车产业；江苏省、四川省和苏州市、成都市产业布局中未出现"新能源汽车"一词。高端装备方面，11个省市列为重点产业门类，其中，广州市和南京市均定位在智能制造装备；北京市未将其列入重点产业门类。新材料方面，10个省市列为重点产业门类，上海市和四川省定位于先进材料。电子信息方面，9个省市列为重点产业门类，其中，江苏省、浙江省和广州市、深圳市均表述为新一代信息技术，涵盖面更广；上海市除建设电子信息产业集群外，将第六代通信、下一代光子器件纳入面向未来的先导产业，超前布局。新能源方面，7个省市列为重点产业门类。其中，江苏省和深圳市表述为绿色低碳。轻纺消费品方面，7个省市列为重点产业门类，其中，上海市提出以原创设计、工艺改进、品牌打造为核心的时尚消费品新概念，涉及服饰、轻工、食品等领域，深圳市也明确发展时尚产业；其余均以传统的轻纺产业为归集，江苏省、浙江省和杭州市关注纺织和服装；四川省以食品饮料为主。

二、兄弟省市"十四五"制造业规划的关注热点及创新举措

（一）强调集群概念

2021年，工信部通过集群竞赛方式，在全国遴选出两批先进制造业集群作为重点培育对象（见附表2），下一步将形成"十四五"时期全国集群发展蓝图。12个省市的"十四五"规划建议显示，随着产业分工越来越细、产品迭代速度迅猛，"集群"一词已成为各省市创新产业生态，优化资源配置，提升效率价值，培育产业新增长极的新引擎。其中，广东省最为突出，高举产业集群化发展大旗，提出要打造新一代电子信息、绿色石化等十大战略性支柱产业集群，加快培育半导体与集成电路、高端装备制造等十大战略性新兴产业集群；杭州市和上海市均提出数字产业集群的理念，杭州市明确的重点领域是电子商务、视觉 AI、人工智能、云计算、大数据、物联网、区块链等，上海市未明确具体领域；上海市还提出聚焦智能工厂、工业互联网、特色电商、网络视听等重

点领域，培育壮大一批本土龙头企业，打造新生代互联网企业集群。

另外，集群水平定位方面，北京市强调打造具有国际竞争力的先进智造产业集群；上海市提出要打造具有国际竞争力的高端产业集群；广东省瞄准打造世界级先进制造业集群；苏州市明确培育壮大一批具有国际竞争力的先进制造业集群等。集群规模目标方面，浙江省目标指向是打造数字安防、汽车及零部件、绿色化工、现代纺织服装等万亿级世界先进制造业集群，培育一批千亿级特色优势集群，打造一批百亿级"新星"产业群；广州市提出集中力量建设汽车等万亿级产业集群和若干千亿级产业集群；南京市明确支持建设滨江千亿级先进制造业新高地；杭州市要加快建设"万亩千亿"新产业平台，推动纤维新材料、智能网联汽车等若干个千亿级先进制造业集群发展。成都市强调要培育电子信息、装备制造万亿级产业集群。

（二）强调产业基础再造和产业链建设

世界经济形势的大变局，对现代化产业体系的构建提出了新要求，12个省市的"十四五"规划建议均用相当篇幅突出"基础"和"链"，在实施产业基础再造工程，从链长制、链主、链群和揭榜挂帅组织攻关等多方面提升产业链供应链现代化水平方面，做法各具特色。如，北京市以头部企业带动实施产业基础再造和重大技术改造升级工程，"一链一策"定制重点产业链配套政策；广东省强调加快核心基础零部件、先进基础工艺、关键基础材料、关键产业技术基础等工程化产业化。深圳市实施"全产业链发展"战略，健全重点产业链"链长制"，完善供应链清单制度和系统重要性企业数据库，增强产业链供应链自主可控能力；浙江省提出，运用大数据智能优化产业网络，做优做强自主可控、安全高效的标志性产业链。苏州市将促进优势产业链强链补链固链，建立有效的产业备份和柔性替代系统。

（三）强调数字化转型和数字经济

"十四五"期间，数字已列为生产要素之一，从国家到地方数字化转型成为新主题，"数字"一词在12个省市的"十四五"规划建议出现频率较高，构建数字化生态时期已到来。其中，杭州市围绕奋力打造"全国数字经济第一城"，提出了多方面推进举措。首先，加快推动数字产业化二次攀升，建设 AI 产业中心、全国云计算之城和中国区块链之都，积极发展数字新技术、新产业、新业态、新模式等。其次，全面提升制造业数字化水平，深入实施"新制造业计划"，探索推进"新工厂计划"，加快构建工业互联网平台体系，深化机器换人、工厂物联网、企业上云等应用。北京市重点关注数字金融，要加快数字货币试验区等建设，支持各类金融企业做大做强。稳妥推进数字货币研发应用，发展全球财富管理。上海市突出全方位加快数字化发展，大力发展数字经济，加快数字社会、数字政府建设，全面实施智能制造行动计划，大力发展在线新经济等新业态新模式；苏州市提出三年内实现全市规上工业企业智能化改造和数字化转型全覆盖，力争在省级智能工厂和智能车间数量上实现新突破。

三、加快上海先进制造业"十四五"高质量发展的对策建议

作为我国改革开放的前沿窗口和对外依存度较高的国际大都市，在面临发展形势更深刻复杂变化的背景下，对标中央要求，对标国际最高标准、最好水平，对标"十四五"规划建议，主动承载引领国内高端产业发展、加快培育经济新增长极的重要使命，打造未来发展新优势，是上海制造业实现高质量发展的必然选择。

（一）数字化引领，构建新制造生态

以"双千兆第一城"为契机，明晰上海数字产业发展重点和路径，打破部门信息边界壁垒，合力组织信息领域关键核心技术突破，培育具有竞争力的数字产业集群、新生代互联网企业集群。发挥重点技改专项的导向作用，支持有基础的龙头企业加快数字化转型，带动全产业链分批逐步实现数字技术赋能。加快商贸、民生应用转化，不断扩大应用场景布局，为融合发展提供产业支撑。完善数据治理标准和法律法规体系建设，提升数据以及信息的安全治理能力。

（二）绿色化发展，增强新资源优势

聚焦碳达峰、碳中和的发展愿景，密切关注制造业整机及零部件企业清洁、高效、低碳、循环发展问题，借鉴国内外制造业绿色发展的经验，推进合同能源管理、节能诊断、节能评估、第三方监测、环境污染第三方治理、环境综合治理托管服务等模式。引导企业一方面加强工艺革新，另一方面依靠信息技术赋能，优化改善绿色生产供应链，降低各个工作环节的能源损耗。跟踪国际新能源产业发展动态，发挥中电投、上海电气等央企、地方国企的综合优势，深化新一代可再生能源技术研发，支持更多企业参与临

港新片区光伏、风电装机容量目标的实现，推动上海在国家零碳新工业体系建设中争得主动权。

（三）链群化布局，夯实新基础实力

围绕上海"3 + 6"制造业重点领域，持续开展基础产业、产业基础和产业链安全性评判，结合难度系数、核心层级的不同，制定明确的攻关计划和推进机制。发挥国有资本战略投资人作用，布局先进材料等重点基础产业研究；支持龙头企业联动中科院、高校及行业科研机构等开展重点领域的产业基础研究；以"链主型"整机企业为牵引，面向长三角地区组建产业链创新组合，分类别、分模式组织关键核心技术攻关突破。锚定长三角地区打造世界级先进制造业集群的目标，深化研究链群共建的推进机制和支持政策，在增强市场对链群黏合度的基础上，同步加强三省一市产业政策协同，为国内乃至全球产业链供应链安全提供保障。

表1 12个省市的"十四五"规划建议中先进制造业布局情况汇总

省市	重点产业定位	具 体 领 域
北京	战略性新兴产业	集成电路、新能源智能汽车、医药健康、新材料等
	未来产业	量子信息、人工智能、工业互联网、卫星互联网、机器人等
上海	发挥三大产业引领作用	集成电路、生物医药、人工智能
	六大重点产业集群	电子信息、汽车、高端装备、先进材料、生命健康、时尚消费品
	面向未来的先导产业	第六代通信、下一代光子器件、脑机融合、氢能源、干细胞与再生医学、合成生物学、新型海洋经济
广东	十大战略性支柱产业集群	新一代电子信息、绿色石化、智能家电、汽车、先进材料、现代轻工纺织、软件与信息服务、超高清视频显示、生物医药与健康、现代农业与食品等
	十大战略性新兴产业集群	半导体与集成电路、高端装备制造、智能机器人、区块链与量子信息、前沿新材料、新能源、激光与增材制造、数字创意、安全应急与环保、精密仪器设备等
深圳	战略性新兴产业	新一代信息技术、生物医药、高端装备制造、新材料、绿色低碳、海洋经济等
	其中：先行性先进制造业集群	5G、人工智能、超高清视频、智能制造装备、时尚产业等
	战略性先进制造业集群	集成电路、生物医药、新能源汽车、新材料、数字经济等
	前沿技术创新领域	量子科技、深海深空、氢燃料电池、增材制造、微纳米材料等

（续表）

省市	重点产业定位	具 体 领 域
广州	传统支柱产业	汽车、电子、石化等
	战略性新兴支柱产业	新一代信息技术、生物医药与健康、智能与新能源汽车等
	战略性新兴优势产业	智能装备与机器人、新材料与精细化工、新能源和节能环保等
	提升全产业链	集成电路、超高清视频及新型显示、轨道交通、氢能源等
	都市消费工业	智车之城、软件名城、显示之都、定制之都、新材高地
	未来产业	天然气水合物、区块链、量子科技、太赫兹、纳米科技等
江苏	高新技术产业	新一代信息技术、高端装备制造、新材料、绿色低碳、生物技术和新医药等
	优势传统产业	化工、钢铁、纺织、机械等
南京	超万亿特色产业	软件和信息服务
	超五千亿特色产业	新医药与生命健康、人工智能
	整体实力进入全国前五位特色产业	新能源汽车、集成电路、智能电网、轨道交通、智能制造装备等
	未来产业	未来网络、区块链、航空航天设备、新金融、量子信息、低空经济、安全应急等
	支柱产业	汽车、钢铁、石化、电子信息等
苏州	产业地标	生物医药
	重点领域	集成电路、生物医药、人工智能、新材料等
	前沿领域	第三代半导体、量子通信、氢能
浙江	世界先进制造业集群	数字安防、汽车及零部件、绿色化工、现代纺织服装等
	战略性新兴产业	新 代信息技术、生物技术、新材料、高端装备、新能源及智能汽车、绿色环保、航空航天、海洋装备等
	未来产业	人工智能、生物工程、第三代半导体、类脑芯片、柔性电子、前沿新材料、量子信息等
杭州	传统制造业	机械、化工、纺织、服装等
	具有国际竞争力的数字产业集群	电子商务、视觉 AI、人工智能、云计算、大数据、物联网、区块链等
	战略性新兴产业	高端装备、生物医药、集成电路、光电芯片、新能源、新材料、航天航空等
	未来产业	5G 生态、下一代人工智能、量子通信等
	千亿级先进制造业集群	纤维新材料、智能网联汽车等

（续表）

省市	重点产业定位	具 体 领 域
四川	全球重要的产业集群	电子信息、装备制造、食品饮料等
	全国重要的产业集群	先进材料、能源化工、口腔医疗、核技术应用等
	未来产业集群	人工智能、生物工程、量子信息
成都	万亿级现代产业集群	电子信息、装备制造
	战略性新兴产业集群	生物医药、新能源、新材料、绿色环保等
	未来产业集群	北斗星链、合成生物、空天技术等

资料来源：根据12个省市的"十四五"规划建议整理。

表2　工信部先进制造业集群决赛（第一、第二批）优胜者名单

序号	集 群 名 称（第一批）	序号	集 群 名 称（第二批）
1	广东省深圳市新一代信息通信集群	1	浙江省杭州市数字安防集群
2	江苏省无锡市物联网集群	2	山东省青岛市智能家电集群
3	广东省深圳市先进电池材料集群	3	浙江省宁波市磁性材料集群
4	上海市集成电路集群	4	广东省广深佛莞智能装备集群
5	广东省广佛惠超高清视频和智能家电集群	5	山东省青岛市轨道交通装备集群
6	江苏省南京市软件和信息服务集群	6	江苏省常州市新型碳材料集群
7	广东省东莞市智能移动终端集群	7	广东省深广高端医疗器械集群
8	江苏省南京市新型电力（智能电网）装备集群	8	浙江省温州市乐清电气集群
9	湖南省株洲市先进轨道交通装备集群	9	四川省成都市软件和信息服务集群
10	湖南省长沙市工程机械集群	10	四川省成都市、德阳市高端能源装备集群
11	江苏省苏州市纳米新材料集群		
12	江苏省徐州市工程机械集群		
13	安徽省合肥市智能语音集群		
14	上海市张江生物医药集群		
15	陕西省西安市航空集群		

资料来源：工业和信息化部网站。

上海与兄弟省市"十四五"区块链发展的比较分析

编者按：2019 年 10 月，习近平总书记在中共中央政治局第十八次集体学习时将区块链正式上升到国家战略高度；2020 年 4 月，国家发改委首次将"区块链"列入新型基础设施的范围。随着区块链行业地位的不断提高，全国各省市相继开启"赛马"模式，截至 2020 年 11 月末，全国有 22 个省市发布了区块链专项政策。近期各省市陆续公布了"十四五"规划，规划中区块链部分呈现出不同亮点。从上海各区及兄弟省市"十四五"规划比较中，可看出上海区块链整体规划情况，进而进行针对性布局，推动上海数字化转型，加快数字中国建设进程。

一、上海与兄弟省市"十四五"区块链发展重点对比

（一）上海"十四五"区块链发展重点

截至 2021 年 4 月中旬，除了浦东新区、宝山区、闵行区、松江区 4 个区在政府网站上未搜到正式发布的《上海市国民经济和社会发展第十四个五年规划和二〇三五年远

景目标纲要》，其余 12 个区均已发布全文。在 12 个区中，除了崇明区、奉贤区、黄浦区 3 个区在规划中未有涉及区块链相关内容，其余 9 个区均有涉及，内容主要聚焦于区块链在传统制造业、金融服务业、政务服务等领域的融合应用，推动传统产业基础再造与数字赋能。

各区规划中明确提及重点打造的区块链特色产业园区和集聚区共有 3 个，分别为杨浦区"区块链大厦"、静安区"市北区块链生态谷"和嘉定区"南翔区块链特色集聚区"。杨浦区在区块链方面有着先发优势，是上海市唯一发布过区块链专项政策的区，在各区中对区块链着墨最多，措施最具体。在"十四五"规划中，杨浦将发挥区块链大厦示范集聚效应，积极建设区块链创新示范基地。鼓励区块链在金融、知识产权领域应用，并打造以人工智能、位置服务、区块链、数字文化为重点的千亿级在线新经济产业集群。静安区在规划中对打造市北区块链生态谷未有具体措施提及，但强调了区块链在发挥数据智能应用、特色金融科技实践等方面的作用，明确提出要"培育具有专业特色的金融科技企业 30 家以上"。嘉定区大力打造区块链特色集聚区，积极培育拓展信用区块链技术产品应用场景，健全以信用为基础的新型监管机制。在 12 个区中，青浦区是唯一明确提出将区块链与本区特色物流行业相结合的区，推进物流供应链数字基建，支持物流区块链联合实验室建设，同时深化数字技术在制造业的渗透应用，推进产业基础再造。徐汇区则从研发端入手，完善产学研协同创新机制，支持建立创新策源联合体，聚焦区块链等新技术，打造专业的产业平台。

（二）兄弟省市"十四五"区块链发展重点

在区块链领域规划较为领先或有特色的省市主要有北京市、深圳市、苏州市、海南省、杭州市、南京市、重庆市等。截至 2021 年 4 月中旬，除深圳市暂未发布"十四五"规划全文，上述其他各省市均已发布。整体来看，各地区都围绕各自特色，积极推进区块链在制造业及金融、政务、数字贸易、供应链管理、司法存证、应急救援等重点领域的示范应用。具体来看，下述地区颇具亮点。海南省提出研究数据资产数字化确权及商业化发展模式，此举具有前瞻性。早在 2020 年 5 月，海南省就发布了区块链专项政策《海南省关于加快区块链产业发展的若干政策措施》，提出要支持龙头企业探索数字资产交易平台建设，探索资产数字化、数字资产确权保护、数字资产全球化流动、数字资产交易等方面的标准和技术模式，推动数字资产相关业态在海南先行先试。从全球来看，目前数字资产的监管与合规化相对薄弱，未来2—3年内，欧美等发达国家经济体将逐步展开或完成对数字资产的监管立法工作，持牌数字资产交易平台也将趋于兴盛。杭州市推行行政服务中心"去中心化"改革，推进政府数字化转型。苏州市关注到了区块链相关领域标准体系的不完善，提出积极参与标准研究和制定，并推进区块链在保密通信、能源互联网等领域的融合应用。深圳市虽暂未发布"十四五"规划，但在区块链相关领域标准制定方面一直在推进。2021年3月底，深圳市税务局和腾讯主导推进的《基于区块链技术的电子发票应用推荐规程》国际标准正式发布，成为全球首个基于区块链的电子发票应用的国际标准。

二、上海区块链发展中存在的问题

从目前已发布的规划中可以看出，上海对区块链技术关注度较前几年有较大提升，各区也开始积极研究区块链技术与传统产业的融合创新。其中杨浦区起步较早，较其他区有一定优势，但从全国来看上海市整体探索步伐仍较缓，在规划方面也未能呈现出新亮点。此外，上海在区块链专项政策支持力度、企业培育、提升专利数量等方面也存在不足。

（一）专项政策缺位

据赛迪研究院《2021年中国区块链发展趋势》统计，截至2020年11月，国家层面共有50项区块链政策信息公布，各地区块链相关政策达190余项，广东省、山东省、北京市等22个省市相继出台了区块链专项政策，同比2019年大幅增加。与其他省市相比，上海对区块链技术关注不足，政策缺位。市级政策如《加快推进上海金融科技中心建设实施方案》等，部分涉及区块链相关内容，但尚未有专项政策出台。目前只有杨浦区发布区级专项政策《杨浦区推进区块链产业升级发展政策》。

（二）企业数量不足

上海市对区块链相关企业的工商准入要求较高，吸引区块链企业注册数量较少，较其他省市尤其是排名第一的广东省差距巨大。根据零壹智库数据分析，全国区块链企业主要集中在广东省，截至2020年9月底，其总占比达62.2%。其次是浙江、山东、海南、江苏等省份，总占比分别为6.2%、4.5%、3.2%、3.4%。而上海市区块链企业数量

总占比不足 1.9%。2020 年 1—11 月，上海市新增区块链相关企业 17 家，在全国各省市中排名靠后，排名第一的广州市则新增 4033 家。

（三）专利申请稀少

上海市区块链企业平均每家申请专利数量稀少。根据零壹智库数据分析，我国的区块链专利申请主要集中在广东、北京、浙江 3 个省份。截至 2020 年 9 月底，合计有 349 家公司参与了专利申请，申请数量合计 2177 件，占总规模的 67%，平均每家企业申请专利 6.23 件。上海仅有 60 家公司参与申请，申请数量合计 103 件，仅占总规模 3.17%，平均每家企业申请专利 1.72 件。

三、稳扎稳打，夯实上海区块链发展基础的对策建议

（一）研究制定专项政策

结合上海市区域特色、现有产业结构，因地制宜，出台市级区块链专项政策。以区块链赋能实体经济为主基调，从技术、标准和应用等层面进行布局。强化区块链基础研究。聚焦区块链高效共识算法、安全机制、智能合约等底层关键共性技术，开展前瞻布局；重点推进国产自主可控区块链技术平台发展，加强联盟链和公有链核心技术攻关，鼓励 Conflux 树图区块链等代表企业更多公有链相关先进技术落地。推进区块链标准体系建设。由政府牵头，鼓励重点领域龙头企业、科研机构、高等学校发起区块链国际、国家和行业标准制订工作，在客户识别、数据存储、数据安全保障、应用场景等方面研制标准，在国际上争夺区块链领域话语权和规则制定权。探索数字资产交易合规发展。充分利用上海国际金融中心优势，加强合规数字资产交易平台建设，探索数字资产交易平台合规标准并试行牌照准入制度；探索资产数字化、数字资产确权保护；探索数字资产交易标准、技术模式及监管立法，如界定不同加密数字货币是否合格证券型代币，并对其进行分类监管。

（二）吸引培育优质企业

充分发挥徐汇西岸、杨浦区块链大厦、市北区块链生态谷、虹口金融科技大厦等特色产业园区的集聚带动效应，吸引区块链细分领域龙头企业在沪设立研发中心、子公司；对在关键领域拥有核心区块链技术成果的公司适当放宽注册准入条件，提供绿色通

道服务；设立区块链产业投资专项基金，以政府资本引领社会资本投入，支持重大区块链项目落地，发挥示范效应；培育本土掌握核心技术或极具发展潜力的区块链中小企业，对接资本市场服务，鼓励优质企业上市融资。

（三）强化知识产权保护机制

在知识产权保护方面，针对传统体系下区块链技术保护与其开源发展之间的矛盾，细化区块链等新型技术知识产权保护政策，探索专利法、著作权法等多样化技术产权法律保护手段；在发明奖励规则制定方面，界定区块链技术重大发明、专利，对符合条件的发明专利、示范性应用场景、重大成果转化项目给予补贴，鼓励技术创新；在专利申请流程方面，针对制造业、金融业关键领域的重点应用技术，优化审核流程，提供便捷服务。

兄弟城市总部经济政策梳理及对上海发展制造业总部经济的对策建议

编者按：近年来，各地出台的总部政策中都对制造业总部给予了支持。本文主要梳理了北京、深圳和广州三城市的总部政策制定情况；政策中涉及制造业总部的相关内容及成效。在此基础上，对上海制造业总部经济发展提出对策和建议。

改革开放后，特别是中国准备加入 WTO 后，各地政府为吸引全球大企业在当地落户，陆续出台了鼓励跨国公司设立总部的相关政策。随着总部企业对当地经济和社会的带动作用的显现，总部经济效应引起了更多的关注，同时，本土企业也逐渐发展壮大起来，各地总部政策从鼓励跨国公司总部逐渐过渡到不限经济类型的各类企业，并结合当地经济发展定位，对不同行业领域的总部企业制定不同的规模标准。近年来，随着制造业发展重新引起重视，各地出台的总部政策中或多或少都对制造业总部给予了支持。

一、北京、深圳和广州总部经济政策梳理对比

（一）北京聚焦发展高精尖产业总部

北京在吸引总部企业方面具有首都优势，是最早出台相关政策的城市。相关政策清单详见附表 1。从支持的产业领域来看，《北京创新型总部经济优化提升三年行动计划（2018—2020 年）》（京商函字〔2018〕170 号）把支持高精尖产业创新型总部发展壮大作为重要任务之一，提出要聚焦新一代信息技术、人工智能、智能装备、医药健康、新能源智能汽车等十大"高精尖"产业领域，引进和培育一批掌握尖端技术、核心技术和关键技术的创新型总部企业。《北京市促进总部企业高质量发展的相关规定》（京政发〔2021〕3 号）一共 13 条，其中之一是"支持高精尖产业发展，利用本市高精尖产业政策，对总部企业产业升级和发展新模式、新业态予以支持，鼓励创建市级产业创新中心、产业设计中心和企业技术中心"。

从组织机制来看，北京有发展总部经济工作联席会议机制。从统计检测来看，北京建有创新型总部企业大数据库，并对总部经济发展进行持续监测统计与评估。

（二）深圳重点支持高新技术产业和先进制造业总部

深圳政府对总部企业发展较为重视，自 2008 年起，陆续出台了一系列的政策。深圳总部经济政策出台具有连续性，且注重实施细则的配套。相关政策清单详见附表 1。

《深圳市鼓励总部企业发展实施办法》（深府规〔2017〕7 号）中列出了四种可以纳入本办法支持的总部企业类型。在支持措施方面，办法提出了落户奖、贡献奖、办公用房补助、人才相关奖励、市领导挂点服务、大企业便利直通车服务和重大项目便利直通车服务等系列鼓励政策。

表 1　《深圳市鼓励总部企业发展实施办法》中列明的总部企业需满足的条件

企业类型	需要满足的条件
本市注册且持续经营 1 年（含）以上	上年度纳入本市统计核算的产值规模（营业收入）和形成地方的财力情况以下三种满足其一即可： 产值规模（营业收入）不低于 20 亿元且形成地方财力不低于 4000 万元； 产值规模（营业收入）不低于 15 亿元且形成地方财力不低于 6000 万元； 产值规模（营业收入）不低于 10 亿元且形成地方财力不低于 8000 万元。

（续表）

企业类型	需要满足的条件
本市注册但经营不满1年	实缴注册资本不低于5亿元，且其控股母公司总资产不低于100亿元，上年度产值规模（营业收入）不低于100亿元，并与市政府签订合作协议，承诺次年纳入本市统计核算的产值规模（营业收入）不低于50亿元且在本市形成的地方财力不低于6000万元。
由原注册地新迁入的企业	上年度产值规模（营业收入）不低于50亿元，并与市政府签订合作协议，承诺在本市实缴注册资本不低于5亿元，迁入次年纳入本市统计核算的产值规模（营业收入）不低于50亿元且在本市形成的地方财力不低于6000万元。

符合深圳产业发展战略和产业政策，具有重大产业支撑作用，经市政府批准，并与市政府签订合作协议的总部企业。

从支持的产业领域来看，深圳提出"以具有自主知识产权和国际知名品牌为重点，支持高新技术产业和先进制造业总部企业做大做强，提高制造业自主创新能力"。

从组织机制来看，深圳成立市总部经济发展工作领导小组负责指导、管理、监督全市总部经济发展工作，组长由市长担任，领导小组办公室设在市发展改革部门，负责领导小组的日常工作。

从统计检测来看，深圳统计部门建有总部企业专项统计制度，总部企业按要求及时报送统计数据。市总部经济发展工作领导小组办公室运用市政务信息资源共享平台等信息化平台，建立总部企业年度复查和动态调整机制，每年动态更新总部企业名录，将经年度复查不符合条件的企业调整出总部企业名录，做好总部企业服务和监管工作，公开总部企业核定、承诺贡献和签订合作协议等有关情况，切实发挥全市总部经济政策统筹协调作用。

在扶持举措方面，深圳实施积极的土地支持政策。加强总部企业用地保障，将总部企业用地优先纳入年度土地供应计划。设立总部经济发展资金专项。加大对总部经济资金扶持力度。

在总部企业服务方面，深圳建立异地深圳企业服务机制。以行业协会为主体，组建异地深圳企业服务机构，把政府服务贯穿于区域合作全过程。推进政府服务前移，主动接洽，为拟来深圳投资的国内外大型企业提供个性化服务。建立市长与总部企业对话机制，举办"市长—CEO对话会"。市企业家服务机构对总部企业实行常态化服务，建立专人、专线联系制度，建立企业家紧急事态应对机制。

（三）广州优先支持战略性新兴产业总部

广州市自 2006 年起陆续发布多项总部政策，详见表 1。广州的总部经济政策较全面、更新及时，从最初的"鼓励外商投资总部"到鼓励"对当地经济社会发展做出较大贡献的各类商事主体"，是政策逐步深入、细化和升级迭代的过程，也是本土各类经济体逐渐崛起的反映。

《广州市促进总部经济发展暂行办法》（穗府办规〔2018〕9 号）中按行业对支持的总部企业条件进行了明示。工业总部企业分为两类：一是涉及新一代信息技术、生物与健康、新材料与高端装备、新能源汽车、新能源与节能环保等战略性新兴产业的工业，条件是上一年度营业收入 1 亿元以上、上一年度在广州市纳税总额不低于 5000 万元、注册资本 100 万元以上；二是战略性新兴产业外的其他工业，条件是上一年度营业收入 5 亿元以上、上一年度在广州市纳税总额不低于 1 亿元、注册资本 200 万元以上。此外政策还提出"市委、市政府重点引进，对广州市产业发展具有重大带动作用的企业，可以直接申请为总部企业，并按照'一企一策'方式给予各类政策支持和服务。对全国行业排名第一的龙头企业，可以专题研究给予政策扶持"。

二、兄弟城市总部经济政策的成效对比

北京总部企业数量全国第一。北京拥有《财富》世界 500 强总部企业数量连续多年位居全球城市首位，现有总部企业 4000 家左右，这些总部企业可以分为央企总部、市属国企总部、民企总部、外资总部等，其中央企总部数量最多。4000 家总部企业实现营收占全市所有企业的 70%；实现利润占全市所有企业的 90%；人均贡献是全市规上企业的 14 倍；累计发明专利授权量占全市企业总量超过六成。

深圳上市公司企业数量居全国城市第二位。2020 年，深圳共有 308 家 A 股上市公司，上市公司数量、总市值和净利润均位居全国第二。2021 年《财富》世界 500 强中有 8 家总部位于深圳的企业，且其排名全部上升。深圳 2020 年度总部企业奖励与补助名单共有 98 家公司，其中有相当一部分属于制造业企业。

总部经济带动广州战略性新兴产业发展。广州支持总部发展的政策中对战略性新兴产业的扶持力度大于其他产业。广州自 2011 年起开展总部企业认定工作，很多战略新兴产业中的知名企业如广汽丰田、施耐德电气、白云山医药等都在认定名单中，并借此

集聚一批制造业总部企业。通过总部企业的引领，广州战略性新兴产业发展迅速，2020增加值占地区生产总值比重达 30%，汽车年产量居全国城市首位。广州市战略性新兴产业集群 2018 年至 2020 年连续三年获国务院督查激励。

三、对上海发展制造业总部经济的对策建议

（一）抓住契机，大力吸引高端制造业央企总部落户上海

央企搬离北京步伐加快，如三峡集团迁至武汉，卫星网络集团落户雄安，电子信息产业集团迁至深圳等。上海、深圳、雄安和武汉四地是北京迁出央企选择较集中地区。此外，在国家共同发展的大战略背景下，西安、重庆等城市在吸引央企总部方面也具有一定的竞争力。与其他地区相比，上海在国有经济比重、国际化程度和规范良好的营商环境等方面具有一定优势。上海应充分发挥基础优势，积极争取符合上海发展目标和定位的高端制造业央企总部落户上海，对落户的央企可以通过"一企一策"来有针对性的降低企业各方面成本，以增强上海对央企的吸引力。

（二）加强市级层面统一规划，避免各区同位竞争

制造业总部企业的引进工作应全市层面统一考量，避免区层面竞争，全市 16 区打"组合拳"。成立上海市制造业总部经济发展领导小组，由市级主要领导担任组长，组办公室设在市经济信息化委，负责开展日常工作。由市发改委和市经济信息化委联合牵头，联合市商务委、市财政局、市规土局、市统计局等相关委办，以及制造业大区、主要行业协会等建立市制造业总部经济发展联席会议制度。定期就制造业总部企业引进等工作进行沟通交流。

（三）加强政策制定、企业服务和统计监测等工作

在充分梳理上海目前总部企业现状以及兄弟城市政策制定情况的基础上，制定并出台《上海市促进制造业总部经济发展行动方案》。行动方案主要解决上海具备优势的传统制造业升级和代表高精尖的先进制造业在沪落地发展的问题，应注重专业性、针对性、激励性和可操作性。

学习深圳做法，建立异地企业服务机制。以行业协会为主体，组建异地上海企业服务机构，政府服务前移，主动接洽，为拟来上海投资的先进制造业总部企业提供个性化

服务。建立专人、专线的制造业总部企业联系制度，实行常态化服务。

开展制造业总部企业专项统计工作，摸清家底。建立总部企业信息数据库，动态更新总部企业名录、各项经济指标和统计数据，并及时将不符合条件的企业调整出总部企业名录。制造业大区和主要行业协会要建立本地区、本行业总部企业信息数据库，动态更新企业各项经济指标和统计数据，建立完善市区企业信息共享机制。

表1　北京、深圳、广州近年来发布的总部相关政策

城市	政　　　策
北京	《鼓励跨国公司在京设立地区总部的若干规定实施办法》(京商务资字〔2009〕351号)
	《加快总部企业在京发展工作意见的通知》(京政发〔2013〕29号)
	《鼓励跨国公司在京设立地区总部的若干规定实施办法》(京商务总部字〔2016〕3号)
	《关于促进总部企业在京发展的若干规定实施办法》(京商务总部字〔2016〕4号)
	《北京创新型总部经济优化提升三年行动计划》(京商函字〔2018〕170号)
	《北京市促进总部企业高质量发展的相关规定》(京政发〔2021〕3号)
深圳	《关于加快总部经济发展的若干意见》(深府〔2008〕1号)
	《关于印发深圳市总部企业认定办法(试行)的通知》(深府办〔2008〕95号)
	《关于加快总部经济发展的若干意见实施细则(试行)》(深府办〔2008〕96号)
	《深圳市鼓励总部企业发展暂行办法》(深府〔2012〕104号)
	《深圳市鼓励总部企业发展实施办法》(深府规〔2017〕7号)
	《深圳市总部项目遴选及用地供应管理办法》(深府规〔2018〕1号)
广州	《广州市鼓励外商投资设立总部和地区总部规定的通知》(穗府办〔2006〕34号)
	《批转市发展改革委关于加快发展总部经济实施意见的通知》(穗府〔2010〕2号)
	《关于加快发展总部经济实施意见配套文件》(穗府办〔2010〕75号)(配套文件有《广州市总部企业认定条件和标准》《广州市总部企业奖励补贴资金管理试行办法》《广州市内资总部企业认定办法》《广州市外商投资总部企业认定办法》《广州市金融总部企业认定办法》)
	《加快发展总部经济实施意见及配套文件》(穗府〔2013〕14号)
	《进一步加快总部经济发展若干措施》(穗府办〔2015〕8号)
	《广州市促进总部经济发展暂行办法》(穗府办规〔2018〕9号)

长三角兄弟省市政府产业引导基金实践探索对上海的启示

　　编者按："合肥模式"走出了一条政府国有资本引导社会资本发展区域产业的特色道路，助力合肥市 GDP 进入"万亿俱乐部"。而"合肥模式"的成功也让各省市政府开始审视政府产业引导基金的未来发展之路，在 2021 年纷纷出台政策进一步优化产业引导基金运作，力争更好地促进科技创新、发展新兴产业、带动实体经济。上海在 2021 年上半年的 GDP 总量排名中位居第一，为继续在激烈竞争中保持领先地位，上海仍需在推动先进制造业高质量发展的过程中得到适合自身的政府产业引导基金模式的助力。本期简报在汇竑资本提供的信息基础上，梳理分析了部分省市政府产业引导基金的实践经验，以供上海参考借鉴。

　　2021 年发布的《上海市先进制造业发展"十四五"规划》提出，优化金融财税保障支撑，强化天使投资引导基金、创业投资引导基金作用，优化基金运作模式，加快推动全面市场化改革，加大对战略性新兴产业种子期、初创期企业的支持。在"十四五"开局之年，政府应继续发挥产业引导基金的重要作用，引导新兴产业发展、带动科技自立自强、撬动社会资本投入，推动实体产业实体经济高质量发展。

一、长三角地区政府产业引导基金的发展现状梳理

过去数年间，国家发改委、财政部及各级地方政府牵头成立了大量政府产业引导基金，在历经初步探索期、加速发展期、井喷爆发期等发展阶段之后，当前政府产业引导基金已处于优化调整期。

（一）国内设立政府产业引导基金的现状分析

据长城战略咨询发布的《中国独角兽企业研究报告 2021》显示，2020 年 251 家中国独角兽企业分布在 29 个城市，其中，北京 82 家，上海 44 家，杭州 25 家，深圳 20 家，广州 12 家，南京 11 家，而上述城市也是政府产业引导基金的投资热土。

另据母基金研究中心整理发布的《2020 年中国母基金全景报告》及《2020 中国母基金 100 指数报告》显示，截至 2020 年 12 月 31 日，中国母基金全名单共包括 273 支母基金。其中，政府引导基金 205 支，总管理规模达到 21986 亿元人民币，相对 2019 年底统计的在管规模增长 10.68%。《2020 中国母基金 100 指数报告》中，100 家指数入选机构中有 70 家政府引导基金以及 30 家市场化母基金。从政府引导基金数量看，北京作为首都，因有多家国家部委或央企主导的政府引导基金设立而以 15 家的规模大幅度领先，广东拥有众多经济发展快速的地级市而以 8 家排名第二，上海、江苏以 5 家的规

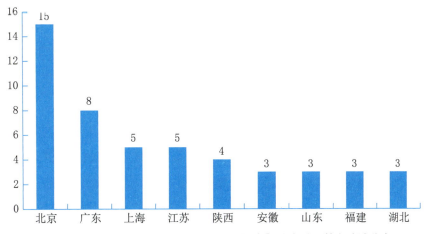

图 1　入选《2020 中国母基金 100 指数报告》政府引导基金地域分布

模紧随其后。

（二）安徽、浙江、江苏等地政府产业引导基金发展现状

长三角地区创新创业环境优越、科创资源与产业链资源丰富，政府支持力度较大，上海、江苏、安徽都在入选个数中排名前列。

表 1　安徽、浙江、江苏等地政府引导基金入选名单

省　份	入选政府引导基金
安徽省	安徽省高新技术产业投资有限公司
	合肥高新建设投资集团公司
	合肥兴泰资本管理有限公司
江苏省	江苏省政府投资基金
	苏州工业园区创业投资引导基金
	苏州国发创业投资控股有限公司
	苏州市创新产业发展引导基金
	苏州相城母基金
浙江	浙江金控母基金
	浙江省转型升级产业基金

资料来源：《2020 中国母基金 100 指数报告》。

而值得注意的是，在整体数量上，合肥市拥有合肥产投集团、合肥高新投集团、合肥市政府投资引导基金、合肥兴泰资本等多家政府引导基金，有 2 家入选了榜单；而南京市也坐拥南京高新区长江经济带战略新兴产业母基金、南京江北新区发展基金、南京江宁区创业投资引导基金等政府引导基金，苏州市有苏州工业园区创业投资引导基金、苏州工业园区天使母基金、苏州国发创投、苏州基金、苏州吴江东方国资、苏州相城母基金等政府引导基金并有 4 家入选了榜单。

（三）上海政府产业引导基金发展现状

在《2020 年中国母基金全景报告》附录的中国母基金全名单中，政府引导基金方面上海有省级母基金 4 家，地市及区县级母基金 2 家。

2020 年，上海在大规模母基金设立方面表现突出，4 支国家级母基金，国家中小企业发展基金、国家绿色发展基金、中国文化产业投资母基金、国企混改基金均落地上

表 2　上海母基金全景报告名单

省　份	政府引导基金全景报告名单
上海	上海创业投资引导基金
	上海双创孵化母基金
	上海双创文化产业投资母基金
	上海天使投资引导基金
	上海嘉定创业投资管理有限公司
	上海临港科创投资管理有限公司

资料来源：《2020 年中国母基金全景报告》。

海，总规模高达 2449.5 亿元人民币（除国家中小企业发展基金为市场化母基金外，另外三家皆为政府引导基金）。上海因经济发展快、工业基础雄厚、市场广阔、人才集中等优势，成为了政府引导基金的"热地"，且上海市人民政府也是国家绿色发展基金的发起方之一。以上海市天使投资引导基金为例，截至 2021 年 4 月已对外合作近 90 家基金，覆盖智能技术 / 半导体、TMT/ 消费文创、企业服务、医疗健康等多个领域，合作子基金累计投资项目超过 800 个，总规模超过 100 亿元，撬动外部资本 5 倍。

二、长三角地区发挥政府产业引导基金作用的实践探索

（一）省级政府产业引导基金的实践探索

1. 安徽省

安徽省在 2021 年 4 月出台了《关于进一步激发民营企业创业热情成就企业家创意创新创造推进民营经济高质量发展的若干意见》。其重点内容包括：一是提升融资服务能力，对标多层次资本市场上市挂牌体系推动企业上市；二是新设省十大新兴产业"双招双引"引导母基金，推广"科创贷"等创新金融产品，强化对政府性融资担保及再担保机构考核；三是加大"双招双引"力度，完善"双招双引"调度、通报、考核、奖惩机制，加大"双创"团队招引力度，建立激励担当、鼓励成功、包容失败的机制；四是对现有企业增加投资、新上项目的，享受招商引资同等待遇，引导民营企业参与"双招双引"，鼓励民营企业来皖设立总部。

安徽省作为政府产业引导基金较为成熟的省份，充分发挥政府投资基金的引导作用，着力于通过政府投资撬动市场化基金，营造良好发展环境。出台的产业基金管理办

法新设新一代信息技术、人工智能、新材料、节能环保、新能源汽车和智能网联汽车、高端装备制造、智能家电、生命健康、绿色食品、数字创意等十大引导母基金，强调了政府的承担机制、对企业推动方式的多样性及激励考核体系的建立等方面，力促实体经济高质量发展。

2. 浙江省

浙江省财政厅在 2021 年 7 月 12 日出台了《浙江省产业基金管理办法》，其重点内容包括：一是集中整合，把过往分散的资金整合到一个平台，原省转型升级产业基金、省乡村振兴投资基金、省农产品流通基金等整合组建成省产业基金，制定年度投资运作计划，由常务副省长直接批准；二是按照投资项目对于地方经济发展的不同作用进行分类，主要分为战略类、技术类和效益类三大类。这种分类方法兼顾了政策引导和市场效益；三是建立统筹协调、分类决策体系。在产业基金的投资决策体系方面，建立省领导直接负责决策的决策体系，实施扁平化的投资决策体系；三是按照投资项目的不同特点采取了不同的投资模式。对于政策类项目，采取直接投资和项目基金的方式，同时规定了最高出资额和持股比例。对于效益类，采取直接投资、定向基金和非定向基金的方式进行投资。

浙江省出台的产业基金管理办法在基金管理、办法公开征求意见、拓宽出资比例、健全尽职免责机制、完善激励机制等方面出台新举措。在管理办法中浙江省政府强调了集中管理的重要性，实施扁平化、由政府领导直接负责决策的投资决策体系，并瞄准了政府与社会资本的投资目标分歧采取了分类投资的措施，提高参与政府产业引导基金投资的积极性。

3. 江苏省

江苏省在 2021 年 7 月 21 日发布了《江苏省政府投资基金市场化子基金申报指南（2021 年）》，其重点内容包括：一是主要投向物联网、工业互联网、新材料、新能源、消费升级等相关领域。子基金需满足注册于江苏省内且规模不低于 2 亿元的要求；二是对子基金的出资认缴额上限有所提高。2021 年申报指南中明确，省政府投资基金在各子基金中合计认缴额由"不超过 3 亿元"提高至"不超过 8.95 亿元"；三是增加了子基金中省级和市、县财政出资的合计比例要求。加入以下规定："子基金中省级和市、县财政出资的合计比例应当低于基金认缴额的 50%"；四是投资领域有所调整。申报指南中规定，投资领域由"5G 网络和大数据等新一代信息技术、新能源、数字创意产业"调整为"物联网、工业互联网、新材料、新能源、消费升级等相关领域";五是投资限额方面加入了新的限制。在投资限额方面,申报指南中加入了以下规定:"子基金(特殊目的子基金除外)在单个项目的累计出资比例原则上不超过该被投项目总股权的30%。"

江苏省出台的产业基金管理办法强调了投资目标领域,扶持符合自身发展战略的产业和企业,对于子基金的出资认缴上限有所提高,并增加了子基金中升级和市、县财政出资的合计比例要求,投资限额加入了限制,对收益分配、激励机制和项目储备方面也有所规定 。相较于2020年,新的申报指南中江苏省在方针及管理办法上并无大的创新,仅在投资领域及出资方面做出了调整和规范。

(二)市级政府产业引导基金异军突起

1. 杭州市

浙江省杭州市于2021年3月19日发布《关于金融支持服务实体经济高质量发展的若干措施》,推动"5+3"重点产业发展("5"是文化、旅游休闲、金融服务、生命健康、高端装备制造五大支柱产业;"3"是人工智能、云计算大数据、信息软件三大先导产业)。设立总规模1000亿元的杭州市创新引领母基金;做大做强创业投资引导基金,支持央企资金、保险资金等在杭州设立创业投资基金和股权投资基金等。针对行业热点,提出推动建立创投股权和私募基金份额报价转让平台,引导设立私募股权投资接力基金。6月13日,萧山正式发布打造科创新高地的"六大专项行动",包括创新策源、产业造峰、主体倍增、平台聚能、人才聚变和生态蝶变。为保障专项行动顺利实施,萧山区拟设立规模100亿元的政府产业基金,人才方面将给予顶尖人才项目最高1亿元的奖励。6月16日,杭州国有资本投资运营有限公司与泰格医药、高新创投、泰珑创投签订协议,拟共同出资成立规模为200亿元的杭州泰格生物医药产业基金。基金作为杭州市的生命健康产业母基金,未来将采用直投、投资子基金等市场化运作方式,重点投向创新型医疗器械、生物医药、医疗服务、医疗信息化、数字疗法、智能制造等企业。

杭州作为副省级的省会城市,从2008年就开始做创投引导基金,管理经验丰富,且始终注重于基金对于杭州本地的产业引导作用以及优质项目的挖掘扶持。2021年杭州市对标"十四五"规划,围绕重点产业领域的全周期,通过自身创新引领母基金、与社会资本共同出资、引导设立私募股权投资接力基金等多种样式的运作方式,进行资金和人才上的支持,增强金融服务实体经济能力。

2. 芜湖市及合肥市滨湖科学城

安徽省芜湖市于 2021 年 7 月 5 日举办 2021 年芜湖私募股权投资大会，发布了《芜湖市人民政府关于加快发展政府投资基金的意见》《芜湖市促进私募基金业健康发展的意见》，政府投资基金母基金规模超过 155 亿元。明确自 2021 年起，芜湖市县区财政当年新增财力在足额保障"三保"、债务付息等必保支出的基础上，原则上按照 30% 比例安排政府投资基金；当年预算安排的产业扶持资金未执行完毕形成的结余，原则上按照不低于 50% 的比例安排政府投资基金。芜湖市将加大私募基金业政策支持力度，对新设立的私募股权基金管理机构，最高可按实际管理规模的 1% 给予落户奖励，新迁入的按可投资规模计算，最高不超过 2000 万元。

芜湖市经济实力省内排名仅次于合肥市。据公开信息报道，截至目前，芜湖市现有政府投资基金 16 只，基金规模 131 亿元。私募基金备案产品 448 只，规模 1500 亿元，位列安徽省第一。芜湖市将通过加大财政投入、鼓励国企出资、吸引资本投资、壮大基金规模等举措，强化政府投资基金投入力度。与此同时，芜湖市也强调了基金管理机构的奖励力度。

此外，合肥市继续加大产业引导基金的推进速度。2021 年 7 月 7 日，合肥市滨湖科学城管理委员会和一村资本有限公司签署战略合作协议，正式启动设立市级层面首只专注于生物医药健康领域的产业基金。一期规模为 3 亿元，二期规模计划 20 亿元，目标总规模达 50 亿元。合肥市一直致力于通过政府投资带动更多社会资本进行产业培育，加大产业政策向民营企业的倾斜力度，市场化倾向明确。此次和社会资本合作专注于重点发展的战略性新型产业之一的生物医药领域投入 50 亿元，为大力发展生物医药产业提供了有力支撑。

3. 南京市浦口区和溧阳市

南京市浦口区于 2021 年 3 月 18 日，在全市率先设立总盘子超 200 亿元的产业引导基金——集成电路产业母基金，创新"基金 + 产业 + 园区"合作新模式，在"十四五"期间集中力量重点支持集成电路产业发展，力争到"十四五"末，形成集成电路产业达到"千亿级"产业规模，建设成为具有全球影响力的集成电路产业创新集聚区。集成电路是南京市全力打造的八大产业链之一，同时也是浦口区增长最快、工业中占比最多、份额占南京市最大、新引进项目集聚度最高的产业。浦口区围绕"集成电路地标性产业高地"的布局，通过产业引导基金的设立带动项目签约和产业投资，提升企业产能，实现产业链的强链补链，扩大产业集群的规模及影响力。

溧阳市于 2021 年 4 月份成立总规模 100 亿的政府投资基金，该基金也是目前溧阳市规模最大的一支政府投资基金。基金主要采用"母基金 + 子基金"运作模式，引导各类社会资本投向溧阳，为"十四五"时期溧阳高质量发展提供有力保障。"溧阳市政府投资基金"连接政府投资和市场投资，并用股权投资"以投促引"，以储能产业、智能网联等战略性新兴产业及溧阳市主导产业为重点产业进行精准招商，助力优质项目的落地及初创期中小企业的成长。

三、发挥上海政府产业引导基金作用的对策建议

政府产业引导基金旨在优化政府投资方式，发挥政府资金的引导作用和放大效应，来达到撬动社会资金注入政府支持领域和产业的效果，在完善产业链、培育创新性企业方面有着重要作用。上海要围绕落实《上海市先进制造业发展"十四五"规划》提出的产业金融措施，壮大各级政府产业引导基金规模，同时也需遵循市场规律、专注专业管理、完善制度流程。

（一）聚焦政策目标，推动市场化管理

契合上海的战略发展方向，平衡好经济效益以及社会效益，分类不同作用的项目对应采取不同模式，发挥引导基金的引导示范效应，并适度放开返投比例、注册地等限制，吸引社会资本参与。完善政府配资方式等制度和程序，建立扁平化决策的决策体系，鼓励上下级政府互相参股或是政府牵头社会资本共同成立基金的方式形成多方合力，研究探索基金市场化运作机制，健全尽职免责机制，营造敢干事、能干成事的环境。

（二）运作监督考核，完善激励约束机制

强化对财政出资的预算约束及审核，组建基金管理评价工作小组，健全基金评价管理办法，实施政府产业引导基金全过程的绩效管理及基金重点绩效评价，及时披露产品信息，完善基金动态管理模式与报告制度。配套挂钩激励机制和合规监管体系，引入市场化人才或与专业机构合作，吸引优秀基金管理人参与管理并提供专业投资顾问服务，多方面多维度评价基金，分级分档激励机制，充分发挥基金管理人的主观能动性。

（三）明确清理政策，畅通资金退出渠道

明确基金清理政策，常态化清理绩效达不到预期效果、投资进度缓慢或资金长期闲置的子基金。健全政府产业引导基金退出机制，发展并购市场，积极推进私募股权二级交易，完善基金在退出时切实可行的路径以及强制退出时的保障措施，提前做好国资审批等合规性安排，制定相应让利措施，建立规范的较为平衡的价格评估体系，避免因强制退出打击社会资本的积极性。

参考文献：

【1】丁小丁：《【LP风向标】上海市天使投资引导基金：产业背后真正的天使》，"水母研究"微信公众号（2021.04.13）。

【2】深深：《安徽省将设十大新兴产业"双招双引"引导母基金，这才是"合肥模式"的核心力量》，"FOFWEEKLY"微信公众号（2021.04.15）。

【3】《安徽芜湖出台两份意见支持私募基金发展将加大政府投资基金投入力度》，"中国政府引导基金频道"微信公众号（2021.07.30）。

【4】陈超群、高薇：《基于咨询视角的地方政府产业引导基金运作难点和解决方案》，"现代咨询"微信公众号（2021.10.09）。

苏州产业新政叠加，打造"苏州制造"新名片的做法和借鉴

编者按：苏州市是我国乡镇企业经济模式、外资工业园经济模式的开创者，是全球的三大工业城市之一，也是中国的最强地级市、江苏省的经济中心城市。2021年是"十四五"开局之年，苏州又频频推出一系列产业新政，全力打响"苏州制造"品牌。3月22日，发布《"苏州制造"品牌建设三年行动计划》。4月19日，发布《苏州市生物医药及健康产业强链补链三年行动计划（2021—2023）》《苏州市促进集成电路产业高质量发展的若干措施》《苏州市促进新一代人工智能产业发展的若干措施》。4月26日，发布《苏州市发展航空航天产业三年行动计划》和《苏州市促进航空航天产业发展若干措施》。这些蕴含了"干货"和"硬招"的有力举措，掀起了"苏州制造"创新发展的新一轮高潮，将有助于提升苏州高端产业链整体竞争力，其积极务实的做法值得我们研究借鉴。

一、"苏州制造"崛起成为苏州名片的发展历程

（一）苏州市产业结构现状和演变

苏州市的工业化历经"农转工""内转外""量转质"等各阶段。1949 年苏州全市国内生产总值只有 0.73 亿元，农业占绝对优势，工业基础几乎空白。1952 年工业增加值 1.06 亿元，主要以纺织、丝绸、食品、加工业和手工业为主。至 20 世纪 70 年代末，纺织、机械、食品等四大重点行业崛起。到 20 世纪 80 年代后期，机械、纺织、食品、建材、冶金等六大支柱行业基本形成。进入 20 世纪 90 年代，资金密集型和技术密集型行业产值占比不断上升。2000 年以来，以电子行业为代表的高技术行业迅速崛起。2020 年苏州经济总量达到 20170.5 亿元，突破两万亿级，高居江苏榜首，拥有 35 个工业大类，涉及 167 个工业中类，489 个工业小类，已形成了以电子、化工、钢铁、电气机械、装备制造、纺织为主导的现代工业体系。

表 1　1952—2020 年苏州市三次产业的比例（%）变化

年　　份	第一产业	第二产业	第三产业
1952	45.9	24.8	29.3
1978	28.1	55.7	16.2
1987	19	60.7	20.3
1990	17.3	61.0	21.7
2000	5.9	56.5	37.6
2005	2.0	66.8	31.2
2010	1.5	56.9	41.6
2015	1.5	48.6	49.9
2020	1.0	46.5	52.5

从表 1 可以看出苏州市三次产业的比例变化，第三产业增加值占地区生产总值的比重仍偏小，而第二产业产值比重仍偏大。当前，在推动"苏州制造"向高质量发展过程中，当地政府积极发挥主导作用，正持续通过制定明确发展规划和发展战略超前谋划，以梯度布局来引导大院大所、龙头企业、重点项目、多元化投资者进入，推进先进制造业和现代服务业的良性融合发展，并着重培育生产性服务业。

（二）"苏州制造"正主动应变

伴随着传统产业智能化改造和数字化转型步伐正不断加快，新一代信息技术、生物医药、航空航天、纳米技术、人工智能、网联汽车等新兴产业快速发展，苏州市经济正在向"新、轻、高"转型。从总量看，继 2020 年上半年之后，2021 年第一季度苏州规模以上工业总产值再度超越上海，较上海高出约 358 亿元，规模以上工业总产值增速较上海高出约 8.5 个百分点。据公开数据显示，苏州 2021 年一季度实现地区生产总值 4723.95 亿元，规模以上工业总产值 9128 亿元，同比增长 43.0%。上海 2021 年一季度实现地区生产总值 9458.86 亿元，规模以上工业总产值 8770.79 亿元，同比增长 35.6%。从新兴产业看，2020 年，新一代信息技术、生物医药、纳米技术、人工智能四大先导产业实现产值 8718.2 亿元，占苏州规模以上工业总产值比重达 25.0%。苏州市新兴产业产值和高新技术产业产值分别为 19400 亿元、17735.8 亿元，占规模以上工业总产值比重分别达到 55.7% 和 50.9%。生物医药产业集群成功入选首批国家级战略性新兴产业集群名单。

苏州市前期依靠着嵌入发达国家主导的产业链和价值链之中，推动了制造业从"高速度"到"高基数"。目前，正借助 5G、区块链、工业互联网、人工智能等基于新兴科技、业态的服务，加快制造业的数字化改造，从"生产型制造"向"服务型智造"转变，有效地重构制造业的价值链、供应链和空间组织形式，向制造业"高质量"积极进取型转型，进而形成未来"苏州制造"发展的新产业生态圈。

（三）代管县级市工业表现亮眼

相较于 2020 年上海全市规模以上工业总产值 34830.97 亿元，2020 年苏州各区县实现规模以上工业总产值为 34824 亿元，规上工业总产值已连续七年稳定在 3 万亿以上。其中，昆山市 8972 亿元，张家港市 4818.62 亿元，常熟市 3656 亿元，太仓市 2504.53 亿元。

代管四个县级市的经济社会发展水平远超国内绝大多数县域。据赛迪顾问发布《2020 中国县域经济百强》数据显示，江苏共有 25 个县上榜百强县，昆山、张家港、常熟、太仓等四个地区位居榜单前十五。从 2018—2020 年，四个县级市规模以上工业总产值合计占比从 55.5% 提升到 57.3%。

表2　2018—2020年苏州各区县GDP排名分析

排名	地　区	GDP（单位：亿元）		
		2020年	2019年	2018年
1	昆山市	4276.8	4045.1	3832.1
2	苏州工业园区	2907.1	2743.4	2570.3
3	张家港市	2686.6	2547.3	2720.2
4	常熟市	2365.4	2269.8	2400.2
5	吴江区	2002.8	1958.2	1925.0
6	虎丘区（高新区）	1446.3	1377.2	1256.3
7	太仓市	1386.1	1325.0	1330.7
8	吴中区	1343.8	1278.7	1124.7
9	相城区	935.7	890.1	771.1
10	姑苏区	819.9	801.1	709.4
	苏州市	20170.5	19235.8	18597.5

注：苏州市的5个市辖区分别为姑苏区、虎丘区（高新区）、吴中区、相城区、吴江区；代管的4个县级市分别为常熟市、张家港市、昆山市、太仓市；另辖一个县级单位为苏州工业园区。

数据来源：苏州各区县政府报告。

二、"苏州制造"聚焦重点领域打造新名片的创新做法

（一）集成电路

产业基础：初步形成了以"集成电路设计—晶圆制造—集成电路封装测试"为核心，设备、原材料及服务产业为支撑，由数十家世界知名企业组成的集成电路产业链。拥有集成电路及相关企业230余家，相关从业人员近4万人，占全省25%，位居全国第7。其中，设计企业超150家，研发人员占30%以上。较为突出的是以中科院苏州纳米所等为代表的一大批科研院所，金宏气体、敏芯股份、思瑞浦等企业相继登陆科创板，锐芯微、创耀、国芯等进入IPO排队，纳芯微、赛芯、东微半导体、长光华芯、海光芯创等进入上市辅导。截至2020年底，苏州集成电路产业实现整体销售收入625.7亿元。其中设计实现销售75.8亿元，制造实现销售27.8亿元，封装测试实现销售371.3亿元，设备、材料和配套等支撑实现销售150.8亿元。

产业链布局：围绕集成电路设计、特色半导体制造以及集成电路设备和材料，布局了GaN、GaAs、MEMS等特色工艺制造产线，加快发展光刻胶、化学试剂、特种气体、

靶材等集成电路制造、封测关键材料及装备，已在网络芯片、功率芯片、高端数模芯片、嵌入式芯片等集成电路设计细分领域形成国内优势。从产业链构成来看，IC 设计、制造、封装测试、设备材料等配套销售收入比重分别为 12.1:4.4:59.3:24.1。

新建项目：第三代半导体技术创新中心（苏州）、英诺赛科 8 寸 GaN 生产线、长光华芯 6 寸 GaAs 生产线、新美光半导体项目等。

最新政策：2021 年 4 月 19 日发布《苏州市促进集成电路产业高质量发展的若干措施》，着重支持集成电路设计、第三代半导体等领域，关注集成电路制造、封测、关键材料和装备全产业链。其中对制造、封装测试、关键装备和材料企业，给予不超过 1000 万元晋档补差奖励。对于企业并购和技术收购，给予最高 1000 万元的奖励。对集成电路设计企业开展流片验证，包括流片费、光罩制作费等给予最高 50% 补贴，单个企业补贴不超过 1000 万元。对从事 EDA 设计工具研发的企业，每年给予研发费用总额不超过 1000 万元补贴。对为集成电路设计企业自主研发产品提供生产线产能的企业，给予不超过 1000 万元奖励。

特色做法：2020 年，苏州集成电路产业实现整体销售收入大约为上海（2071.33 亿元）的 1/3，其产业链构成中封装测试比重较大，产业发展较为迅速。一是以重点项目为重要抓手。2020 年苏州建立了"链长制"，已将半导体和集成电路产业链列为重点打造的产业链，重点推进中科曙光、澜起科技、创维芯片、超锐微电子、微五科技、盛森集成电路等一批旗舰项目。二是围绕产业链关键环节精准布局。如，晶圆级封装、硅通孔技术、系统级封装等封测技术，与国际主流技术水平同步发展。半导体材料领域中氮化镓衬底材料制备技术处于全国领先等。三是梳理集成电路关键技术、工艺和关键零部件等方面，拥有自主核心技术、覆盖产业链各个环节的本地企业。如，盛科网络、思瑞浦、国芯科技、创耀科技、东微半导体等。四是打造较完善的公共服务平台及科研支撑体系。如，设立集成电路设计、MEMS 中试、纳米加工测试等专业技术平台。建设苏州高新区集成电路产业创新中心、苏州市半导体产业联盟、苏州市集成电路展示中心、苏州市集成电路产业知识产权运营中心、台积电晶圆制造服务联盟创新中心等创新载体。

（二）人工智能

产业基础：初步形成涵盖人工智能基础层、技术层、应用层的全产业链，已集聚人工智能相关企业超 1000 家，人工智能产业集聚发展水平处于全国第一梯队。2020 年，人工智能相关产业规模达 897.4 亿元，近三年产值规模平均增速达 24.8%。其中苏州工业园

区集聚了人工智能核心企业 660 余家，拥有境内外上市企业 10 家，累计国家级重大人才工程人才 14 名，国家级科研院所 12 家。2020 年，园区人工智能产值达 462 亿元。

产业链布局：重点围绕在语音识别、计算机视觉、自然语言处理等核心技术领域突破发展，培育和集聚了思必驰、出门问问等智能语音创新型企业，极目、华兴致远等计算机视觉业务领先企业，美能华、智慧芽等自然语言处理研发型企业，智加科技、初速度、华砺智行等智能驾驶领军企业。获批建设国家人工智能创新发展试验区，苏州国际科技园、苏州高铁新城成功入选全国人工智能示范园区。目前中科院在苏州市的载体机构有 34 家，占中科院在全国布局的 20% 以上。

新建项目：苏州超级计算中心、微软苏州人工智能产业创新中心、华为"一基地（华为桑田岛基地）、四总部（华为公司中国区政企总部、华为公司中国区云与计算总部、华为公司 EBG 全球 OpenLab 总部、华为公司 WLAN 全球研发总部）、六中心（工业互联网赋能中心、人工智能创新中心、智能网联汽车测试中心、数字产业链协同中心、数字化治理与服务示范中心、ICT 人才培养中心）"等。

最新政策：2021 年 4 月 19 日发布《苏州市促进新一代人工智能产业发展的若干措施》，结合苏州产业特点，重点围绕人工智能赋能实体经济发展这一主线，首次出台人工智能专项支持政策。其中支持人工智能龙头企业实施对强链补链有重大影响的兼并重组，给予最高 1000 万元补助。对经苏州市及以上认定的首台（套）装备及关键零部件给予最高 1000 万元的奖励。

特色做法：一是围绕国家新一代人工智能创新发展试验区建设，以国内首个针对人工智能领域出台专门鼓励政策的国家级经济技术开发区——苏州工业园区作为试验区的核心先导区，引导人工智能产业发展。二是通过载体共建、联合攻关、项目合作、科技成果产业化等多种合作形式，联动国内大院大所汇聚高端创新要素资源。三是聚焦工业互联网、工业机器人、装备制造等重点方向，加强机器学习、智能计算等人工智能前沿理论和关键核心技术的研发应用，提升智能化基础设施水平，促进人工智能与制造业深度融合。四是拓展应用场景，在生物医药、文化旅游、金融服务等领域打造人工智能创新应用标杆。

（三）生物医药

产业基础：苏州市生物医药产业集群入选第一批 66 个国家级战略性新兴产业集群

名单中生物医药领域，且位居前列，整体产业呈现出创新活力足，成果突出。苏州工业园区生物医药产业创新型龙头企业数量、创新型人才规模、获批生物创新药临床批件数量、生物大分子药物总产能、企业融资额等五项指标均占全国20%以上。2021年1月，作为全国首单生物医药产业园类REITs（不动产投资信托基金）项目已在上海证券交易所获批，意味着被业内称为"B村"的苏州生物医药产业园（BioBAY）正式登陆资本市场。2020年1—6月，2944家生物医药企业实现营收1148亿元，工业产值891亿元。共有生物医药企业3000余家，信达生物、基石药业、亚盛医药、东曜药业、杏联药业、博瑞医药、康宁杰瑞、泽璟制药等8家企业陆续在港交所和科创板上市。2019年，苏州生物医药经济总量超1700亿元，其中医药工业产值约1450亿元（含规下），占江苏省近三分之一，占全国5%左右，近几年增速都保持在20%以上。

产业链布局：聚焦医疗器械、化学制药、生物制药和现代中药，医疗器械和化学制药领域占比较高。其中，苏州工业园区聚焦创新药物、生物技术及新兴疗法和医疗器械，其主要创新基地生物医药产业园已成为高层次人才研发集聚、交流、合作的创新社区。苏州高新区聚焦医疗器械、生物医用材料、植介入器材、医学影像和治疗设备，昆山市聚焦小核酸药物、医疗器械，太仓市聚焦CDMO/CMO服务，吴中区聚焦AI医药，常熟市聚焦手术设备、创新化学药产业化，张家港市聚焦医疗器械，相城区聚焦医疗器械、医疗健康服务、医学科研和教育，吴江区聚焦生物药、化学药，姑苏区聚焦医疗消费平台。

新建项目：以苏州市生物医药产业创新中心为主体，建设生物医药领域首个获批的国家技术创新中心，中国首家生物计算驱动的生命科学平台公司百图生科的首个研发中心，赛默飞生命科学事业部在华的首个生命科学研发中心（赛默飞世尔科技中国生命科学研发中心）等。

最新政策：2020年相继出台《关于加快推进苏州市生物医药产业集聚发展的指导意见》《关于加快推进苏州市生物医药产业高质量发展的若干措施》《全力打造苏州市生物医药及健康产业地标实施方案（2020—2030年）》等重要文件。2021年4月19日发布《苏州市生物医药及健康产业强链补链三年行动计划2021—2023》，聚焦全产业链，首次将支持范围覆盖"研发—转化—制造—市场推广"全产业链，同时兼顾医药数字化和中医药政策覆盖。其中对产业链上下游企业开展产业化阶段联合技术攻关的，给予最高2000万元资助。对参加国家集采中标的企业，按采购额给予最高200万元资助。特别是

单个企业每年享受苏州市两级财政扶持叠加额度，由原先 8000 万元上限提高至 2 亿元。

特色做法：苏州市区县生物医药产业政策涵盖领域较多、补贴力度较大，且更注重产业化、规模化。一是苏州市、工业园区、高新区医疗器械方面政策较好，其中高新区资助范围较广，从项目早期研发投入，到产业化生产、注册费用、规模销售及荣誉资质等维度都有相应支持。目前上海部分区针对拿到注册证的一次性补贴。宝山区和临港新片区补贴力度较大，其中临港注册证最高补贴 500 万元。青浦区、闵行区针对研发费用进行一定补贴。浦东新区暂未明确金额。二是苏州市、太仓市、工业园区分别都以创新药、医疗器械临床实验Ⅰ、Ⅱ、Ⅲ期项目研究阶段完成情况，给予相应补贴，补贴内容与上海部分区一致，但总体力度略高于上海。目前宝山区、临港新片区针对药物研发每个阶段都有相应的补贴政策，其中临港新片区Ⅰ类临床批件最高补贴 800 万元，完成Ⅲ期临床最高 3000 万元。闵行区仅针对研发费用进行补贴，浦东新区暂未明确金额。宝山区和临港新片区医疗器械临床试验补贴力度较大，其中临港注册证最高补贴 500 万元，青浦区、闵行区针对研发费用进行一定补贴。浦东新区暂未明确金额。三是苏州市及代管县级相当注重药品生产及销售，并给予企业较多补贴，上海部分区针对企业营收层面突破给予补贴，但未涉及单个医药产品销售情况相关支持。目前临港新片区对于采购区内生物医药企业名优产品（服务）金额累计 200 万元以上，按采购额 5% 补贴，最高 200 万元。四是苏州市级政策中针对委托生产、承担生产企业补贴力度较大。目前临港新片区对 CXO（医药研发及生产外包）总投资建设补助最高 5000 万元。苏州市级政策中对于营业额首次突破给予了重点的支持说明，同时单品的销售额突破能吸引更多的投资机构目光，形成地区产业集聚。五是苏州市仿制药及一致性评价补贴略高于上海市补贴额度。苏州针对生物医药领域的人才引进政策较为明确，目前上海宝山区和临港新片区有相关政策说明。苏州市与上海市资质认证方面的补贴力度相当。特别是苏州高新区推出的对于医药行业专业孵化器及众创空间的补贴是上海暂未推出的。

（四）航空航天

产业基础：2020 年苏州市装备制造业产值达到 10205 亿元，位居全国第六，成为继电子信息产业后，规上工业产值第二个突破万亿大关的产业。其中，航空航天相关产业规模达 300 亿元。并拥有西工大长三角研究院、中科院地理所苏州基地、空天院苏州研究院、北航苏州创新研究院、南航苏州研究院、海鹰空天材料研究院等一批重大创新载体。

产业链布局：涉及动力系统、机电系统、航电系统、航空材料等相关领域。聚集了通用电气、新宇航空、赛峰、长风航空、迈信林、力源液压、卓能电子、航天工程装备、舍弗勒航空轴承等航空航天零部件及其配套企业 200 余家。其中，参与中国商飞有关项目的企业就有近 30 家。如，通用电气航空在国内唯一的制造工厂，赛峰发动机等多家航空装备企业已经和波音、空客等世界主流商用飞机制造商达成长期合作。

新建项目：材料科学姑苏实验室、大飞机苏州产业研究中心、大飞机苏州（太仓）航空产业园、大飞机苏州（工业园区）航空产业园、中科院金属所航空叶片、舍弗勒航空轴承、大飞机增材制造（相城）协同发展中心、相城（北京）航空航天产业创新中心、空天材料长三角成果转化基地等载体。

最新政策：2021 年 4 月 23 日发布《苏州市发展航空航天产业三年行动计划》《苏州市促进航空航天产业发展若干措施》。支持产业集聚发展，对实到资本金 5000 万元（含）以上的企业，给予最高 1000 万元奖励；强化创新成果转化，支持核心技术和产品攻关，单个项目给予最高 1000 万元补助，对先进技术研究院最高补助 2000 万元；加强要素投入保障，对重大创新团队和领军人才分别给予最高 5000 万元和 500 万元项目资助、300 万元安家补贴。

特色做法：苏州正借助区域优势，积极主动融入上海大飞机产业生态圈，打造其特色鲜明的航空航天产业新体系。一是瞄准大飞机产业、航天产业、通用航空产业、航空智能装备和航空功能服务五个重点领域，提升产业链本土企业创新能力，培育壮大"链主型"企业。二是围绕智能制造、航空航天等应用领域，先后与中国商飞、上海电气集团等签署战略合作框架协议，开展联合攻关，加快打造本土航空航天产业集群。

三、打造"苏州制造"新名片的做法借鉴

"十四五"期间，上海在实施以强化"四大功能"为主攻方向推动高质量发展，全力推进浦东高水平改革开放，持续深化"五个中心"建设，加快推进城市数字化转型、"五型经济"发展、五个新城建设等重大战略任务的过程中，可以汲取打造"苏州制造"新名片的集聚高端要素资源，引进大院大所，培育国家高新技术企业；重点产业政策设计更着重产业化、规模化；成立苏州工业大数据创新中心，激发传统企业创新内生动力；构建工业企业资源集约利用信息系统，政府和企业形成有效互动等有效做法，不断

提升城市能级和核心竞争力，共同推进长三角一体化及世界级先进制造业集群的打造，全面完成国内大循环的中心节点、国内国际双循环的战略链接的历史重任。

参考文献：

【1】新望：《苏州能否成为世界制造业中心城市？》，中制智库。

【2】王伟健、郁静娴：《苏州崛起先进制造业（转型升级一线城市调研行）》，"人民网—人民日报"。

【3】双滋传媒：《33000亿工业产值苏州将打造中国第一制造业强市：厚积薄发的经济》，2020年7月19日。

【4】程黎莉：《工业互联网：先进制造业的"发动机"》，"苏州新闻网"2021年4月30日。

【5】陈海峰：《"制造强市"苏州全面发力航空航天产业》，"中国新闻网"2021年4月26日。

上海与苏州等兄弟省市工业增长情况对比分析

编者按：发展研究中心对兄弟省市上半年工业相关数据进行了梳理和分析，重点对上海和苏州工业行业大类规模及增速情况，以及北京、江苏、安徽等省市工业大类增长情况进行了对比分析，分析得出，从规模和增速看，上海仅在食品制造和化学原料制品制造行业较苏州有明显优势，详见下文。

2021年上半年，上海 GDP 规模居全国城市首位，两年平均增速与北京和深圳持平；第二产业增加值规模居全国城市第三位，低于重庆和深圳，两年平均增速低于北京、苏州、重庆和广州；规模以上工业增加值两年增速仅高于深圳；工业投资两年平均增速远高于全国平均水平，但低于北京、苏州和浙江；进出口总额居全国城市首位，是重庆的6倍，但增速仅高于6城市中的苏州；出口总额居第二位，但增速低于其他五个城市；进口总额居首位，增速仅低于重庆和北京。以下就上海工业产值、营业收入、利润、重点行业发展等方面进行具体分析（以上内容据各省市统计局公开数据分析得出，限于篇幅，本文未包含具体分析内容，如有需要，可另外提供）。

一、上海工业生产和经营情况对比分析

（一）上海工业产值增长平稳，内销产值偏低

从工业产值来看，12省市中有北京、上海、广州和苏州公布了上半年规模以上工业产值规模及其增速。上海工业产值规模居第二位，增速居第三位。

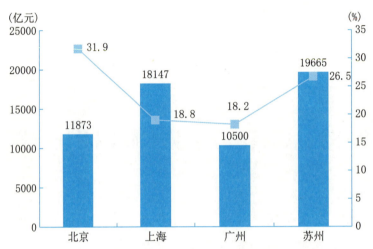

图1　2021年上半年主要城市工业产值规模及增长情况

从销售产值来看，北京、上海、广州、深圳（前5个月）、浙江和广东公布了各省市上半年工业销售产值、出口交货值等情况，据此测算，上海内销产值不足7成，仅略高于深圳，国内市场有待进一步挖掘。

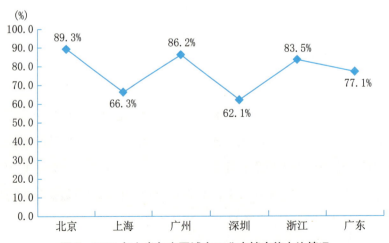

图2　2021年上半年主要城市工业内销产值占比情况

（二）上海营收和利润增速相对较慢，营收利润率相对较高

除苏州外，其余11省市均公布了营业收入和利润情况，相关数据显示，上海营业收入增速仅高于深圳，利润增速高于深圳和广东，营业收入利润率低于北京6.5个百分点，基本与四川持平。

表1 2021年上半年主要省市工业效益情况

	营业收入规模（亿元）	营业收入增速（%）	利润（亿元）	增速（%）	营业收入利润率（%）
北京	13649	34.5	1907	200.0	13.97
上海	20526	20.4	1536	36.0	7.48
江苏	69847	31.8	4467	59.5	6.40
浙江	44679	35.1	3263	55.2	7.30
安徽	21387	29.7	1397	52.4	6.53
广东	77600	24.9	4900	32.0	6.31
山东*	40503	30.9	2369	116.0	5.85
四川*	20194	21.1	1517	47.1	7.51
重庆*	10139	35.6	642	106.0	6.34
广州	8827	30.2	594	43.9	6.73
深圳*	14819	19.7	982	9.4	6.63

注：深圳、重庆、山东、四川为前5个月数据。

二、上海重点行业增长情况对比

（一）上海、苏州重点行业产值规模及增长情况

受限于数据原因，主要分析9个行业，包括上海规模最大的汽车制造等7个工业行业、疫情背景下较为关注的医药制造业和上海轻工行业的代表食品制造业。12个省市中，上海和苏州公开了行业大类的产值及增速。上半年，上海的汽车制造、化学原料制品制造、医药制造和食品制造业规模大于苏州；电气机械器材、专用设备制造和食品制造业增速快于苏州。

为进一步了解上海和苏州这9个重点行业的发展情况，梳理了自2019年6月至2021年6月期间的半年报和全年统计数据（限于篇幅，本文不含，如有需要，可单独提

乘势作为

表 2　2021 年上半年上海和苏州主要行业产值及增速情况

	上海产值（亿元）	上海增长（%）	苏州产值（亿元）	苏州增长（%）
汽车制造	3291	36.9	1131	42.5
计算机通信电子设备	2247	-4.3	5473	17.7
化学原料化学制品	1735	18.3	1050	32.6
通用设备	1591	23.7	1715	33.9
电气机械器材	1225	31.7	1592	29.9
专用设备	790	32.6	1019	29.6
黑色金属冶炼压延	730	6.2	1578	38.4
医药制造	531	12.4	300	24.4
食品制造	376	13.3	107	12.6

供）。历史数据显示，食品制造业和化学原料制品业是上海在规模和增速上均领先苏州优势较为明显的行业，其他重点行业的增速大部分都长期落后于苏州。

汽车制造行业，与苏州相比，上海的规模优势正在减弱，规模之比由 2019 年 6 月份的 3.8:1 到 2021 年 6 月份的 2.9:1。增速大部分时期落后于苏州，仅 2020 年 12 月增速超过苏州。计算机通信电子设备行业，上海规模不到苏州一半，且差距正在拉大，规模之比由 2019 年 6 月份的 1:2.2 到 2021 年 6 月份的 1:2.4。增速大部分时期落后于苏州，仅 2020 年 6 月增速超过苏州。化学原料和制品行业，上海的规模优势逐渐加大，规模之比由 2019 年 6 月份的 1.5:1 扩大到 2021 年 6 月份的 1.7:1。增速大部分时期领先于苏州，但 2021 年 6 月份增速落后于苏州。通用设备制造行业，上海产业规模逐渐落后于苏州，规模比由 2019 年 6 月份的 1.1:1 发展到 2021 年 6 月份的 0.9:1。增速长期落后于苏州。电气机械器材行业，上海规模弱于苏州，且差距逐渐拉大，由 2019 年 6 月份的 1:1.1 发展到 2021 年 6 月份的 1:1.3。增速大部分时期落后或持平于苏州，但 2021 年 6 月份增速稍领先于苏州。专用设备制造行业，上海规模小于苏州，且差距逐渐拉大，由 2019 年 6 月份的 1:1 发展到 2021 年 6 月份的 1:1.3。增速长期落后于苏州，仅 2021 年 6 月份增速稍领先。黑色金属冶炼压延行业，上海规模小于苏州，且差距逐渐拉大，由 2019 年 6 月份的 1:1.9 发展到 2021 年 6 月份的 1:2.2。增速长期落后于苏州。医药制造领域，上海规模超过苏州，但领先优势逐渐消弱，由 2019 年 6 月份的 2.9:1 发展到 2021 年 6 月份的 1.8:1；增速长期落后于苏州。食品制造领域，上海规模超过苏州，且领先优势逐渐加大，由 2019 年 6 月份的 3.1:1 发展到 2021 年 6 月份的 3.5:1；增速长期领先于苏州。

（二）兄弟省市重点行业增加值增长情况

北京、江苏等省市公布了行业增加值增速，从 9 个重点行业的数据来看，北京的医药制造增速较快；安徽的汽车制造、计算机通信电子设备制造业和医药制造增速较快；江苏的通用设备制造业和电气机械汽车制造业增速较快；广东省的黑色金属冶炼和食品制造增速较快。

表 3　2021 年上半年主要省市主要行业增加值增速（%）情况

	北京	江苏	安徽	广东	四川	重庆
汽车制造	10.4	29.2	31.9	24.4	8.8	25.3
计算机通信电子设备	25.7	23.7	39.4	7.0	27.4	31.9
化学原料化学制品	−8.2	14.4	11.7	19.6	10.7	12.3
通用设备	16.7	30.1	21.9	24.4	/	17.7
电气机械器材	5.2	32.8	14.7	31.1	/	32.8
专用设备	1.0	27.2	3.5	19.7	/	/
黑色金属冶炼压延	25.0	13.7	14.1	39.8	7.9	41.3
医药制造	294.5	15.7	46.3	21.2	10.6	/
食品制造	6.9	11.1	2.8	15.4	/	/

北京长期把生物医药作为高精尖产业中的支柱行业进行重点发展。早在 2010 年启动北京生物医药产业跨越发展工程，聚焦和服务产业关键的龙头企业的发展。相关委办局围绕影响医药企业发展的资金、空间、技术、研发、市场、应用等环节开展了大量工作，例如，全面推进"一网通办"和"全程网办"、"清单式"执法为企业减负、提高通关效率等。目前北京已集聚了大批生物医药头部企业和重大项目，例如，大兴生物医药基地新注册 1000 万以上企业 210 家，落地科兴中维、沃森生物等重大项目 75 项，储备谊安医疗、瑞健生物等高精尖项目 173 项。科兴中维、北京生物两家企业已累计向国内供应超 15 亿剂，产值突破 1220 亿元。

安徽省新兴动能引领高速发展。在汽车制造领域：蔚来汽车产量超过 10 万台；奇瑞集团上半年汽车销售近 40 万辆，增速近 90%，居全国第一；江淮汽车集团上半年销

量增长近 40%，利润增长超过 4 倍，出口超过 100%。在计算机通信电子设备制造领域：科大讯飞核心技术项目加速落地，公司的盈利能力持续提升；国内首个 12 英寸晶圆再生项目在合肥至微量产；腾讯智慧产业总部、格力智能产业园、美的厨热智能家电产业园陆续开工建设，带动安徽电子信息相关行业集聚发展；在医药制造领域，智飞生物的全国首款重组新冠疫苗 3 月获批上市，日产超过 100 万剂，全年预计超 5 亿剂。

三、对策建议

2021 年下半年，新冠疫情持续演进给全球经济复苏带来挑战和不确定性。疫情影响叠加国际摩擦争端将影响全球贸易正常秩序、影响国际供应链和需求市场的恢复，使得本土供给和需求的重要性进一步凸显。在此背景下，结合以上分析得出的兄弟省市发展经验和上海产业发展中存在的问题，提出通过技术研发和产业化加速本土供给、进一步挖掘国内市场和需求、优化企业服务提升市场主体积极性等对策建议。

（一）通过创新和产业化提升本土供应和产业发展

一是提升企业创新积极性。每年评选 10 件上海制造创新高端产品，制定并发布《上海制造创新高端产品目录及配套政策》，政府采购和相关活动中优先选择这些产品，对有产品纳入目录的企业给予税收、用工等方面的优惠。二是鼓励重点行业龙头企业加大创新引领力度。支持重点领域龙头企业牵头或建立产业技术研究院，紧密跟踪国际颠覆式创新动态，联合产业链上下游企业，开展创新和产业化研究；三是打通重点行业的基础研究、技术研发、工程应用及产业化链条，优化本土创新产品的产业化应用环境；四是充分借鉴兄弟省市发展新动能的成功经验，加快形成新动能引领产业高速发展态势。

（二）开拓内销市场更深入的参与国内大循环

一是鼓励企业进一步深耕产品质量和市场挖掘，做精产品、做深市场，打响"上海制造"品牌；二是由各行业协会牵头，或委托专业研究咨询机构，梳理上海工业上下游产业链，挖掘国内原材料和产品市场；三是相关委办加强与兄弟省市沟通交流，了解其工业生产的"所长"和"所需"；四是由市级领导带队，开展中、西部省市定向的交流推广，带领上海企业"走出去"。五是深入挖掘"网红城市"潜力，通过"网红城市"

打造"网红产品",实现流量经济变现,带动上海食品、服装、工艺美术等消费品行业发展。

(三)加大惠企政策和企业服务力度

一是进一步减轻企业税收、审批等各类负担。评估 2020 年出台惠企政策的执行情况,研判惠企政策继续执行的可行性,结合上海产业发展实际,制定操作性强的精准惠企政策。降低企业用工、社保、融资等各类成本,简化各类审批手续和流程,精简企业填报报表等。二是搭建服务中小企业的各类平台。包括开拓国际市场、对接国外客户的平台;上下游企业对接和产业链协调合作平台;牵线对口企业,促进企业销售平台;企业技术人员流动合作对接平台、产业政策发布、宣讲与辅导平台等。

浙江省建立产业工程师协同创新中心的实践探索

编者按：集聚工程师力量为产业注入创新活力的作用，已经在不少发达国家得到印证。美国电气和电子工程师协会（IEEE）拥有 40 多万名会员，是目前全球最大的非营利性专业技术学会之一，为全世界电气和电子产业提供智力支撑。2020 年以来，浙江省借鉴国际先进经验建设特色产业工程师协同创新中心试点，为省内各地点上企业和面上产业发展破解痛点难点问题。这一做法对正在建设社会主义现代化国际化大都市和全球科创中心的上海很有借鉴意义。

2020 年以来，浙江省根据区域块状经济的特点，立足各地传统特色产业，着手建设特色产业工程师协同创新中心试点，探索特色产业工程师协同创新机制，推广"一个特色产业＋一个共性技术平台＋一批共享工程师"模式，以"成熟型技术应用与推广服务"为主攻方向，通过政府引导、市场运作的方式，"专职＋兼职"结合，以项目为抓手，吸引、整合"政产学研用"等各方面资源，开展协同创新，加强共性技术供给，服务产业转型升级。

一、浙江省产业工程师协同创新中心的主要特征

一是聚焦共性技术。围绕单个企业不愿做、做不了、做不好的技术问题，打通产业链痛点、堵点，为传统产业强身赋能。[1]比如，台州（温岭）机电产业工程师协同创新中心依托清华控股集团与温岭市场集团两家企业共同组建第三方运营机构，负责中心科技成果导入、项目价值评估和研发资源协同等实体业务开展。精准聚焦"电机、流体、电控"三大制约机电产品转型的技术瓶颈，对低振动永磁直流电机等16个共性技术难题展开攻关，并通过项目合作为当地企业解决了40多个技术难题。

二是开展共同攻关。产业工程师协同创新中心通过赛马制、揭榜挂帅等机制，吸引高校院所的人才参与技术攻关，"产学研用才"协同创新，高校院所"接到了地气"，企业"接上了天线"，缩短了从实验室到市场的距离。[2]比如宁波（北仑）高端装备产业海外工程师协同创新中心以清单化方式，梳理产业发展急需的核心技术和攻坚项目，向国内外高精尖人才"揭榜挂帅"，至今共引进海外工程师285名，带来项目179项，服务企业457家次，解决问题187个，研发新产品36项。

三是实现共享人才。通过工程师协同创新中心这个枢纽在体制机制上积极创新，人才超越了原有的"单位所有"状态，成为面向整个行业的共享工程师，解决了企业"养不起"和人才"吃不饱"的矛盾。[3]比如，绍兴（柯桥）印染产业工程师协同创新中心与国内相关高校以及上海市工程师学会星期日工程师专委会等签订合作协议，注册入库工程师已有289名，涵盖染整技术、机械装备、材料化工、绿色环保等专业领域；建立信息化协同研发及技术诊断平台，63家印染企业与304名工程师，实现线上实时技术对接、答疑问诊。

二、浙江省产业工程师协同创新中心的主要做法

浙江建设工程师协同创新中心，旨在聚焦区域产业发展需求，将以前的"星期天工

[1] 《人大代表话"共享工程师"：特色产业的跃变"妙解"》，第6段，https://www.chinanews.com.cn/gn/2021/03-11/9429746.shtml（"中国新闻网"，写作年份：2021，访问时间：2021.04.15）。
[2] 林春霞：《探索特色产业工程师　协同创新机制势在必行》，第5段，https://baijiahao.baidu.com/s?id=1693318280940156118&wfr=spider&for=pc（"中国经济时报"，写作年份：2021，访问时间：2021.04.30）。
[3] 林春霞：《探索特色产业工程师　协同创新机制势在必行》，第6段，https://baijiahao.baidu.com/s?id=1693318280940156118&wfr=spider&for=pc（"中国经济时报"，写作年份：2021，访问时间：2021.04.30）。

程师"集中请到"家门口"、集成到平台上，实现人才共享共用，解决中小企业工程师引不到、成本高、养不起等问题，切实强化人才支撑，为广大中小企业转型升级提供精准、便捷、经济的服务保障。[①]

（一）聚焦当地特色产业

特色产业是浙江建设工程师协同创新中心的关键词。2020年，浙江开展的14个县级试点中，聚焦智能制造、信息技术、航空航天、光电新材料等新兴产业，以及电器、汽摩配、纺织印染等传统产业，为各地点上企业和面上产业发展破解痛点难点问题。

（二）建立全新合作机制

通过建立政府、产业、高校"三元耦合"的人才引育机制，从当地龙头企业中直接聘任工程师，以及与国内外高校、科研院所等机构合作，并通过合作聘任、联合培养、培训交流等途径培养工程师。比如，杭州（萧山）信息技术产业工程师协同创新中心加强企业与北京大学、浙江大学等海内外高校院所人才、技术、培训对接合作，聚各类人才600余名；构建"人才+产业""人才+资金"两段式人才赋能加速体系，北大信息技术高等研究院与区内10多家行业龙头企业建立联合实验室，撬动企业研发资金投入1.5亿元。

（三）全新的管理模式

建立"有进有出、优胜劣汰"的工程师协同创新中心动态管理机制，形成工程师"一张地图、三张名单"，对入选市级名单的工程师，按人才分类目录，提供相应待遇。同时，通过"技术超市"的模式，解决企业技术难题。实行海内外工程师与企业"面对面""屏对屏"交流个性难题，提供技术解决方案。

如，温州（瑞安）智能汽车零部件产业工程师协同创新中心配置专职工程师和兼职工程师。对内，组织了50家行业龙头企业成立"智能汽车零部件企业创新联盟"；对外，与意大利都灵汽车学院、日本技术士会签订海外顶尖工程师协议，每年开放1000个名额，推动双方人才双向流动。

---

① 李攀、张亦盈：《共享资源要素，浙江布局工程师协同创新中心——给特色产业装上"最强大脑"》，载《浙江日报》2021年1月7日，第3版。

（四）提升企业自主创新能力

通过特色产业工程师协同创新中心这一平台，提升企业自主创新能力。比如，平湖光电和智能制造工程师协同创新中心提供人才引进培育、项目技术攻关、技术成果转化三大服务模式，为企业排摸和解决各类技术需求 60 余项，解决共性、个性"卡脖子"技术难题 20 余个，有力提高了企业自主创新的能力。

表 1　浙江省特色产业工程师协调创新中心试点单位名单

序号	企 业 名 称
1	杭州（余杭）未来制造产业工程师协同创新中心
2	杭州（萧山）信息技术产业工程师协同创新中心
3	宁波（北仑）高端装备产业海外工程师协同创新中心
4	温州（乐清）智能电气产业工程师协同创新中心
5	温州（瑞安）智能汽车零部件产业工程师协同创新中心
6	嘉兴（平湖）光电和智能制造产业工程师协同创新中心
7	湖州（德清）航空航天智能制造产业工程师协同创新中心
8	绍兴（柯桥）印染产业工程师协同创新中心
9	金华（义乌）信息光电产业工程师协同创新中心
10	衢州（绿色产业集聚区）氟硅钴产业工程师协同创新中心
11	舟山智慧海洋产业工程师协同创新中心
12	台州（温岭）机电产业工程师协同创新中心
13	台州（天台）大车配产业工程师协同创新中心
14	丽水（龙泉）汽车空调产业工程师协同创新中心

参考文献：

【1】《人大代表话"共享工程师"：特色产业的跃变"妙解"》，第 6 段，https://www.chinanews.com.cn/gn/2021/03-11/9429746.shtml（"中国新闻网"，写作年份：2021，访问时间：2021.04.15）。

【2】林春霞：《探索特色产业工程师　协同创新机制势在必行》，第 5、6 段，https://baijiahao.baidu.com/s?id=1693318280940156118&wfr=spider&for=pc（"中国经济时报"，写作年份：2021，访问时间：2021.04.30）。

【3】李攀、张亦盈：《共享资源要素，浙江布局工程师协同创新中心——给特色产业装上"最强大脑"》，载《浙江日报》2021 年 1 月 7 日，第 3 版。

依托产业合作区，探索长三角产业一体化发展的路径
——长三角（湖州）产业合作区调研报告

编者按：长三角"一地六县"地处苏浙皖省际边界，包括上海的白茅岭农场，江苏的溧阳和宜兴，浙江的长兴和安吉，以及安徽的广德和郎溪，是空间意义上沪苏浙皖"要素齐全"的唯一区域。为进一步推进长三角一体化高质量发展，探索省际交界地区市（县）级合作的发展机制，上海市经济和信息化发展研究中心联合江苏省经济和信息化研究院、浙江省工业和信息化研究院、安徽省工业和信息化研究院成立专项课题组，于2021年6月先后考察了一地六县各县，深入调研部分合作示范区在一体化发展方面的现状，总结合作示范区的发展经验，形成了调研报告，供各方参考。

在"一地六县"区域共建长三角产业合作区是贯彻落实长三角一体化发展国家战略部署，加快推进省际毗邻地区一体化合作的实践探索，也是2020年度长三角地区主要领导座谈会的重要成果。作为长三角产业合作区的先行探索平台，长三角（湖州）产业合作区（以下简称"合作区"或"平台"）已经完成前期准备工作并于2021年4月开始

实体化运作，在开发建设方面已形成若干经验成果，为后续跨区域产业合作实践提供借鉴和启示。

一、长三角（湖州）产业合作区的现状基础

图1　长三角（湖州）产业合作区区位图

（一）合作区的区位优势和政策机遇显著

合作区位于浙苏皖交界处湖州市的泗安镇和天子湖镇，地处"一地六县"腹地的中心区域，已布局有多条高速公路、国道及合杭高铁安吉站，通往长三角东部的交通便捷，区位地理优势明显。但是，作为省际边界区域，合作区离上海、杭州、南京、湖州等核心引领城市的距离超过100公里，是周边经济发展洼地，后发优势明显。随着长三角一体化发展战略的深入实施，自上而下持续部署推动区域联动发展，合作区迎来建设发展的历史机遇期。国家和区域层面，长三角产业合作区建设事项已纳入国家和区域关于长三角一体化发展的有关文件；省级层面高度重视，已将合作区纳入省级平台之一谋划推动，浙江省发展改革委和财政厅共同下达省推进长三角一体化奖补资金2400万支持合作区建设；市级

层面，湖州和宣城、无锡等地的合作交流逐渐增多，已有浙皖组团合作、宜长合作示范区、环太湖科创圈等合作事项正在推进，为推动合作区建设发展带来诸多契机。

（二）规划引领下开发建设工作有序推进

虽然长三角产业合作区的整体方案仍在讨论编制阶段，湖州合作区已经先行启动高起点、高标准的组织建设、调研规划、项目招引等方面的工作，平台的总体规划已经正式发布，产业规划、综合交通规划及城市设计等专项规划已在推进过程中，同时起草了平台发展意见，明确了平台运行的体制机制、扶持政策等关键问题。根据规划，已在天子湖镇和泗安镇交接处集中连片、形成态势的区域划定24.25平方公里作为核心启动区，拟建成"万亩千亿"的高能级平台。目前，该区域的土地征收及骨干路网、水电气暖等基础设施工程建设正在有序推进，产业发展提速增效明显。

（三）合作区产业发展已初具规模

根据规划的产业方向，合作区重点围绕新材料、高端装备、现代纺织等方向全力推进项目落地。2020年合作区实现规上工业产值171.6亿元；截至2021年5月，合作区已聚集规模以上工业企业144家，实现规上工业产值86.7亿元，同比增长33%，其中高端装备和新材料两大产业合计实现52.2亿元，占比超60%。

（四）个别领域的一体化探索成效显著

基于合作区的资源禀赋特征，"一地六县"在文旅、养老等优势领域先行一体化探索，既是为更大范围的产业协同发展"探路"，也为合作区产业发展方向上提供了更多选择思路。《2021长三角"一地六县"文旅联盟合作备忘录》正式签署，达成了景区同城化合作、旅游联合推广等合作事项，推动"一地六县"之间的文旅资源共享，共谋文旅产业发展。宜兴、长兴、广德三地养老政策已经统一，为下一步共同规划建设现代康养产业奠定基础。在科技创新领域，"一地六县"共同设立了长三角科技交流信息平台，实现各地与科研机构签订的战略合作协议贡献。此外，宜兴、长兴、广德三地已建立了"一平台三中心"[①]，推动科技资源在三地之间的协同与交流，为当地产业创新发展提供助力。

---

① "一平台三中心"：区域科技资源共享平台，科技成果转移转化协同中心，科技创新孵化协同中心，知识产权保护维权协同中心。

（五）生态绿色发展理念已有普遍共识

湖州是两山理论的发源地，也是绿色产业基础较好的区域，泗安、天子湖两镇同属于湖州市下辖区域，在生态绿色发展上已有坚实的共识，并计划将此理念延续到合作区的建设发展中。根据合作区整体规划，合作区未来的产业发展将不会重蹈先发展、后治理的老路，也不会将资源消耗型的产业作为重点方向，将更加突出绿色制造，强化绿色赋能，探索打造生态价值转化机制，打造成为长三角绿色智造中心。为支持合作区的绿色发展战略，湖州市已提出支持有条件地将环评审批权限应放尽放至合作区、实施区域"碳排放评价"试点、市级主要污染物排污总量指标政府储备量优先支持等举措。

二、长三角（湖州）产业合作区的经验做法

（一）向上积极争取政策完善顶层设计

全域产业合作客观存在的行政壁垒较多、一体化基础较弱、统筹协同的能力不强，必须通过更高层级政府主体做整体引导，自上而下地推动达成，政策性因素至关重要。合作区在建设初期即确定高起点谋划的总体策略，积极向上级部门争取政策，努力将相关建设工作列入上级规划、重要会议，并积极争取资金、人员等方面的支持，以及土地、能源指标等要素保障，已经取得显著的成效，充分激发了地区发展的内在积极性，未来合作区的跃升发展，必将更多依托上级政府统筹协调，为合作区持续发展提供动力和外部支撑。

（二）依托已有平台迅速进行小范围实体化运作

延续长三角生态绿色一体化发展示范区的思路，选择两县相接处、且已有湖州省际承接产业转移示范区基础的两镇作为先导区开启规划建设。在组织建设尚未完善的基础上，实行两块牌子一套班子开展实体化运作，快速打开建设局面，小切口探索积累一体化的发展经验、形成示范效应，后期再逐步扩大合作范围。合作区依托现有镇级水平公共服务配套，提供物流、商贸、金融等支撑产业发展，待长三角产业合作区总体建设方案确定后，进一步提升优质教育、医疗、文化等公共服务配套，在长三角产业发展竞争激烈的大背景下，为产业创新提供功能配套，并吸引其他地区优质人才、资本等产业要素，服务合作区产业发展能级提升要求。

（三）系统化构建协同敏捷开发管理机制

由于合作区在行政区划上分属两镇，为统筹发展，在合作区管委会设置一办三局（办公室、规划建设局、产业发展局、政策法规局）、一中心二办事处（经济发展中心、泗安办事处、天子湖办事处）的整体架构，并实行"五统三分"的工作机制，明确工作分工，即由管委会负责统一组织领导、统一规划编制、统一重大建设、统一政策体系、统一对外宣传，由下辖的两个办事处分别负责招商、项目管理及财政收支，具体项目分别纳入两镇的经济考核指标。实现了工作上最大限度的统，利益上最大限度的分，在人权、事权、财权的边界划分也比较明确。为减少两个办事处之间的项目竞争，在整体产业规划下结合地区发展特色进一步细分产业定位。对于确实有交叉的领域，主要由两个办事处之间自行开展项目招引工作，形成一定的竞争性氛围，激发发展活力，并由企业方根据实际情况做出选择。此外，在规划后期划定一部分封闭区域，由两个县共同成立合资公司进行联合开发、收益共享。

（四）聚焦区域共性产业方向重点谋划

长兴、安吉两地的产业发展既有重叠，又各具特色，如表1所示。从合作区目前的发展规划看，主要采取"求同存异"的思路，构建"2＋N"现代产业体系，即将高端装备和新材料两个县的产业交集作为主导产业，同时结合区域特色着力培养绿色能源、人工智能等未来产业，大力发展现代物流、节能环保服务、休闲旅游等现代服务业，较好地平衡了安吉、长兴两地的发展诉求，既保证了合作区内的两镇分别与上级规划的协调对接、政策统一，也兼顾了两县错位和融合的双重诉求。并与广德、宜兴等开展了初步产业合作探索，在远期规划中将进一步开展与广德经济开发区三期、宜兴等实现跨省联动，打造具有产业链整合能力的"链主型"企业以及具有产业链延链、补链作用的企业

表 1　长兴、安吉两县的产业布局

地 区	产业体系	重 点 产 行 业
长兴	"4＋3"主导产业体系	四大主导产业：新型电池、新能源汽车及关键零部件、高端装备制造、现代纺织 三大战略性新兴产业：电子信息、生物医药、新材料
安吉	"1＋5"制造业发展体系	一大支柱产业：绿色家居； 五大新兴产业：生命健康、高端装备、电子信息、新材料、通用航空

集聚，形成明显的产业集群。

三、推进长三角（湖州）产业合作区高质量发展的对策建议

（一）强化对外交流合作，共谋高质量发展

提升整体站位，树立开放发展的思维模式，进一步加强与"一地四县"的交流对接，"抱团"争取国家、省市、区域层面的更多政策支持，以新一轮国土空间规划调整为契机，全力破除土地等要素制约，推进平台拓展。进一步推进交通互联一体化，谋划推动与广德的跨省域快速联系通道等重点工程，实现高速公路提质扩容、省际断头路打通互联。进一步发挥区位优势，加强与上海、杭州、宁波等周边中心城市的对接，进一步融入长三角产业链、创新链和区域分工网络，依托湖州在沪、杭等地的"科创飞地"引入产业资源，鼓励张江、临港等上海品牌园区输出开发管理标准和品牌，助力长合区建设。

（二）打造协同产业体系，探索发展"公约数"

目前，长合区确定的新材料与高端装备两大方向与广德的产业规划方向有所重叠、不谋而合，形成区域间的实质竞争。新材料及高端装备产业的发展空间广阔，具有较多的细分领域。在区域一体化的共识下，一方面，长合区应进一步结合湖州本身产业基础，深化定位，例如在装备制造方向上，优先指向物流装备、通用航空、环保装备等领域，力争与地区其他产业形成联动，强化自身比较优势，与广德形成错位；另一方面，积极推动广德、长兴、安吉三地联合开展招商引才，建立项目招商推荐利益共享机制，推动三方在平台、资源、信息等方面实现共用互通。

（三）多方借力一体化经验，共建发展"共同体"

在已有制度创新基础上，进一步总结实践经验，调整优化，尽快形成适宜当地发展的系统化成果，以供"一地四县"参考，并联合其他区域，共同争取推动长三角生态绿色一体化示范区的规划管理、生态保护、土地保护、项目管理、要素流动、财税分享、公共服务、信用管理等制度创新成果在长合区复制推广，助力长合区打通跨省市的发展壁垒，进一步扩大协作范围。

打造省际合作先行示范样本，高水平谋划跨区域合作示范区建设

——苏皖合作示范区调研报告

编者按：长三角"一地六县"地处苏浙皖省际边界，包括上海的白茅岭农场，江苏的溧阳和宜兴，浙江的长兴和安吉，以及安徽的广德和郎溪，是空间意义上沪苏浙皖"要素齐全"的唯一区域。为进一步推进长三角一体化高质量发展，探索省际交界地区市（县）级合作的发展机制，上海市经济和信息化发展研究中心联合江苏省经济和信息化研究院、浙江省工业和信息化研究院、安徽省工业和信息化研究院成立专项课题组，于2021年6月先后考察了一地六县各县，深入调研部分合作示范区在一体化发展方面的现状，总结合作示范区的发展经验，形成了调研报告，供各方参考。

2016年1月，《江苏省国民经济和社会发展第十三个五年规划纲要》明确提出"在苏南丘陵地区建设苏皖合作示范区"，拉开了三地共建苏皖合作示范区的序幕；同年4月，三地联合启动编制《苏皖合作示范区发展规划》。2018年11月30日，通过三地的

共同努力，国家发改委正式对《苏皖合作示范区发展规划》进行了批复，苏皖合作示范区成为全国首个以县为单位，以生态为底色的跨省合作区。

一、苏皖合作示范区的现状基础

（一）地理区位条件优越

苏皖合作示范区位于长江三角洲城市群的地理中心，是江南丘陵向太湖平原过渡的生态安全屏障，包括江苏省常州市的溧阳市和安徽省宣城市的郎溪县和广德市。示范区国土面积 4804 平方公里，2020 年常住人口约 160 万。宁杭（长深）、宣广（沪渝）、常溧等高速公路和宁杭高速铁路贯通示范区，到上海、南京、杭州、合肥的平均车程为 2—3 小时。示范区是最靠近城市群核心区的生态经济高地，具有区位、交通、生态、产业等多元复合优势。

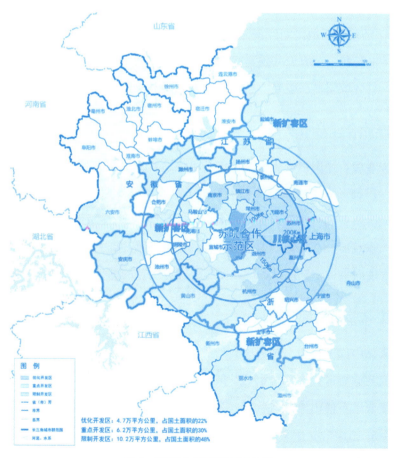

图 1　苏皖合作示范区区位图

乘势作为

（二）生态资源同源一体

示范区位于太湖上游，森林覆盖率达 42.5%，生物种类丰富，水资源丰沛优质，水库容量达 4 亿立方米，80% 以上的河湖水质达到Ⅲ类以上。示范区是黄山、天目山、茅山余脉山体交汇区，太湖流域、钱塘江流域、青弋江流域源头共存区，生态条件、环境状况、景观风貌同质同源，交界地区交错共生，是保护长三角生态安全的重要区域。示范区在主体功能区中属于限制开发区域，生态约束较强，工业化和城市化发展面临自然生态的天然约束，也对三地的产业合作和发展提出了生态共保的本质要求。

（三）经济具备后发优势

2020 年，示范区地区生产总值达 1609 亿元，其中溧阳 1086 亿元、郎溪 188 亿元、广德 335 亿元；一般公共预算收入 123.35 亿元，其中溧阳 73.8 亿元、郎溪 20.85 亿元、广德 28.7 亿元。三地之间经济总量落差明显，郎溪、广德两县 GDP 分别为溧阳的 17.3% 和 30.8% 左右，一般公共预算收入分别为溧阳的 28.3% 和 38.9% 左右。示范区经济总量不大，且区域间存在差异，总体发展不平衡，具有后发优势。

（四）产业合作具备基础

从主导产业看，溧阳以动力电池、智能电网、汽车及零部件、农牧与饲料机械为四大重点产业，广德形成了机械制造和信息电子两大主导产业和 PCB（电子电路）、新材料、智能化成套装备和汽车零部件"四大板块"优势产业，郎溪以智能制造、新材料和大健康为三大重点产业。三地产业虽有差异，但在汽车零部件、智能制造、新材料等领域存在不同程度的重合，三地具备产业合作、优势互补的基础条件。

（五）文化旅游资源丰富

示范区紧靠中部天目山余脉地区，形成了天目湖、南山竹海、太极洞、伍员山等自然生态文化商务旅游区。南部黄山余脉区域拥有东亭"运动谷"、卢村"峡居谷"、山杨滩生态休闲度假、石佛山风景名胜区、高井庙森林公园、天子门红旗湖休闲度假、南漪湖休闲度假等特色板块。在文化资源方面，以溧阳社渚、郎溪梅渚、广德祠山为重点，形成了傩文化、吴楚文化、古战场文化、长寿文化等多种文化品牌。丰富的文化旅游资源为示范区打造全域文旅基地提供了基础条件。

二、苏皖合作示范区的经验做法

（一）以实现区域互联互通为目标，积极推动基础设施一体化建设

三地积极统筹推动重大基础设施建设，打通交通铁路干线，积极打造主城区"1 小时通勤圈"。道路建设有序推进，溧宁高速正式开工建设，溧阳社徐线改造工程、溧阳县道 304 社渚殷桥到郎溪梅渚段等项目已完工通车，G318 山关至郎溪段完成初步设计，已启动土地预审报批，G233 广德至邱村段已经完成设计招投标，正在开展初步设计工作。宁杭高速二通道、宁杭高铁二通道、连镇铁路南延等一批跨区域交通项目正计划实施，宁杭高铁二通道列入《长江三角洲地区多层次轨道交通规划》。溧梅河航道疏浚先导段工程已完成招标，航道驳岸主体工程基本完成，水利设施配套工程同步建设中。

（二）以构建优势互补产业为目标，积极推动产业合作协同发展

在农业合作方面，积极发挥社渚镇"中国青虾第一镇"品牌优势，强化以青虾为代表的农业产业合作，通过市场化手段开展青虾联合养殖和销售，多年来，共培训两地养殖户 600 余人次，发放养殖资料 900 多份，销售青虾量超 200 万斤。在产业合作方面，全面梳理摸排三地产业协同情况，在机械加工、表面处理、原材料供应等方面达成了长期合作意向，涉及高端装备制造、汽车零部件等重点产业领域。在先导区建设方面，社渚先导区园区框架基本成型，安置小区、主次干道、雨污水管网、生态廊道等前期工作基本完成；梅渚先导区积极推进智能制造产业发展，芜申运河定埠港建成运营，成为宣城市唯一实现通江达海的水运口岸；邱村先导区国家机动车产品质检中心广德基地、"田之润"田园综合体等项目按序时进度稳步推进，广德汽车检测特色小镇通过安徽省政府审批。

（三）以提高居民获得感为目标，积极推动公共服务共享发展

在教育方面，三地校际间的教学交流越发频繁，"名师工作室""名校长""名教师"送培活动等项目持续推进，有效促进了优质教育资源的辐射和延伸，先后推动成立"胥河情""竹海情"教育联盟，建立两省六校教学研讨会机制，推动教育事业常态交流互动。在医疗方面，基层医疗机构开展全方位合作交流，建立了苏皖合作血防联防合作制

度，皖苏浙三省五县（市）血防联防工作会议定期召开；溧阳社渚卫生院加快二级医院创建步伐，构建区域性农村医疗中心，交界地区医疗服务能力得到进一步提升。在社会保障方面，针对三地人力资源的互补需求，2018 年三地人社部门协商签订《苏皖合作示范区溧郎广三地人力资源合作协议》，通过多年努力，基本实现了人力资源和企业需求的信息共享。同时，加快推进医疗卫生信息管理平台建设，已实现三地参保人员异地就医住院费用实时结算。

（四）以打造全域旅游示范区为目标，积极推动文化旅游品牌建设

在文旅融合方面，在加快推进长三角旅游"一卡通"的基础上，三地联合进行旅游推介，共同发布"走心之旅"精品线路，积极打造精品旅游线路，推出"太极洞南山竹海纯玩两日游"等旅游产品，开发伍员山区域文化旅游资源，同时相互支持区域内溧阳茶叶节暨天目湖旅游节、郎溪伍员山水农业公园蓝莓文化旅游节、广德农耕文化旅游节等特色节庆活动，增强了苏皖合作示范区旅游品牌的辐射力和影响力。在康养基地建设方面，积极谋划环东亭山地自行车赛、华东马术锦标赛等骑趣类旅游活动，加快业川田园综合体、国家登山健身步道等项目建设，集聚高端民宿及休闲旅游、康养等业态，共同开展康养示范基地的联合推广。

三、推进苏皖合作示范区高质量发展的对策建议

（一）创新三地协同工作机制，积极向上争取专项资金

制定苏皖合作示范区和"一地六县"建设年度工作要点，明确三地的责任分工及时间节点，及时掌握各项工作推进情况，对推进滞后的工作任务，督促责任单位抓紧落实。在土地、财税、金融、人才、技术等方面，研究制定区域协作发展的具体措施和配套政策，着力解决体制性障碍、机制性梗阻、政策性创新等问题，加快形成财政优先保障、金融重点倾斜、社会积极参与的多元投入格局。积极向上争取专项规划编制、重大政策制定、重大项目安排、重大体制创新等方面的支持，支持鼓励各地和有关部门根据实际情况，创新工作思路，开展有益探索，实现互利共赢。

（二）成立苏皖合作经济开发区，创建国家级经济开发区

依托三地产业基础，成立苏皖合作经济开发区，设立专门管委会，划分三个片区，

引进一批行业领军企业，加快产业链的配套延伸。推进社渚、梅渚、邱村等先导区建设，加快引进培育新兴产业，力争引进一批技术含量商、附加值高、产业关联度大、带动作用强的大项目、好项目，形成产业互补协调发展格局，支持社渚先导区与郎溪、广德的经济开发区共同创建国家级经济开发区。探索完善"飞地经济"经济，合作共建"区中园""园中园"，鼓励采取多种形式组建跨区域企业集团，实现互利共赢、共同发展。

（三）联合组建专业招商队伍，加快谋划重大项目建设

围绕国家产业政策、三地产业基础配套以及前沿领域等方面，全面分析苏皖示范合作区现有企业以及正在谋划建设的重大项目，统一建立招商基地和专业团队，举办产业招商推介会，积极吸引创新资源、创业资本落户，全力争取重大先进制造业项目落地。加强与上海上汽、特斯拉，浙江吉利、威马，安徽江淮、蔚来等优质车企的互动交流，吸引一批关键零部件企业配套。借助上海机动车检测认证技术研究中心和上汽通用集团资源优势，招引集聚更多关联性企业，推进邱村先导区汽车检测小镇建设。加大与上海航天技术研究院和省直部门的对接，争取航天科技产业园规划早日获批、导弹总装基地早日落地。

（四）加快工业互联网平台建设，构建区域开放生态体系

加快建设苏皖合作示范区工业互联网平台，不断扩大平台接入企业，以产业互联网平台为统一入口，整合产业应用和标识解析以及 5G 融合应用，有效促进资源集约化利用、高效化配置、开放化共享。实现示范区中跨区域、跨行业、跨企业的网络、数据互联互通，对大数据资源整合并高效利用，带动示范区联动发展，拓宽经济发展空间，为"苏皖合作示范区"更高质量一体化发展注入活力。

（五）构建绿色生态体系，打造生态型产城融合示范区

以绿色发展作为根本理念，绿色生态作为优势基底，绿色产业作为重要支撑，推动共建生态廊道和绿道体系，完善交通通道沿线防护林建设，建设高标准农田林网，推进生态廊道、绿道有机衔接，打造长三角知名生态产业绿廊。优化城市生活环境，推进示范区城镇小区、厂区的改造，实施城市和周边河湖等水系统综合治理，加快生活污水收集管网的配套建设，有序开展垃圾填埋场封场和生态修复，积极打造生态型产城融合示范区。

"小切口"开拓"大格局"，高起点推动跨区域示范区发展的探索

——宜长合作示范区调研报告

编者按：长三角"一地六县"地处苏浙皖省际边界，包括上海的白茅岭农场，江苏的溧阳和宜兴，浙江的长兴和安吉，以及安徽的广德和郎溪，是空间意义上沪苏浙皖"要素齐全"的唯一区域。为进一步推进长三角一体化高质量发展，探索省际交界地区市（县）级合作的发展机制，上海市经济和信息化发展研究中心联合江苏省经济和信息化研究院、浙江省工业和信息化研究院、安徽省工业和信息化研究院成立专项课题组，于2021年6月先后考察了一地六县各县，深入调研部分合作示范区在一体化发展方面的现状，总结合作示范区的发展经验，形成了调研报告，供各方参考。

江苏宜兴与浙江长兴相互毗邻，两地同处天目山余脉、太湖之滨，同属宁杭生态经济带，是"一地六县"的重要成员，也是环太湖科技创新圈的重要组成部分。

一、宜长合作示范区的现状基础

（一）从产业基础来看，两地相互助力、错位发展

宜兴拥有 4 个国家级开发区和 3 个省级开发区，重点培育"2 + 3"产业集群（"2"是电线电缆、节能环保两大地标性产业集群，"3"是集成电路、新能源、生命科学三大战略性新兴产业集群）；长兴重点打造"1 + 4 + 2"制造业现代产业体系（"1"是以智能制造为核心的标志性产业链，"4"是新能源、智能装备、生物医药、数字产业四大战略性新兴产业，"2"是现代纺织和非金属矿物制品两大传统优势产业）。宜长两地在新能源、新一代信息技术和生命科学等领域具备合作空间，应充分发挥两地产业基础，突出各自优势、加强协作、优势互补、错位发展，实现产业升级，带动两地经济共同发展。

（二）从科技创新来看，共同打造太湖湾科创圈

宜兴位列"创新百强县"第 10 位 ①，拥有 113 家企业技术中心，14 家省级以上智能示范工厂，44 家省级以上企业技术中心，高新技术产业占规上工业产值比重为 38.2%；长兴位列"创新百强县"第 12 位，累计培育了 3 个国家级企业技术中心、4 个省级重点企业研究院及一批省级以上企业研究机构，获批省级数字经济创新发展试验区，建成省级数字化车间、智能工厂 4 家，高新技术产业产值占规上工业产值比重为 56.8%，规上工业研发费用 27.41 亿元，占 GDP 比重 2.2%。宜长两地都高度重视科技创新引领作用，以科技创新作为双方合作的切入点，共建高水平科创平台，推进人才资源共享，推动宜长环太湖科创圈的建设和发展。

（三）从外贸出口来看，开放型经济水平稳步提升

宜兴累计完成外贸进出口总额 317.93 亿元，同比增长 3.8%，其中，完成出口235.11 亿元，新增外资项目 34 个，新备案境外投资项目 12 个，产品远销欧美、日本、韩国等地；长兴累计完成进出口总额 241.04 亿元，同比增长 24.4%，完成出口 219.38亿元，出口产品以纺织服装和机电化工两大产业为主，出口贸易扩展到全球 192 个国家和地区，纺织产业获批省产业集群跨境电子商务试点，举办全国首个县域出口网上交易

---

① 注：数据为 2020 年统计数据，下同。

会，实现跨境电商交易额24.6亿元。两地可携手共建海外生产基地，进一步拓展国际市场，加快外贸优化升级，增加高附加值产品出口量，促进高质量的多元化外贸发展。

（四）从绿色发展来看，加快建设绿色发展新标杆

宜兴作为国家生态文明建设示范市，拥有8家绿色工厂，国内唯一的环保主题的国家级高新区环科园，目前环科园正在打造"零碳创新中心"，引领环保产业向零碳产业转型，与此同时，宜兴积极引进集成电路等高端产业，引导规模企业向高端化、绿色化迈进，不断提升产业绿色发展水平；长兴作为"两山"理念的发源地，正全力打造绿色发展先行区，已创成省级新能源产业创新服务综合体，创建1个国家级绿色园区，9家绿色工厂，5家绿色供应链，20件绿色设计产品，6个工业主平台已全部达到市级绿色园区标准。两地作为环太湖科创圈的建设主体，积极探索传统产业的绿色改造，大力培育发展新兴产业，共同推动宜长合作示范区的可持续绿色健康发展。

表1 宜长两地产业发展情况

序号	指　标	宜　兴	长　兴
1	土地面积（万平方公里）	1996.6	1430
2	人口（万人）	125.64	67.38
3	地区生产总值（亿元）	4475.89	702.4
4	主导产业	节能环保、电线电缆等	现代纺织、非金属矿物制品等
5	规上工业总产值（亿元）	3479.37	1244.17
6	高技术产业产值（亿元）	1329.12	722.2
7	规上工业企业数量	1094	825
8	高新技术企业数量（个）	638	265
9	已上市企业数量（个）	59	154
10	专利申请量（件）	10402	5826
11	专利授权数量（件）	8381	3302
12	万人发明专利拥有量（件）	24.69	44.33
13	进出口总额（亿元）	317.93	241.04
14	实际使用外资（亿美元）	4.51	2.82
15	规上工业增加值能耗（吨标准煤/万元）	498.65	338.7

二、宜长合作示范区的经验做法

宜兴与长兴的合作属于"两两合作"方式，两地同属上海超大都市圈、毗邻南京都市圈，又分属苏锡常都市圈和杭州都市圈。目前，两地通过"先行先试""两两联动"和"一地六县""组团互动"等多种形式的对接，形成了区域合作的典型模式，也为"一地六县"组团发展提供了借鉴经验。

（一）产业协作一体化增强产业集群实力

宜兴重点发展"2＋3"产业集群，其中"2"是电线电缆、节能环保两大地标性产业集群，"3"是集成电路、新能源、生命科学三大战略性新兴产业集群。长兴主要打造"1＋4＋2"制造业现代产业体系，其中"1"是智能制造标志性产业链，"4"是新能源、智能装备、生物医药、数字产业四大战略新兴产业，"2"是现代纺织、非金属矿物制品两大传统优势产业。两地在产业方面既存在产业链分工合作的可能，又具备错位发展的条件。两地积极探索建立联合"链长制"，围绕两地的优势产业集群，加强上下游协作，促进资源互联互通，共同打造具有全球竞争力的产业链条。

（二）交通设施一体化推动区域互联互通

两地积极构建长三角主要城市一小时、区域内半小时交通圈，宜兴至长兴高速公路江苏段已于 2021 年 1 月通车，它是江苏首条以隧道衔接的省际高速，途径徐舍镇、西渚镇、张渚镇、梅子岭，全长 25.453 公里。宜长高速的通车进一步打通了省际断头路，将会成为拉动宁杭生态经济带发展的新引擎。盐泰锡常宜湖城际、宜长城际、宁杭第二城际等项目正在规划建设，未来将建成环太湖轨道交通圈。此外，长兴八三机场军民两用工程正在实施，航空服务体系将会进一步完善。基础设施的不断完善加快了两地全方位的对接合作，促进资源和人才的互动交流，为两地的合作对接提供了便捷通道。

（三）文化旅游一体化实现居民互惠互利

宜兴与长兴均为国家城乡融合发展试验区，也均为全域旅游示范区，稳居全国县域经济百强县榜单。宜兴历史文化悠久、地理环境多样，旅游资源丰富，拥有阳羡生态国家级旅游度假区、仙山湖国家湿地公园等 14 个国家级旅游景区。长兴历史悠久，文化

底蕴深厚，交通区位优越，拥有陆羽阁、金钉子远古世界景区、十里古银杏长廊、中国扬子鳄村等诸多知名景点。两地围绕文旅产业签订了《长宜广文旅一体化发展合作协议》，成立了"长宜广"文化旅游合作联盟，参与打造"长三角之心"品牌，共同推出了11条长三角之心"走心之旅"精品线路，联合开展旅游主题推广活动，实现了居民旅游的"同享待遇"。

（四）环境整治一体化带动全域绿色发展

两地为促进太湖流域生产生活生态共赢，共同推进太湖流域水污染治理和水生态修复，持续实施"控源截污"工程。积极建设太湖湿地公园，共同开展大气污染防治行动，协同开展挥发性有机物污染治理，健全重大环境事件协作处置机制，建立跨省域生态治理制度，开展跨界联合执法检查，贯彻落实两地检察机关《关于建立生态环境保护协作机制的意见》，共同协办太湖流域跨区域生态环境案件。

（五）市场监管一体化打通信息互通网络

两地在社会治理方面签署了《长三角产业合作区市场监管体系一体化合作框架协议》，建立了《长三角市场监管体系一体化"一地六县"市场监管部门联系会议制度》，签订了《"一地六县"共建满意消费长三角一体化先行区合作协议》，建立了"一地六县"缺陷产品联合召回制度，创建全域放心消费区域，打造智慧化监管试点，开展市场监管的联动执法，推动市场监督体系一体化，积极实现区域内的市场主体和监管数据的融通互联。

三、推进宜长合作示范区高质量发展的对策建议

建设宜长合作示范区有利于推动两地经济一体化发展，未来两地将在基础设施、产业合作、协同创新、文化旅游、社会治理、生态保护等经济社会的方方面面展开协作，共同为长三角经济发展作出更大的贡献。

（一）加快区域交通互联对接

推进交通互联一体化，宜长跨省域高速已经建成，未来将有序推进宜马快速通道、S341周杨公路、范蠡大道北延、锡宜高速宜兴段扩建及宜长、常宜高速二期等项目，实

现两地交通互联互通。构建多层次的城乡公交网络，推进两地客运服务公交化运行，结合公交"村村通"延伸跨区域公交服务，适时开辟跨区域旅游交通线路，探索实行公交"一卡通"。实施区域综合交通枢纽建设，依托宜兴站、长兴站，设立无锡、上海、南京、杭州等机场的城市候机楼，提升铁路综合服务能力。加快实施锡溧漕河、芜申运河、京杭运河航道整治，打通对外"江湖联动"的水上轴线，推进两地间航道标准统一，提升水运服务能力。

（二）推进两地产业联动发展

统筹产业集群发展，加强产业链合作，形成联动融合发展格局。新能源领域，宜兴重点发展高转化率低污染晶硅电池、超薄高透光率光伏玻璃等产品，长兴重点推进动力电池迭代升级，加快发展电池回收利用。生命科学领域，谋划建设生物医药产业园和共性关键技术创新转化平台，组建生物医药技术产业联盟，在技术研发、生产制造、市场开拓等方面谋求合作。数字产业领域，宜兴聚焦集成电路材料和装备，主攻集成电路硅片、电子气体、先进封装材料等领域，加快集聚上下游企业，长兴重点打造集半导体、新型元器件、专用芯片于一体的泛半导体产业链。推动互设"产业飞地"，共建一批科技成果转化示范基地，制定跨区域的科技成果转化政策，探索建立跨区域发展合作机制和利益共享机制。

（三）合力打造高能级创新载体

聚焦宜兴"一轴四谷三区多点"、长兴经济技术开发区和长三角产业合作区湖州片区长兴区块等重大科研载体的建设，推动共建陶瓷耐火国家质检中心等一批工程研究中心、技术创新中心、产业创新中心等研发机构和专业技术公共服务平台。联合争取更多国家重大技术创新平台、重大科技基础设施、重大科技专项落户，加快江南大学宜兴校区建设，依托南京大学宜兴环保研究院、上海交大技术转移中心等平台，吸引关联新型研发机构落户，形成新型研发机构集聚生态。

（四）打造长三角之心文旅品牌

推动建设示范区智慧旅游服务平台，加强区域内旅游资源整合，提升旅游产业资源，鼓励发展民宿与景区联动、集中式购票窗口、跨区域旅游接送服务等旅游服务形

态，依托高铁网络和站点，推出"高铁＋景区门票""高铁＋酒店"等快捷旅游线路和产品，共同打造具有国际影响力的环太湖生态文化旅游圈。推进宜长文旅产业协同发展，不断提升"长宜广"旅游惠民卡功能，发行旅游一卡通，共同培育区域旅游生态，完善区域旅游合作机制，不断提升"长三角之心"品牌影响力。

（五）推动生态治理区域一体化

建立跨省级的两地生态治理制度，完善生态环境联保共治的顶层设计，实现一张清单管两地。共同推进太湖流域水污染治理和水生态修复，持续实施"控源截污"工程，落实河湖长制、断面长制，加强太湖流域协同治理。共同开展大气污染防治行动，强化多污染物协同控制和区域协同治理，实现细颗粒物和臭氧"双控双减"，全面消除重污染天气。探索建立"联合林长制"统一执法，成立生态环境综合执法队，开展跨界联合执法。健全重大环境事件协作处置机制，健全应急预案对接、应急资源共享和应急处置协作机制。

第六编

人文价值

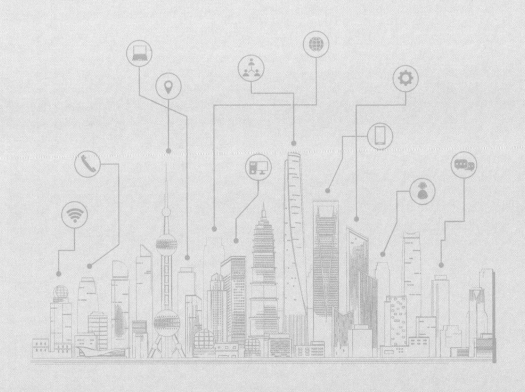

深化上海制造品牌建设 提升城市软实力的对策建议

编者按：《中共上海市委关于厚植城市精神 彰显城市品格 全面提升上海城市软实力的意见》指出："塑造城市品牌形象，着力增强全球叙事能力，扩大城市软实力的国际影响。"打响"上海制造"品牌是塑造城市品牌形象，提升城市软实力的重要抓手，总结上海制造品牌建设取得的成效与面临的挑战，提出深化上海制造品牌建设的建议，以期为提升上海城市软实力水平提供参考。

美国"现代营销学之父"菲利普·科特勒认为品牌是一种名称、术语、标记、符号或图案，或是他们的相互组合，用以识别企业提供给某个或某群消费者的产品或服务，并使之与竞争对手的产品或服务相区别。[1] 品牌是高品质的代名词，是企业信誉的保证，是进入市场的通行证。谁拥有了知名品牌，谁就占领了市场竞争的制高点。品牌建设是产品拥有者基于产品功能、性能、质量等进行的规划、设计、宣传、管理等品牌

[1] 世界品牌实验室：《2021 中国 500 最具价值品牌分析报告》电子版，第 3 页，https://www.worldbrandlab.com/brandmeeting1/2021china500/brand/bg3.htm。

行为。^①

一、制造品牌建设有助于提升城市软实力

在经济全球化，全球产业链由制造国际化竞争转向品牌国际化竞争时代，品牌是一国或地区核心竞争优势的重要体现、综合实力和创新能力的重要象征，良好的品牌形象是城市软实力的核心组成部分，是提升城市综合实力的重要因素。例如，美国制造业在全球范围内具有超强的影响力，在航空航天、汽车、电子信息等领域拥有大量世界级的品牌和企业，拥有苹果、英特尔、IBM、通用电气、波音等世界影响力的制造业品牌。日本制造业在汽车和电子产品方面的品牌影响力显著，丰田、本田、日产等汽车品牌，松下、日立、索尼等电子产品品牌在全球享有极高的知名度。打响"上海制造"品牌，塑造城市品牌形象，以"上海元素"为核心，树立一批有口皆碑的新时代品牌标杆，有利于提升城市软实力。^②

二、上海制造品牌建设现状情况

（一）上海制造品牌建设取得成效

自 2013 年以来，连续开展多轮品牌建设专项资金支持，设立上海市产业转型升级发展专项资金品牌经济发展项目，用于支持品牌公共服务项目建设和支持企业开展品牌培育。先后制定出台了《全力打响"上海制造"品牌　加快迈向全球卓越制造基地三年行动计划（2018—2020 年）》《全力打响"上海制造"品牌　加快迈向全球卓越制造基地三年行动计划（2021—2023 年）》两轮制造品牌建设三年行动计划，品牌建设成效显著。

1. 培育了一批品牌示范企业，促进企业高质量发展

三年来（2018—2021 年）上海市品牌引领示范企业培育工作平台在全市范围内开展了 4 大类、20 余场活动，先后有 528 企业加入品牌引领示范企业培育试点，累计已有 109 家企业进入上海市品牌引领示范企业名单，覆盖诸多企业类型，涉及上海服务、上海制造、上海购物、上海文化"四大品牌"。据有关研究显示，进入品牌引领示范企业

———————————

① 武博祎：《新时代品牌建设与制造业高质量发展系统观及行动策略》，载《中国工业和信息化》2021 年第 4 期，第 48—49 页。

② 中国制造实力课题组：《世界制造强国的硬实力和软实力分析》，载《装备制造》2014 年第 8 期，第 36—39 页。

名单的企业，三年平均销售额增长率为 15.76%，销售利润率为 6.95%，新产品销售比率为 48.72%，顾客满意度为 95.88%，总体绩效远高于全市平均水平。[①]

2. 品牌培育价值显现

上海制造品牌创新价值强，位居全国前列。根据 2021 年复旦大学管理学院和上海企业文化与品牌研究所发布"中国品牌创新价值榜（TOP100）"，制造业板块有 48 家企业，上海有上汽、宝钢、上海电气和金龙鱼 4 家制造业品牌入围，品牌创新价值共计 808.6 亿元，约占品牌创新价值总额的 16.3%，在全国各城市排名中处在第二位，深圳 822.3 亿元排名第一位。龙头企业品牌创新价值实力强劲。从单个企业品牌创新价值来看，上海企业品牌创新价值表现强劲，上汽集团品牌创新价值在全国制造企业品牌创新价值达 522.3 亿元，排名第二位，华为 553.8 亿元排名第一位。

3. 形成三大类型制造品牌

根据上海企业文化与品牌研究所、复旦大学管理学院、上海市工业经济联合会联合发布"上海制造品牌价值榜（TOP50）"榜单数据，经整理分析，上海形成三大类制造品牌。

一是高端制造类。这是当前上海制造品牌的主流方向，数量多，品牌价值含量高，以汽车制造（上汽集团）、高端装备（上海电气）、先进材料（宝钢股份、华谊集团）为代表。从品牌数量上看，高端制造 21 家，占总数的 42%，总数排在第一位。从品牌价值上看，高端制造占绝对优势，品牌价值 1491 亿元，占总数的 59%，主要是其内部汽车制造行业的品牌价值高，品牌价值为 839.35 亿元，占制造品牌 50 强总价值的 31.5%，占高端制造价值比重的 56.2%。反映出当前上海制造中高端装备制造占主导的特点。

二是先导产业类。这是未来上海打造制造品牌培育的重点领域，品牌数量较多，以集成电路（中芯国际）、生物医药（复星医药、上海莱士）、人工智能（澜起科技）为代表。从品牌数量上看，三大先导产业有 15 家，占总数的 30%，品牌数量上具有一定基础，从品牌价值上看，三大先导产业品牌价值 476 亿元，占总数的 18%，品牌价值占比相对高端制造较低。

三是时尚消费产业类。这是曾经代表上海制造品牌的辉煌，品牌数量有一定基础，

[①] 徐晶卉、甄敏蔚：《39 家企业获颁"上海市品牌培育示范企业"，有这些"网红"特点》，第 2—3 段，http://www.whb.cn/zhuzhan/cs/20210903/422511.html（"文汇网"，写作年份：2021，访问时间：2021.11.30）

近几年在上海打响制造品牌政策推动下，品牌价值得到提升。以晨光、老凤祥、上海家化、上海凤凰等老字号企业为代表。从品牌数量上看，时尚消费有 14 家，占总数 28%，具有一定基础，从品牌价值上看，时尚消费品牌价值 694.9 亿元，占总数的 26%，品牌价值高于三大先导产业。

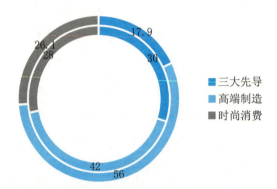

图 1　上海制造品牌 50 强三大类品牌数量占比（内圈，%）、品牌价值占比（外圈，%）

（二）上海制造品牌建设面临的挑战

1. 品牌建设能级有待提升

从发展能级上看，上海制造品牌创新价值在国内具有很强的竞争力，但在世界品牌中的数量还有较大的提升空间。由世界品牌实验室（World Brand Lab）编制的 2021 年度《世界品牌 500 强》排行榜中，中国有 44 个入选品牌，制造业类品牌有 13 家，但上海制造类品牌仅有 1 家（宝武集团）入选。从内部结构上看，先导产业品牌数量较多，品牌价值的占比不高，与三大先导产业目前仍处在快速的成长阶段有关，未来随着先导产业快速发展，具有较大的成长空间；时尚消费类品牌价值虽高于先导产业，但与高端制造相比，仍有较大的提升空间。高端制造类品牌价值是当前上海制造品牌的核心竞争力，代表国内制造业参与国际竞争，世界级品牌相对较少，也有增长的空间。

2. 品牌支撑体系有待加强

上海市标准化支撑重点产业发展等方面取得的成效显著[①]，但在提供上海方案、填补国际标准空白，提升产业核心竞争力的标准化还有待加强。部分制造业企业知识产权

---

① 引自《上海市标准化工作白皮书（2021 年）》。2020 年，上海市参与制修订国家标准 870 项，其中主导制修订国家标准 179 项，占当年发布国家标准总数的 7.9%，位列全国第二，主要集中在机械、电工、化工、电子元器件与信息技术等产业领域。

意识偏弱，忽视知识产权的创造、申请、运用、维护、管理，也没有建立专门的维权及应诉机构。很多企业内部并没有专职的品牌工作人员，品牌工作大多由市场部或其他部门人员兼职从事，影响品牌工作质量与效益。

3. 品牌建设制度有待完善

品牌建设涉及标准、质量、认证、宣传、推广、维护等工作，需要专业的行业协会负责组织推进。例如，浙江省成立浙江制造品牌建设促进会推进制造品牌建设工作，由浙江省制造业龙头企业、知名高等院校和科研院所、品字标"浙江制造"检测和认证机构联合组成的第三方社会组织，已有核心会员超过200家，是"浙江制造"品牌建设工作的重要平台。目前上海市已有上海市品牌建设促进会，但缺乏专门针对制造业领域的品牌建设促进协会。

三、深化上海制造品牌建设的对策建议

（一）分类推进制造品牌建设

大力培育先导产业品牌。三大先导产业目前处于快速成长期，品牌基础较好，应加快提升企业品牌价值，加强关键核心技术攻关，填补产业链空白，产业强链补链，以世界级先进制造业集群建设为抓手鼓励和引导企业在产品设计、制造、销售、服务等环节强化标准、产品质量与监管，深耕国内市场，加速全球推广，培育世界品牌，打造具有全球影响力的上海制造新名片。

巩固提升高端制造品牌。高端制造品牌建设应与全球发展新趋势、国家发展战略、上海发展需求相结合，加快推进产业转型升级，从科技、时尚、智慧提升品牌核心竞争力和创造力，建立鲜明的科技、时尚、智慧感性形象，加大培育提升自主品牌高端化，推动品牌建设成长的长效机制，强化构建整合营销矩阵，持续开展品牌市场宣传推广，提升产业链质量与品牌保证能力。

加快振兴时尚消费品牌。时尚消费应继续加大老字号品牌建设力度，以文化、创意、设计、时尚为引领，实施以增品种、提品质、创品牌为核心，立足上海、辐射中国、走向全球，打造数字化、精益化、自动化、柔性化的智能工厂，实现效率化规模生产和个性化柔性生产，既能满足大规模的批量生产，又能快速响应小批量的个性化需求。鼓励企业做深做细品牌战略，从品牌运营、品牌形象维护、差异化品牌运作等角度出发，持续提升品牌影响力、美誉度和市场占有率。

（二）促进品牌建设数字化转型

加快推进品牌管理数字化。引导企业在产品设计、产品制造、供应链管理等环节开展数字化品牌质量管理创新，形成一套适合制造业企业特点和需求的品牌质量理论体系、标准体系和工具体系。积极推广数字化赋能新营销。从新产线、新组织、新营销三个维度继续推动，未来实现 C2B 新智造，通过数字化工具和方法的充分运用，更深层次地赋能品牌营销推广，挖掘消费者需求，结合品牌整体的营销策略，对消费者进行持续不断的定向内容输出和传递，实现更精确的营销分组和定制个性化的内容营销，更好地提升消费体验和服务。

（三）加强品牌支撑体系建设

一是注重质量提升。质量是品牌建设的基础，支持产业质量基础发展的基础性技术，并强化质量技术服务体系的建设，形成对上海智能制造产业的全产业链质量保障服务，并争取国际互认，提升上海质量技术基础的国际竞争力。二是加强标准建设。积极引导国外先进标准化技术组织参与上海标准化工作，加快电子信息、生物医药、汽车等重点领域的上海标准、中国标准"走出去"。鼓励具有竞争力的企业标准的建立，制定的标准高于国家标准、行业标准、地方标准。三是加大知识产权保护。引导企业高度重视知识产权保护，从创新主体、创新要素、创新机制、创新环境等方面制定企业的品牌战略，将知识产权的申报和保护纳入建设知名品牌的全过程。[1]四是加强人才培养。鼓励高校、职业院校开设品牌建设管理专业，支持企业加强品牌管理型人才培养，定期组织开展专题交流培训。

（四）创新品牌建设体制机制

一是进一步发挥上海品牌建设促进会职能。建议在品牌建设促进会下设针对上海制造品牌建设的职能部门或行业分会。开展"上海制造"品牌研究、标准制定与宣贯、品牌培育与保护、宣传推广等工作，不断宣传推广"上海制造"品牌，积极拓展国际视野，学习国际先进制造企业成功经验。利用市场力量、机制和资源来推动"上海制造"

---

① 陈珊珊：《强化知识产权保护　推动宁波品牌建设》，载《宁波日报》2021 年 9 月 9 日，第 A8 版。

品牌建设，适时设立品牌建设产业基金，以产融结合实现对高端制造业的发展支持，提升"上海制造"品牌的市场知名度与美誉度。

二是鼓励企业自建品牌管理机构。鼓励有条件的企业组织设立专职的品牌管理部、品牌管委会等组织管理机构。其中，管委会主要负责企业品牌建设与推广的重大战略决策，管理部主要负责企业的品牌规划、品牌建设、品牌传播、市场推广、品牌数字化以及与职能部门、行业协会的专职对接等工作。

参考文献：

【1】世界品牌实验室：《2021 中国 500 最具价值品牌分析报告》电子版，第 3 页，https://www.worldbrandlab.com/brandmeeting1/2021china500/brand/bg3.htm。

【2】闫兴、孙哲：《简析品牌战略与软实力的关系》，载《经济管理研究》2014 年第 23 期，第 72 页。

【3】中国制造实力课题组：《世界制造强国的硬实力和软实力分析》，载《装备制造》2014 年第 8 期，第 36—39 页。

【4】徐晶卉、甄敏蔚：《39 家企业获颁"上海市品牌培育示范企业"，有这些"网红"特点》，第 2—3 段，http://www.whb.cn/zhuzhan/cs/20210903/422511.html（"文汇网"，写作年份：2021，访问时间：2021.11.30）。

【5】武博祎：《新时代品牌建设与制造业高质量发展系统观及行动策略》，载《中国工业和信息化》2021 年第 4 期，第 48—49 页。

【6】政武经：《以品牌建设助推制造业高质量发展》，载《人民日报》2019 年 2 月 21 日，第 9 版。

【7】陈珊珊：《强化知识产权保护 推动宁波品牌建设》，载《宁波日报》2021 年 9 月 9 日，第 A8 版。

推动上海工业遗产焕发新活力的对策建议

　　编者按：工业遗产是城市内涵、品质、特色的重要标志。科学、合理地保护利用上海工业遗产对于传承中国工业精神、坚定文化自信具有重要意义，也能够更好塑造上海城市软实力的神韵魅力，更好彰显高质量发展、高品质生活、高效能治理。如何让昔日的上海工业遗产以其自带的工业文化记忆，辅以新开发的特色功能，在新时代重现活力，助力上海城市软实力提升，值得各方的重视。

　　工业文化是在中国工业化、现代化进程中形成并渗透到工业发展中的物质文化、制度文化和精神文化的总和，是中国特色社会主义文化的重要组成部分。工业遗产作为城市近现代化进程中的特殊遗存，是工业文化的重要载体，是"阅读城市"的重要物质依托，记录了我国工业发展不同阶段的重要信息，承载了行业和城市的历史记忆和文化积淀，见证了国家和工业发展的历史进程，标志了我国工业化和现代化进程中一系列重要历史节点，具有重要的历史价值、科技价值、社会文化价值和艺术价值。

一、上海工业发展的历史沿革

（一）近代工业产生

1843 年上海开埠以后，由于外国资本主义的入侵，为适应其对华贸易扩张的需要，船舶修造工业首先出现。接着，以掠夺我国廉价资源为目标的出口加工工业和其他各种轻工业随之出现。受其影响，洋务派官办的江南制造局和官督商办的上海机器织市局相继在上海设立。

（二）近代工业曲折发展

1895 年"马关条约"签订之后至 1936 年抗日战争发生前夕。外资工业不仅资本规模大，增长快，而且在棉纺、卷烟、电力等重要部门和一些与新兴技术密切相关的新兴工业中，都有明显的优势。民族工业中出现了一批体现新科技的新兴工业企业。

（三）近代工业衰落

1937 年抗日战争发生至 1949 年上海解放止。"八一三"沪战发生，日军侵入上海，工业遭空前破坏。部分工厂在极为艰难条件下拆迁内地，支援大后方工业建设。抗战胜利以后，国民政府在上海接收大量敌伪工业企业。1946 年工业一片萧条声中，若干日用品制造业，因战时消耗殆尽，市场亟待补充，棉纺织业产销两旺。1948 年前后，则开始出现全面颓势，且越演越烈。

（四）超前重化工业

改革开放前（1949—1978 年），限于当时重工业建设周期长与资本稀缺的矛盾、重工业设备依赖进口与外汇短缺的矛盾、重工业初始投资规模大与资金动员能力差的矛盾，加之经历了较大起落的发展过程，一、二、三产都增长相对"缓慢"。但是，在这一阶段，上海也积累了钢铁、石化等重化工业的发展基础。

（五）二、三产业协调发展

20 世纪 80 年代初期，上海出台了轻纺工业和出口替代工业优先发展政策，提出了纺织、仪表电器、轻工等老的"八大工业"。90 年代，加大对能源、交通、通讯等部门的

投资。1994 年，明确了六大支柱产业。在服务业方面，对产业政策进行了重大修改和调整，1994 年提出建设国际经济、金融和贸易中心，2009 年确立了上海"四个中心"（增加了航运中心）发展战略，上海经济实现由单一的工业中心发展模式转变为多元发展模式。

（六）再工业化与服务业高级化

自 1998 年开始，上海市工业发展加速。与改革开放前主要通过政府直接干预、扭曲要素价格推进工业的快速增长不同，此次工业化是工业增长自身发展的需要。在发展先进制造的同时，培育了以研发、金融保险等行业为代表的生产性服务业。在 2008 年公布的《上海产业发展重点支持目录》中，涉及重点支持的产业群共 20 个，前 8 个为现代服务业，后 12 个为先进制造业。

（七）科创战略下的制造、服务再出发

历经"十二五"和"十三五"时期，展望"十四五"，上海着眼于创新的全球布局与全球深化，将建设全球科创中心和具有世界影响力制造业基地的建设纳入发展轨道。同时，着力促进高端服务业发展，重视自主研发、成果转化等相关服务能力培育，不断提升产业的竞争力与影响力。

二、上海工业遗产保护利用现状及局限性

（一）保护利用现状

上海作为典型的特大工业城市，从近代开始到现在一直是依水发展，因港而兴，黄浦江两岸地区（滨水区）是城市重要的发展轴线，并且发展迅速。目前，上海有 300 多处工业遗产建筑，近 70% 在一江一河沿岸，其中上海造币厂、大北电报局、运十飞机、上海船厂等入围国家工业遗产（第一批—第五批）4 处，江南机器制造总局（含求新机器造船厂）、上海杨树浦水厂（上海自来水科技馆）、董家渡船坞等入围中国工业遗产保护名录（第一批—第二批）22 处。

作为近代工业的中心，上海工业遗产无论数量还是类型多样性，都有独特优势。既有水电、钢铁、机械制造、纺织等现代工业留存，也有皮革、酿酒、家具等传统手工业历史，更有淞沪铁路、江南造船厂这样的"中国近代工业标志"。这些工业遗产沉淀着城市的发展历史，浸染着过往岁月的独特气息，承载着老一辈产业工人难以割舍的记

忆。记录了上海工业化进程不同阶段的重要信息，承载了上海各行业和城市的历史记忆和文化积淀，标志了上海百多年的工业化和现代化进程的一系列重要历史节点。

（二）存在局限性

截至 2019 年 7 月，中国已拥有世界文化和自然遗产 55 个，当前上海是六个没有世界遗产的省级行政单位中的一个，而中国的世界遗产中，尚无一个工业遗产。

一是保护的覆盖面和规模较小。主要零散分布在滨河、滨江及中心城区的工业厂房建筑，大量的优秀工业遗产、工业街坊、工业区尚未得到保护和妥善再利用。如一些创意园区的开发者、建设者对工业遗产的文化内涵、科普价值等挖掘整理不够，保护工作流于浅显。二是保护的对象过于局限。尚缺乏能将工业文化和旅游商品相融合的跨界人才，仅限于关注工业遗产建筑和建筑群的保护与再利用，而与工业遗产息息相关的工业区空间肌理、工业景观等历史环境、整体格局易被忽视，脱离了与城市发展的关系。三是工业遗产的保护价值只重其物质遗产所带来的建筑使用价值、空间可利用价值，而忽略了非物质历史文化价值，如工业的生产工艺、文化资本等要素，并且宣传方式缺乏创新，没有对工业文化和历史内涵进行深入的挖掘。四是存续利用上，目前大部分工业遗产还是被用作后续所有者的工业或办公用房，小部分更新再利用者，多辟为创意园区，再利用方式较为单一。据统计，上海市共有 4000 万平方米的老厂房，有些已有近百年历史，是上海民族工业的见证。然而，目前很多厂房处于闲置或出租状态，有的甚至被拆除。虽然上海利用老厂房建设了田子坊、八号桥、创意仓库、传媒文化园等创意产业集聚区，总面积达 30 万平方米左右，但与老厂房的巨大存量相比，还有很大的开发空间。

三、国外工业遗产保护利用的经验借鉴

美、德、英等国家的工业遗产保护利用起步早，如美国纽约曼哈顿高架铁路公园、德国鲁尔区、英国铁桥峡谷等一批工业遗产已成为世界工业遗产。在亚洲，仅印度和日本各有一个近现代工业遗产，而中国目前尚无属于世界文化遗产范围的近现代工业遗产，其保护利用经验值得我们借鉴。

（一）美国保护工业博物馆

一是传统（科学）工业博物馆，如美国芝加哥科学与工业博物馆（Museum of

Science and Industry）、史密森机构（Smithsonian Institution）下属的美国国家航空与宇航博物馆（The Smithsonian Institution's National Air and Space Museum）以及巴尔的摩工业博物馆（Baltimore Museum of Industry）、波士顿科学博物馆（Museum of Science）等。

二是（露天）工业遗址博物馆，如 1977 年建设的阿拉巴马州（Alabama）伯明翰市（Birmingham）的斯洛斯高炉群国家历史地标，2003 年建成并开放的明尼苏达州（Minnesota）的明尼阿波利斯工厂城市博物馆（Mill City Museum）、洛厄尔国家历史公园（Lowell National Historical Park）等。

（二）德国改造工业区（矿山）

一是博物馆模式。如埃森市"关税同盟"煤矿工业区于 2001 年被纳入"联合国世界文化遗产"。弗尔克林根钢铁厂，保留有长达 250 米的 6 台高炉，并且一直保持锈迹斑斑的状态，体现出了工业遗产的沧桑感和历史感。措伦二号四号矿井的厂房按照大学建造，建筑艺术价值非常高。

二是公共休闲空间。如北杜伊斯堡景观公园，是原蒂森钢铁公司所在地，曾是集采煤、炼焦、钢铁于一身的大型工业基地。经过改造，人们可以免费走进当年的旧厂区，爬上高炉，了解钢铁冶炼的全过程。厂区内大型煤气罐被改造成潜水俱乐部用于潜水训练，部分墙壁则成为攀岩爱好者的乐园。

三是综合商业体。如奥伯豪森市，在废弃厂区上建起一座综合商业体，集购物中心、美食街、儿童游乐园、网球和体育中心等于一身，不仅是鲁尔区购物中心，也成为欧洲规模较大的购物旅游中心，吸引了来自荷兰等周边国家的游客。

（三）英国开发工业旅游

英国铁桥峡谷，是工业革命的发源地和象征，是世界上第一例以工业遗产为主题的世界文化遗产。横跨英国什罗普郡塞文河谷因拥有世界上第一座铸铁建造的桥而更名为铁桥谷，经过几十年的开发，铁桥谷一带废旧的工厂、作坊等已被规划改造成为 10 座不同主题的博物馆和工业纪念地。经过改造过后的遗址不仅完好地保存了过去的工厂，还促进了当地旅游业的发展。铁桥谷提供的数据显示，铁桥谷遗址地区每年接待 50 万以上游客。铁桥谷每年为什罗普郡创造约 2000 万英镑旅游收入，同时解决数百人的就业。

（四）日本提炼工业主题

日本工业遗产确立恰当的主题和理念，主打持续的、环境友好型、循环利用型的开发模式，以及与自然环境和谐共存的理念，走在了亚洲前列。2007年2月，战国晚期、江户前期日本最大的银矿——岛根县石见银山成功申请世界遗产。2014年6月，群马县富冈制丝场及近代绢丝产业遗迹群也被列入世界遗产名录。2015年7月，明治产业革命遗址群申请世界遗产成功。如横滨码头旧仓库区，现在改造成为一个商场，保护的意识非常强，外面一个广告都没有，建筑立面非常干净、整洁，码头的地面还保留至今，原汁原味。

四、推动上海工业遗产焕发新活力的对策建议

在新时代，保护与利用好上海工业遗产，使其焕发新活力，是弘扬工业文化的必然要求，是加快新旧动能转换的重要途径，是建设制造强国的精神动力，也是助力上海城市软实力提升的有效载体。

（一）探索构建上海工业遗产保护体系

工业遗产承载着历史、凝结着精神，而具有了传承文化、凝聚人心的公共作用，寻求国家部委支持，设立上海工业遗产保护与开发示范区。上海已具备由"文物、优秀历史建筑—风貌保护道路—历史文化风貌区"共同构成、"点、线、面"相结合的城市历史文化风貌保护体系，联合相关部门，探索构建科学合理的工业遗产保护体系——工业风貌建筑、工业风貌街坊、工业风貌道路、工业风貌区。为了保护承载这座城市历史文脉的工业遗产，还需要用申报世界文化遗产来保护上海工业遗产，培育推出一批工业旅游示范基地、工业文化研学实践基地（营地），让市民游览滨江的同时，感受工业文明和历史文明的碰撞。

（二）探索建立上海工业遗产分级分类保护机制

目前，我国在国家层面没有专门针对工业遗产的立法，工业遗产保护利用工作缺少统一有效的法律依据，国家相关部委结合各自职责通过出台政策等方式对工业遗产进行保护利用。需加快推进工业遗产资源的统筹梳理，同时建立多部门协同机制，包括市发

改委、市经信委、市住建委、市文旅局等在内的部门联手合作，对全市工业遗产资源进行全方位梳理，形成系统化推进的目标、措施和细化任务，以国家工业遗产和中国工业遗产保护名录认定为抓手，不断总结经验，加强调查研究，结合上海工业遗产现状及各区工作实际，推动建立分级分类保护机制，并指导督促工业遗产所有权人落实保护利用责任。

（三）提高公众对工业遗产保护意识

在市委宣传部的指导下，充分发挥融媒体、新媒体等平台作用，加强与《解放日报》《文汇报》等媒体的合作，联合相关委办局、市工经联等行业协会，制作专题宣传视频，共同宣传上海工业遗产，展示国家工业遗产和中国工业遗产保护名录风貌，不断提高全社会对工业遗产保护利用的认知和重视程度。探索举办上海工业文化高峰论坛、上海工业遗产影像志摄影展等，组织编制中英文版上海工业遗产画册，凝聚更多社会共识。推动杨浦区、浦东新区、虹口区等各区召开座谈会、现场会，交流各方工业遗产保护利用的经验做法，不断强化保护意识，提高保护利用水平。

ESG 对于上海数字化转型的意义与建议

　　编者按：ESG 是环境（Environmental）、社会（Social）以及公司治理（Governance）投资理念的简称，区别于传统的财务绩效指标，ESG 倾向于关注企业在环境、社会、治理等方面的制度安排是否能为投资者创造价值。经过数十年的酝酿与发展，ESG 已经成为一种在全球范围内的主流投资理念与企业治理标准体系，并与可持续发展、绿色经济等主题深切相关。近年来，生态文明和绿色发展上升成为国家发展战略，尤其是随着国家"双碳"战略决策的实施，国家层面的相关政策密集落地，在数字化转型趋势下，数字化、智能化技术手段对产业绿色低碳转型的引领与赋能意义凸显。同时，ESG 在我国的发展也在不断提速。本文梳理介绍了 ESG 在全球与我国的发展概况，分析了 ESG 对于当前上海市全面推进城市数字化转型的重要意义，并给出了相应的工作建议。

一、ESG 的概念内涵与现实意义

（一）概念内涵

ESG 即英文 Environmental（环境）、Social（社会）和 Governance（公司治理）的缩写，是基于环境、社会、公司治理等指标对企业或投资进行评估评价的理念体系，是取代传统、单一的财务绩效评价的方式方法。国际上常见的 ESG 投资理念具有三个主题：一是考虑企业对环境的影响，包括企业是否会对空气、土地、水、生态系统和人类健康造成实际或潜在的负面影响；企业是否在减少二氧化碳排放、资源节约、污染防止等方面进行投入等。二是考虑企业对社会的影响，包括企业是否存在种族、性别歧视；企业内部劳资关系、工资待遇，对员工健康安全的保障等；企业对社区的影响，对公益慈善等社会责任的承担情况等。三是考虑企业的内部治理，包括调整股东和管理层的利益、董事会多元化、避免腐败与财务欺诈、提高企业信息透明度等。

ESG 相关概念发源于欧美，一般而言认为起源并继承于社会责任投资（Socially Responsible Investment，以下简称 "SRI"），时间上可以追溯到 20 世纪六七十年代，全球面临的社会和环境资源可持续问题引起了国际组织的日益关注，当时出于越战等原因，在美国成立了第一支社会责任投资基金。1992 年成立的联合国环境规划署金融行动机构（United Nations Environment Programme Finance Initiative，以下简称 "UNEPFI"）强调环境、社会和公司治理对股权定价的重要性，希望金融机构能把 ESG 因素作为重要参照纳入投资决策过程。此后，ESG 逐步成为国际社会衡量企业，尤其是上市公司等主体可持续发展能力最为主要的三个维度。为了科学、准确评估企业在 ESG 方面的表现与风险，引导投资者进行可持续投资，全球范围内的相关金融服务机构、第三方评级机构、指数研究机构纷纷开展 ESG 评价体系方面的研究和应用。

2006 年，由时任联合国秘书长的科菲·安南发起成立联合国责任投资原则组织（The United Nations-supported Principles for Responsible Investment，以下简称 "UNPRI"），列出 6 大原则，作为投资者投资准则，将环境、社会和公司治理纳入投资决策考量过程，成为国际上检验投资者履行责任的重要指针。UNPRI 本身则逐渐发展为全球范围内由机构投资人、资产管理人、权益所有人和服务提供商组成，共同致力于践行负责任投资的国际组织与平台。

根据 UNPRI 的年度报告，2020 年到 2021 年，全球新增 703 家投资机构成为其倡导的责任投资原则（Principles for Responsible Investment，以下简称"PRI"）签署成员，同比增加26%。至此，UNPRI总计3404家成员拥有或管理的资产规模首次超过了100万亿美元。

（二）对于投资与企业发展的现实意义

除了强调企业对于环境、社会与投资人的相关责任，推动企业从单一追求自身利益最大化向追求社会价值最大化转变以外，相关研究显示，ESG相关理念与标准对于投资者收益与企业发展也有实际价值。

一方面，对于投资者而言，基于ESG理念与标准的投资与投资的长期回报有正向关系。例如摩根士丹利可持续投资研究发现，回顾2008年至2014年的10228个开放式公募基金的业绩，可持续投资基金的回报率是略高于传统基金的。从具体的市场指数来看，截至2018年，以新兴市场为代表的MSCI新兴市场ESG领先指数（MSCI EM ESG Leaders Index）过去十年的年化回报率明显高于其基础指数（7.73%相比3.36%），其中，亚洲的表现最好，过去十年的年化回报率为8.96%。

另一方面，对于企业而言，ESG整合会给公司的财务带来正面影响。2015年，牛津大学和资产管理公司Arabesque Partners发表了题为《从股东到利益相关者：可持续性如何提高财务业绩》的报告，该报告整理分析了包括学术研究、行业报告、报纸文章和书籍等200多个文献，发现有90%的研究表明可持续性标准降低了公司的资本成本，88%的研究表明坚实的ESG实践可以提高企业的经营业绩。德意志银行与汉堡大学于同年稍晚时候进行了另一项更为深入的调查，使用截至2014年四十年的数据，对自1970年以来发表的2250项学术研究进行了分析，结论是62.6%的研究表明ESG对公司财务业绩作出了积极贡献，仅在10%的案例中产生了负面影响（其余为中性影响）。

二、ESG在我国的发展趋势和瓶颈问题

（一）发展趋势

近年来，在生态文明和绿色发展成为国家战略，全社会都在努力建立健全绿色、低碳、循环经济体系的背景之下，党的十八届五中全会提出了"创新、协调、绿色、开放、共享"五大发展理念，鼓励更多资金进入环保领域、绿色领域和可持续发展领域；十九大报告也将绿色经济和可持续发展列为国家发展战略，金融等相关行业领域对ESG

的重视程度全面提升，ESG 在我国的发展不断提速。

证监会于 2018 年修订的《上市公司治理准则》中增加了环境保护与社会责任的内容，中国证券投资基金协会也在《中国上市公司 ESG 评价体系研究报告》和《绿色投资指引（试行）》中为上市公司 ESG 建设构建了框架体系。2020 年，中国银保监会发布《关于推动银行业和保险业高质量发展的指导意见》，提出银行业金融机构要建立健全环境与社会风险管理体系，将环境、社会、治理要求纳入授信全流程，强化环境、社会、治理的信息披露和与利益相关者的交流互动。

从市场反应来看，公开数据显示，我国泛 ESG 基金数量从 2013 年的 12 只增至 2020 年的 73 只，扩容超过 5 倍；基金总份额从 139 亿份增至 601 亿份，年均增长 23.3%。

近期，国家有关部委、金融机构加速布局推进企业 ESG 治理、信息披露与 ESG 投资的趋势越来越明显。2021 年 4 月，国务院国资委有关领导表示，国资委将把 ESG 纳入社会责任范畴并作为重点目标，统筹推动国有企业社会责任和 ESG 工作。12 月 4 日开幕的国际金融论坛（IFF）第 18 届全球年会上，大会主席、中国人民银行原行长周小川强调，金融要把为实体经济服务作为出发点和落脚点，促进金融更好地服务实体经济，加强 ESG 投资，防范系统性金融风险。

（二）瓶颈问题

总体来看，我国 ESG 体系发展仍相对滞后，主要表现为：一是信息披露环境和数据基础较差，尤其是缺乏专门的 ESG 数据服务支撑体系。二是 ESG 体系的完整性仍有较大提升空间，相关信息的披露制度仍不明确，企业信息披露的程度和质量有所欠缺。三是 ESG 体系应用规模仍较小，根据相关研究显示，2021 年，A 股上市公司中披露 ESG 报告的比例不足 3 成。四是区别于国外 ESG 体系的形成以自发为主，我国以政府引导为主，在发展过程中，企业与公众的关注度与参与度发展相对缓慢。五是对企业在履行社会责任或绿色发展、ESG 对于产业乃至经济社会转型的意义价值等方面研究相对缺失，目前大多数研究仅聚焦于 ESG 对应上市公司绩效等方面。

三、ESG 对于推进上海数字化转型的重要意义与有关建议

（一）重要意义

从指导思想与目标来看，ESG 关注企业对环境保护与可持续发展的有效作为，对人

与社会的责任担当以及对于股东利益的长期保障，与上海全面推进城市数字化"城市是主场、企业是主体、市民是主人"的思路，"坚持效率和温度'兼容并蓄'"等原则高度契合。在上海市数字化转型，尤其是推动经济数字化转型过程中，对于规范引导企业与产业转型升级、防范应对可能的风险、融合数字化转型与"双碳"战略推进都有重大意义。

1. 规范引导企业与产业转型升级

在推进经济数字化转型过程中，无论是对于数字经济化还是经济数字化，ESG 都可以成为引导企业从实现社会长期价值最大化出发进行战略制定，推动企业主动承担外部社会责任，规范优化企业内部治理，实现企业管理"透明化"，助力企业、产业转型升级与高质量发展的重要参考依据与指导标准。

2. 防范应对数字化转型可能风险

面对数字化转型可能带来的风险与问题，例如数字经济发展在信息安全、数据伦理与"数字鸿沟"等方面可能带来的风险；伴随传统行业数字化转型而形成的就业岗位结构性变化，可能引发大范围技术性失业等问题。基于 ESG 视角与标准积极应对，既便于政府防范社会治理风险，也有助于企业防范相关政策风险。

3. "黏合"数字化转型与"双碳"战略

随着国家"双碳"战略决策的实施，国家层面相关政策密集落地，2021 年 10 月，国务院印发了《2030 年碳达峰行动方案》；12 月 3 日，工信部发布《"十四五"工业绿色发展规划》。在数字化转型趋势下，相关方案与规划中都重视强调数字化、智能化技术手段对产业绿色低碳转型的引领与赋能。在这样的背景下，重视 ESG 有关概念、原则、标准与绿色经济打造、产业转型升级的研究与应用，可使之成为融合推进城市数字化转型与"双碳"重大战略的"黏合剂"。

（二）有关建议

1. 打造数字化转型与 ESG 融合企业标杆

积极对接国家推动国有企业社会责任和 ESG 等重点工作，以国有企业为重要抓手，进一步强化其在经济数字化转型过程中的社会责任建设，在保障相关企业转型的长期经济价值与社会价值提升的同时，打造数字化转型与可持续发展、社会责任相融合的企业标杆。

2. 统筹建立数字化转型风险评估应对机制

重点参考 ESG 视角与评价标准，辩证看待经济数字化转型给予社会经济的红利与

可能产生的负面影响，建立政府、企业等多方协同的风险评估与应对机制，积极做好应对准备。例如引导企业评估自身数字化转型对就业的影响，通过制订过渡预案、建立和强化培训制度和职业教育、建立再就业培训制度等措施来应对。

3. 强化数字化转型与"双碳"战略融合推进

强化落实国家层面对于"双碳"相关重大战略部署与规划要求，在推进经济数字化转型过程中，融合 ESG 基础主题与重要因子，强化政府优惠帮扶政策、引导专项资金、银行金融信贷等工具对于企业、产业数字化转型升级的引导与支撑作用，包括支撑数字化推动高污染、高能耗企业向绿色经济转型，支持融合数字化技术与手段的节能环保、循环经济产业发展等。

4. 完善数字化转型对 ESG 保障支撑

加强政府引领协调，在推动公共数据和社会数据开放共享，建立完善城市数据资源体系，建立数据要素市场过程中，强化对于 ESG 基础数据体系的建设支撑。充分调动发挥高校、科研机构与智库等主体的积极性，加强符合我国国情，具有上海特色的 ESG 相关研究，有针对性开展推进数字化转型与"双碳"战略的融合研究，为后续政策规划的创新供给提供支撑。

提升城市软实力要求下发挥上海产业支撑作用
——专家研讨会观点汇总

编者按：2021 年 9 月 27 日，上海市经济和信息化发展研究中心的课题《提升城市软实力要求下发挥上海产业支撑作用》召开了开题会，会上邀请各位专家对软实力概念、软实力与产业的关系、上海产业支撑城市软实力发展的现状进行了研讨，并对上海产业支撑城市软实力发展提出了对策建议。本期简报根据与会专家发言形成汇总观点，以期对软实力及产业对软实力的支撑有更深的理解。

十一届上海市委十一次全会 2021 年 6 月 22 日审议通过《中共上海市委关于厚植城市精神　彰显城市品格　全面提升上海城市软实力的意见》。习近平总书记 2007 年在上海工作期间概括了"海纳百川、追求卓越、开明睿智、大气谦和"的上海城市精神，2018 年在首届中国国际进口博览会开幕式主旨演讲中指出"开放、创新、包容已成为上海最鲜明的品格"，强调"这种品格是新时代中国发展进步的生动写照"。总书记亲自提炼概括了上海城市精神和城市品格，对提升软实力作出一系列重要论述，为上海加快打造同具有世界影响力的社会主义现代化国际大都市相匹配的城市软实力指明了前进方向，是上海发展生生不息的力量源泉。而上海是中国最早对外开放的工商业城市，是中国现代工业文明的发源地，经过百年积淀，形成了独有的工业文化、产业基因和创新精神，其深厚的产业基础已然渗透到物质文明发展中，并成为城市软实力的璀璨凝萃之一，对中国乃至亚洲的工业化进程影响深远，未来势必对上海城市软实力发展提供更强支撑力，使上海的产业文明更具国际影响力。

一、软实力和产业支撑的内在关系

一个城市的实力包括软、硬两方面。硬实力，主要体现在经济规模和科技力量两方面，而软实力更多地体现在文化代表性、品牌等方面。城市软实力的构成包括三个方面，物质与产业资源产生的软实力，精神与制度文化产生的软实力以及人文素养与居住环境产生的软实力。产业是硬实力和软实力高度融合的有机体，对城市的硬实力有支撑作用，对软实力的影响也是不可替代的，且影响更为深远。不同的产业门类、产业属性和产业要素对软实力影响不同。例如，从产业要素来看，技术标准、规则是产业在硬实力与软实力上的集中表现。更具体来看，城市软实力也体现在是否有本土培育的标志性企业和具有国际影响力的产品上。而对于经信委来说，城市软实力主要有六个方面：高端产业滋养软实力；硬核科技支撑软实力；"上海制造"品牌彰显软实力；城市数字化转型转出软实力；时尚文化创意焕发软实力；对外开放创出软实力。

二、上海产业支撑城市软实力发展的现状

上海部分产业虽然起步早，但未做到世界顶尖。如时装产业，上海时装周推出较早，但未形成完善的运作模式，在世界影响力方面也不如国际五大时装周。相比之下，上海国际电影节运作较成熟，已成为国际九大 A 级电影节之一。

上海在产业的国际标准制定、检验检测方面还未掌握话语权。目前产业标准话语权很多都在国外的国际标准组织、检验机构手中，这是他们的软实力。而上海的检验检测机构大都分散在各个领域、各个企业，集团没有形成合力，在专业领域没有抓牢话语权。

上海在本土标志性企业培育和具有国际影响力的产品方面和深圳仍有一定差距。深圳在金融方面有中国平安、招商银行等标志性金融机构，在电子信息方面有腾讯、华为等行业龙头，而上海则相对欠缺。在 2020 年中国（深圳）综合开发研究院发布的《深

圳上市公司发展报告（2020）》中，深圳上市公司总数418家，少于上海的450家，但深圳上市公司总市值12.21万亿元，高于上海的8.01万亿元。

"上海制造"品牌的支撑作用不强，本土企业和产品的精神与价值内涵欠缺。品牌与精神内涵紧密关联，如苹果是不断创新，耐克是勇于进取，但上海本土品牌还未做到与精神内涵相结合。上海家化、上海凤凰等品牌，虽较有影响力，但产品和企业的精神内涵、价值理念仍有欠缺。

三、上海产业支撑城市软实力发展的对策建议

以产业发展推动城市软实力提升。推动产业创新，强化企业支撑。发挥产业对城市创新的支撑作用，建设一批具有鲜明特色的产学研用一体化发展创新平台。充分发挥创新对产业的引领、牵引和推动作用，是产业对城市软实力支撑的重要体现。产业部门每年可评选十大产业创新平台，将创新平台作为推动创新的有力抓手，同时突出企业在创新中的主体地位，发展一批具有国际竞争力和影响力的头部企业。强化新城产业集群打造，建设产城融合发展的新兴产业。上海五大新城不仅要发展制造业，更要将产业与新城的园区、社区、校区等相互链接，与支撑新城发展结合起来，要建设一批特色产业园区，以集群化为重点，提升产业链辐射带动能力。掌握国际规则、标准的话语权。世界领先的产业应争取在国际行业规则制定上掌握话语权，组建一批能够影响和制定产业技术标准规范的国际性或全球性的组织机构，推动检测检验认证标准体系国际化，提升工业竞争力。

大力提升"上海品牌"的生产与传播能力，发挥好"上海制造"品牌的引领作用。打响四大品牌，强化企业和产品的精神与价值内涵，支持企业形成一批引领发展潮流的，具有广泛应用的产品和服务。办好具有世界影响力的重大活动。学习国际重大赛事、活动的成熟运营模式，办好上海进博会、国际电影节、"设计之都大会"等国际会展与特色活动。与其他城市错位发展，突出自身特色。作为设计之都，上海要立足于长三角一体化战略，在传统工业设计的基础上融入文化内涵，和工信部的中国优秀工业设计比赛错位发展，同时学习德国、美国等设计大赛的运营模式，运营好自己的设计大赛。重视部门协同、跨界融合。如在发扬上海品牌时融入文化价值观，与文化艺术界进行整合，将人工智能与音乐进行融合等。

推动上海电竞产业发展的对策建议

　　编者按：2021 年 11 月 7 日，来自上海的 EDG 电竞俱乐部夺得英雄联盟 S11 全球总冠军的消息冲上热搜，各大平台、媒体都被 EDG 夺冠刷屏，阅读量达到 22.7 亿，讨论数量超过 267.7 万，新华社、央视等官方媒体纷纷报道中国战队的夺冠消息。为深入了解和推动电竞的发展，市经济信息化委政策研究和法规处带队前往 EDG 所在的上海市静安区珠江创意中心，也是其所有者超竞集团的总部所在地，调研电竞产业发展现状，以及超竞集团推动电竞产业发展的经验做法，为相关部门和主管部门提供决策参考。

　　超竞互娱集团是一家致力于引领全球未来文创产业的中国企业，主要布局电竞综合产业、电竞运营、电竞教育、动漫影视及 IP 孵化等文创类业务。旗下运营全球顶尖的 EDG 电子竞技俱乐部，囊括了国内外众多重大赛事冠军。超竞集团在电竞赛事推广、电竞产业发展方面已经形成了一定的经验成果，为推动上海电竞产业的发展提供了借鉴和启示。

　　"电子竞技"和"电子游戏"是有区别的。首先，电子游戏是一种娱乐项目，而电子竞技是一项体育运动，国家体育总局对电竞运动有明确的定义。[①] 其次，电竞比赛是运动员之间秉着公平公正的体育精神，进行的人与人之间的对抗，有明确统一的比赛规则，而游戏则没有这些限制。第三，电竞选手通常都是游戏玩家，反之则不一定成立；同样，选手开展电竞运动和玩家打游戏也属于完全不同的活动。最后，电竞产业的核心是电竞赛事，如同足球产业的核心是英超、世界杯等体育赛事，这和以内容为核心的电子游戏产业有本质的区别。

一、电竞产业已进入高速发展期

（一）国内市场规模进一步扩大，电竞运动迎来大众化时代

《2020年全球电竞运动行业发展报告》指出，中国已成为全球电竞的最大市场，2020年全球电竞用户数量达到4.95亿，其中，中国电竞用户新增约2600万，同比增长14.3%，总数达到4亿，女性用户比例达到34%，45岁以上人群数量增长明显。

赛事方面，在政府和企业双核驱动下，电竞赛事呈专业化、高速化、多元化、普及化发展，电竞赛事深入大众，撬动民众对电竞的认知。商业赞助持续攀升，成为赛事核心助推器，更多品牌成为电竞的核心赞助商。另外，5G技术的应用和普及，带来的超高清直播，将观赛体验带入新境界，更多人群通过移动端和流媒体平台观看比赛。随着2021年EDG夺冠成为社会热点，电竞赛事的影响力不断深入，国内电竞用户群体不断扩大，电竞运动正逐渐成为被大众接受的体育运动。

（二）世界各国加快电竞产业布局，国际交流合作成常态

世界各国早已认识到电竞发展的潜力，纷纷出台鼓励政策与发展计划。

美国作为电竞发源地，电子科技得天独厚，顶级游戏企业云集，电竞市场兼容并包，各类电竞游戏比赛成良性发展。

韩国视电竞为国家经济发展的重要支柱之一，不但在政策上予以扶持，而且在商业环境上也给予最大的支持，使得韩国拥有最完整和成熟的电竞市场，也是全世界公认的电竞强国。

欧洲以法德英为代表，相继推出支持电竞发展的相关法案和行动计划，助力和扶持

---

① 国家体育总局将电子竞技运动界定为：利用高科技软硬件设备作为运动器械，在统一的竞赛规则下进行的人与人之间的对抗性运动。

本国的电竞运动发展，而丹麦则将电竞作为国家发展的战略之一。

巴西已成为继美国和中国之后，第三大电竞市场，越来越多资本入局当地，为巴西电竞发展带来强劲的驱动力。

新加坡一直重视电竞的发展，是东南亚电竞市场的领导者，当地规范成熟的市场，促进了电竞的良性发展，也成为资本进入东南亚市场的切入点。

中国中央及地方政府给予电竞高度关注，积极参与行业推动，如国家体育总局将电竞纳入国家第 77 项体育运动，教育部宣布 2017 年大学考研开设电子竞技专业，各地方纷纷提出打造电竞之都、创建电竞品牌中心、助推电竞产业发展等行动方案。

（三）电竞运动获多个国际体育组织认可，逐渐成主流运动项目

2017 年国际奥委会正式认可电竞为体育运动；2018 年电竞作为表演赛项目进入雅加达奥运会；2019 年电竞成为东南亚运动会正式比赛项目；2022 年杭州亚运会，电竞有 8 个正式比赛项目；未来，我们有机会看到电竞作为正式奥运比赛项目，出现在 2028 年的洛杉矶奥运会赛场。

二、中国发展电竞产业的基础条件和实践探索

（一）基础条件：国内电竞产业拥有巨大的潜力

1. Z 世代 ① 是电竞的主力消费人群

首先，Z 世代是互联网上成长起来的超级一代，他们的生活和互联网高度绑定，生活方式、文化价值都受到互联网影响，线上娱乐是 Z 世代的主要时间消耗方式。电竞作为互联网上一种新的娱乐方式和文化形态，在 Z 世代中流行起来，成为 Z 世代们津津乐道的谈资，也是一种必然现象。其次，Z 世代的有极强的消费能力，这种能力来自整个家庭的支撑。从消费需求看，他们更注重自身个性和价值的展示，据研究，有 46% 的人会为个性消费，以彰显自身的存在感；57% 的人会为社交消费，以维护自身的社交圈；超过 50% 的人会为获得幸福感而消费。产品的多元化、体验感和酷炫等因素是他们埋单的重要驱动力。最后，电竞和传统体育一样，也传递着体育精神和正向价值，这些价值

---

① Z 世代：指 95 后 00 后出生的一代人，他们一出生就与网络信息时代无缝对接，受数字信息技术、即时通信设备、智能手机产品等影响比较大，又被称为"网生代""互联网世代""二次元世代""数媒土著"等。

观的传递，获得了 Z 世代的深深认同，构成了他们独特的文化价值观和消费观。

2. 中国电竞产业"引领"全球

国内电竞从无到有，从单机到网络，从线下到线上，从电脑端到移动端，经过近 20 年的发展，已建立起四大优势：

一是掌握全球电竞游戏及赛事 IP。比如英雄联盟、王者荣耀、穿越火线等电竞项目都掌握在腾讯手里，已经成为全球赛事中重要的竞赛项目，在版权和赛事方面拥有绝对的话语权。

二是拥有全球最大的单一市场。除了电竞用户达到 4 亿规模，以及 Z 世代是当前电竞行业最大的消费群体外，全国约 2.4 亿的轻度用户[①] 也是电竞巨大的潜在市场。另外，电竞在移动端的爆发，也推动了电竞用户的迅速增长，进一步扩大了市场规模。

三是拥有全球最丰富、最复杂的产品生态与产业链。国内以电竞赛事为核心，构建的"电竞 +"产业链生态链基本形成，并且依靠线上和移动端优势，正从场景挖掘、版权模式、IP 开发、品牌多元化等方面不断拓展创新。

四是在多品类电竞赛事中具有国际顶级竞技水准。电竞赛事同传统竞技体育赛事一样，完全市场化的运作，造就了异常残酷的竞争环境，胜者为王是电竞圈的普遍常识，磨砺出一批全球顶尖竞技水平的运动员。

3. 中国电竞运动已经成为国外认识和了解中国的重要窗口

一是电竞赛事助力我们的 Z 世代走上国际舞台，引领全球电竞文化。如国内流行的弹幕文化，通过电竞赛事直播传播到国外，已经成为全球观赛的标配模式，来自全球的观众一边观看比赛，一边通过弹幕进行交流，为支持的队伍和队员加油。

二是国内电竞选手已经走出国门，中文成为比赛交流的主流语言。2019 年韩国《王者荣耀》联赛中，韩国俱乐部总计引进了 5 位中国选手，而拥有中国外援的俱乐部均采用中文进行比赛交流，韩国本土运动员更是在训练结束后，增加学习中文的环节，确保和中国队友能无障碍交流。而在国内，尊重中国文化，会讲中文，已经成为外国选手进入国内俱乐部的约定俗成的规矩和普遍共识。

三是电竞运动正成为中国文化对外传播的重要抓手，发挥着重要的文化输出作用。如英雄联盟全球总决赛 S7 和 S10，先后在北京和上海举行，让全世界看到了中国繁荣

---

① 轻度用户：指每周花费在电竞赛事和内容 1 小时以内的人群。

发展的现状；王者荣耀在国外的火爆，更是让全世界的玩家认识到中国名人、中国故事和中国文化。而在"一带一路"国家中，英雄联盟和王者荣耀等电竞赛事的举办，已经实现中国文化的对外输出，成为中国"一带一路"倡议的重要助力。

（二）实践探索：超竞集团发展电竞产业的经验做法

1. 引入战略合作伙伴，打造电竞运动黄金时代

2017 年，超竞集团与腾讯互娱达成战略合作伙伴，在电竞产业园区，电竞主题商业地产，电竞教育，内容创作、IP 孵化等方面达成广泛而深入的合作关系，并通过打造国内顶尖的电竞俱乐部，引领中国电竞运动的发展。

2. 围绕 Z 世代，打造电竞产业生态

电竞赛事方面，一方面，以英雄联盟职业联赛（LPL）和王者荣耀职业联赛（KPL）两大电竞赛事体系为主体，组织开展大众电竞赛事、政府合作赛事、企业合作赛事等比赛，多元化布局电竞赛事体系；另一方面，完善授权体系，制定分级合作伙伴，在权益优先性和排他性上做好规范，为合作伙伴提供更多实质性权益，助力各方合作共赢。

电竞教育方面，联动高校与出版社，围绕电竞学历教育、退役选手转型、电竞职业教育等方面，全方位构建电竞教育体系，已经编写 20 本电竞教材，第一批 5 本教材出版销售超过 12000 册，推动国内电竞教育广泛开展，规范发展。

电竞投资方面，通过投资、授权代理、商务合作等方式，联合动漫、影视等领域联合共创电竞题材 IP，深度创新布局引领业态突破。

电竞园区建设方面，超竞集团围绕"国际新文创电竞中心"的主题概念，以上海关于电竞动漫文创发展的政策为背书，以南虹桥地区的产业升级转型为契机，以电竞动漫产业爆发性增长为机遇，结合上海电竞之都的定位高度，用国际化视角，布局电竞从上游到下游的全产业链，引导各行业的领军企业入驻园区，打造集国际电竞赛事中心、电竞主题酒店、电竞产业总部、电竞产业孵化器、电竞动漫文化体验中心等为一体的产业综合体，以及全球领先的电竞商务区（EBD，E-sports Business District）。

三、推动上海电竞产业发展的对策建议

（一）加快电竞人才培养和输送

目前，电竞行业人才缺口达到 50 万，行业可持续生态发展受到挑战，电竞人才教

育成为产业生态链上越来越重要的一环。上海应鼓励高校、企业合作，推动电竞教育的体系化建设，逐步构建起学历教育、职业教育、在线教育等多层次的电竞教育体系。短期内，发挥在线教育优势，打破时间、地理和机会壁垒，通过教育资源共享，辐射更大范围的人才培训，补全电竞人才缺口。长期看，应致力于学历教育人才培养，特别是产业运营、内容制作、主持解说、数据分析等专业领域，对上海推动行业创新、打造国际一流的电竞之都，将起到更大的推动作用。

（二）完善电竞产业发展的制度保障体系

电竞区别于传统体育，在管理方面还存在一定的问题，如电竞赛事的举办等管理事项的归口是体育局；电竞比赛内容涉及游戏，游戏内容管理的归口是文化部等部门；而涉及产业发展方面的事项则属于经信委范畴。因此，建议上海在管理电竞事务方面，可以考虑采取多部门协同管理，明确牵头主管部门，做好全局统筹。近期，可先行探索建立电竞产业联席会议制度。同时，在全国开展先行先试，统筹俱乐部和选手的管理、赛事举办和推广、电竞职业保障体系建设等工作，从制度上为电竞运动的发展提供保障，引导电竞运动向更规范的方向发展。

（三）优化电竞产业发展环境

在推动电竞产业发展方面，应加强企业调研，深入了解企业需求，研究制定电竞产业发展的专项政策，推动电竞产业的高质量发展。在监管方面，应尊重和支持电竞市场的发展规律，开展包容审慎的管理，切勿用传统体育产业的眼光和管理办法，对电竞的发展进行过度的监管和丁顶。

（四）深化电竞产业布局和发展

采取"凸显特色、错位竞争"的原则，推动各区差异化发展，如，南虹桥地区已明确借助产业升级转型契机，同超竞集团合作，打造全球领先的 EBD 电竞商务区。浦东，可以利用其丰富的场馆资源（梅奔、浦东足球场等），打造全球顶尖的电竞赛事举办地。徐汇，凭借西岸富裕的空间载体和精致的文化场馆，打造以电竞 IP 为主的新文化娱乐体验，吸引更多人群的参与。

创建电竞专业设备的中国品牌，鼓励企业加强自主创新能力建设，针对市场需求，深耕细分领域，加快技术研发，注重产品质量、品牌建设和用户体验，打造自身核心竞争力。

发展海派咖啡文化提升上海城市软实力的对策建议

编者按：站在"十四五"开局之年，为适应新的历史时期城市发展和竞争的需要，上海提出"全面提升城市软实力"。本文试从大力发展海派咖啡文化的角度，推动海派咖啡文化硬产品和海派咖啡文化软服务深度融合，通过品牌打造和城市数字化转型重要应用场景建设等路径，提升城市软实力，拥抱经济数字化转型浪潮。

一、咖啡文化对上海海派文化和城市文脉的塑造

上海的咖啡文化有着悠久的历史，1844 年，随着咖啡豆进口带来的西方文明，上海这座小渔村逐渐褪去落后面貌，在海派咖啡文化激励下，向国际化大都市进发。

上海交通大学中国城市治理研究院副院长徐剑团队日前公布的《2020 国际文化大都市评价报告》统计的数据显示，在全球 50 个国际文化大都市中，上海的咖啡馆总数排名第一。在年复合增长率超过 15% 的中国咖啡市场里，上海的市场销量约占 50%，咖啡消费量达到每年人均 20 杯的水准。几乎所有国际咖啡品牌进入中国的首选地都是上海。自 2020 年年初至今，上海的咖啡馆总数并未因疫情而减少，反而还逆势增长了

10%，达到 8200 余家。

具有独特海派文化印记的咖啡产业，已经不再是单纯的经济指征，而是塑造了产业和文化相连的重要场所，涵养了独特的城市品格和精神气质，成为上海城市文化的重要载体和城市温度的鲜明体现。

追寻上海咖啡文化的发展轨迹，可以发现其无时无刻不在彰显自己独特而又迷人的个性，成为城市文化和灵魂的重要组成，并与这座城市的内涵、品质及特色碰撞出令人心驰神往的音符。上海咖啡文化的发展历程表明：

（一）弘扬海派咖啡文化，有利于充分彰显上海都市风范，构筑更具国际影响力的文化高地

发展海派咖啡文化，能进一步呈现出鲜明的上海城市特征和都市风范，成为上海城市文化的重要载体，引领现代潮流趋势的具有精美艺术和科技创新，产生上海软实力的品牌叠加效应，使上海软实力从"渐进提升"实现"跳变跃升"，构筑更具国际影响力的文化高地。

（二）弘扬海派咖啡文化，有利于进一步塑造城市软实力的魅力，保护传承"最上海"的城市文脉

城市软实力是一个随着时代发展演进而不断发生变化的力量组合，具有与时俱进的特征。百余年来，海派咖啡文化创意产业坚持不懈与世界对话的开放精神，已成为上海这座城市不可或缺的重要组成部分。大力发展海派咖啡文化，有利于在新兴领域中抢先布局，培育开放、创新、包容的上海城市品格；通过以厚重的海派咖啡文化历史底蕴为抓手，培育开放、创新、包容的上海城市品格，有利于进一步增强上海全球城市文化识别认同，提升城市内在凝聚力，以及市民和海内外客商敬畏历史、获得身份认同和归属感，进一步塑造上海城市软实力的魅力，保护传承"最上海"的城市文脉。

（三）弘扬海派咖啡文化有利于营造近悦远来的都市文化氛围，提升城市营商环境

一杯富含历史底蕴的海派咖啡，折射出一座城市软实力的高度。19 世纪中叶以来，上海作为中国最大的经济重镇和文化中心之一，形成了以海派咖啡为代表的海派文化，

它包括海纳百川的开放精神、契约合作的诚信作风、务实精细的产业品格、崇尚时尚的创新风气。

进入新时代，上海更应以弘扬海派咖啡文化为抓手，在城市肌理上"绣花"，以自己博大的胸襟和独特的方式，传承历史文脉，不断继承并创新海派文化精神，在弘扬海派咖啡文化的过程中，着力打造最佳人居环境，彰显城市软实力的生活体验。通过海派咖啡文化的溢出效应，带动旅游、消费等现代服务业发展，带动产业升级及科技创新，带动经济转型，带动区域经济发展，带动就业、经济增长，以及提振人文效应、国际化效应等等，努力塑造近悦远来的都市文化氛围，提升城市营商环境。

二、海派咖啡文化与上海提升城市软实力的高度契合、融合共进

"软实力"，是美国哈佛大学肯尼迪政府管理学院院长约瑟夫·奈在20世纪90年代初提出的，是同由国家军事、经济力量等组成的"硬实力"相区别的一个概念。主要是指精神力量包括文化、制度、价值观念等所谓的软件要素表现出来的能力。在约瑟夫·奈看来，一个国家的综合国力，既包括由经济、科技、军事实力等表现出来的"硬实力"，也包括以文化、意识形态吸引力体现出来的"软实力"。

2021年6月22日召开的十一届上海市委十一次全会审议通过《中共上海市委关于厚植城市精神　彰显城市品格　全面提升上海城市软实力的意见》，根据新时期全面提升城市软实力的要求，将提升上海城市软实力形象化、具体化，使人们行有方向，干有目标。

城市不仅是物质的、经济的重要载体，更是精神的、人文的情感与价值场所。百余年的海派咖啡文化发展历程表明，其与上海城市软实力的提升高度契合、同步发展，两者相辅相成、互为促进。

（一）海派咖啡文化与城市软实力相辅相成

海派咖啡文化的发展，促进了上海城市软实力的提升和城市建设的发展。随着上海对海外高端人才的吸引和集聚力日渐增强，又促进了海派咖啡文化的进一步发展。

在东西方文化的撞击与融汇中，上海咖啡文化对复杂多元的西方文化的理解、吸收与转化，形成独特优势，引领时代潮流，全面展示更富魅力、更具亲和力、更有吸引力的风范形象，从而创造出"既有国际风范、又有东方神韵，既能各美其美、又能美美与共，既可触摸历史、又能拥抱未来"的海派咖啡文化。

纵观上海咖啡文化的发展历程，无论是在融合外来咖啡文化，还是在本土咖啡的文化创意上，处处显现了"海纳百川、追求卓越、开明睿智、大气谦和"的上海城市精神，这是解读上海过去发展的无形密码，也是推动上海未来发展的深层力量。

（二）海派咖啡文化是城市软实力的重要体现

"精神、价值、信仰、追求、文明"等为核心的"软文化"建设，是城市软实力的核心要义；进一步加强高端人才的集聚，加强人与人之间的互动，是城市软实力的本质要求。独具魅力的海派咖啡文化，将旅游、创意、艺术、文化、生活融为一体，使上海处处流淌着独特而迷人的文化气息。正是这种独特的城市氛围和创意，让世界各地的旅游者慕名而来，多种元素共同构成了强大的文化软实力。由此可见，海派咖啡文化不仅快速拉近人与人之间的距离，满足各类人群的生活需要，而且促进相关产业的飞速发展。

文化、品格，这两个城市软实力的基本属性和内核所在，在海派咖啡文化里都能得到印证。百余年来，海派咖啡文化以海纳百川、宽容包容的胸怀，创新融合各种文化，凸显独特魅力。上海国际化程度和开放水平在海派咖啡文化领域里，得到了持久而生动的体现。

三、对上海发展海派咖啡文化的相关建议

2021 年 5 月 12 日，上海市委书记李强在主持召开城市软实力专家座谈会时指出，软实力越来越成为一座城市综合实力的重要标识。文化是一个城市的灵魂，是城市软实力的根本所在。"十四五"期间，文化建设的整体价值功能将融入上海经济社会发展的各个层面，为上海加快打造国内大循环的中心节点、国内国际双循环的战略链接提供坚实的文化动力。

城市软实力作为城市综合实力的重要组成部分，与硬实力的外显化、可量化等特点相比，也有自己的内在运行规律和特点。为推动上海进一步加快打造国内大循环的中心节点、国内国际双循环的战略链接提供坚实的文化动力，笔者就发展海派咖啡文化，推进上海城市文化软实力提升，加快社会主义国际化大都市建设，特提出如下建议。

（一）完善顶层设计

上海要从全球化视野出发，以增强全球城市核心功能为引领，以"海派文脉，时尚

表达"为主题，通过顶层设计，以富有价值导向的海派咖啡文化发展战略规划，补上海派咖啡文化全球影响力和吸引力偏低等短板，打造"凝聚力城市"，建设"伟大文明城市"，应尽快出台上海市打造世界顶级咖啡文化的若干意见，推动海派咖啡文化及相关上下游产业快速发展；进一步完善优化财税、科技、金融、产业、人才等政策，以及进一步优化咖啡文化及相关上下游产业发展环境。

（二）融入更多文创元素

在约瑟夫·奈的软实力概念中，文化吸引力是软实力的重要组成部分。一个国家、一座城市软实力的强大很大程度体现在其文化内涵的深厚与引人入深的生活方式。上海在弘扬海派咖啡文化的实践中，要紧紧抓住上海国际时尚产业博览会、世界人工智能大会、"创客中国"上海赛区，上海品牌之都和上海设计之都建设，以及26个上海人工智能产业创新集群项目签约，11个上海数字生活标杆场景发布、创意设计创意高地等机遇，利用海派咖啡文化跨界融合的天然优势，统筹、整合历史文化、生态环境、公共服务等文化区域的咖啡全域资源，融入更多的文创元素，创新咖啡文化的内涵和外延，以市场化的方式，讲好生动、鲜活的海派咖啡文化的"上海故事"。重视传统海派咖啡文化的现代转化，加强与流行文化核心竞争力的进一步糅合，全力推动海派咖啡文化创意产业与花艺、烘焙、音乐、艺术等跨界融合发展，研发具有海派特点的咖啡文化新产品，满足海内外咖啡文化市场的消费需求。

同时，从消费升级和扩容入手，以高质量的咖啡文化内容为核，以产品、传播、活动创新，以满足并创造新消费需求，建立超级咖啡文化创意产业地标性空间和街区，使之成为引领城市文化发展的重要引擎，开发和建设全球辨识度的文化新地标、新空间、新平台。

（三）打造城市数字化转型重要应用场景

2020年底，上海市委、市政府公布《关于全面推进上海城市数字化转型的意见》，要求深刻认识上海进入新发展阶段全面推进城市数字化转型的重大意义，明确城市数字化转型的总体要求。

根据这一要求，弘扬海派咖啡文化，应围绕城市数字化转型，瞄准未来数字城市的特征和趋势，运用5G、人工智能、大数据、区块链、物联网等新一代信息技术，融合海派咖啡文化技术特性与业务特性，进行概念创新、场景创新、商业模式创新等多元创新。提高对海派咖啡文化与科技融合的重要性和紧迫性的认识，激发科技动能，推动海派咖啡文化软实力与科技硬实力紧密联动、互为支撑，在做强海派咖啡文化全链条同时，打响海派咖啡文化品牌，推动科技能力在海派咖啡文化产业等领域的转移和渗透，构建上海未来数字文化产业发展的新生态。

参考文献：

【1】上海市委全会：《关于厚植城市精神　彰显城市品格　全面提升上海城市软实力的意见》，2021 年 6 月 22 日。

【2】吴忠：《提升城市文化软实力的意义与路径选择》，载《学术界》2011 年第 5 期。

【3】《城市软实力：内涵界定、国际经验与建设路径》，载《思想界》2021 年第 4 期。

跟踪美国产业链竞争新动向，提升上海产业链自主可控能力的对策建议

编者按：实现产业链现代化，是上海强化高端产业引领，加快形成经济高质量发展新动能的重要支撑，是肩负国家责任所在，也是面临的国际竞争态势所致。当前，国际经济格局正发生深刻变化，新冠肺炎疫情的反反复复又对全球产业链供应链体系带来较大影响，以美国为首的一些国家开始通过立法、产业链安全评估、设立新型研发机构等途径借机"打压"中国制造。面对全球产业链重构和美国来势凶猛的挑战，上海既要加强对重点领域产业链安全评估，更要加快高位布局和推进步伐，为"十四五"实现数字经济引领的产业新发展格局提供支撑。

2020 年的新冠肺炎疫情可视作全球产业链格局变化的分水岭。加入 WTO 以来，中国成为了全球最大的商品出口国，不管是因不可控因素暂时关停，还是因生产成本上升而涨价，都会对全球供应链产生巨大影响。如果说之前一些发达国家对此意识还比较模糊，那么疫情的到来让其纷纷发现了固有产业链存在的脆弱性。从短期看，随着中国迅

速遏制疫情，而全球疫情尚未控制住，制造业的发展不得不依靠中国产能；但从长期来看，发达国家都在重新审视其产业链布局已是事实，诸如美国等已接二连三地采取行动，制定了一系列针对中国的法案、措施，应引起我们高度重视。

一、美国针对产业链布局的最新动态

（一）美国政府重新评估关键产业链安全，剑指供应链布局

2021 年 6 月 8 日，美国白宫发布了根据 14017 行政令（2021 年 2 月 24 日由美国总统拜登签署）进行的供应链综合评估报告。据公开信息报道，该报告包括对半导体制造和先进封装、大容量电池、关键矿物和材料以及医疗用品和原料药等四类关键产品供应链百日综合评估结果；未来一年内将制定支撑美国经济和国家安全的国防、公共卫生和生物防备、信息和通信技术、能源部门、运输以及农产品和食品生产等六大关键行业的工业基础战略；疫情后要解决可能的短期供应链中断问题；重新制定加强美国供应链弹性的长期战略等。拜登政府遏制我国的基本政策取向没变，其核心还是"去中国化"。

一是重点强调政府部门的行动策略。报告提出，美国政府应制定全面的贸易战略，以支持供应链弹性和美国竞争力。供应链弹性应纳入美国对华贸易政策方针，包括正在进行的美中贸易政策审查；计划开发一种新的流程，优选选择成品或零部件中的关键产品，根据美国货法案，利用近 6000 亿美元联邦合同的购买力，加强关键产品的国内供应链；应成立新的供应链中断专责小组，为政府提供整体应变措施。报告还建议，美国国会在 DOC 制定一个供应链弹性计划，在政府内部建立一个协调中心，给予 500 亿美元支持，从一系列关键产品上加强对美国供应链进行转型投资；政府应跟踪供需并"改善联邦机构和私营部门之间的信息共享"，以识别近期风险。

二是明确联合盟友增强供应链弹性。报告指出，美国无法单独解决半导体和其他战略材料的供应链漏洞，应扩大"关于供应链脆弱性的多边外交接触"，加强与四国集团（Quad）的"四方安全对话"机制和七国集团（G7）同盟国的多边外交，鼓励与日本、韩国开展商业外交等。如，拜登与菅义伟于 2021 年 4 月的气候峰会上同意在芯片供应链方面加强合作；韩国在拜登 5 月与总统文在寅会面时表示，三星电子将投资 170 亿美金在美国建立新工厂。报告还表明，拜登政府将与美国盟友的政府和私营部门利益相关者举办一个关于供应链弹性的全球论坛，共同评估和制定应对供应链挑战的共同方法。

三是制定提供资金和财政激励措施。报告呼吁，国会支持至少 500 亿美元推进关键

半导体制造和研发，以扩大美国芯片制造商全球足迹；国会支持 50 亿美元用美国制造的电动汽车为联邦车队服务；支持 150 亿美元用于国家电动汽车充电基础设施等。福特汽车已于 2021 年 5 月宣布与韩国 SK Innovation 建立合资工厂，生产电芯和电池组。报告还建议，在生物医药方面，白宫将成立一个公私机构来支持美国的产出，确定 50—100 种产品，并考虑建立不依赖中国的新供应链；美国国际开发金融公司应加大项目投资，扩大这些稀土的产出，着眼于与澳大利亚加强合作，并制定锂、钴、镍、铜、稀土等重要矿物的综合可持续性标准等。

（二）美国参议院通过针对中国的系统立法，突出本土利益

2021 年 5 月 27 日，美国参议院通过了《2021 美国创新与竞争法案》。该方案是在整合《芯片和 5G 开放无线接入网紧急拨款》《无尽前沿法案》《2021 年战略竞争法案》和《2021 年迎接中国挑战法案》等多个法案的基础上，形成的针对中国的一揽子立法。据智库 CGGT 报道，该方案授权国会投入约 1900 亿美元用于增强美国的技术实力，包括为美国国家科学基金、美国能源部研发能源相关产业链关键技术和美国宇航局的载人着陆系统计划拨款，以及此前投入约 540 亿美元用于加强半导体、微芯片和电信设备生产。

从《芯片和 5G 开放无线接入网紧急拨款》《无尽前沿法案》《2021 年战略竞争法案》三部分内容可以看出，美国未来五年将投入 1200 亿美元用于支持科技创新与研发、STEM（科学、技术、工程和数学）教育、精准农业、量子信息、生物经济、制造业及其技术中心建设、供应链、电信和太空等。半导体领域，紧急拨款 520 亿美元落实美国 2021 财年国防授权法案中的芯片法案及有关芯片生产、军事相关项目，通过补贴吸引日韩企业到美国建厂，与盟友合作解决半导体供应短缺问题。通信领域，拨款 15 亿美元用于落实美国 2021 财年国防授权法案中的美国电信法案，以加强在 5G 竞争中的"美国创新"。航天领域，为 NASA 提供资金进行太空探索。电池领域，能源部将获 170 亿美元用于能源供应的研发，建立先进电池的国内供应链，推动美韩企业重回美国建厂。材料领域，规定政府资助的基建项目使用美国生产的钢铁和建材。科研载体方面，五年内拨款 290 亿美元给技术创新局用于人工智能、机器人、生物技术等 10 个重点领域研发；投资 100 亿美元在农村偏远地区创建区域技术中心；投资 100 亿美元用于大学技术中心和创新机构对重点领域的研究。另外《2021 战略竞争法案》也要求未来的技术伙伴办公室与商务部合作，围绕关键技术领域中供应链的韧性协调政策，探索与美国建立技术合

作伙伴关系国家的供应链多元化。

无论是此前的《无尽前沿法案》还是最近的《2021 战略竞争法案》，在美国参议院下设委员会中都以超级多数得票通过，这在美国政坛属于罕见。目前，《2021 美国创新与竞争法案》还有待众议院通过，最后由总统拜登签署成为法律。一旦获得通过，中国高技术公司涉美法律风险将提升。这是大国博弈间呈现的新特点，也是美国历史上罕见的针对某一特定国家的系统性方案，预示着美国试图通过立法形式开启系统性制华时代。

（三）美国专业部门提出打造新型研发机构，比拼未来产业

2021 年 1 月，美国总统科技顾问委员会（PCAST）的《未来产业研究所：美国科学与技术领导力的新模式》指出，受制于不同部门割裂、科研管理中的行政和监管负担过重等因素影响，当前美国在人工智能，量子信息科学，先进制造、生物技术和先进通信网络五大未来产业的全球创新领导地位，正受到以中国为代表的新兴国家前所未有的挑战。对此，PCAST 向政府正式提出建设未来产业研究所，跨越从基础研究到产品开发和推广的创新链全流程整合，所有相关公共和私营部门都参与其中，且每个研究所应聚焦五大未来产业至少两个产业领域的交叉点推动创新。这是美国为实施未来产业发展战略设计的新型创新主体，将成为美国未来产业研发体系中的核心主体。未来产业研究所与以往其他研究机构的不同之处在于：

一是突出创新资源优化整合的协同模式。统领布局方面，国家未来产业研究所办公室对未来产业研究所进行顶层设计规划，确保其发展方向符合国家使命需求，形成包含国家、学术界、产业界、社会多元来源的项目提出机制，促进各个研究所之间的互补协同。经费来源方面，联合多个联邦政府部门预算，建立未来产业研究所种子基金，随着研究所的发展成熟，形成可自我持续的商业模式。合作机制方面，由政府提供用地、税收优惠、公私合作和金融支持，国家实验室提供科研基础设施和外部研发合作，大学提供科研人员和校园空间；企业提供资本、工程开发条件和大数据等资源。根据不同机构间的数据共享、知识产权、利益冲突问题，在早期组建阶段制定合作协议，完善资源配置和用人机制。同时，针对大学、企业对知识产权的管理机制的差异，建立简洁、灵活、全面的知识产权主协议框架。

二是突出研究所内部机制的最大灵活性。机构设置方面，未来产业研究所可根据重点领域设立研究部门，授予部门主管充分的自主权。人员配置方面，允许科研人员在其

原本归属的机构和未来产业研究所之间自由流动，身份无缝转换。采用双重聘用、联合聘用、阶段性任职、学术休假（反向休假）等多种途径。运营管理方面，以有限责任公司为运营框架，实现财务管理和运营自主化，并自主选择设立非营利基金会，用于接受公益捐赠和社会资助。每个未来产业研究所由其内部成员和外部专家组成的独立理事会管理，理事会任命核心领导团队，定期对项目进行财务监督和成效进行评估。评价指标针对各个研究所量身定制，采用研究所内部年度自评估和以 5 年为周期的联邦机构外部审查相结合的方式，尽量减少对于研究人员的干扰和时间负担。

表1　PCAST 建议的未来产业研究所评价指标

指　　标	具　体　内　容
组织绩效	专利数量（申请、授予、许可）
	转让和成功产业化的技术数量
	参与组织成果转化数量
	缩短从创新到应用的过渡时间
	创建初创公司和其他转化活动
	生态系统的多样化和包容性
STEM 教育和劳动力培训	促进创新教育项目的设计和提供
	增加 STEM 支持的劳动力规模
	支持传统弱势群体更多地参与 STEM
	为科研受训者提供指导经验
政策影响	在减少研究人员行政负担方面发挥示范效益
	新的知识产权战略赋予创新充分全力并推动国家政策变化
	研发部门之间合作与协调的新模式

资料来源：三思派公众号。

综上可以判断，政府的更迭并不会从根本上改变某些国家极力遏制中国制造快速壮大的战略和图谋，全球产业链分工格局的重构以及我国不少重点产业领域工业基础薄弱、产业链"缺芯少核"的现状，是上海"十四五"乃至今后更长一段时间必须应对的课题。

二、中国提升产业链自主可控能力面临的挑战

（一）国内重点领域产业发展受到一定制约

从短短半年时间美国的所作所为可见，我国重点领域产业链"卡脖子"风险升级。《无尽前沿法案》提出，对十大关键技术领域（人工智能与机器学习、高性能计算、量

子计算和信息系统、机器人、灾害预防、先进通信、生物技术、先进能源技术、网络安全和材料科学）投入 1000 亿美元用于技术研发，以应对中国等竞争对手的潜在威胁。此外，美国继光刻机之后又于 2021 年 4 月要求瑞士不向中国出口高精度机床；5 月 15 日美国商务部宣布限制华为购买采用美国技术和软件制造的芯片。不难预测，重点领域的关键核心环节将是美国压制中国制造的"靶心"。另一方面，高技术企业涉美法律风险提升。此前，美国已采取一系列措施牵制中国企业贸易活动，先后六次将中国企业列入实体清单。而此次一揽子法案中的《2021 年战略竞争法案》要求美国国务院出具关于中国侵犯知识产权的清单以及中国政府向企业补贴的清单，采取相应措施。据中国政法大学教授霍政欣预判，未来国家安全将取代经贸因素，成为中国企业涉美业务的主宰性考量。

（二）国际技术创新合作或遭遇脱钩威胁

未来我国引进吸收国外先进技术、面向国际开展合作交流的难度将加大。《无尽前沿法案》提出，禁止联邦科研人员参与以中国为首的外国政府人才招募计划；禁止中国参加本法案资助的项目；禁止有中国政府背景的实体参与基站建设；禁止国家科学基金会向与孔子学院合作的高校提供资金等。空天技术方面，禁止 NASA 与中国开展双边合作，任何与 NASA 开展关键技术合作的实体都必须事先声明未接受过中国援助，或与中国无隶属关系。《战略竞争法案》提出，审查美国高校来自国外的礼物和相关协议，以应对中方的游说和影响。除了减少与中国的合作外，美国还寻求与其他盟友的合作。法案提出，美国将扩大与"印太"等盟友的合作。近日，美国和欧盟宣布成立贸易和技术委员会，促进半导体关键技术联合创新和全球供应链再平衡。从美国种种动态来看，未来我国与别国进行联合技术创新的机会将会有一定的减少。

（三）国内企业部分出口业务可能受挫

处于全球产业分工体系中主导力量的中国制造或将因美国强政治手段失去部分国际市场。一揽子立法中的《国家安全与政府事务委员会的规定》要求国土安全部、卫生与公共服务部和退伍军人事务部长期向本国生产商购买个人防护设备；禁止联邦机构购买中国的无人机系统；禁止在政府设备上使用 TikTok，这将制约我国相关设备及零部件、互联网企业海外业务的拓展。此外，美国围绕供应链多元化推动了一系列举措。如帮助印度—太平洋地区国家的供应链融资和发展，使其成为全球供应链中更重要的参与者；

从 2020 年开始不断呼吁日本、澳大利亚等国合作，降低对中国大陆供应链的依赖；加强与四国集团和七国集团的多边外交等。一旦美国完成供应链全球多元化布局，我国大量代工厂商的出口业务将大幅减少，会对企业与就业的长期稳定产生直接影响。

三、对上海加快产业链自主可控能力的建议

李强书记于 2021 年 5 月 28 日主持召开的市委常委会指出，要不断丰富拓展"四大品牌"建设的时代内涵和战略路径，与实施"三大任务、一大平台"、强化"四大功能"、建设"五个中心"等国家重大战略任务结合起来，更好服务构建新发展格局。重点领域产业链的自主可控是持续提升上海优质服务供给规模和能级水平，打造具有国际影响力的制造业品牌集聚地的强力支撑，上海应聚焦重点，精准发力，通过更为有效的手段推动多方协同攻关，在"双循环"的背景下筑牢重点领域产业链的"定海神针"。

（一）强化对产业链核心环节的自控能力，增强其他国家对中国制造的黏性

产业链的把控能力落脚到主体层面也是国际化大企业争夺的焦点，以美国特斯拉为代表的一批在沪的独资或合资企业，往往将关键技术、制造设备、核心零部件及知识产权等牢牢抓在手，在上海仅建设组装厂、配件厂及售后中心等。一旦受制于所属国家的政策形势变化，随时都有可能发生向境外转移。为确保重点领域产业链供应链安全，上海不仅要厘清产业基础再造（含工业强基）工程的攻关清单，更应加大财政资金支持力度，超前部署推进实施计划，并加强绩效评估。借鉴美国通用电气收购 Metem 掌握冷却孔制造技术，以强化对燃气轮机产业链单点控制能力的经验，鼓励上海市行业龙头企业积极布局供应链上下游生态建设，或通过跨国并购，提升把控高端环节的基础创新能力；鼓励有条件的专业配套企业，通过兼并收购，实现技术研发能力的跃升，进一步为满足下游需求开发高质量设备、零部件和原材料；鼓励传统行业的优势企业探索转型并购，培育新一批下游龙头企业，进一步扩大内需。只有掌握难以替代的关键环节，才能有效抵御其他国家减少依赖中国制造以及供应链多元化布局带来的负面影响。

（二）建立上下游稳定的协同关系，为新国际形势下艰难生存的中小企业注入血液

若能使国内企业上下游互相信任，加强协作攻关和优化升级，实现供应链的国产替

代，那么即使原本为发达国家提供零部件的国内中小企业因其供应链再布局而失去订单，也能转而从国内大厂获得充足、稳定、高质量产品的订单，实现资本积累和技术进步。国外知名企业在建立上下游协同关系方面已有较为成熟的经验，如美国苹果公司为其供应链企业购买设备和软件，并派资深工程师入驻代工厂解决问题，其供应商则利用这些设备、软件设立特定产线，产品单独为苹果公司配套。日本三菱、富士、住友、松下、日立等下游大企业，通过验证合格给予其上、中游小企业较为稳定的订单，使其能专注于细分领域关键技术攻关，造就一大批细分领域"隐形冠军"。上海拥有大量的龙头企业和大型国企，在以国内大循环为主体、国内国际双循环相互促进的大背景下，应积极引导产业上下游的融通创新和国产化配套，支持龙头企业、"链主"企业培育自己信任的国内配套企业，帮助中小企业优化提升国产设备、零部件、原材料的性能和稳定性，形成一批与国外先进水平并跑的配套产品。同时，完善相关法律法规，严控大企业滥用市场支配地位，随意让供应商为其承担风险、库存或收回订单的行为。

（三）借鉴发达国家通过资本控制产业链的手段，加快国有资本入股关键领域企业

以美国为例，台积电前十大股东分别为花旗、摩根大通、渣打等美国金融机构；荷兰 ASML 公司第一大股东为美国国际资本集团。日本则以综合商社为主体，向上游原材料生产企业提供融资以获得产品经销权；向中游企业提供稳定原材料及融资服务，并销售其产品；并进一步组建创投基金投资新的产品和产业链。其中，三井物产成为宝钢的原材料供应商英国力拓集团的大股东，又是宝钢产品的销售方，还与上海宝钢国际经济贸易有限公司建立合资企业上海宝井钢材加工配送有限公司，可以说是无形地渗透在产业链各处。尤其是日本综合商社在海外投资方面，仅低调地进行小部分参股（比例一般在 30% 以下），让东道国企业把握控股权，降低其受海外政治力量影响的风险性。上海应加强在这方面的探索创新，推动国有企业、龙头企业、国内金融机构在全球范围内投资半导体、稀有原材料、新能源等关键产业上下游的企业，尤其是我国目前亟待补足的薄弱环节，以应对未来产业链供应链发展的不确定因素。

参考文献：

【1】马鑫：《美公布关键产品供应链风险评估 致力于实现供应链多样化》，第一财

经研究院 2021 年 6 月 10 日。

【2】《美国力推全面制华法案"2021 美国创新与竞争法案"》，https://user.guancha.cn/main/content?id=523279&s=fwzwyzzwzbt&ivk_sa=1024320u（"走出去智库"，转载时间：2021.05.31）。

【3】《未来产业研究所：美国版的"新型研发机构"》，https://m.thepaper.cn/baijiahao_11412416（"华夏研究"，转载时间：2021.02.23）。

中美两国人工智能医用软件注册审批的对比以及促进上海人工智能医用软件发展的对策建议

编者按：人工智能第三次发展浪潮到来，其在医疗领域的应用潜力得到广泛认知。各类基于人工智能算法的医用软件如雨后春笋般涌现，但受到数据质量、算法模型、临床验证、审批评审等方面的影响，人工智能医用软件的落地一度受阻。为此，中美两国都在注册审批制度上进行了探索，力争为人工智能医用软件的落地寻找出一条合适的发展道路。

2021 年我国药监局发布的《人工智能医用软件产品分类界定指导原则》中明确了人工智能医用软件的定义和管理类别界定：人工智能医用软件是指基于医疗器械数据，采用人工智能技术实现其医疗用途的独立软件。该类软件的管理类别应结合产品的预期用途、算法成熟度等因素综合判定，对于算法在医疗应用中成熟度低（指未上市或安全有效性尚未得到充分证实）的人工智能医用软件，若用于辅助决策，如提供病灶特征识别、病变性质判定、用药指导、治疗计划制定等临床诊疗建议，按照第三类医疗器械管理；若用于非辅助决策，如进行数据处理和测量等提供临床参考信息，按照第二类医疗器械管理。至此，人工智能医用软件作为医疗器械申报审批注册有了明确的依据。

一、中美两国人工智能医用软件注册审批的比较

（一）国内关于人工智能医用软件注册审批的情况

在我国的医疗器械分类目录中，医用软件属于其中之一。医用软件分为嵌入式软件和独立软件。嵌入式软件是集成于硬件医疗设备中的辅助式软件系统，例如监护仪中分析报警软件、呼吸机控制类软件等，广泛应用于医疗行业。独立软件无需作为医疗器械硬件组成部分即可完成预期用途的软件，例如 CT 影像处理软件、磁共振影像处理软件等，可对来源于单模式或多模式的医学影像进行处理。

符合条件的人工智能医用软件遵循《医疗器械注册与备案管理办法》需经过审批、审评，如被界定为二类或三类医疗器械，则要进行临床试验，通过后才能获得医疗器械注册证。通常情况下：二类医疗器械注册周期，免临床验证的产品 4—6 个月，需要临床验证的产品 10—12 个月。三类医疗器械注册周期，免临床验证的产品 12—18 个月，需要临床验证的产品 24—36 月不等。

因此，为促进医疗器械产业结构调整和技术创新，提高产业竞争力，加快包括人工智能医用软件在内的创新医疗器械的审批注册，国家药监局在 2018 年修订发布了《创新医疗器械特别审查程序》，将通过国家审查，符合相关要求的医疗器械（包含人工智能医用软件），纳入《创新医疗器械特别审查程序》，开辟特别审批通道，加快产品的注册审批时间。

新的特别审查程序一经公布，众多企业开始将人工智能医用软件作为创新医疗器械进行申报，争取尽早通过注册审批。经过国家药监局和企业的努力（见表 1），2020 年 1 月，北京昆仑医云科技有限公司的冠脉血流储备分数计算软件获得三类医疗器械注册证，成为第一款被批准的人工智能医用软件。随后，又有多家企业获得人工智能医用软件三类医疗器械注册证，人工智能医用软件审批进入快车道。

表 1　作为三类医疗器械获批的人工智能医用软件（截至 2021 年 5 月）

序号	产品名称	生产企业	获批日期	所在城市	注册证号
1	冠脉血流储备分数计算软件	北京昆仑医云科技有限公司	2020/1/14	北京	国械注准 20203210035
2	糖尿病视网膜病变分析软件	上海鹰瞳医疗科技有限公司	2020/8/7	上海	国械注准 20203210686

（续表）

序号	产品名称	生产企业	获批日期	所在城市	注册证号
3	糖尿病视网膜病变眼底图像辅助诊断软件	深圳硅基智能科技有限公司	2020/8/7	深圳	国械注准 20203210687
4	冠脉 CT 造影图像血管狭窄辅助分诊软件	语坤（北京）网络科技有限公司	2020/11/3	北京	国械注准 20203210844
5	肺结节 CT 影像辅助检测软件	杭州深睿博联科技有限公司	2020/11/30	杭州	国械注准 20203210920
6	冠状动脉 CT 血流储备分数计算软件	深圳睿心智能医疗科技有限公司	2021/4/14	深圳	国械注准 20213210270

数据来源：国家药品监督管理局官网。

（二）美国 FDA 关于人工智能医用软件注册审批的创新

为打破传统医疗器械审批政策对人工智能医用软件的限制，美国 FDA 在关于人工智能医用软件审批方面做出了大胆的尝试，于 2017 年发布数字健康创新行动计划，提出针对人工智能医用软件的审评新标准，内容包括：

一是优化审批制度，精简审核流程。FDA 一口气发布 5 个和审批相关的指南，包括：对医疗软件进行明确的规定，明确医疗软件的监管条例，确定人工智能医用软件的风险等级，开展迭代式审查的指南，对尚未纳入监管的医用软件纳入监管的指南，对部分医疗软件不再作为医疗器械进行监管的说明，510（K）申请文件的简化及相关要求等。

二是提出预认证计划，开展试点项目。FDA 希望该试点项目可以取代或减少包括人工智能医用软件在内的一些产品在上市前所需提交的资料，以更快的速度审批待上市的产品。主要措施为：进行预认证等级评估，包括对开发人工智能医用软件的企业或机构，从产品性能、企业组织、企业文化等多角度对开发机构进行卓越性评级；通过迭代式审查，简化 510（K）申请文件的提交等方式，精简审核流程；开展产品真实世界的效能分析，包括产品效能、临床安全、用户体验等，以验证开发机构的开发测试能力和产品的实际应用情况。

三是成立专家组，强化专业能力。FDA 致力于打造一支对软件开发和医疗器械软件应用程序方面有深刻理解和经验丰富的专家队伍，通过雇用拥有人工智能专业知识背景的人才，同 FDA 内部评审员、合规官员及其他人员组成新的工作团队，在评审过程中，提升对产品和公司决策的质量、可预测性、一致性、及时性和效率。

得益于 FDA 在审批制度上的改革创新，2018 年 4 月美国 FDA 批准了世界上第一款人工智能医用软件 IDx-DR，该产品可以在不需要临床医生解释图像或结果的情况下，诊断糖尿病性视网膜病变，从而提供筛查决策。第二款则是 2020 年初的 Caption Guidance，其能够提供图像的实时指导和诊断质量评估，那些未经专业培训的医学专业人员也可以获取高质量的诊断图像及诊断报告。

（三）中美关于人工智能医用软件注册审批的对比分析

从审批时间上看，美国人工智能医用软件的审批速度快于国内。美国在 2017 年提出数字健康创新行动计划，对审批制度进行创新，到 2018 年首款人工智能医用软件（三类医疗器械）就获批上市，用时仅 1 年。而国内则在 2018 年发布《创新医疗器械特别审查程序》优化审批制度，到首款人工智能医用软件（三类医疗器械）获批，用时近 2 年。美国不仅在审批制度的调整上速度快过国内，在产品的审批时间上也比国内要短。

从审批流程上看，美国 FDA 更具创新性。一是最大程度精简审批流程，其核心就是迭代式审查，强调交互式的早期参与。在提交审核文件进入审核流程后，仍可提交补充材料，修改审核文件，以此节省批准审核流程所需时间。而国内则是一次性受理，要求在受理开始的五日内补齐相关资料，逾期未补齐的不予受理，企业得重新走注册申请流程。二是与传统医疗器械审批区分，FDA 基于人工智能医用软件产品特征，开展全方位考虑产品设计、开发、测试、维护全流程的预认证评级，同时还对企业文化、组织架构先进性和卓越性等多角度进行预认证评级。国内则仍然采用传统医疗器械的审批流程，仅在审批优先级上做了调整，给予优先审批。

二、对上海的启示

一是，人工智能医用软件的发展道路还很漫长，通过医疗器械注册审批是必经之路，我们的监管者应以法律法规制定为责任，找到一种安全、合理、公正、精准的方式保证人工智能医用软件的有效性；我们的产品开发者则要勇于探索注册审批的新路径，配合监管者进行数据的提交，思索临床试验的开展，两者合力共同促进人工智能医用软件注册审批制度的创新。

二是，人工智能医用软件是新兴起的一类医疗器械，对于我国来说，很多注册审批

数据标准库没有形成不可避免，企业和监管机构都要慢慢熟悉行业规则，尽快适应人工智能技术快速发展给医疗注册审批制度带来的挑战，向美国等已经有一定审批经验的国家学习，出台针对包括人工智能医用软件在内的特殊性医疗软件产品的管理规范，填补该领域的监管缺失，更好适应医疗健康行业独立软件的快速发展。

三是，监管部门应充分认识人工智能技术对医疗行业发展的影响和作用，持续关注人工智能技术在医用软件等医疗核心领域的研发应用，在不断的应用、探索过程中，以更客观、更专业的角度对人工智能软件开展评价，逐步形成新的标准与规范，帮助产品实现技术创新与成果转化。

三、加快上海人工智能医用软件发展的建议

人工智能正以飞快的速度改变着医疗行业，更多的人工智能医疗产品将涌现，上海应引导社会各方参与到人工智能医用软件的研发创新，促进人工智能与医疗健康行业的深度融合，加快人工智能医用软件的研发上市。

（一）加快标准规范制定

从国家顶层设计考虑，把握国家药监局药品和医疗器械技术审评检查长三角分中心建设机遇，结合上海医疗健康产业发展特点，围绕人工智能技术更新迭代快速的特点，政府、医疗机构和企业共同建立符合行业发展的人工智能医用软件标准，包括机器学习规范标准、算法评估方案、产品的安全性和有效性评估，临床评价及验证方法，以及人工智能医用软件的监管框架等，形成长三角区域人工智能医疗器械评审标准库，以规范和标准，引导行业有序发展。

（二）促进医疗数据开放

从企业角度看，人工智能医用软件的最大挑战是缺乏高质量医疗数据支撑。上海应健全医企协同研究创新机制，推动医企需求对接，以具体病理诊断治疗的应用为切入口，面向人工智能医用软件算法训练，建立安全可控的医疗数据开放机制，建立用于人工智能医用软件算法训练的医疗数据共享平台，促进医疗数据的合理开发应用，加快人工智能医用软件的算法迭代更新，提升产品的安全性和有效性。同时，利用技术和制度，确保医疗数据得到安全有效的管理和隐私安全。

（三）加快商业化部署

建议部分尚未完全符合三类医疗器械要求的人工智能医用软件，可先申请二类证，保证商业化的顺利进行，待临床试验等流程设计完毕之后再进行三类证的申请。通过这种折中的方法，企业能够一定程度上提前开始商业化部署。同时，建议和鼓励企业注重构建自己的自检体系，新修订施行的《医疗器械监督管理条例》强化了医疗器械全生命周期管理，完善医疗器械注册人备案制度，明确取得医疗器械注册证或办理备案的企业、研制机构应承担的责任和义务，企业将承担更多的主体责任。

（四）大力发展第三方检验机构

随着国家对于人工智能医用软件在内的创新医疗器械的审批时间的进一步缩短，以及检测要求的不断提升，第三方检测机构将会获得更多承接注册检测服务的机会，积极参与到检测体系的构建当中。检测资源的增加给企业带来更多选择权，也更有利于营造公平竞争的检测市场环境，助力产业的发展。

全球新一轮税制改革对于企业税率影响的政策解读
——G7 关于全球最低企业税率改革的影响

编者按：2021 年 6 月，七国集团（G7）财长会议达成一项关于全球最低企业税率的协议，旨在促进国际税率体制变革，削弱国际大型数字企业向低税率地区转移的优势，推动建立企业税率全球标准。我国也需要积极参与国际税收规则的制定，增强话语权。

2021 年 6 月初在英国伦敦召开的七国集团（G7）财长会议达成一项协议，同意将全球最低企业税率设定为至少 15%。该项协议将是国际税率改革的重要部分，同时旨在削弱国际大型数字企业向低税率地区转移的优势，并使各国遵守全球标准。

一、全球新一轮税改提出最低企业税率的外部因素

（一）各国竞相逐底减税

自 20 世纪 80 年代以来，为了吸引外资提高国际竞争力，各国竞相以超低税率和免税优惠吸引企业巨头落地，减税成为各国吸引企业的主流政策选择。从 2001 年至今，全球平均企业税率已由 27% 降至 20.2%。跨国公司，尤其是一些互联网科技巨头，在各

国不同税制间套利，在这个过程中，免税国如开曼群岛等的出现使得这种竞争成为另一种形式的内耗，不仅为跨境避税行为提供便利，也让低税经济体之外的大多数国家蒙受损失。经合组织测算跨国企业通过在各国间转移收入使全球各国政府每年损失高达 2400 亿美元，美国跨国公司海外利润簿记在"避税天堂"的比例，已经由 2000 年前后的 30% 提高到 2019 年的 60%。

（二）数字税改的美国身影

2021 年 2 月，美国财长耶伦宣布，将在向科技企业征收数字税问题上放弃前任的保护性条款（"安全港"原则）。与此同时，拜登政府推出一揽子增税计划，包括设定全球最低企业税率，加大财政刺激势必推高公共债务水平，在货币政策难以继续"放量"的情况下，促使企业投资回流并扩大税基有助于为政府参与经济活动提供操作空间。4 月，耶伦呼吁 G20 对全球跨国公司施行最低 21% 的税率，并提出"百强企业"的征税草案，该草案实际上对原来 G20/OECD 提出的政策内容进行了重大调整。5 月，美方又主动将最低税率下调为 15%，以降低谈判难度。此前美国财政部公布《美国制造税收计划》，将企业所得税税率从 21% 提高到 28%，通过在经合组织税改框架中设定全球最低企业税，以防止美国国内增税方案实施后，美国企业为避税而将业务转移到海外，导致投资和就业岗位流失。由此可见，美国支持税改方案最主要目标是通过调整国际税收秩序来满足国内税制改革需要，利用多边规则实现自身目标。

（三）G7 及欧盟主要国家企业税率情况

七国集团各国目前企业税率情况如下：法国（32%）、德国（29.9%）、意大利（27.8%）、日本（29.7%）、英国（19%）、美国（25.7%）、加拿大（38%），七国在 2020 年的企业税率均高于 15%。但是爱尔兰企业所得税率只有 12.5%，远低于 G7 各国税率，而且爱尔兰规定在爱尔兰注册的公司，只要其母公司或总部设在外国，就被认定为是外国公司，不需要向爱尔兰缴税。而欧盟国家中荷兰和卢森堡的企业所得税名义税率虽然不低（前者为 21.7%，后者含各种附加后为 24.94%），但税制中含有大量的优惠政策，导致实际税负较低，另外荷兰规定欧盟成员国公司之间的交易免缴所得税，这吸引苹果、Facebook、谷歌、亚马逊等在内的数字巨头，利用欧盟不同地区的税收政策差异，在爱尔兰子公司和荷兰子公司之间腾挪，建立起一套成熟的避税魔法。

二、国际新一轮税改进程及核心内容

（一）国际合力推动税制改革

经合组织历来关注国际税率变动对全球化的影响，G20 和经合组织在 2008 年金融风暴后开始阻击"避税天堂"。2009 年 4 月，G20 伦敦峰会明确呼吁采取行动打击国际逃避税，可以说是拉开了这次税改的序幕。自 2013 年起，经合组织一直借助 G20 平台推动全球税改行动，呼吁各国共同打击不合理的跨境避税。2019 年，经合组织提出税收改革第二阶段倡议，其中就包括设定全球最低企业税率，但国际税率改革推进并不顺利。2020 年以来因新冠疫情产生的治疗和建设费用激增，多国政府需要增加财政收入，这一需求加速了各国在数字经济中对企业征税问题的探索进程。

（二）构建公平合理的税收新制度

7 月，包括中国在内的二十国集团（G20）财政部长和中央银行行长会议在意大利召开，与会者就更稳定和更公平的国际税收结构达成历史性协议。本次会议达成的国际税收框架包括两大支柱，第一支柱让跨国公司在国家之间的利润分配和征税权更加公平合理。它将把对跨国公司的一些征税权从其母国重新分配到其开展业务活动并赚取利润的市场，无论公司在那里是否有实体存在。在第一支柱下，每年有超过 1000 亿美元的利润的税基预计将重新分配给市场管辖区。第二支柱旨在通过引入全球最低公司税率，各国可以用来保护其征税权，从而为企业所得税的竞争设置底线。第二支柱下的全球最低企业所得税至少为 15%，这一举措估计每年会给全球产生约 1500 亿美元的额外税收。

从目前推进情况看，参与 OECD 税制改革谈判的 139 个国家和地区中，已有 130 个签署了关于国际税收体系改革的联合声明，明确支持设立至少 15% 的全球最低企业税，并确保大型跨国企业在其经营和赚取利润的地方纳税，这 130 个国家和地区代表的经济体量占到全球经济总量的 90% 以上。若要这次税改达成一致，还需要相关国家及地区签署多边公约，以及各国自身进行修法调整，因此，这次税改要真正落地将是相当复杂且漫长的过程。

三、全球新一轮税改的影响和启示

（一）新一轮税改对我国的影响

中国政府此次签署全球税改声明具有特殊重大意义，表明全球化最大受益者中国积极拥抱全球税改。随着中国的国际地位不断提升，我国也需要积极参与国际税收规则的制定，提出中国方案，发挥引领作用，增强我国的话语权，全面提出要求，坚定捍卫国家利益。为我国招商引资以及企业走出去创造良好的税收环境。此外，中国也将利用此契机推动中国自身税改，完善税制，清理地方税收政策，提升国家治理能力，继续使中国成为吸引国外直接投资的乐土。

1. 对吸引外资和国内企业的影响

分析普遍认为本轮全球税改在短期内不会对我国造成太大冲击。我国现行企业所得税税率高于全球拟定的 15% 底线，但对高新技术企业及海南自贸港鼓励企业等优惠税率是 15%。因此国外投资者来中国投资，尤其是对高新技术产业的投资，不涉及由于我国的税率低于全球最低税税率，从而要返程补税的情况。其次，在征收对象方面，经合组织倡导的全球最低企业税率只适用于营收超过 7.5 亿欧元的大型跨国公司，G7 如今设定的全球最低企业税率只针对边际利润 10% 以上的盈利，而中国绝大多数中小企业不在其列；最后，中国的大型企业目前主要营收市场还是在国内，并不会受到国际税制改革的过多波及。对于中国的跨国企业，可以利用业务调整来避免全球最低企业税率的实施，包括将资金用于科研、收购中小型公司等。

2. 对中国企业对外投资的影响

从中国企业走出去的投资地来看将有三类情况。一是发达国家，这些国家原本就是最低税规则的倡导者之一，他们通常本国的税率较高，希望通过最低税率保障其海外投资收益返程的税收不至于流失，所以我国对于在这些国家的投资不受最低税的影响；二是 "一带一路" 沿线国家，虽然多数沿线国家的所得税标准税率是高于最低税的，但是也存在部分低于最低税标准的国家，因此还需要具体问题具体分析，但是由于我国的税法允许境外所得综合抵免，所以我们还需要结合最低税率中的转换规则及应税规则综合考虑；三是在避税港投资，这显然是需要被抑制的行为，直接受到影响。

（二）对上海税制改革的启示

1. 进一步优化税制设计

在税收制度设计上应更加注重与国际接轨，如离岸税、企业所得税等税制设计更符合国际标准。以创新需求为导向，支持企业参与全球协同研发、开放创新，实现加强国际合作与推进产业转型升级良性互动。探索支持与离岸税制改革紧密的产业发展，支持本土跨国企业、行业龙头等通过自贸试验区建立国际化经营平台。不仅吸引外商投资，也鼓励本土企业走出去，统筹发展在岸和离岸业务，力争成为全球产业链供应链价值链的重要枢纽。

2. 发挥税收优惠政策作用

目前我国企业所得税基本税率为 25%，对高新技术企业实行 15% 的优惠税率，不作地域限制，在全国范围内都适用。2021 年国务院发布的《关于支持浦东新区高水平改革开放 打造社会主义现代化建设引领区的意见》中明确，在浦东特定区域对符合条件的从事集成电路、人工智能、生物医药、民用航空等关键领域核心环节生产研发的企业，自设立之日起 5 年内减按 15% 的税率征收企业所得税。上海应利用好税收优惠政策，充分发挥浦东改革开放引领区的作用，加大对集成电路、生物医药、人工智能等高技术产业的引育，加快打造世界级创新产业集群。

3. 持续优化营商环境

上海是中国内地跨国公司地区总部机构最集中的城市，外资经济成为上海经济社会发展的重要组成部分，截至 2021 年 6 月底，上海累计认定跨国公司地区总部 802 家，外资研发中心 493 家。面向未来，上海将率先落实国家各项开放举措，持续营造市场化、法治化、国际化的营商环境，夯实上海外资高质量发展的基础，为外资企业在沪投资兴业提供有力的支持。深化贯彻落实外商投资法，对标 RCEP、CPTPP、中欧投资协定等国际高标准经贸协定，有效降低企业成本负担，保持相对合理的商务运行成本。

参考文献：

【1】朱光耀：《从后疫情时间，全球生产力竞争战略高度，研判美国税改和国际税制改革的影响和应对》（人大重阳"美国税改对中国影响"研讨暨报告发布会上的主旨演讲）（2021 年 7 月 5 日）。

【2】钱通：《G7 达成全球最低企业税率协议影响几何》，（"中国经济网"，转载时间：2021.06.08）。

【3】《借"世纪税改"助推全球化》，载《财新周刊》2021 年第 27 期。

日韩两国半导体战略新政对上海发展集成电路产业的启示

编者按：半导体供应链波动引发的"缺芯潮"让各国意识到芯片作为战略资源的重要性，纷纷加快了对半导体产业的强化进度。2021年以来，日本和韩国政府相继发布了半导体产业战略，显露出对半导体产业这条全球竞争赛道的企图心。本期简报聚焦日本和韩国最新颁布的半导体产业政策，分析其进一步强化半导体产业的政策方向和举措，为上海新一轮集成电路产业的创新发展提供借鉴。

日本在全球半导体产业中曾有过辉煌历史，20 世纪 80 年代后期，日本在全球半导体市场所占份额一度超过 50%，《日美半导体协议》的签订及执行导致日本半导体产业出现了由盛到衰的转变，近几年来已降至 10% 左右。韩国半导体产业的振兴启自 1975 年公布了扶持半导体产业的六年计划，从引进技术和硬件的生产、加工及服务开始，到相关技术进行消化吸收，然后研发一些技术等级简单的芯片，逐步提升自主创新能力，最终掌握高端核心技术，成为全球半导体设备的第二大生产国，三星更是亚太地区唯一拥有设计、制造和封测一体化 IDM 体系的厂商。2021 年以来，全球"缺芯潮"唤醒了

越来越多国家和地区的危机感，日本和韩国相继出台了国家级的半导体战略，试图进一步强化在半导体产业的战略优势。

一、日本实施"半导体·数字产业战略"的政策要点

2021年4月，日本首相菅义伟和美国总统拜登举行会晤，联合声明提出"针对包括半导体在内的敏感供应链展开合作"，确保半导体等战略技术元件的供应链安全。6月，菅义伟推出了他的首个增长战略，将芯片列为国家战略物资，重建半导体制造自主能力和加强尖端技术管控作为优先事项，将日本打造成半导体产业在"亚洲的核心基地"。随后，经济产业省发布了《半导体·数字产业战略》，对半导体产业政策进行重大调整，该战略聚焦三个方面的内容：

（一）强化半导体制造的本土化

芯片制造作为半导体产业链上最具带动性的一环，被日本提至国家战略方向。一是先进半导体制造技术的联合开发。日本计划借助地缘政治的区位优势，巩固既有在半导体制造设备和材料领域的实力，针对先进制程工艺对于制造设备与材料的需求，与国外顶尖晶圆代工企业合作，推动台积电晶圆代工企业在日本"落地设厂"，制造先进制程半导体产品。2021年5月，日本经济产业省宣布将投资370亿日元（约21.4亿元人民币）支持台积电在日本设立研发中心，日本政府会支付其中一半资金。随着日本补贴政策的确定，台积电在日本的3D IC材料研发中心的建设将会加速，预计测试产线将于2021年下半年开始进行整备，到2022年正式进行研究开发工作。二是加大本土半导体工厂的改造和投资。发挥现有工厂支撑全球半导体产业链的作用，稳定先进制程半导体产品的供给。综合利用金融、财税、人才等政策，加大国际合作，促进业务扩张和重组，加强国内的制造基础，将其作为未来半导体基地进行大胆更新，确保芯片稳定供给。

（二）加强先进半导体研发创新

日本为应对新兴科技与节能减碳趋势的需要，将联合芯片使用企业与设计企业、通信行业企业，共同开发数字基础建设，以及自动驾驶、工厂自动化及智能城市等芯片及软硬件系统，构建半导体和数字经济领域的创新生态。一是加快半导体技术与数字产业

的融合。支持自动驾驶、工厂自动化和物联网、医药和保健等应用领域所需的半导体技术的设计和开发，与应用和服务用户以及拥有架构设计技术的研究机构开展合作研发。二是保持对半导体设备和材料的领先。促进"半导体材料创新"，包括用于前端工艺的材料（纳米片、布线材料、绝缘材料等），后端工艺的材料（封装材料、凸块材料、三维封装基板等），以及开发碳纳米管下一代存储器技术。三是搭建下一代绿色数据中心。整合半导体技术（CPU、加速器、内存等）和光电技术（光电融合器件），建设面向人工智能的高性能计算和低功耗的下一代数据中心。四是构建以 AIST 为核心的联合开发体系。发挥 AIST 共享试验线核心作用，联合 TIA 成员机构、国内制造企业和海外先进代工厂，建设联合技术开发平台，通过与美国、欧洲和台湾的海外研发机构合作，支持开放式创新。

（三）提升国内半导体产业韧性

为提升日本国内半导体产业的竞争力、增强供应链韧性，日本将加快国内半导体行业整合力度，对具有战略重要性的芯片工厂进行"大幅度改造"。一是加强供应链补贴。支持建立国内生产设施，确保半导体国内生产基地，生产对国内工业至关重要的中端产品，如用于汽车、工业机械和家用电器的产品。二是加强国内半导体企业的并购和重组。加大对工厂改造和对新工厂的资本投资，并通过合并振兴制造业务，确保重要半导体产品在国内生产。三是产业安全与技术出口管制。除了《外汇和外贸法》的出口控制和投资控制外，依据《综合创新战略 2020》确立的日本关键半导体技术，根据技术外流路线制定综合防范措施。同时与美国、欧洲和其他地方的供应能力提升举措进行战略合作，通过国际合作将半导体产业链风险降到最低。

二、韩国实施"K-半导体战略"的政策要点

2021 年 5 月，韩国政府发布《K-半导体战略》，以"打造世界最强的半导体供应链"为愿景，将巩固韩国存储半导体世界第一的地位，并争取系统半导体也成为世界第一，提出到 2030 年将半导体年出口额增加到 2000 亿美元。

（一）打造"K-半导体产业带"

韩国政府计划 2030 构建全球最大规模的半导体产业供应链——"K-半导体产业带"，

将产业链的上游和下游也纳入战略当中，建立起集半导体生产、材料、零部件、设备和尖端设备、设计等为一体的高效产业集群。一是强化芯片制造能力。增加尖端存储半导体生产设备，同时提升既有生产设备性能，巩固韩国在存储半导体领域的世界领先地位。增建 8 英寸晶圆代工厂，提升 7 纳米及以下工艺产能，并于 2021 年下半年起，推进 5 纳米工艺量产。二是提升材料、零部件和设备实力。聚集大型半导体晶圆厂与材料、零部件和设备企业，构建专业化产业园区，推进需求企业和供给企业合作研发核心材料、零部件和设备，缩短研发周期，以确保材料、零部件和设备的供给安全。同时，在园区内构建测试平台，推动研发成果快速商业化。构建"尖端设备联合基地"，吸引 EUV 光刻机、尖端蚀刻机相关外资企业，推进与其开展战略合作，弥补韩国半导体供应链短板。三是加快封装和设计创新。开发倒装芯片（Flip chip）、晶圆级封装（WLP）、面板级封装（PLP）、系统级封装（SIP）和 3D 封装等五大尖端封装技术。设立系统半导体设计支持中心、人工智能半导体创新设计中心和新一代半导体融合型园区，构建韩版"芯片设计厂商集群（Fabless Valley）"，对芯片设计厂商提供从创业到发展的一揽子支持，并特别加强人工智能半导体设计能力。

（二）强化半导体研发与应用合作

韩国将推动材料、模块和系统领域的相关企业开展"链条式"研发，推动材料、零部件和设备的开发和商业化，加强半导体核心技术开发，强化半导体产业之间的协同。一是构建以需求为中心的半导体合作联盟。在由系统半导体供给企业与需求企业构成的半导体"前方产业"领域内，构建以需求为中心的半导体合作联盟，目前已完成了"未来汽车——半导体合作联盟"的构建，韩国政府计划以此为起点，继续推进物联网家电、机器人、生物、能源等产业与半导体产业构建合作联盟，并计划在联盟构建完成后，定期举行产业间技术交流会，支持人工智能半导体等系统半导体的"需求导向型"研发。二是推动大型代工企业与中小企业的合作。成立"半导体合作委员会"，推动大型代工企业与中小企业的合作，在由材料、零部件和设备中小企业与元器件大企业构成的半导体"后方产业"领域内，开放大企业量产生产线，向材料、零部件和设备中小企业提供量产性能评估机会。三是放宽相关限制。构建快速通道，简化新增半导体生产设备审批流程，缩短审批时间；若新增设备采用有助于温室气体减排的最佳可用技术，则给予 100% 的碳排放配额。

（三）加大财政和税收扶持力度

一是加大金融支持力度。增加半导体设备投资，新设 1 万亿韩元（约合 57 亿元人民币）规模的"半导体设备投资特别资金"，以低息向半导体产业内的设计、材料、零部件、制造等行业相关企业提供贷款，支持其对所需设备进行投资。通过企业并购基金、金融支持项目等多种途径，支持有需求的大企业与中小制造企业进行"需求导向型"投资。二是加大税收优惠力度。韩国现行税收优惠制度下，仅有两种分类标准，即"一般技术"和"新兴和原创技术"。韩国政府计划在此基础上，新设"核心战略技术"类别，并将半导体领域纳入其中，研发经费税收可最多减免 40% 至 50%，设备投资费用可最多减免 10% 至 20%。

（四）提升危机应对能力

韩国将结合全球半导体立法动向、国际规范等，着手制定《半导体特别法》，立法方向包括：人才培养、基础设施支持、投资支持、研发加速化方案等。韩国政府将加强制度建设，提升芯片产业危机的应对能力。一是强化车用半导体供应链。短期计划包括：对车用半导体提供快速通关支持；优先对车用半导体零部件厂商提供量产性能评估支持。中长期计划包括：构建"未来汽车——半导体合作联盟"，持续发掘并推进实施这两大产业领域的合作课题；构建性能安全评估、可信性认证相关基础设施，以将国内公司设计、制造出的半导体应用至汽车产业。二是防止半导体核心技术流向海外。加强政府跨部门合作，共享国家核心技术相关专利分析结果，共同开发技术泄露监测预警系统；制定"第四次产业技术保护综合计划（2022—2024）"，加强对企业、高校和公共研究机构的技术保护力度，严防技术泄露。加强对掌握国家核心技术人才的管理，如进行出国管理、签订竞业禁止协议等。

三、对上海集成电路产业新一轮创新发展的启示和建议

从日韩半导体产业发展历程和最新政策走向可预知，在贸易摩擦和产业竞争日趋激烈的背景下，日韩等国将强化制造能力、加快创新力度、加强核心技术保护作为首要任务。上海集成电路产业已进入从注重规模和体系完整性向注重质量和基础能力转变的重要窗口期，应该进一步认识差距，找准定位，明确方向，精准施策。"十四五"期间，

上海集成电路产业亟须破解产业链"卡脖子"瓶颈，以自主创新、加强合作、规模发展为重点，提升芯片设计、制造封测、装备材料全产业链能级，建成具备自主发展能力、具有全球影响力的集成电路创新高地。

（一）聚焦产业优势，促进集成电路制造水平的量质跃升

在国际上强化半导体制造本土化的趋势下，上海应以集成电路制造为突破口和主要抓手，强化集成电路制造企业的发展优势，加快建设中芯国际、华力微电子先进生产线建设，推动28/14纳米生产能力提升，加快3纳米研发设计，推进芯片制造与设计一体化发展。加快布局晶圆级封装、3D封装技术，加快光刻、刻蚀设备和材料等领域突破，着力提升在细分特色领域的先发优势与综合竞争力。

（二）聚焦产业创新，促进集成电路产业链的融合发展

围绕汽车、物联网家电、机器人、能源等产业，鼓励龙头企业牵头成立应用型和需求导向型的产业协作，推进国产芯片在各领域的创新应用，集中突破关键工艺技术、重点产品和行业应用，打造集成电路制造业创新的核心。瞄准新兴产业需求，加快人工智能、量子通信、柔性电子、生物医药等领域的创新，鼓励龙头企业、高校和科研机构开展关键核心芯片、安全自主芯片等研究。

（三）聚焦产业协同，促进集成电路产业链的协同发展

创新长三角集成电路产业链的协同发展机制，优化区域产业布局和促进产业链上下游协同。积极推动长三角G60科创走廊产业园区联盟暨集成电路产业联盟的建设，加强全产业链上下游企业之间的互动合作。积极促进龙头企业与国际先进水平的交流合作，促进产业链向高端价值环节迈进，带动区域内中小企业的发展，推动集成电路产业重点突破和整体提升。

参考文献：

【1】陈祥：《日本半导体国家战略及其创新领域探析》，载《现代日本经济》2021年第5期，第41—53页。

【2】刘畅：《日本断供韩国半导体产业的启示》，载《中国经济评论》2021年第2

期，第86—89页。

【3】郑思聪:《韩国发布〈K-半导体战略〉》，载《科技中国》2021年第7期，第100—102页。

【4】倪雨晴:《"缺芯"之下：大湾区入局全球半导体制造高地竞速战》，载《21世纪经济报道》2021年7月28日，第2版。

东京都市圈制造业转型发展的经验及对上海的借鉴

编者按：日本东京都市圈是世界上人口最多、城市基础设施最为完善的第一大都市圈，总面积约 13562 平方公里，占日本总面积的 3.5%。以东京为核心，包括埼玉县、千叶县、神奈川县等形成的"一都三县"，涵盖 4100 万人口，占日本人口的 1/3。虽然东京湾区面积仅占日本全国 3.5%，但 GDP 却占到了日本的三分之一，是日本的政治、经济和产业中心。本简报聚焦以东京为核心的首都圈的制造业发展演变，分析在经济快速发展下，大都市制造业的转型升级的特点，旨在为上海在新一轮发展中的产业结构转型研究提供借鉴。

一、东京都市圈制造业转型发展的演进轨迹

东京都市圈从"二战"后初期的战争废墟，经过短短的 50 年时间，分别经历了港口经济、工业经济、服务经济和创新经济四阶段。

第一阶段：1946—1960 年，轻工业主导的多产业并行发展阶段。东京湾区以临港型经济为主，初步形成京滨和京叶两大工业地带。位于西海岸的京滨工业地带由东京、川

崎和横滨组成，是精密机械、出版、印刷和汽车零部件等行业的中心。京叶工业地域位于东部，包括千叶县 8 个市，专门从事发电、石化、石油、造船、现代物流、航运和钢铁等行业。两个工业区发展，帮助日本经济迅速从第二次世界大战造成的破坏中恢复过来。这两个工业区加上东京在金融、研发和公司总部等领域的资源，使日本得以成为世界主要的先进制造中心。

第二阶段：1960—1975 年，以重工业为主导的资本密集型产业高速发展阶段。为了解决城市过度扩张问题，东京实施"工业分散"战略，将钢铁、石油化工、装备制造等重化工业转移到大都市区外，主要迁移到京滨和京叶两个主要工业集群区，东京的产业结构由传统工业化时期的一般制造业重化工产业转变为对外贸易、金融业、精密机器制造、高新技术研发的产品制造业。这一时期，东京湾区的高端制造业主要分布在东京都和神奈川，但一般制造业开始向埼玉县、千叶县转移，20 世纪 60 年代到 70 年代末，埼玉县和千叶县的制造业平均增长率高达 58.43% 和 96.01%，实现了从无到有的跨越。东京核心区金融服务业等高附加值第三产业初步集聚，并进行东京首都功能疏解，支持周边城市发展。

第三阶段：1980—1995 年，汽车、电子产品为代表的技术密集型产业发展阶段。石油危机的冲击以及日本技术立国战略的提出，产业结构开始进行方向性调整，东京湾区内制造业向高端制造业发展，以汽车、电子产品为代表的消费产品畅销全球。中心城市对周边区域的辐射带动更加明显，东京湾形成了以东京为核心，辐射带动千叶、川崎、横滨等城市协同发展的格局。与此同时，第三产业中高附加值的服务业受到重视，东京湾区进入服务经济阶段，金融、保险、会计、设计、广告、法律等服务业在城市集聚发展，推动湾区城市由制造业中心向生产服务中心如贸易中心、金融中心、管理中心等转变。东京湾区大量聚集的企业和人口也加速了房地产和建筑业的繁荣，积累了房地产泡沫。

第四阶段：1995 年至今，以微电子、新材料、生物科技为代表的创新科技产业快速发展阶段。东京湾的产业如今已是第三产业为主、高端制造业为辅，传统技术密集型制造业向创新型制造业发展，形成了以微电子、新材料、生物科技等为代表的新兴产业发展格局。当前，筑波科学城汇集日本全国 30% 的科研机构、40% 的科研人员、50% 的政府科研投入，以及 140 个国家的高端人才。得益于东京都市圈极强的创新能力和在关键技术、工艺上的能力，在原材料、电子元器件及零部件等上游领域依然拥有较高且稳

固的市场份额。以 2019 年世界财富 500 强榜单来看,除本地经营企业外,52 家上榜的日本企业中有 43 家明确地在东京湾设立了总部,总部不在东京湾区的企业均在东京湾设立了"第二总部"。

二、东京都市圈制造业转型发展的经验和启示

东京都市圈的发展历经人口和经济快速增长、产业转型升级、产业和城市功能融合等过程,在不断应对挑战中探索前行,其"实战经验"对上海推动新型产业体系建设具有一定的借鉴意义。

(一)通过都市圈发展规划引领产业和城市转型

日本政府从 20 世纪 50 年代后期开始制定三大都市圈发展规划,每 10 年修订一次。每版首都城市圈发展规划都会对东京国土资源利用、产业结构布局和劳动力调整等方面提出前瞻性安排。依靠科学的城市规划,目前东京中心城区保留了高技术制造业大企业或企业总部,而将小规模企业分布在城区外围,依靠便捷的客运交通和发达的信息网络将东京与周边地区联系起来。通过产业链的协作分工,大企业和中小企业各自在擅长的制作技术和加工技能等环节实现专业化生产,并通过持续创新有效保障了东京制造业中心地位。

由工业化带来的城市化发展并不能任其自由发展,必须进行科学规划合理引导,纽约、东京和巴黎等众多大都市都效仿伦敦,通过编制城市规划来引导城市空间结构的调整,推动经济增长模式的有序转变。东京都市圈的产业调整和重新布局,始终都把产业结构调整与城市空间结构调整有机结合起来,将单核中心转变为多核中心,从而为产业结构调整提供了有力的保障。

(二)注重技术创新促进中小企业竞争力

东京都市圈拥有号称世界第二大高科技基地筑波科学城,集聚了东京大学、早稻田大学、东京都市大学等 120 多所大学,为科技创新提供源源不断的智力保障。此外,京滨工业区聚集了较多具有技术研发能力的大型企业和研究机构,使京滨工业区拥有了先进的科技研发能力,形成独具一格的"工业(集群)+研发(基地)+政府(立法)"的创新模式。

与此同时，日本政府将科研主要力量放在了企业，企业的研发经费每年约占日本研发经费的80%。中小企业是日本制造业发展的中坚力量，也是日本技术创新的主要阵地。日本《2019年中小企业白皮书》显示，日本中小企业数量为357.8万家，占企业总数的99.7%，其就业人数约占企业就业总人数的70%。中小型制造业企业充分发挥自己灵活的特色，瞄准客户需求，在某一特定领域持续加强科技创新，把技术做精做强，在激烈的竞争中保持优势地位。

（三）制造协同推动生产性服务业发展

东京都市圈同样经历了由以工业化为主向以服务经济为主的经济形态转变过程，生产性服务业作为一种围绕企业而兴起的新兴服务业异军突起。东京通过建立区域多中心城市复合体，规划建设丸之内金融区、新宿商务办公型副中心区和临海商务信息区，带来相关服务产业集聚，如金融保险、商业服务、教育咨询等。同时，东京发挥自身人才和科研优势，重点发展知识密集型的"高精尖新"工业，并将"批量生产型工厂"改造成为"新产品研究开发型工厂"，使工业逐步向服务业延伸，实现产、学、研融合，诞生了一批以高科技产业为市场取向的新兴服务业，如风险投资、现代物流、信息加工等。

目前，东京都市圈定位于"国际商务创新中心"，战略任务是促进国际资本、国际人才、国际企业聚集，开创具有国际竞争力的新产业，使得东京成为集制造业基地、金融中心、信息中心、航运中心、科研和文化教育中心及人才高地于一体的科技创新中心。

（四）新旧产业有序更替推动产业转型升级

日本泡沫经济后"失去的20年"，是东京都市圈产业结构大幅调整的20年，在看似以退为进的过程中实现了小而美的华丽转型。日本制造业企业放弃了终端消费市场，转型至需要更高技术门槛且竞争并不激烈的商用市场，如日立的电梯、夏普的显示屏、索尼的摄像头等。同时，大力发展高新技术产业，较有代表性的是增强重金属处理、水处理、垃圾处理等世界最先进的环保技术以及资源综合利用技术研发，牢牢占据产业链、价值链高端。此外，东京都市圈传统的纺织、石化、钢铁等制造业的重点转向新材料的生产和研发，有力支撑了半导体、汽车领域的创新发展。据国际半导体产业协会

（SEMI）数据显示，半导体材料几乎被日本企业垄断。在靶材方面，日本厂商 Shin-Etsu 和 SUMCO，占有率超过 50%；硅片方面，信越半导体占 27%，日本三菱住友占 26%；KrF 和 ArF 光刻胶核心技术基本被日本企业垄断。

在此期间，日本调整了从"贸易立国"转向为"投资立国"发展政策，积极鼓励企业到海外投资，诸如中国、东南亚、美国和欧洲等地，并将资产分散到世界各地，然后通过各地向以美国为主的发达国家出口商品，或者开拓当地市场。日本企业通过不断海外投资和并购在全球攫取了大量利润。据日本财务省的数据，日本 2019 年的外部资产总额为 1098 万亿日元，相当于日本 GDP 总量的 2 倍。

三、对上海制造业转型发展的对策建议

城市经济转型是一个长期过程，也是一项复杂的综合性工程。都市产业结构状况直接决定城市的经济发展水平，产业转型升级是促进城市经济可持续发展的有效选择。从东京都市圈产业结构调整可以看出，不同阶段经济发展水平不同，产业结构调整的方向和力度要符合区域经济发展的实际，形成经济增长、经济发展与产业结构调整之间良性互动循环圈。"十四五"时期是上海制造业向高质量发展奋力迈进的关键阶段，如何实现制造业的技术、资本、人才、土地等生产要素向高端制造业环节转移至关重要。

（一）推进"五大新城"建设，把产业结构调整与城市空间功能的有机结合

强化上海市城市总体规划的引导作用，加快城市空间结构调整，把嘉定、青浦、松江、奉贤、南汇五个新城打造成独立的综合性节点城市，将单核中心转变为多核中心的发展模式。在新城规划建设中，拿出更多土地空间聚焦先进制造业、战略性新兴产业，以及相应的生产性服务业，注意产业结构调整与城市空间结构调整在时间上的有机衔接，把新城建设成为世界级产业集群的核心承载区，实现城市功能和产业功能的有机衔接。

（二）深化产业技术创新，强化产业创新、人才保障与产业发展的有机融合

深入推进张江科学城创新发展，对标东京筑波科学城规划建设，打造张江城市副中心功能，实现张江从"园"到"城"的转变。推进李政道研究所建设，加快暗物质与中微子、实验室天体物理、拓扑超导量子计算等国家重点实验平台落户张江科学城，开展

前瞻性基础研究和应用基础研究。引育产业领军人才，加快吸引境外和海外高端紧缺人才，适时缩短居转户年限，推进有竞争力的所得税优惠。

（三）顺应产业发展规律，实现传统产业转型和新兴产业创新的有机协同

紧密联系人工智能、集成电路、新能源、航空航天和生物医药等战略产业发展需求，支持化工、钢铁、汽车等龙头企业搭建面向产业链上下游的资源信息平台，通过技术交易、引才引智、产业金融、科技成果孵化转化等手段，加强新技术、新工艺、新材料应用。围绕城市数字化转型，广泛开展基于人工智能、大数据、工业互联网等新技术的应用试点，以智能示范工厂建设为抓手，深化智能产品应用，加快数字技术赋能制造业发展。

应对美元超发引发的潜在风险，提升上海产业抗风险能力的建议

编者按：受新冠肺炎疫情反弹、病毒继续变异的影响，不少国家和地区纷纷推出了多轮大规模财政刺激政策和超常规宽松货币政策，既为全球经济的稳定发挥了积极作用，却也造成了一系列尾部效应。近段时期，全球金融市场和外贸形势风云突变，给世界制造业的疫后复苏带来了更多变数。虽然我国在疫情中恢复领先，2021年1—4月货物出口同比增长33.8%，但是外贸企业均面临着国际运费飙升、原材料涨价和人民币升值等问题。尤其是外向型的小微企业，在国际贸易中议价能力较弱，更容易暴露在汇率波动、原材料涨价等风险之下。如何把握国际金融和贸易新发展格局，科学应变、主动求变，保持内外需求的持续回升，保障重点产业领域供应链安全，是上海实现更高水平开放基础上提升产业链现代化水平的重要环节之一。

为提振疫情期间低迷的经济，各国正纷纷采取量化宽松的经济刺激政策，尤其是美联储从2020年3月开始无条件大规模地注入美元流动性，拜登政府推出了1.9万亿美元

救援计划。美元作为国际货币的地位，其超发意味着全球各国积累的美元外汇贬值，且因美元与石油交易绑定，导致石油美元环流。结果是，全球各国不得不储备美元用于购买石油，而持有大量美元外汇的国家为了防止外汇储备随着美元超发而贬值，又不得不跟着超发本国货币，那些依赖出口商品到美国创收的国家也会跟着发行货币，以防止出口受本国货币汇率升值影响。显见，美元的超发会带动全球货币成倍数超发，我们须高度关注其可能产生的负面效应。

一、美元超发对国内经济产生的影响和走势分析

（一）导致人民币兑美元升值，给我国产业带来一系列风险

美国宽松的货币政策导致从 2020 年 6 月以来人民币对美元汇率持续升值。与以往不同的是，随着 2021 年我国疫情稳定和国内经济加速复苏，我国并没有跟随美国实施宽松货币政策，导致人民币持续升值。虽说人民币升值有助于节约大宗商品的进口成本，对抗输入型通胀，降低企业对外偿债负担，但也带来一系列的风险。

一是激发利差套利行为，面临资金撤回风险。随着大量美元发行，美元利率下降，中美利差扩大。超发的美元流向全球套利，中国作为高利率新兴市场的龙头，必定得到更多资本青睐。海外投机者通过低利率贷款的美元换取人民币，买入中国资产，推高我国股票、房地产等各类资产价格，同时稀释了美国国内的通货膨胀，转嫁经济危机。2008 年美国次贷危机中，这一手段使日本、欧洲接连进入低迷期，我国必须警惕前车之鉴。正如中国经济四十人论坛研究员管涛指出，要警惕人民币汇率超调（过度升值或者贬值）的风险。一旦等美国经济回暖，开始加息，投资者就会将投资在新兴市场的美元以投资美国国债、期货和证券等方式回流到美国，支撑实体经济，使美元汇率重新走强。此时发展中国家被推高的资产泡沫就会破裂，届时美元再以低价收割发展中国家的优质资产，成为企业大股东。股市方面，东南亚金融危机爆发时曾发生类似状况，境外资本流入导致汇率过度升值，当经济转入下行周期便爆发了资本流向逆转。楼市方面，对照日本、美国楼市泡沫破灭导致实体经济停滞的历史，目前我国房地产泡沫偏高，必须谨慎防范金融风险。

二是引发货币投机行为，面临人民币过快升值风险。人民币汇率升值已经持续整一年，市场上形成人民币将长期升值的预期，或激发追涨杀跌的投机行为，近期人民币兑美元汇率冲击 6.40 关口。若不加以控制，人民币升值速度将偏离理性区间，影响我国金

融系统稳定，进而影响产业健康发展。2021年5月中旬以来，中央及相关部委密集发声，将人民币汇率维稳与原材料保供稳价相提并论，强调既不会用汇率贬值刺激出口，也不会用升值对冲输入性通胀，提示市场不要赌人民币的单边走势。5月31日，中国人民银行宣布自6月15日起，将外汇存款准备金率从5%抬升至7%，即收紧境内200亿美元流动性，提高外币利率，缩小本币与外币的利差，减少投机行为。公告一出，人民币升值态势随即得到平缓。

（二）推动原材料价格上涨，加重我国中小企业复苏困难

当前，疫情对全球经济的影响仍然在加深，国内的常态化防控机制尚需维持一段时间，处于转型升级关键时期的我国经济，面临着较大的风险和压力。中国人民大学中国宏观经济论坛（CMF）报告预判，2021年各季度的增速预计呈现"前高后低"的运行态势。

一是受国外疫情导致产能下降及美元超发影响，进口原料大幅上涨。工业和信息化部运行监测协调局局长黄利斌表示，2021年前两个月，进口铁矿石、铜精矿的均价同比大幅增长56.6%和44%，布伦特原油期货、纽约轻质原油期货涨幅约20%。全球原料成本上涨带动了下游钢铁、有色金属、石化等大宗商品价格上扬，而宽松的货币政策又刺激全球有色金属、化工产品期货交易，进一步推动价格上涨。我国工业体量庞大，对海外大宗商品采购量非常大，诸如石油、铁矿石、电动汽车电池的关键材料锂和钴等等。大宗商品价格出现快速上涨，将导致产业链上下游企业盈利明显分化，上游产品的普涨随着产业链将成本压力向中下游传导，甚至影响中下游企业的生产经营、订单交付和投资计划。同时，消费需求疲弱，制成品价格上涨空间受限，两头挤压企业利润空间，尤其是议价能力较弱的中小企业。

二是下半年我国经济下行压力仍较大，要做好持续接受挑战的准备。2021年以来，我国PPI上涨较快。据国家统计局发布的数据，2021年5月PPI同比增长9%。其中，生产资料同比增长12%，生活资料同比增长0.5%，超出市场预期。6月份我国PPI上涨8.8%，比上月下降0.2个百分点。其中，生产资料价格上涨11.8%，涨幅回落0.2个百分点；生活资料价格上涨0.3%，下降0.2%。在7月13日国务院新闻办公室发布会上，人民银行货币政策司司长孙国峰分析，随着全球供给恢复带来的输入性通胀减弱，PPI有望在2021年4季度趋于回落。但考虑到全球疫情和世界经济形势依旧严峻，且美国

宽松的货币政策及高通胀仍有持续的可能性，因此，原材料成本偏高可能是我国在较长一段时间内需要面对的问题。

（三）未来美国货币政策走向不确定性较大，需时刻关注政策变动

当前美国股市估值偏高，新兴经济体资产价格对美元流动性敏感，美联储政策调整可能引发金融市场超调，负向冲击经济复苏。尽管美联储主席鲍威尔表示，美联储在政策之前会提前通知，但届时情况仍是未知数，实时关注全球金融环境变化，对我国产业健康发展来说，仍十分重要。

一是美国货币收紧政策，与充分就业目标紧密捆绑。近期，全球各大媒体、机构、专家对美国收紧货币政策的时间预测众说纷纭，观点不一。美联储联邦公开市场委员会（FOMC）在 2021 年 6 月 16 日议息会议上声明，货币政策短期仍然呈宽松态势，直至经济实质性复苏。由于目前美国的经济复苏高度依赖于充沛的资金补贴，离美联储的"充分就业"目标还很远，因此，美联储决定将联邦基金利率维持在 0% 至 0.25% 目标区间，直至实现充分就业，且通胀率在一段时间内适度超过 2% 的目标。此外，美联储主席鲍威尔表示，随着未来就业、消费、企业盈利等内生性扩张力量引领经济实质性复苏，通胀将在长远的未来得到缓和，目前美联储不急于在就业恢复前，为了短期内抑制通胀而收紧货币政策。倘若如美联储所说，美国货币宽松政策持续，我国产业发展仍将长期面对人民币升值以及原材料价格上涨等挑战。

二是美联储缩减资产购买和加息迟早会发生，但时间节点可近可远。综合多方面信息可以判断，一方面，如果疫苗效果好于预期，美国经济提前呈现内生性复苏，美联储实现充分就业的目标达成，则可能在短期内收紧货币政策。另一方面，如果群体免疫未能实现，虽说美联储计划让宽松货币政策及全球通胀持续较长时间，但也不能排除美联储被迫提前加息的可能性以及随之而来的金融风险。关于这一点，经济学家魏尚进在复旦金融评公众号撰文表示，尽管不少美联储官员认为当前的通胀上升主要由暂时性因素造成，但造成当前通胀的也有结构性因素：其一，疫情暴发之前的 2008 年以来美国货币政策就持续宽松，即使在美国失业率处于几十年低位时也不例外。其二，特朗普政府时期对中国商品加征关税，导致从中国、越南、墨西哥等国进口商品以及美国制品在美国的价格提升，进一步带动下游产品价格上涨。一些经济学家认为，相对于美国真实的产出缺口，拜登政府释放的 1.9 万亿美元远远超出了恢复经济增长的必要规模。而这些

多出的流动性导致的通胀不会随着供给的恢复而消失。如今，美国的通货膨胀持续加速，美联储在过去 12 个月已经多次大幅上调了通胀预期，全球政府应做好准备迎接美国加息早于多数预测的风险。

二、美元超发影响上海产业经济的效应分析

（一）原材料涨价挤压上海中下游制造企业利润

据上海市统计局分析报告显示，受国际油价及有色金属、钢材等大宗商品价格上涨等因素的影响，2021 年上半年，上海市工业生产者出厂价格和购进价格环比累计分别上升 3% 和 7.1%；升幅比一季度分别扩大 1.6 个百分点和 4.1 个百分点。上海工业生产者价格环比连续 6 个月上升，这是近三年来罕见。上游大宗商品价格的持续上行，导致上海的汽车、造船、家电、机械、零部件等中下游企业备感压力。以汽车产业为例，汽车轮胎的主要原料橡胶、动力电池的原材料电解液六氟磷酸锂，以及塑料件、钢结构件等近期持续涨价，叠加车市近年价格处于长期趋降通道，使得上汽大众 2021 上半年销量大幅下降。与此同时，智能网联汽车、新能源汽车的蓬勃发展，对芯片产生庞大需求。受全球集成电路行业供不应求，以及国内单晶复投料、单晶致密料价格持续上涨的影响，大众新帕萨特 6 月份因芯片短缺出现 20 天停产，不少车企高层表示，"缺芯"问题要到 2022 年得到缓解，上海汽车产业的生产和终端交付仍将受到影响。

（二）人民币升值及运费上涨影响上海出口企业利润

上海工业外向度高，尤其是机电、轻工、汽车等产业，有大量的产品需出口海外。受疫情影响，国际物流出现海运运费暴涨、一舱难求的问题，以及人民币兑美元汇率双向波动幅度增大，出口类型企业面临极大挑战。据上海市统计局分析报告显示，2021 年上半年，上海市计算机通信和其他电子设备制造业的出厂价格同比下降 5%，人民币升值是造成电子信息行业价格下降的主因之一。另据船舶工业协会研判，2021 年初至 6 月底，人民币兑美元中间价双向波动达到 3.25%，人民币汇率快速升值既加大了企业的经营风险，又影响了船企的国际竞争力。当前，我国骨干船企手持订单相对饱满，为避免远期汇率风险，已开始控制接单节奏。上海是国内重要的造船基地，2021 年新船订单包括 LNG、VLGC、LN 运输船、FPSO、阿芙拉型成品油船、集装箱船等数十艘，汇率短期的快速波动，势必影响船舶企业新船订单承接和配套物资采购决策。

（三）各类成本骤升造成上海中小企业运营及生存困境

自原材料涨价以来，拥有足够定价权的中下游企业陆续开始上调产品出厂价格，如在新能源汽车行业高度景气下，动力电池市场需求不断提升，龙头企业纷纷扩张产能，加速抢夺市场份额。此外，大企业可借助先进的成本管理和节约型技术，甚至将成本压力转嫁给配套供应商来缓冲原材料涨价压力，而中小企业在成本管理、技术进步及产品定价权方面均处于弱势。上海的中小企业数量占上海全市企业总数的99%，原材料涨价和高位运行带来的利润承压，中小企业只能借助暂时性停工停产或减量不减价的方式以避免损失。据第一财经报道，上海伟溢国际贸易面临的集装箱运费涨至原来的三倍，环氧丙烷、聚氯乙烯等原料价格翻倍，只能将产品价格提升20%—30%，仍面临较高的成本压力；上海益芙维生物科技现金流紧张，面临"有单不敢签"的局面；上海易轩纸制品订单量较2020年大幅下滑等等。

三、提升上海产业抗风险能力的对策建议

7月7日国务院常务会议宣布，针对大宗商品价格上涨影响中小企业经营的问题，在坚持不搞大水漫灌的基础上，适时运用降准等货币政策工具，进一步降低实体经济特别是中小微企业融资成本。7月9日，央行宣布从7月15日起下调金融机构存款准备金率0.5个百分点，释放长期资金约1万亿元。从我国自身经济形势出发，国家有关方面推出的稳健货币政策，将有力支撑实体经济发展。针对未来美元货币政策走向不确定性较大的态势，上海也应积极做好应对措施，防范金融风云殃及实体经济。为此建议：

从改善产业外部环境来看，帮助中小企业应对金融风险。一是持续做好小微企业融资服务。降低中小企业综合融资成本，扩大普惠性贷款覆盖面。把握央行降准的机遇，引导中小企业专心实业和科技创新。完善经营贷审查，跟踪资金流向，稳定楼市、股市、原材料等资产价格预期，从根本上减少投机等"脱实向虚"行为。二是大力稳定原材料价格。支持上下游企业建立长期稳定合作关系，鼓励冶炼企业及加工企业进行期货套期保值交易。加强运行监测，及时发布经济运行情况，并适时使用宏观调控手段控制原材料价格的非理性上涨，稳定市场预期。三是协调产业链上下游企业。增加面向中小企业的政府采购，制定相关政策限制龙头企业利用市场地位压榨上游供应商利润。四是警惕资产价格大幅下跌。如若发生美国金融政策变动导致我国资产价格大幅下跌的情

况，应制定政策防范外国资金趁低价大量入股我国核心产业的核心企业。

从解决根本痛点来看，要加快提升产业自身对金融风险的"抵抗力"，是要提升产业核心竞争力，并以此确立人民币国际地位。策略上，积极拓展海外"一带一路"国家基建建设，鼓励企业积极拓展海外业务，助推人民币成为国际货币，减少对美元的依赖。战略上，壮大长期具备先进科技水平的实体企业，是建立人民币国际地位的根本。一是提高产业集中度。借鉴家电行业开放市场后催生一批龙头企业的经验，加快诸如汽车等吸收了国外技术经验但集中度仍较低的产业，允许国外企业参与竞争，倒逼众多本土中小企业通过重组、竞争和重新洗牌，催生几家真正优质的龙头企业。通过规模经济效应，创建品牌溢价，用以对抗大宗商品涨价的影响，同时推动产业长期高质量发展，带动产业链上下游技术创新升级。二是吸引隐形冠军企业集聚。发挥龙头企业的作用是吸引隐形冠军企业落户的关键。上海拥有一定数量的整机企业和龙头企业，借鉴成都市龙泉驿区通过聚集 30 余家汽车制造 500 强企业，吸引了多家隐形冠军零部件企业入驻的经验，综合考虑上海产业优势和龙头企业需求，大力推进隐形冠军企业招商工作。除了关注龙头企业，隐形冠军的招引将成为城市产业升级的新增长点，成为实体经济抵抗外界金融风险的隐形支撑力量。

参考文献：

【1】刘政宁、张文朗等：《Taper 落地，加息不急》，中金公司 2021 年 11 月 4 日。

【2】刘昕：《人民币升值趋势延续，美联储官员为通胀担忧降温》，第一财经研究院 2021 年 3 月 3 日。

【3】曹誉波、刘猛：《"双循环"新发展格局下人民币国际化路径研究》，载《中国货币市场》2021 年第 9 期。

工业原材料价格快速上涨对上海产业经济的影响和对策分析

编者按：自 2020 年下半年开始，随着全球新冠疫情逐步缓解，各行业经济形势回暖，国际资源性产品、原材料及大宗商品的价格持续上涨，部分原材料价格提升到了历史性高点。原材料作为所有产品最基础的生产资料，价格上涨也就是意味着从供应链的源头开始上涨，这就会引起整个链条上的各个行业的价格上涨。虽说有部分企业在价格低谷时略有囤货，但也不足以应对原材料大幅度和长时间上涨，制造业的生产经营都将受到影响，更引发了市场对发达经济体通胀的担忧。本文聚焦工业原材料价格的快速上涨，分析其上涨的原因和对上海产业经济的影响，并提出应对的措施建议。

一、工业原材料价格快速上涨的原因分析

在全球新冠肺炎疫情仍未得到有效控制，服务业需求被严重抑制的背景下，制造业在推动全球经济复苏中发挥的作用更加突出。从 2021 年 3 月全球主要经济体的制造业

采购经理人指数（PMI）来看，目前全球制造业整体呈现出向好态势，不过仍有一些不确定性因素值得关注。比如，原材料采购等投入成本上升，全球物流与运输还未完全恢复，供应链修复需要较长周期，这些因素都将制约制造业复苏。

资源性产品价格的上涨将直接拉动原材料、燃料、动力等购进价格的上涨，在价格机制的传导作用下，会引发工业原材料价格的普遍上涨。一些工业原材料价格大幅震荡式暴涨，不仅超出正常的价格波动范围，屡屡创下阶段性新高，而且存在炒作苗头，影响工业原材料行业和下游制造业稳定，给工业品出厂价格乃至最终消费价格带来上涨压力，中大型企业将处于微利无利或亏损经营的状况，小企业倒闭的风险加剧。从目前情况分析，影响价格上涨的主要因素体现在以下几个方面：

（一）疫情对产业链冲击的滞后效应

全球产业链之间的联系越来越紧密，上游原材料的"风吹草动"，都会带来整个产业链的一系列的反应。疫情原因导致前期的开工不足，企业预期收缩产能，原料储备不充裕，外加环保压力导致的产能淘汰。中国国内市场需求复苏超过预期，企业仓促赶工，加足马力生产。以轮胎为例，其价格上涨直接是主要原料橡胶涨价的原因。泰国、马来西亚等东南亚橡胶原料的主要产地因疫情原因，再加上去年下半年暴雨和洪灾影

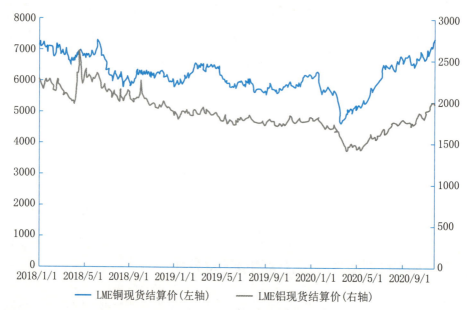

资料来源：wind，华安证券研究所。

图 1　LME 铜和铝的价格走势

响，橡胶大幅减产；疫情防控措施升级，海运船只紧张，运费飙涨；欧美疫情导致轮胎产能不足，同样存在运力紧缺运费上涨的情况；国内鲁豫苏等轮胎主产区因环保措施趋严出现减产，这一系列原因，都迫使轮胎价格上扬。

（二）工业原材料结构性矛盾突出

原材料产品供给端和需求端的结构失衡问题仍然比较突出，低端产品供给过剩与高端产品供给不足同时存在。传统产品普遍存在产能过剩问题，而大宗基础原料和高技术含量的新材料、高端专用材料国内自给率偏低，高端产品仍需大量进口。以有机原料为例，己二酸、顺酐、苯酐、环氧氯丙烷等基础有机原料产能严重过剩，行业平均开工率不足 60%，与此同时，乙二醇、苯乙烯等品种受资源和技术制约，国内尚无法生产。

（三）化工原材料价格上涨，与原油价格密切相关

作为通胀最重要的标尺原油上涨，通常会引发人们对通胀的忧虑。摩根大通最近宣布，大宗商品特别是原油，已进入持续数年的超级周期；并预测，原油价格在第二季度将达到 70 美元 / 桶，在第三季度将达到 75 美元 / 桶。事实上，2020 年 10 月高盛就发布报告称，大宗商品将在 2021 年迎来结构性牛市。

资料来源：Wind，华安证券研究所。　　　　　资料来源：Wind，华安证券研究所。

图 2　钢材综合价格指数（1994 年 4 月 =100）　　**图 3　塑料价格指数（中塑指数）**

（四）货币宽松政策导致的资本投资和输入性通胀

此轮国内原材料价格上涨，有国内市场需求以及资本投机的因素，更有输入性的价格通胀因素。全球多国随后实施了力度空前的逆周期调节，货币"放水"、财政"撒

钱"，几乎"倾其所有"。据 IMF 统计，发达经济体仅 2020 年推出的"财政礼包"规模占各国 GDP 的比重平均达到 12.7%，而美欧等国在 2021 年仍将继续扩大财政支持，财政刺激对实体经济的帮助更加精准，居民收入和企业运营得到较多保障。

二、工业原材料价格快速上涨对上海产业经济的影响分析

上海是工业原材料的主要进口地和消耗地，原油、铁矿石、铜精矿等资源性产品对外依存度较高。工业原材料价格的快速上涨，将直接拉动生产成本的上升，在价格机制的传导作用下，给工业品出厂价格、企业盈亏平衡乃至最终消费者价格带来极大的压力。

石化行业：在过去的几个月中，无论是美原油期货还是布伦特原油期货都出现了明显的提高，原油价格基本站稳 60 美元以上。化工行业具有较强的上下游产业联动性特点，而原油作为基础能源和化工原料，其价格对化工下游行业有重要的影响。原油价格上涨首先将推动原油采掘企业毛利率增加，处于原油产业链中下游的企业成本同时增加，由于成本上涨，最终消费品价格亦将上涨。原油采掘企业、成本转嫁能力强的中下游企业以及处于原油替代产业的企业将在原油价格上涨时受益。具体来看，受影响的主要是以石油（石化产品）原料的行业：聚氨酯（原料 MDI、TDI）、聚醚（原料环氧丙烷）氨纶（原料 MDI），涤纶（原料 PTA，乙二醇）乙烯法 PVC，下游医药、染料、塑料制品、纺织助剂等精细化工产品。今年以来，几大化工企业均宣布涨价，如 2021 年 2 月 4 日化工巨头巴斯夫宣布涨价，PBT 增强级塑料每吨上涨 250 美元（约合人民币 1615元），PBT 非增强级塑料每吨上涨 300 美元（约合人民币 1938 元），PA66 非增强级塑料每吨上涨 400 美元（约合人民币 2584 元）。

集成电路行业：根据中国有色金属工业协会硅业分会的统计，国内硅料价格涨势难止。截至 2 月底，国内单晶复投料、单晶致密料、单晶菜花料成交均价分别为 10.63 万元/吨、10.34 万元/吨、10.04 万元/吨，环比分别上涨均超过 11%。此外，8 寸晶圆价格上涨，核心原因主要源于需求快速成长带来的供需失配。持续的供需差来自行业扩产意愿不足以及设备供给不足，导致 8 英寸晶圆产能增速远远低于 12 英寸晶圆，设备短缺限制了相关厂商短期的扩产进度。彭博最新报道，台积电计划从第二季度起逐季上调12 英寸晶圆的 OEM 价格，部分客户最高每片累计涨幅达 25%。

汽车制造行业：自 2020 年下半年开始，汽车轮胎、塑料件、钢结构件、芯片等都

在涨价，特别是进入 2021 年，汽车零部件面临新一波"涨价潮"。据《中国汽车报》报道，近来包括米其林、正新、佳通、风神、玲珑、倍耐力、玛吉斯、中策橡胶、赛轮轮胎等在内的 80 多家中外轮胎企业皆已发出产品涨价通知，宣布大部分产品价格上涨。其中，赛轮轮胎将于 2021 年 3 月 1 日起，上调部分非公路轮胎产品价格，上调幅度为 2% 至 6%。之前在 1 月份，已有十余家轮胎企业产品涨价 2% 至 6%。2020 年 8 月以来，多家轮胎企业数次上调产品价格。直接原因是主要原料橡胶涨价，2020 年 9 月份橡胶价格是每吨 8000 多元，现今是 16000 多元，已经翻番。此外，动力电池的原材料一直在涨价。其中，近两年来，电解液六氟磷酸锂几乎每年每吨上涨 1 万元，已经从 2018 年 4 月的每吨近 13 万元涨到近期的每吨 15 万元。同时，截至 2 月，锂电池正负极材料企业中，贝特瑞、德方纳米科技、光华科技的动力型磷酸铁锂报价已从 2020 年 11 月的每吨 3.6 万元提升到了每吨 4.1 万元，涨幅约为 13.9%。

钢铁行业：碳素钢、锰钢、硅锰钢、铬锰、铬钒、铬钼钢、铬锰钒、硼钢等钢材的价格近来也在上涨。其中，河钢石钢从 1 月末就对所有钢材每吨涨价 300 元。2021 年 2 月，首钢的汽车用冷轧板卷基价每吨上调了 400 元。数据显示，2 月 20 日，全国 25 个主要城市三级螺纹钢均价为每吨 4582 元，较节前每吨上涨 224 元。

对于上海的产业经济而言，制造业是整个产业体系的基础，有着强大的产业关联效应。此轮工业原材料价格的快速上涨，将对上海产业经济产生一定的影响：一是进一步压缩制造型企业的利润空间。全球市场的波动和不稳定有着广泛的影响。从能源成本的日益上涨到原材料价格的意外波动，各种无法预料的困难正严重影响着供应链的稳定性，同时也让制造商难以保持盈利。二是可能引发商品价格的较大波动。原材料上涨会对下游企业形成传导影响，由于许多原材料的供应越来越难以保障，商品价格波动可能不会只是临时现象。制造商要么自己承担那部分增加的成本，寻求减少开支的新途径，要么将价格上涨转嫁于消费欲望本就不高的消费者。三是行业将进入优胜劣汰的时代。原材料价格大幅上涨，可能加快产业链下游企业两极分化和新一轮洗牌。成本转移能力较强的行业龙头将占据有利位置，占据更大市场份额，加快制造业企业向低成本转移的趋势。

三、上海应对工业原材料价格快速上涨的政策建议

围绕强化高端产业引领功能，加快释放发展新动能的要求，面对较为严峻的全球经济环境和原辅材料暴涨带来的冲击，上海制造业必须加强对国内外宏观形势和供给端变

化动向的跟踪，通过自身在产品设计、质量、效率等方面的创新优势来低效成本上涨的影响，以展现制造业强大的发展韧性。

（一）加大创新型材料的研发和推广

立足保障产业链供应链的安全稳定，围绕国家重大工程及国计民生重大需求，重点支持原材料工业上下游企业、高校、科研院所联合攻关，突破一批共性关键技术、成套装备和核心工艺。以新一代信息技术赋能产业提质增效，推进原材料工业与下游及辅助行业的融合发展。支持符合条件的原材料企业申报国家制造业创新中心，推动国家新材料生产应用示范平台、国家新材料测试评价平台、国家新材料产业资源共享平台建设，提高基础材料工业的整体创新能力。

（二）建立原材料价格监测和预警机制

重视工业原材料价格大幅度波动的预警，逐步建立起及时高效完备的重要原材料价格预警机制，从全球范围内对其实施动态跟踪与观察。针对问题，随时发出报警信号，并及时做出政策调整。引导企业跟上行业的发展研究步伐和生产速度，消化成本上涨的压力同时，针对市场需求积极开发高技术高附加值低能耗产品，提升具有市场抗衡能力的独门技术的掌控能力，克服涨价因素并为企业赢取较为稳定的利润。

（三）推进企业降本减负措施落地见效

用足用好高新技术企业税收优惠政策，坚决贯彻落实 3 月 24 日国务院常务会议要求，把制造业企业研发费用加计扣除比例由 75% 提高到 100%，完善清缴核算方式。市区相关部门要加强减税降费、减租降息等政策宣传辅导，为企业提供高效便捷的服务，确保各项纾困措施直达基层、直接惠及市场主体。同时，在坚持市场导向的基础上，有针对性研究财政扶持、税收信贷优惠等阶段性扶持政策，对部分重点领域的关键生产资料和生产成本给予财政专项补贴，提升能源价格、用工成本、社会保险费等扶持政策力度，最大限度地调动和保护企业生产的积极性。

（四）大力促进循环经济发展

全力打造具有全球影响力的再制造产业生态体系，鼓励生产制造企业向变废为宝的

"循环再制造"模式转变。加快建立再制造国家工程研究（技术）中心和再制造产品质量检验检测中心，以及新能源汽车零部件再制造试点，完善有利于再制造产业发展的废旧汽车、工程机械、机床等的回收再制造产业生态。目前，上海临港作为国内 8 个再制造产业示范基之一，基于自贸区的再制造模式奠定了基础。要进一步探索开展进口高端装备再制造试点，利用保税政策做大做强再制造业务，形成可借鉴的再制造模式，为发展高端制造、智能制造、低碳制造提供澎湃动力。

参考文献：

【1】王海宣：《车市复苏另一面：原材料大面积涨价》，《经济观察报》2020 年 12 月 21 日。

【2】赵建国：《橡胶、钢材、塑料等原材料价格涨涨涨，汽车零部件再迎"涨价潮"》，《中国汽车报》2021 年 2 月 24 日。

【3】赵鲁涛、郑志益、邢悦悦、赵伟刚：《2021 年国际原油价格分析与趋势预测》，《北京理工大学学报（社会科学版）》2021 年第 23 卷第 2 期。

【4】罗雪梅：《原材料价格上涨对企业的生存考验》，《天津市经理学院学报》2011 年第 2 期。

借鉴国外龙头企业专利布局助力上海制药业发展

编者按：制药业具有高投入、高产出、高风险的特点，各国竞争加剧，专利对制药业技术创新成果的保护作用非常重要。通过对 2020年财富世界 500 强制药企业专利布局分析，可在一定程度上反映当前研究的重点领域，技术的发展状况及未来趋势。结合上海制药业专利布局及产业发展情况，提出重点助推生物药优势产业发展、强化企业引进与培育优势互补、强化政产学研融合多方协力发展等方面建议。

专利是知识产权保护的重要工具，为巩固专有技术优势和市场价值，制药企业不断加大对自主研发药物的知识产权保护。分析全球重点制药企业专利布局情况能有效反映当前竞争热点和未来技术趋势，对我国和上海制药业发展具有较大借鉴意义。

一、全球重点制药企业专利布局分析

美国在全球制药业中占据主导地位，2019 年美国拥有全球 46% 的制药公司，2020年入围财富 500 强的制药企业共 13 家，其中美国有 5 家制药企业上榜，分别是强生、辉瑞、默沙东、艾伯维、百时美施贵宝（新）。我国仅华润集团和国药集团入榜。

（一）世界 500 强制药企业创新及发展趋势

从专利申请情况看，我国制药企业财富值与知识产权失衡，制药龙头企业创新力度薄弱。2020 年世界 500 强制药企业中专利族数量最多的是默沙东公司，其关于制药业的专利族数量达到 2 万条以上；其次是辉瑞、诺华及拜耳；我国国药和华润集团关于制药业的专利族数量位列末尾。但华润和国药在 500 强 13 家制药业企业中财力值非常靠前，分别位列第一和第三，但专利族数量却位于末尾。一方面在于我国两家公司关于制药业的研发起步晚于欧美老牌药企，另一方源于欧美国家更加重视知识产权保护。此外，从财富值与专利族数量的排名情况，也间接反映了我国制药企业创新力度薄弱，出现了重利润轻创新的局面，导致在知识产权竞争中处于劣势地位。

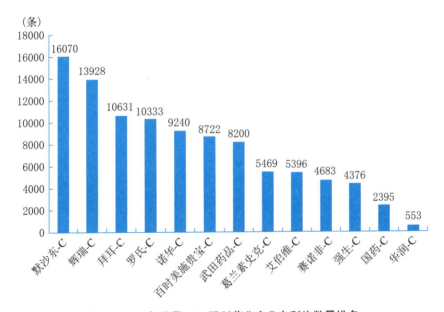

图 1   2020 年世界 500 强制药业企业专利族数量排名

从研发趋势看，默沙东起步较早，诺华创新力度逐渐赶超。默沙东公司在 13 家 500 强制药企业中研发起步最早，自 1940 年后专利族数量保持相对稳定的趋势增长。20 世纪 70 年代，辉瑞开始投入研发，力度较强，专利族增长量甚至超越默沙东，此后二者呈现势均力敌的状态。20 世纪 90 年代初，诺华进入制药产业，迅速加大研发并扩张市场，并且专利族呈现爆发式增长。与众不同的是，其他 12 家 500 强制药企业在 2000 年初期有研发下降的趋势，而诺华却呈现研发暴涨的状态，其专利族数量在 2005 年处于爆发式增长的状态，相比其他企业依然保持在较高的水平。

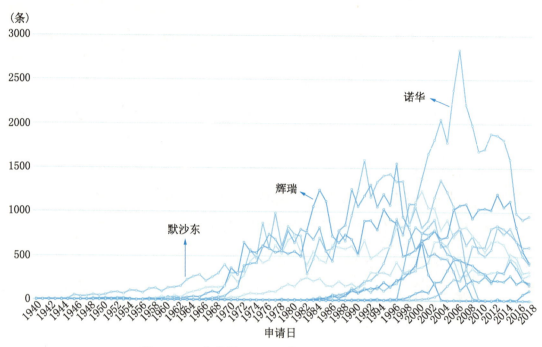

图2　2020年世界500强制药业企业专利申请趋势

从专利布局地区看，美国企业全球广泛布局专利，欧洲为全球500强制药巨头争夺的主要目标市场。13家500强制药企业中，美国企业的专利布局区域范围最为广泛，除在美国本土进行重点专利布局外，在日本、欧洲、澳大利亚、加拿大等地区也进行了广

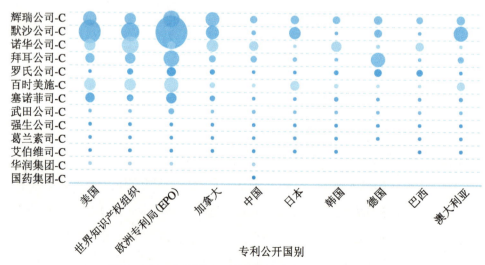

图3　2020年世界500强制药企业专利主要布局地区

泛专利布局，反映出美国 500 强制药企业非常重视全球的知识保护，意图通过建立全球知识保护体系逐步占领全球制药市场。各大制药巨头的目标市场各有不同。欧洲为默沙东重点市场，其专利布局力度强于美国本土；辉瑞主要在美国、欧洲及加拿大布局。总体来看，欧洲为全球 500 强制药巨头争夺的主要目标市场，美国次之，除此之外，加拿大、中国、韩国、德国、澳大利亚等地区为 500 强进行专利布局的重点地区。

（二）世界 500 强制药企业重点关注领域

从不同治疗领域药物的专利件数看，抗肿瘤药物为 500 强企业创新研发及专利布局重点。默沙东、辉瑞、诺华、拜耳、百时美施、罗氏、塞诺菲在抗肿瘤，止痛退热，神经系统，心血管系统，血糖症治疗等领域均开展药物开发。其中美国作为全球 500 强制药企业最多的国家，其在各个疾病领域均有专利布局，专利布局数量最多的为抗肿瘤药和止痛、退热、抗炎药物两大类。同时，500 强 13 家制药企业各自创新研发方向有所不同。默沙东主要进行肿瘤药和止痛、退热、抗炎药物的研发；辉瑞研发范围较广且在各个领域研发力度较为均衡，其主要研发领域为抗肿瘤药，止痛、退热、抗炎药物，神经系统疾病药物，心血管系统药物，缺血、动脉粥样硬化药物，精神功能改善药物，抗细菌药，高血糖症治疗药物；诺华，百时美施主要集中在抗肿瘤药的研发上；拜耳关于缺血、动脉粥样硬化药物领域的专利最多；罗氏主要开展抗肿瘤药和神经系统疾病药物的研发；塞诺菲主要进行神经系统疾病药物的研发；武田制药主要开展抗肿瘤药和高血糖症治疗药物的研发；强生主要开展止痛、退热、抗炎药物和消炎、强心药等的研发。

（三）世界 500 强制药企业典型专利运营模式

企业的拆分与重组形成了 500 强药企巨头专利权资产流动的主要模式。从专利转让情况看，转让专利数量最多的公司为美国默沙东公司，专利主要转让人如表 2 所示。除了 2020 年 500 强制药企业外，值得注意的是，先灵—雅公司、美国雅培公司、杜邦公司、杜邦默克制药公司为主要转让专利权人。其中先灵—雅公司总部位于美国新泽西州凯尼尔沃思的制药公司，该公司以生产开瑞坦等抗过敏药物而闻名，2009 该公司被美国默沙东收购，专利资产一并转移至默沙东。而雅培公司的专利主要转让给艾伯维，2013年，雅培拆分为两大行业领先的医疗健康公司，其中一家公司成为多种经营的医疗产品公司，沿用雅培商标，而另一家公司成为研究型制药公司，即 500 强职业企业中的艾伯

表 1 2020 年世界 500 强制药企业主要治疗领域布局强度

公司 疾病类型	默沙东	辉瑞	诺华	拜耳	百时美施贵宝	罗氏	赛诺菲	武田	强生	葛兰素	华润	艾伯维	国药
抗肿瘤药	4472	8678	8575	3033	7291	4811	5442	1820	66	57	19	58	4
止痛、退热、抗炎药物	3702	9856	4265	2276	3190	3030	3255	792	220	23	24	27	2
神经系统疾病药物	1888	8705	2142	1580	2111	3468	5204	844	105	18	9	31	3
心血管系统药物	2053	6090	2256	3822	2334	2159	3751	605	69	49	14	26	0
缺血、动脉粥样硬化药物	2435	6316	2092	4628	2671	2226	2431	521	62	44	18	22	2
精神功能改善药物	1547	6497	1707	1928	1818	3110	3048	863	47	6	5	19	0
抗体	1626	1565	2602	651	2118	1631	1118	301	89	14	0	77	1
高血糖症治疗药物	1891	5470	2026	945	2103	1471	2091	1268	38	9	8	22	0
消炎、强心药等	2190	3182	2902	992	2018	451	720	394	213	50	0	4	0
抗细菌药	2897	7251	1177	4879	1209	1655	853	226	113	117	15	11	27
治疗呼吸系统疾病药物	1205	5302	2212	1491	1294	1134	1731	274	83	24	35	25	10
抗高血压药	2144	4313	1492	2668	1139	1368	1366	461	27	0	12	3	0
关节疾病药物	1234	3651	1648	469	1685	942	997	374	28	2	10	31	0
抗肥胖药物	1319	4297	700	300	1411	1165	1624	519	21	0	2	3	0
消化系统疾病药物	1114	5078	752	894	1147	852	2316	409	48	28	22	23	2

维公司（Abbvie），雅培的专利转让主要将专利权人变更为艾伯维公司。而杜邦公司则在 1990 年与美国默克合作成立合资企业杜邦默克制药公司，因此其制药部分专利权人一并转让给合资企业。可以看出，企业的拆分与重组形成了 500 强药企巨头专利权资产流动的主要模式，专利权随着企业的拆分和重组流向新设企业。

表 2　500 强制药企业专利转让人排名

排　名	转　让　人	专利数（件）
1	默沙东	2197
2	拜耳	2071
3	诺华	1671
4	赛诺菲	1354
5	先灵—雅	883
6	百时美施贵宝	416
7	雅培	408
8	辉瑞	360
9	强生	260
10	杜邦	215
11	杜邦默克制药	109

二、上海制药业专利布局情况

从我国境内主要创新地区看，排名前 5 的省市依次为山东、江苏、北京、广州、上

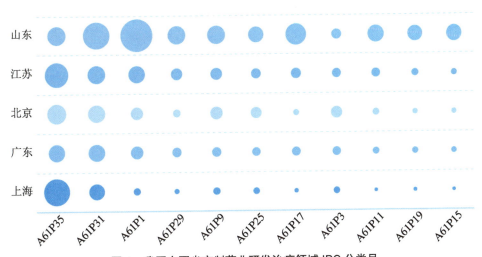

图 4　我国主要省市制药业研发治疗领域 IPC 分类号

表 3　我国制药业主要省市治疗领域 IPC 分类号及含义

IPC 分类号	含　义
A61P35	抗肿瘤药
A61P31	抗感染药，即抗生素、抗菌剂、化疗剂
A61P1	治疗消化道或消化系统疾病的药物
A61P29	非中枢性止痛剂，退热药或抗炎剂，例如抗风湿药
A61P9	治疗心血管系统疾病的药物
A61P25	治疗神经系统疾病的药物
A61P17	治疗皮肤疾病的药物
A61P3	治疗代谢疾病的药物
A61P11	治疗呼吸系统疾病的药物
A61P19	治疗骨骼疾病的药物
A61P15	治疗生殖或性疾病的药物

海。从整体地区分布看，我国制药业创新地区主要分布在长三角地区。从创新目的看，上海、江苏的抗肿瘤药研发力度高于其他领域，北京、广东在抗肿瘤药和抗感染药（抗生素、抗菌剂、化疗剂等）领域的研发力度较为接近，山东在治疗消化道或消化系统疾病的药物领域创新能力高于其他领域。

从创新药物类型看，5 大省市创新药物类型各不相同。山东主要以中药创新为主，江苏创新药物类型较为均衡，在生物药、化学药、中药类型的创新力度较为接近，北

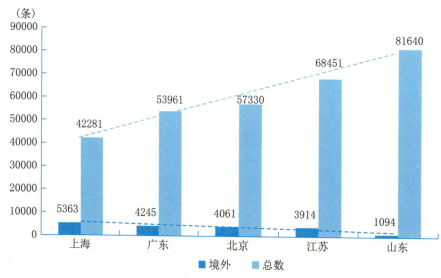

图 5　我国主要省市制药业国内外专利布局情况

京、广东、上海的生物药创新力度排名首位。

从专利布局地区看，上海境外布局力度最高。在专利布局能力看，上海相比其他省市更具国际视野，境外专利布局位居首位。

三、上海推动制药业提质增效发展的建议

对标 2020 年财富世界 500 强制药企业专利发展及布局情况，结合上海当前生物医药专利情况，对上海制药业产业发展、企业引进培育、政产学研融合等方面提出建议。

（一）重点助推生物药优势产业发展

从上海制药业研发的药物类型看，生物药增强优势，生物药研发力度居于首位，且处于研发上升期，国家也将生物医药列为重点发展产业，可列为未来制药业创新研发核心产业强力助推。化学药弥补差距，化学药作为 500 强企业整体创新类型，创新力度为生物药创新力度的 2 倍之多，相比而言，上海化学药研发力度上与 500 强企业产业结构悬殊较大，因此，建议加强化学药研发支持力度。以抗肿瘤药长板推升区域竞争力，抗肿瘤药物研发为上海主要创新领域，在抗肿瘤药物的研发力度高于 500 强制药企业整体水平，应重点支持抗肿瘤药物的研发，维持创新长板，保持区域竞争力。

（二）强化企业引进与培育优势互补

500 强企业的制药业专利布局中中国专利约占 10%，其中有效期内专利约占 20%。从一定程度显示国外制药企业重视中国市场，将中国视为其知识产权保护和主要市场扩张地区，但由于其在中国的有效专利为中国企业实施的侵权高风险专利，因此本土企业实施其相关技术难度较高，上海可通过直接引进相关企业进行本土技术升级。引进企业重点领域应与上海产业形成优势互补，如诺华在呼吸系统治疗药物领域创新力度较强，拜耳、辉瑞、赛诺菲在心血管系统治疗药物领域具有较强竞争力，上海重点提升抗肿瘤领域创新能力，培育具有国际影响力的航母企业，通过引进与培育相结合，形成精准双边产业匹配，优势互补提升产业能级。分散培育特定领域研发"领头羊"，生物药研发方向，重点培育创新型年轻中小企业，加强特色化发展；化学药研发方向，重点培育高校及研究院所，唤醒高校及研究院所高价值"沉睡"技术，提高成果转化水平。

（三）强化政产学研融合多方协力发展

从上海专利持有量情况来看，高校及科研院所持有的专利数量较大，但产业化路径欠缺，企业虽具有产业化能力，但出于收入收益比的考虑，中小企业往往无法投入较高成本开展研发。试点政府资助项目知识产权共享机制，改革科研项目立项和组织方式，探索政府资助项目科技成果专利权向发明人或设计人、中小企业转让和利益分配机制，提高科技成果转化率。搭建科技成果信息智能融合公共服务平台，构建信息池，对接内外部资源，帮助产业界、企业客户以最低成本、最高效率获取学术界技术支撑，促进技术、专家和企业精准对接。鼓励技术高关联企业构建专利池，推动建设一批高价值专利培育示范中心、打造一批高价值专利组合、构建一批集中许可的专利池，并鼓励龙头企业、高校院所等探索开展商业化运营，形成产业竞争合力。

图书在版编目(CIP)数据

乘势作为:城市软实力提升路径/上海市经济和信息化发展研究中心编著. —上海:上海人民出版社,2022

(经信智声丛书)

ISBN 978 - 7 - 208 - 17796 - 3

Ⅰ. ①乘… Ⅱ. ①上… Ⅲ. ①城市文化-文化事业-研究-上海 Ⅳ. ①G127.51

中国版本图书馆 CIP 数据核字(2022)第 125749 号

责任编辑 于力平
封面设计 零创意文化

经信智声丛书
乘势作为——城市软实力提升路径
上海市经济和信息化发展研究中心 编著

出　　版	上海人民出版社
	(201101　上海市闵行区号景路 159 弄 C 座)
发　　行	上海人民出版社发行中心
印　　刷	上海商务联西印刷有限公司
开　　本	787×1092　1/16
印　　张	26.75
插　　页	4
字　　数	479,000
版　　次	2022 年 9 月第 1 版
印　　次	2022 年 9 月第 1 次印刷

ISBN 978 - 7 - 208 - 17796 - 3/F・2752

定　　价	108.00 元